Introduction to Social Welfare and Job Practice

사회복지개론과 취업실무

Pacific Books

Introduction to Social Welfare and job practice

머/리/말

우리나라에서 가장 많이 발급되는 국가자격증 중 하나가 사회복지사 자격증일 것이다. 매년 수없이 쏟아져 나오는 사회복지사들이 과연 전문직 정체성을 확립하고 사회복지사로서의 자부심을 갖고 있는지 의문스럽다.

사회복지의 가장 핵심적인 가치는 인간존중이다. 인간존중은 사회복지사가 전문직 정체성을 확립하는데 중요한 요인이다. 그러나 현재의 사회복지교육는 사회복지사 1급을 취득하기 위한 지식을 습득하는데 중점을 두고 있으며 고도의 전문기술을 익히는데 매진하고 있는 듯하다.

더구나 우리나라도 사회복지가 발전하면서 이제는 사회복지에 대한 열정과 사회복지에 대한 자부심보다는 미래에 뜨는 직업으로 각광받아 많은 사람들이 사회복지에 입문하고 있다.

무슨 일이든 첫 입문이 중요하듯이 처음 사회복지를 접하는 학생들도 첫 과목이 중요하다. 그것이 바로 사회복지개론이다. 사회복지개론 과목은 우리가 쉽게 단지 사회복지를 전체적으로 소개하는 과목으로 이해할 수 있다.

그러나 사회복지를 처음 접하는 학생들에게는 사회복지개론을 어떻게 공부하느냐에 따라 전혀 다른 결과로 나타날 수 있다.

그러므로 본서는 사회복지를 처음 접하는 학생들에게 사회복지의 핵심적인 가치, 즉 인간존중의 가치를 확실히 심어주고, 전문직 정체성을 형성하기 위한 기초가 될 수 있는 교육 내용을 많이 포함시켰다. 더 나아가 학생들이 졸업 후 현장에 투입될 때 충분히 본인의 능력을 곧바로 발휘할 수 있는 현장중심의 내용을 담았다.

본서는 크게 제1편 사회복지의 이해와 제2편 취업실무로 구성하였다. 이제까지 발간된 수많은 사회복지개론서와 달리 본서는 취업실무편을 특징적으로 구성하였다. 사회복지는 현장경험이 사회복지 정체성을 형성하는데 중요한 요인이 되므로 처음 입문하는 학생들이 현장이 어떤지를 교육시킴으로써 처음부터 현장을 이해하고 사회복지를 공부할 수 있도록 하기 위해 배려한 차원이다.

그러므로 본서는 단지 사회복지를 소개하는 개론서로 만족하지 않고 처음 사회복지에 입문하는 학생들이 사회복지 정체성을 정립하기 위한 기초가 되고, 사회현장을 이해하고 인간존중의 가치를 실현해 나갈 수 있는 사회복지사를 양성하기 위한 간절한 마음으로 집필하였다.

집필자는 모두 현장에서 십수 년 간 사회복지사로 활동한 경험을 토대로 후배 사회복지사들에게 열정있고 능력있는 전문가로서 사회복지사의 길을 안내해 주고 싶은 심정을 담았다.

이러한 심정에도 불구하고 본서는 아직 미완의 작품이지만, 아무쪼록 본서를 선택한 모든 분들에게 인간존중의 가치를 심어주고, 사회복지 전문직 정체성을 확립하는데 기초가 되고, 사회복지현장을 이해하는데 조금이나마 도움이 되기를 바라며 부족한 내용은 앞으로 계속적인 보강을 통해 최고의 사회복지개론서가 될 수 있도록 노력할 것을 약속드린다.

2013년 3월

저자 일동

집/필/진

• 김성철

백석대학교 보건복지대학원장
숭실대 대학원 사회복지학 박사
한국평화사회복지연구소 대표
저서 : 사회복지실천론, 사회복지행정론, 노인복지론 외 다수

• 김철근

인하대학교 아동복지학 박사수료
인천재능대학교 사회복지과 겸임교수
인천복지문화연구소 부소장
저서 : 사회복지실천론 외

• 순덕기

서울신학대 일반대학원 사회복지학 석사
건국대학교 일반대학원 사회복지학 박사
현 : 열린사이버대학교 사회복지학과 교수
EBS 교육방송 사회복지사 1급 및 공무원 시험 특강 강사
한국복지경영학회 사무총장
저서 : 사회복지사상, 사회복지현장실습, 사회복지정책론, 노인복지론 외 다수

• 이재선

서강대 행정학석사(사회복지전공)
평택대 사회복지학과 박사수료
현 : 계양구노인복지관 관장, 한국사회복지공제회 대의원
한국사회복지사협회 기획정책위원, 한국복지경영학회 이사
저서 : 사회복지현장실습, 사회복지개론, 사회복지실천론, 노인복지론 외 다수

CONTENTS

Part 1. 사회복지의 이해

CONTENTS

Part 2. 취업실무

Introduction to Social Welfare and job practice

1

Part

사회복지의 이해

Introduction to Social Welfare and job practice

1

Chapter

사회복지의 이해

Introduction to Social Welfare and job practice

1.1 사회복지의 개념

1. 사회복지의 기본적 개념

1) 사회복지의 어의적 개념

사회복지는 어의적으로 사회적(social)과 복지(welfare)의 두 단어의 복합명사이다. Social는 개인의 행복을 사회나 국가가 보장한다는 의미가 내포되어 있다. Welfare는 well(좋은)과 fare(상태)의 합성어로 삶의 좋은 상태를 의미한다. 결과적으로 사회복지는 개인의 삶의 행복을 국가가 보장하고 책임진다는 의미로 개인복지와 대별되는 개념이다.

사회복지는 인간의 존엄성을 기본 가치로 하는 인간지향적이며, 인간이 인간다운 삶을 누릴 수 있는 생활을 보장하는데 있다. 그러므로 사회복지는 시장논리보다는 정치논리에 좌우되는 경향이 있다. 자유시장 체계에서는 자율적으로 조절되지 않는 경우가 발생되어 그 결과 불평등을 초래하여 시장이 실패 했을 때에는 정부가 개입한다.

이러한 사회복지의 조절역할이 소득의 재분배이다. 소득재분배 형태는 수직적·수평적, 세대내·간, 장·단기적 재분배로 구분할 수 있다. 수직적재분배는 소득계층간의 재분배 형태로서 고소득층에서 저소득층으로 소득이 재분배 도는 형태를 의미한다. 주로 일반조세로 재원을 충당하는 공공부조제도가 대표적이다. 수평적 재분배는 동일한 소득 계층 내에서 위험발생에 대한 재분배 형태이다. 대표적인 제도로는 사회보험을 들 수 있다. 건강보험제도는 동일한 소득 계층 내에서 건강한 사람에서 질병이 있는 사람으로 소득의 재분배가 이루어지며 고용보험제도는 취업자로부터 실업자로 소득의 수평적 재분배가 된다. 세대간 재분배는 현 근로세대와 노인세대, 현세대와 미래세대 간의 소득을 배분하는 형태이다. 대표적인 제도는 국민연금의 부과방식(pay-as-you-go)이다. 부과방식의 재정조달방식은 현 노령세대는 현 근로세대가 납부한 갹출금으로 급여를 지급받고, 현 근로세대는 미래세대가 납부할 갹출금으로 급여를 지급받기 때문에 세대 간에 소득이 재분배 된다. 반면, 세대내 재분배는 본인의 젊은 시절의 소득을 적립했다가 노년기에 되찾는 것으로 본인의 한 세대 내에서 소득의 재분배가 이루어지는 형태이다. 대표적인 제도로 국민연금의 적립방식연금을 들 수 있다. 또한, 장기적 재분배는 생애 걸쳐 장기적으로 발생하는 소득의 재분배형태로 대표적인 제도는 국민연금을 들 수 있다. 단기적 재분배는 현재의 사회적 욕구를 해결하기 위한 시간적으로 단기간 안에 이루어지는 소득의 재분배 형태이다.

대표적인 제도로 공공부조, 국민연금을 제외한 사회보험이 있다.

사회복지는 사회정의의 실현에 기본적인 이념을 내포하고 있다. 모든 사람들이 보다 평등하게 살 수 있고 사회적 약자들의 삶의 질을 향상시킴으로써 사회 정의를 실현한다. 또한, 사회복지서비스는 공공재의 성격을 지닌다. 즉 사회복지서비스의 제공은 다른 사람에게 아무런 영향을 주지 않으면서 모든 사람에게 혜택을 줄 수 있다. 공공재(puplic good)는 비경쟁적 비배타적 성격을 가지고 있어 시장에서 효율적으로 제공되지 않는 특징이 있다.

〈표 1-1〉 **소득재분배의 유형**

유형	내용	대표적인 제도
수직적 재분배	고소득계층에서 저소득계층으로 소득이전	공공부조
수평적 재분배	유사한 계층에서 가족간의 소득이전	사회보험
세대간 재분배	현 근로세대에서 노령세대로의 소득이전	국민연금중 부과방식연금
세대내 재분배	본인의 근로시절에 소득을 적립해 놓았다가 노년기에로의 소득이전	국민연금중 적립방식연금
정기적 재분배	생애 걸쳐 장기적으로 발생하는 소득이전	국민연금
단기적 재분배	현재의 사회적 욕구를 해결하기 위한 시간적으로 단시간적으로 이루어지는 소득이전	공공부조, 건강보험, 산재보험, 고용보험 등

2) 기능적 개념

Wilensky 와 Lebeaux는 사회복지를 보충적(residual) 개념과 제도적(institutional) 개념으로 구분하였다. 보충적 개념은 미시적 접근으로 비정상적, 보완적, 잔여적, 한정적, 일시처방적인 의미가 있는 반면, 제도적 개념은 거시적 접근으로 정상적, 포괄적, 예방적인 측면이 강하다.

보충적 개념은 사회복지서비스는 가족과 시장이 정상적으로 기능하지 못하였을 때 보충적 기능을 담당하고 개인적 욕구가 일차적으로 가족이나 시장을 통하여 이루어지며, 자유주의, 개인주의, 시장 원칙에 따라 작동한다. 이러한 형태는 초기 산업사회, 자유주의 국가에서 주로 찾아 볼 수 있다.

반면, 제도적 개념은 사회복지를 가족이나 시장경제 등과 같이 사회의 기본적인 기능을 수행하는 제도로 본다. 사회복지 서비스는 현대 산업사회에서 사람들이 정상적인 만족할 수준의 생활을 누릴 수 있도록 제도적 기능을 수행한다. 제도적 개념은 보충적 개념이 지니고 있는 낙인이나 응급처치적인 요소를 수반하지 않으며 국가가 적극적으로 개입한다. 이러한 형태는 후기 산업사회의 복지국가에서 주로 찾아 볼 수 있다.

<표 1-2> 보충적개념과 제도적개념 비교

구분	보충적개념	제도적개념
범위	협의	광의
대상	저소득,특수계층	모든국민
원리	시장제도	정치적 제도
가치	효율	평등
대책시기	사후적측면	예방적측면
낙인감	있음	없음
자산조사	있음	없음
주요국가	미국	스웨덴
제도	공공부조	사회보험

2. 사회복지의 개념 변화

Romanyshyn(1971)이 제시한 사회복지 개념 변화를 다음과 같이 제시하였다.

① 보충적개념에서 제도적 개념으로
② 자선에서 시민의 권리로
③ 특수성에서 보편성으로
④ 최저조건에서 적정조건의 급여 서비스로
⑤ 개인의 변화에서 사회개혁으로
⑥ 민간지원에서 공공지원으로
⑦ 빈민복지에서 복지사회 구현으로
⑧ 문제해결에서 문제예방으로

이러한 사회복지의 변화는 1970년 후반 중등전쟁과 오일쇼크 등으로 인한 최고 12%에 이르는 고실업률로 복지비용이 과다하게 지출되어 서구 유럽의 복지국가들의 복지국가의 위기에서 탈출하기 위해 복지지출을 줄이기 위한 대대적으로 복지제도들을 축소하기 시작하였다. 이러한 흐름은 사회복지의 변화를 가속화 시켰다.

사회복지 새로운 패러다임 모습을 보면 기본적 이념은 보호와 구제에서 벗어나 참가와 정상화의 실현이었다. 정상화란 지적장애인들이 시설보호에서 벗어나 지역사회에서 비장애인들과 함께 더불어 살아갈 수 있도록 지원하는 서비스이다.

클라이언트는 저소득층, 약자의 보호에서 복지욕구가 있는 모든 사람으로 확대되었으며, 정부형태는 중앙집권에서 지방분권으로 이양되었다. 사회복지 재원은 무료복지에서 이용자 부담이 확대되었으며, 서비스의 선택은 행정청의 재량에서 이용자의 선택, 자기결정이 중요시 하게 되었다. 공급주체는 공적공급, 법인위탁에서 복지다원주의로 변화되었다. 복지다원주의는 복지의 주체를 다원화하자는 것이다. 기존의 중앙정부 중심의 복지공급을 지양하고 비영리부분(제3의 영역), 기업, 지방정부 등도 그 주체로 삼자는 것이다. 시민단체, 종교단체은 물론 기업체까지 복지 자원으로 활용한다. 서비스의 질은 최저기준의 보장에서 삶의 질 향상에 초점을 두었으며, 공급장소는 시설복지에서 벗어나 재가복지 중심으로 변화되었다.

3. 사회복지의 필요성

서구의 복지국가들은 사회복지가 국가(공공부문)에 의해서 주도되고 있다. 국가가 사회복지의 재원을 부담할 뿐만 아니라 다양한 형태의 통제(규제)를 한다. 이처럼 국가가 사회복지를 주도해야할 이유는 사회복지가 평등, 소득재분배, 인간의 존엄성 등의 가치를 추구하기 때문이다.

사회복지를 국가가 반드시 제공해야 하는 이유는 사회복지에서 제공하는 재화나 서비스가 민간부문(시장)에서 제공하게 되면 '시장의 실패'(market failure) 때문에 불평등, 계층간 양극화가 초래되어 사회의 혼란이 야기될 수 있다. 사회복지는 이러한 사회적 문제를 극복하기 위한 제도적 장치이다.

사회복지를 왜 국가가 실천해야 하는가? 그 이유는 다음 몇 가지 내용에서 찾아볼 수 있다(김태성, 2005).

첫째, 사회복지 재화나 서비스의 공공재적인 성격을 가지고 있다. 공공재는 사유재와는 달리 비경쟁적이고 비배타적의 성격을 갖고 있다. 이러한 성격은 무임승차(free-rider)의 현상이 나타나 공공재가 제공되면 비용을 지불하지 않고 혜택을 본다. 이러한 비배타적, 비경쟁적 성격을 가지고 있는 재화와 서비스는 시장에서 상품으로 형성되지 않는다. 그러므로 국가가 나서서 재화와 서비스를 제공해야 하는 이유이다.

둘째, 사회복지 재화나 서비스의 긍정적 외부효과 때문이다. 외부효과(externality)란 어떤 사람의 행위가 다른 사람의 복지에 시장기제 밖에서 영향을 주는 것으로 외부효과가 존재하면 시장에서 자원의 효율적인 배분이 안된다. 외부효과는 긍정적 외부효과와 부정적 외부효과로 구분할 수 있다. 긍정적인 외부효과는 어떤 사람의 행위를 통해서 다른 사람들이 어떤 대가를 지불하지 않고도 이득을 볼 수 있다. 예를들어, 우리 이웃의 어떤 사람이 자선을 해서 이웃의 가난한 사람들이 줄어든다면 자선을 안 한 사람도 이웃의 가난한 사람들이 줄어들어 발생하는 이득, 범죄율 감소, 집값의 상승 등의 긍정적 효과를 볼 수 있다(이웃효과). 반면, 부정적 외부효과는 한 사람의 행위가 그 행위에 대한 비용은 지불하지 않고 다른 사람들에게 해를 주는 것을 의미한다. 사회복지의 재화나 서비스를 본인이 제공을 안해도 다른 사람들이 제공하면 나도 그것의 이득을 볼 수 있기 때문에 민간부문의 자발적인 자선행위에 맡겨두면 사회적으로 바람직한 수준의 공급이 안되기 때문에 국가가 시행한다.

셋째, 사회복지 재화나 서비스의 정보 선택의 중요성으로 국가가 제공해야 한다. 어떤 재화가 시장에서 효율적인 배분이 이루어지기 위해서는 공급자와 수요자 모두가 재화의 질과 가격에 대한 충분한 정보가 있어야 한다. 사회복지의 재화나 서비스는 정보를 수집하는데 접근하는데 어렵고, 이해하기가 힘든 경향이 있어 잘못된 정보를 얻을 확률이 높아 시장에서 작동하기 어렵다. 사회보험, 의료서비스, 교육서비스는 일반 소비자들의 자발적인 선택하기는 어렵고 복잡한 정보가 많아 시장에서의 배분은 비효율적으로 될 가능성이 있다. 국민들이 자발적인 선택에 의해 사회보험을 가입하지 않은 상태에서 실업이나 노령에 부딪혀 가난해지면 결국 국가가 공공부조로 해결해야 때문에 많은 자원이 들어간다.

넷째, 역의 선택 문제 때문에 국가가 사회복지를 제공해야 한다. 역의 선택은 소비자보다 공급자가 충분한 정보를 갖지 못한 경우 발생한다. 역의 선택은 미래를 대비한 사회보험(질병, 실업보험)의 경우 위험발생 가능성이 상대적으로 낮은 사람은 높은 보험료 때문에 가입을 하지 않고 위험발생 가능성이 높은 사람들만 가입하게 된다. 이렇게 되면 사고발생율이 높기 때문에 보험료가 높이게 되는 악순환이 된다. 이러한 악순환은 결국 보험상품이 민간시장에서 존재하기 어렵게 만든다. 이러한 역의 선택 문제를 해결하기 위해 국가는 보험을 집단적으로 가입하게 한다. 집단의 크기가 크면 클수록 역의 선택 문제가 줄어든다. 국가가 전국민을 강제로 보험에 가입시키면 가장 효율적이다.

다섯째, 도덕적 해이(moral hazard)의 문제이다. 도덕적 해이는 사보험에서 나온 개념으로 어떤 위험에 대비한 보험에 가입하면, 사람들은 그러한 위험의 발생에 대한 예방적인 행위를 적게 하는 경향을 말한다. 예를 들어, 자동자보험에 가입하면 운전을 보험에 가입하지 않을 때보다 조심하지 않는 경우이다. 대표적인 도덕적 해이의 문제가 실업 보험이다. 도덕적 해이의 문제는 민간 부문 뿐 만 아니라 국가의 사회복지정책에서도 나타난다. 이러한 측면에서 복지 국가를 비판하게 된다. 도덕적 해이로 공공부조의 수급자들이 빈곤에서 벗어나지 않으려고 한다. 국가는 도덕적 해이 문제를 해결하기 위해 건강보험료에 자기부담금을 부과하고, 실업보험은 적극적으로 일자리를 찾을 때 제공되며, 질병 수당은 심사를 까다롭게 하는 장치를 강화한다. 도덕적 해이 문제의 해결은 사회복지 서비스의 제공자가 수급자의 행위에 대한 충분한 정보를 갖고 그들의 행위를 조정하고 통제함으로써 해결된다.

여섯째, 위험 발생의 비독립성(상호의존성)의 문제이다. 어떤 사람의 위험 발생이 다른 사람의 위험 발생에 영향을 미친다면, 즉 비독립적이라면 재정의 안정화를 이룰 수 없다. 예를들어 대규모 전염병이 발생하면 사람들이 병에 걸린 확률이 서로 연계되어 전염병에 대한 보험은 성립되지 않는다. 위험 발생의 비독립성의 문제가 가장 심각한 것은 실업보험이다. 국가경제에 따라 사람들의 실업가능성은 서로 연계되어 있다. 그러므로 실업보험은 민간보험으로 해결될 수 없다.

일곱째, 규모의 경제이다. 규모의 경제란 생산요소 투입량의 증대(생산규모의 확대)에 따른 생산비절약 또는 수익향상의 이익을 뜻한다. 일반적으로 대량생산의 이익, 대규모 경영의 이익이라고도 한다. 시장에서 어떤 재화가 효율적으로 배분되기 위해서는 어떤 경제주체도 시장력(market power)으로 시장 가격에 영향을 주어서는 안된다. 그러나 규모의 경제가 존재하면 큰 경제 주체는 재화를 싼 가격에 팔아 시장을 지배하게 되어 재화가 비효율적으로 배분된다. 이럴 경우, 규모의 경제가 큰 재화는 국가가 직접 제공하는 것이 효율적이다. 사회복지의 재화나 서비스는 규모의 경제의 속성을 많이 갖고 있다. 즉, 대중교육, 전국민 의료서비스, 사회보험, 공공주택 건설 등이 있다. 이러한 재화나 서비스를 민간부문에 맡겨 두면 큰 경제 주체들이 독점할 가능성이 있기 때문에 국가가 직접 제공하는 바람직하다.

1.2 사회복지의 성격

1. 사회복지의 학문적 성격

사회복지학이 다른 학문 분야와 구별되는 가장 중요한 특징은 인간과 사회에 대한 포괄적 이해, 평등에 기초한 인간사랑(박애)의 가치 그리고 인간과 사회를 변화시키는 기술이라고 할 수 있다. 이러한 전문적이고 독자적인 특성을 강화하는 것이 학문으로서의 사회복지학의 정체성을 강화하는 것이라고 할 수 있다.

사회복지제도의 정책형성 및 집행, 사회복지기관의 조직적 관리인 사회복지 행정, 그리고 직접적인 사회복지실천 현장에서 활용되는 지식적 기반은 대부분 사회과학과 그 인접학문의 이론과 패러다임 가치 등을 포괄하고 있다(조추용 외, 2009). 인접학문은 정치학, 경제학, 사회학, 심리학, 행정학, 역사학, 인간학 등을 포함하고 있으며 개인의 문제해결을 위해서는 사회적 욕구와 사회문제에 대한 전문적 해결책의 모색과 정치적 대응에 대한 학제적 이해를 필요로 한다. 따라서 사회복지학의 개념을 정의하고 추구하는 가치체계를 규명하기 위해서는 인문사회과학의 인접학문을 연구하고 검토해야할 필요가 있다고 본다.

1) 정치학

정치학은 과학적인 분석방법을 통해 제반 정치현상을 체계적으로 연구하는 학문으로서 보다 협소하고 전통적인 의미에서 정치학은 국가 및 국가의 기능을 담당하는 제도와 장치에 대한 연구를 가리키기도 한다. 오늘날 정치학은 대부분의 국가에서 하나의 독립된 학문 분야로 인정되고 있다. 예컨대 프랑스에는 1871년에 창설된 자유정치대학(지금의 파리대학교 정치학연구소) 외에도 프랑스 정치학회가 별도로 운영되는 등 다양한 연구기관이 있다. 정치적 주제에 관한 사고는 고대의 동양 사상에서도 심심치 않게 등장했지만 대다수의 정치학도들은 서양철학의 초기 시도들, 특히 정치학의 창시자로 알려진 아리스토텔레스의 저서 속에서 정치학의 뿌리를 찾고 있다. 흔히 정치학과 구별되는 것으로 정치철학이 있지만, 이들 사이의 구별은 정언적인 엄밀성이 결여되어 있다. 통상적인 분류법에 의하면 정치철학은 1차적으로 정치적인 사상들을 그 시대적인 맥락 속에서 문제로 삼는다. 정치철학은 연구 주제 및 대상의 성향에 있어 규범성이 강하며 연구방법론에서는 이성 중심적이다. 그에 반해 정치학은 규범적인 평가를 가능한 한 유보한 채 사회공동체의 통치제도와 정치행태에 관심을 가지고 최대한의 수량화 작업을 통해 객관적인 사실 자료가 함축하고 있는 기본원칙들을 추출해내려고 한다. 가치의 체계 및 위상, 정치적 의무·권리·정의·자유의 본질을 규명하는 것이 정치철학의 역할이라면, 정치학은 관찰과 계량적인 방법론을 통해 정치적 행태에 내재된 공통분모를 드러내고, 이러한 자료들로부터 올바른 추론결과를 이끌어내려고 한다.

정부의 모든 행정은 정책과정을 거쳐 관리 및 집행되므로 국민 전체의 복지를 목표로 하는 사회복지행정역시 국가의 정책에서 벗어날 수 없으며, 정치학은 복지정책에 대한 정부의 역할, 행정조직, 전달체계 등의 개선 및 발전지식을 제공한다. 구체적으로 말하자면 정치구조에 있어서의 대표자의 유형, 공공행정의 기능으로서 공공서비스와 인사행정, 예산과 회계행정, 정책결정과정, 그리고 공공기관과 사설조직과의 관계에 대한 지식이다. 정치학은 특히 사회복지 영역 내 사회보장제도 발달에 결정적인 영향을 미쳤으며, 정치적 권력의 다원성을 전제로 하기에 어떤 정치구조가 개인들의 복지를 향상시키기 위해서 자신들이 갖고 있는 정치적 권리를 표출할 수 있게 하는가에 관심을 갖는다. 이에 대해 주로 국가의 규모나 힘, 정치적 민주화 및 이념적 지향들이 중요한 요인으로 지적되고 있다. 전적으로 가치 중립적인 정치 '과학'을 발전시킬 수 있다고 믿는 몇몇 이론가들은 그 정치학과 정치철학의 구별을 극히 자명한 것으로 주장한다. 논리의 엄밀성을 위해서는 정치학이 과학이 될 수 있는지의 여부를 판단하기 이전에 과학의 의미를 먼저 살펴보아야 한다. 과학을 사실에 근거하여 실증적인 방법을 통해 확증되고 계량화된 자료로 설명되는 일단의 조직된 지식체계로 규정한다면 정치학은 여타 사회과학의 제 분야처럼 과학의 영역으로 자리 잡을 수 있을 것이다. 그러나 과학의 범주를 자료대상에 대한 연구자의 통제가 가능하고, 동일한 조건에서 동일한 실험결과를 얻어낼 수 있는 고도의 예측 가능성을 요구하는 수준으로 축소시킨다면 정치학에 붙은 과학이라는 칭호는 부적절해 보인다. 또한 보다 최근에 영국의 저술가 버나드 크릭은 자연의 법칙에 기초하여 인위적인 정치과학을 창출하려는 희망은 미국 특유의 기질이라고 단정 짓기에는 다소 어폐가 있지만 미국 문화의 2가지 측면으로부터 생성·유지되어왔다고 지적했다. 즉 첫번째 측면은 정치를 심각한 이데올로기적 갈등의 장이라기보다는 공통의 신념을 지닌 여러 사회 세력들 간의 이해 조정의 장으로서 파악하는 자유주의적 이념이며, 2번째 측면은 과학의 가치나 기술문명의 장래에 대한 공동체 일반의 보편적인 신뢰감이다. 정치학입장에서 보면 국가의 정치적 입안과정을 거쳐 실행되는 사회복지정책은 그 이론과 정책의 내용이 사회복지학과는 매우 깊은 연관이 있다고 할 수 있다.

2) 경제학

경제학(經濟學)은 경제 현상을 연구하는 사회과학이다. 다른 사회과학 분야의 학문과 마찬가지로, 경제학은 인간의 행동과 그 결과를 연구한다. 경제학이 정치학, 사회학 등의 여타의 사회과학과 구분되는 부분은, 인간의 행동 중에서도 재화 및 서비스의 흐름과 관계된 행동에 초점을 맞춘다는 점이다. 구체적으로 말해, 경제학에서는 재화나 서비스를 생산, 교환, 분배, 소비하는 인간의 행동을 연구한다. 경제는 통제된 실험을 통해 연구하기가 어렵기 때문에 연구하기가 까다롭다. 이는 정도는 다르지만 인간을 대상으로 하는 학문이 공통적으로 갖는 어려움이기도 하다. 이런 어려움을 극복하기 위해 주류경제학은 독특한 연구 방법을 발전시켜왔다. 경제학은 몇 개의 가정을 바탕으로 경제를 모형화해 그 성질을 분석하며, 실험 대신 통계적 방법으로 이론을 검증한다. '경제학'은 복지를 일상생활 욕구의 충족상태 또는 생활상태가 좋은 것이라고 표현한다. 즉, 경제적 복지가 사회복지의 기초라고 생각하며 개인의 소득보장을 연구한다. 구체적으로 경제학이 사회에 공헌한 것은 적절한 생활수준의 유지와 소득의 분배, 생활수준의 측정과 결정, 조세와 복지서비스와의 관계, 임금과 시장 체계 등 현재 경제체제의 특성, 아동의 노동이나 저임금과 같은 노동문제 등에 관한 지식을 제공하였다. 그리고 경제학은 인간의 여러 행위 중에서 경제적 행위를 연구대상으로 하며, 사회복지학과 관련된 복지경제학은 바람직한 사회를 실현하거나 사회적 복지를 증진시키기 위한 목적으로 사회상태의 다양성을 평가하고 판별한다. 인간의 경제적인 만족상태 정도를 나타내는 개념으로써 만족도 증감에 따라 변화하는 상태를 의미하며, 인간의 욕구를 충족시켜 주는 자원은 희소하지만 대체 할 수 있는 여러 수단이 있다. 그러기에 희소한 자원을 잘 활용하여 여러 대체적인 수단들 가운데 잘 선택하여야만 바람직한 사회상태가 실현될 것이다. 복지경제학이 이러한 목표를 다루기 위해서는 두 가지의 경제학이 요구되는 데, '실증경제학'은 경제현상을 '있는 사실' 그대로 분석하고 경제현상들 상호간에 존재하는 인과관계를 발견하여 경제현상의 변화를 예측하는 일련의 지식체계이다. 나머지는 '규범경제학'으로 복지경제학에서 강조되고 있는데, 가치판단에 의해 어떤 경제 상태는 바람직하고 어떤 경제 상태는 바람직하지 못하다는 가치판단이 개입하는 지식체계이다. 따라서 인간의 일상생활욕구의 충족상태 또는 생활상태가 좋은 것이라고 표현하는 경제학과 사회복지 관련성이 더욱 제기되고 있다(조추용외, 2009). 경제학은 크게 미시경제학(微視經濟學)과 거시경제학(巨視經濟學)으로 분류할 수 있으며, 그밖에 또 하나의 범주를 나눈다면 경제발전론 분야를 설정할 수 있다. 미시경제학은 소비자·기업·무역업자·농부 등 개별 경제주체들의 활동을 다루며, 거시경제학은 일국경제의 소득수준·총고용규모, 투자의 흐름 등 총체적인 것에 초점을 맞춘다. 또한, 경제발전론은 일정기간의 경제활동 및 경제조직에 대한 역사와 변천과정을 구체적으로 분석하며, 경제 외적 활동이나 제도와의 관계에 대해서도 연구한다. 이와 같은 3가지 커다란 범주는 각기 그 구체적 연구 부문에 따라 다시 세분된다. 예를 들면 공공재정·화폐금융·국제무역·노동·산업구조·농업 등 여러 부문으로 인간의 광범위한 경제활동을 분류한 뒤 각각의 다양한 문제들을 보다 전문적으로 연구하는 것이다. 한편 경제연구의 대상이 되는 부문들은 기타 사회과학, 특히 정치학과 중복되는 경우가 많다. 그러나 경제학이 이들 학문과 근본적으로 다른 점은 바로 구매자와 판매자의 관계에 중심을 둔다는 사실이다

3) 사회학

사회학(社會學)은 사회 과학의 한 분과로서, 사회적 힘과 더불어 사람들을 서로 연결 혹은 분리시키는 사회적 과정에 대해 연구하는 학문이다. 사회학은 경험적이고 체계적인 탐구 방법과 비판적인 분석을 통해 개인뿐만 아니라 여러 사람이 모인 단체, 모임, 기관까지 연구한다. 그리하여 때로는 사회학 지식이 사회 복지에 적용되기도 한다. 사회학을, "개인의 사회적인 삶, 집단, 사회에 대해 연구하는 학문"으로 정의하고 있다. 이렇듯 사회학은 방법론이나 탐구 주제면에서 매우 광범위한 학문이다. 사회학은 사회적 존재로서의 인간 행동에 흥미를 가진다. 그러므로, 사회학의 연구범위는 길거리에서 만나게 되는 익명의 사람들과의 짧은 만남에 대한 분석에서부터, 전지구적 사회 과정의 연구에 이르기까지로 매우 다양하다.

전통적으로 사회학은 사회관계, 사회 계층, 사회적 상호 작용, 문화, 일탈 등을 연구했다. 사회 구조나 사회적 행위의 범주에 해당하는 인간 활동이 다양한 만큼, 사회학은 경제 활동 연구나 건강 격차, 혹은 과학적 지식을 창출하는데 있어 사회 활동의 역할 등 점차 더 넓은 주제로 확장했다. 사회학의 접근법으로는 질적 연구 방법론과 양적 연구 방법론 등이 있다. 사회 과학 방법론의 범위도 역시 확장해왔는데, 1970년대와 80년대에 "문화적 전환"으로 사회학의 문화 연구에서 더욱 인문적인 접근법이 나왔으며, 반대로 같은 시기에 사회 네트워크 분석처럼 수학적으로 엄밀한 접근법도 부상했다.

'사회학'은 사회적 관계를 둘러싼 원인과 성격, 그리고 결과에 대한 부분과 개인과 집단, 지역사회 등의 상호작용을 연구하는 사회과학의 중요한 한 분야이다. 또한 이러한 상호작용에서 나타나는 기본적인 구조와 제도에 대한 연구를 하고 그것들을 서로 결합시키거나 약화시키는 체계 등에 대해서도 연구한다. 따라서 사회학은 일반적으로 사회의 기본

적인 성격과 지속성을 유지하거나 변동을 일으키는 사회적 과정과 연관되어 있다고 볼 수 있다. 사회학은 사회생활, 사회관계와 사회변천, 발전의 법칙을 연구하는 과학으로서 사회문제 연구에 중점을 두고 있다. 오늘날 문명사회에 있어서 개인, 집단가족, 직능단체 등의 상호관계와 제 작용은 사회복지문제와 밀접한 관계를 맺고 있기 때문에 사회복지학의 이해에 대한 사회학적 접근 방법은 매우 중요한 위치에 있다. 사회생활을 하는 인간의 행동을 규제하고 제한하는 것은 여러 형식 중 그 사회가 제도화한 사회적 형식인데, 이 형식들이 어떻게 수립되고 발전되고, 상호작용하고, 소멸되는가에 대해서 파악이 필요하다. 또한, 개인들에게 어떻게 상호작용을 하는가를 탐구하는 것이 사회학의 과제인 동시에 목적이다. 사회학의 주요 탐구 영역은 가족, 동류집단, 공동체, 경제 및 정치질서, 다양한 자발적 집단, 교회, 군대 등의 조직이라고 할 수 있는데, 개인 상호간의 교류관계에 의해 발생하는 역동성과 반응관계가 주요한 초점이 된다. 오늘날 우리 사회의 주요 사회문제들을 구체적으로 분석하여 사회복지정책과 프로그램 개발을 위한 이론적이고 실천적인 함의를 모색하기에 사회학과 사회복지 관련성이 더욱 제기되고 있다(조추용외, 2009). 전통적으로 사회학은 사회 관계, 사회 계층, 사회적 상호 작용, 문화, 일탈 등을 연구했다. 사회 구조나 사회적 행위의 범주에 해당하는 인간 활동이 다양한 만큼, 사회학은 경제 활동 연구나 건강 격차, 혹은 과학적 지식을 창출하는데 있어 사회 활동의 역할 등 점차 더 넓은 주제로 확장했다. 사회학의 접근법으로는 질적 연구 방법론과 양적 연구 방법론 등이 있다. 사회 과학 방법론의 범위도 역시 확장해왔는데, 1970년대와 80년대에 "문화적 전환"으로 사회학의 문화 연구에서 더욱 인문적인 접근법이 나왔으며, 반대로 같은 시기에 사회 네트워크 분석처럼 수학적으로 엄밀한 접근법도 부상했다.

4) 심리학

심리학(心理學) 또는 심리과학(心理科學)은 인간과 동물의 마음과 행동을 연구하는 학문이다. 대한민국에서 심리학은 사회과학으로 분류되는데, 일본, 미국 등의 해외 일부 대학에서는 심리학을 자연과학으로 분류하는 경우도 있다. 그리고 심리학을 상징하는 약호는 그리스 문자 Ψ(프시)이다. 영어에서 심리학에 해당하는 단어인 psychology는 영혼, 정신을 뜻하는 그리스어 ψ υ χ ή (psykhē, breath, spirit, soul)와 학문을 뜻하는 그리스어 -λ ο γ ί α (-logia, study of)의 합성어로 크리스티안 볼프의 시대에서부터 쓰이기 시작하였다.

'심리학'은 독일과 영국에서 처음 시작되었으며, 현재는 미국에서 인간에 대한 이해와

주 당면문제의 해결과 기타 장애치료에 많은 기여와 개입이 되고 있다. 심리학은 개인이 혼자 있는 경우나 다른 사람들과 함께 있는 그 마음과 행동의 법칙을 규명하는 과학이라고 볼 수 있다. 대부분의 심리학자는 개인을 둘러싼 다양한 주변상황에 대한 반응으로 나타날 수 있는 여러 주변 원인을 규명하기 위하여 신경과학 연구에서부터 지능적인 행동을 가능하게 하는 심적 과정을 찾는 단계에 까지 포괄적으로 발전하고 있다. 따라서 20세기에는 이러한 포괄적인 심리학의 발전과정이기에 행동과학이라고 명명하기도 하였다. 심리학에서 주로 활용되는 개념은 매우 다양하고, 시대 변천에 따라 매우 빠르게 생성되고 있는데 기본적인 용어로는 행동동기, 정서, 학습, 지각, 성격, 자아개념, 스트레스와 환경적응이라고 할 수 있다. 이러한 용어를 통해 인지할 수 있는 것은 기본적인 인간의 정신세계와 행동에 초점을 두고 있음을 파악할 수 있다. 그 중 사회심리학은 사회 환경, 집단 환경, 대인관계에서 나타나는 심리학 과정을 취급하는 사회과학의 한 분야이다. 사회복지대상은 인간이며 인간의 문제는 사회심리학적으로 파악하고 검토해야 한다. 사회심리학적 고찰은 경영관리, 산업관리, 경제 관리 등에서 강조되었으며 점차 공행정 및 관리 분야에서도 폭넓게 적용되어 가고 있다. 따라서 사회복지학문과 매우 관련되어 있으며, 특히 사회복지가 인간을 대상으로 하는 실천중심적인 응용학문이기에 인간의 사고와 행동, 더 나아가서는 감정을 보다 나은 단계로 변화시키는 데는 심리학의 이론과 그 지식기반이 유기적으로 관련될 수밖에 없다(조추용외, 2009). 심리학의 주된 연구 개념은 감각, 감정, 대인 관계, 동기, 성격, 인지, 행동 등이며, 이러한 기초적 연구를 통해 노동, 교육, 가족, 회사 등의 일상생활 속에서 일어나는 다양한 인간 행동에 대해 심리학적인 지식을 적용하고 정신 건강상의 질병을 치료하는 것을 목적으로 한다. 또한 심리학은 대상에 따라 교육, 발달, 건강, 산업, 법률, 종교 등과 관련해 다양한 하위 전문 분야를 두고 있는데, 이러한 분야마다 해당하는 학회가 존재한다.

5) 행정학

행정학(行政學, Public Administration)은 정부의 운영과 관리를 연구하는 사회과학의 한 분야이다. 행정학의 세분야로는 정책학, 재무행정론, 인사행정론, 도시행정론, 지방행정론, 조직이론 등이 있다. 일반적으로 우드로 윌슨의 논문 〈행정의 연구〉(The Study of Administration, 1887년)를 행정학이 정립된 계기로 인정하는 견해가 지배적이지만, 이에 대해서는 여러 비판적인 견해들을 경청할 필요가 있다. 실제 윌슨은 당시 유럽대륙에서 진행되고 있었던 산업혁명 과정에서 대규모 조직들이 형성되고 효율적으로 관리되고 있는 현상을 주의깊게 관찰하였으며, 당시 미국에서 펜들턴 법의 등장과 함께 인사 제도를 실적주의(Merit System)로 전환하는 개혁을 지켜보았고 여기서 단순히 인사제도를 개혁하는 것만이 아니라 행정 시스템을 어떻게 효율적으로 바꿀 것인가를 고민하였고 위 논문은 그 결과라고 볼 수 있다. 한편 유럽에서는 독일에서 이미 관방학(Cameralism)의 전통이 있었고 아시아도 국가통치를 위한 각종 제도와 철학적 기반들이 이미 오래 전부터 형성되어 왔다. 그러나 정부의 운영과 관리에 대한 관점은 20세기 들어서 매우 구체화 되었다. 이는 정부역할의 팽창과 더불어 단순히 전통적인 통치와 권력 개념에서 이해되던 정부를 그 구체적인 활동 내용 즉 정책과 이를 결정하고 집행하는 정부기구의 관리와 운영의 관점으로 전환시키면서 근대 행정학이 탄생하게 된 것이다.

'행정학'은 행정현상을 실증적이고 체계적으로 연구하는 사회과학의 한 분야로 공공목적을 달성하기 위한 조직과 관리과정 혹은 인간행동체계에 초점을 두고 그 제반기능과 구조에 대해 접근하는 것을 목적으로 한다. 행정과학이라는 용어는 행정학·행정법학·행정정책을 합하여 행정과학이라고 지칭하기도 한다. 사회복지 전공 교과과정에 사회복지행정론이 포함되어 있으며, 그 교과내용으로는 사회복지행정의 개념과 사회복지현장에서의 필요성, 사회복지조직의영역, 사회복지조직관리 방법, 그리고 사회복지조직을 둘러싼 제반 환경의 관리와 연계 등에 관한 내용을 포함하고 있다. 특히 현대에 와서 사회복지조직에 대한 기초 이해를 근간으로 효과적·효율적인 조직관리 기법을 목적으로 하고 있으며, 조직환경에 대한 이해에 관한 거시적인 조직 관리와 조직원의 자기 계발과 동기부여 등의 미시적인 조직 관리를 강조하고 있다. 특히 조직의 핵심기능인 기획과 의사결정, 인적자원관리, 재정관리, 정보관리, 프로그램 관리, 다수의 조직 관리들로 구성되는 서비스전달체계 활용 등을 다루고 있다. 최근에는 조직의 사업내용과 프로그램을 타 기관과의 차별성과 독특성을 강조하고, 후원자 및 이용자 확보 등을 목적으로 하는 '마케팅'에 대한 부분도 접목이 되고 있다. 특히 한 지역사회 내 이용자 확보와 더 나아가 고객감동을 실현하기 위한 지식과 기술을 위해 일부 석사과정에는 '사회복지마케팅'의 별도의 과목이 개설되고 있어 사회복지학과 행정학의 관련성이 더욱 제기되고 있다(조추용외, 2009).

한국의 행정학의 역사는 1950년대 서울대학교 행정대학원의 탄생과 더불어 미국식 행정학이 도입되면서 시작되었다고 볼 수 있으나, 김운태 교수의 근대조선행정사의 연구나 다산 정약용의 관료제에 대한 연구들, 그리고 다양한 행정기구들이 체계적으로 관리되고 운영되었던 긴 역사들을 고려한다면 한국의 행정학의 역사는 훨씬 더 깊은 연원을 갖는다고 할 수 있다. 불행한 것은 이러한 행정학의 역사가 형식적으로는 단절적으로 진행되었다는 점이다. 즉 미국식 행정학 도입 이전의 한국행정학에 대한 이론과 분석들이 주류이론으로 편입되지 못함에 따라 많은 행정학자들이 한국행정학의 연속적인 발전 고리를 찾아 제시하지 못하는 한계를 보이고 있다. 그럼에도 불구하고 한국행정학의 발전은 눈부시다. 대부분의 나라에서 행정학은 정치학과의 일부분으로 간주되어 상대적으로 중요성이 낮게 평가되지만 한국은 100여개가 넘는 대학에서 독립적인 학과로 행정학과가 존재하고 있다. 이러한 양적 측면이 아니라 그 연구내용에 있어서도 독특한 특징을 가지고 있다. 일부에서는 선진국에 비해서 한국 행정학의 수준이 떨어진다는 자조적인 견해를 표명하고 있으나 한국행정학은 그 연구영역이 광범위하고 현실 행정문제를 적극적으로 다루고 있으며, 한편으로는 각국에서 진행되고 있는 다양한 행정이론의 논쟁들을 적극적으로 받아들이고 발전시키고 있다.

6) 역사학

'역사학'은 종족과 민족 등과 같은 정치적 조직들 내에서 인간의 과거 행태와 사회발전을 연대기적으로 연구하여 인구의 이동과 변화, 경제성장, 문화적 변화, 국가 및 문명들의 흥망을 밝히는데 목적을 두고 있다. 이를 위해 역사를 보다 완벽하고 정확하게 규명하여 인류 역사에서 현시대 사람들에게 어떤 중요한 의미를 깨닫게 하고 현 사회에 반영시키는 과업을 지니고 있다. 사회복지 교과목 중에 '사회복지발달사'는 사회복지제도의 변천과정에 대한이해, 사회복지의 발달과정에 영향을 미친 정치적, 경제적, 사회문화적 요인에 대한 이해, 복지국가의 형성과 발전 및 위기와 재편에 대한 이해, 한국과 제3세계 사회복지발전에 대한 이해를 돕는 것에 목적을 두고 있다. 사회복지에 있어 역사가 오래된 영국, 미국, 독일, 그리고 일본의 사회복지발달과정과 정책의 형성과정을 이해하고, 현대 복지국가의 출현과 발전, 그리고 위기와 재편의 내용들을 사회경제적 배경을 다루고 있다. 어느 시대를 막론하고 '역사'를 소중히 다루고, 재 고찰하는데 많은 노력을 기울이는 이유는 과거의 잘못된 과오를 번복하지 않기 위해서이다. 따라서 한 국가의 복지미래에 대해 전망하고, 그 의의와 방법을 연구하는 역사학은 사회복지학과 매우 연관되어있다고 할 수 있다.

사회복지학은 앞으로 우리 사회에서 없어서는 안 될 중요한 학문으로 모든 분야에 기초가 되는 학문임을 알아두어야 한다. 그러므로 사회복지학 자체를 모든 학문의 기초로 하되, 사회복지의 기본적인 목적을 심화하고 연구해야 한다(조추용외, 2009). 역사학은 과거를 좀 더 깊이 이해하기 위해, 인간의 활동에 대한 기록을 정확하고 포괄적으로 복원하려는 학문이다. 이를 연구하는 사람을 역사가라 한다. 이들의 학문은 기록과 증언 등의 자료를 비판적으로 검토하는 작업에 바탕을 두고 있다. 역사가들의 작업에 대한 이 같은 개념은 최근에 생겨난 것으로서, 18세기말과 19세기에 주로 전문 역사가들이 과학적 역사를 발전시킨 데 그 근원을 두고 있다. 역사연구는 오늘날 자연스러운 인간 활동의 하나이자 교육의 중요한 일부로 여기고 있으며, 인간생활 전반에 대한 해석을 제공한다고 자부하고 있다

7) 인간학

자연과학적·역사학적·사회학적 측면에서 이루어지는 인간 연구를 포함하기도 한다. '철학적 인간학'이라는 말을 최초로 사용한 셸러(1874~1928)는 "철학적 인간학은 인간에 관해서모든 과학들이 얻어낸 풍성한 개별지식을 근거로 하여, 인간의 자기의식과 자기성찰에 관한 새로운 형식을 전개하려는 것"이라고 했고, 란트만(1913~)은 "철학적 인간학은 전 인간에 관해서, 인간의 본질에 관해서, 근본적으로 구별되는 특성에 관해서 묻는다"라고 말했다.

우리가 인간에 관한 연구를 할 때, 우리는 이미 인간에 관해서 어떤 이해를 가지고 있다. 이것을 해석학에서는 전이해(前理解)라고 말한다. 예컨대 어떤 생물학자가 인간을 해명하는 데 중요한 의미를 갖는 어떤 지식을 가졌다고 했을 때, 그 생물학자의 지식이 중요한 의미를 가지고 있다는 것을 알기 위해서도 그 생물학자는 먼저 인간을 알고 있지 않으면 안 된다. 가령 어떤 진화론자가 인간의 두개골을 연구하는 데 있어서 중요한 의미를 가질 것이라고 생각한 화석(化石)뼈를 발견했을 경우, 그 화석뼈 자체는 인간이 무엇인가에 대해서 아무런 말도 해주지 못한다. 그 진화론자는 화석뼈가 인간을 해명하는 데 있어서 중요한 의미를 가지고 있다는 것을 미리 알고 있어야 하고, 또 인간에 대해서 미리 알고 있어야만 한다. 진화론자는 처음부터 창조설을 거부하고 인간은 다른 동물로부터 진화했고, 다른 동물은 유기체로부터, 또 유기체는 무기체로부터 진화했을 것이라는 가정을 가지고 생각하기 시작한다. 그러므로 인간에 관한 연구를 할 때, 사람들은 이미 인간에 관해서 어떤 생각을 가지고 출발한다. 인간은 하나님에 의해서 창조되었을 것이라든가, 아니면 다른 동물과 마찬가지로 물질로만 구성된 동물에 불과하다는 '전이해'를 사람들은 가지고 있다. 이 인간에 대한 '전이해'는 인간에 대한 연구를 하는 사람의 인생관·세계관과 밀접한 관계를 가지고 있다. 그러므로 인간에 관한 연구를 할 때, 연구자 자신의 인간에 대한 자기 이해가 항상 전제되고 있음을 아무도 부인할 수 없다. 우리는 이러한 인간에 대한

'전이해'를 무시할 수 없다. 그러나 이 '전이해'는 더 풍부하고 완전한 이해를 위하여 항상 열려져 있어야 한다. 셸러는 "인간은 동물처럼 종(種)의 성질을 가지고 확고부동하게 고정되어 있는 존재가 아니라, 자기를 형성하면서 점차적으로 커지고 있는 세계와의 관계에서 존재하는 개방된 존재이다"라고 말했다. 인간은 본래 확정된 성격이나 정신적인 특징을 가지고 있지 않다. 인간의 삶은 미리 정해진 궤도에 따라 달리는 기차와 같은 것이 아니다. 인간은 본래부터 미완성인 채로 세상에 태어났다. 하느님이나 자연은 인간으로 하여금 자기 자신을 완성하도록 위임했다. 그러므로 인간은 자기 자신을 완성하는 과제를 이미 본래부터 가지고 있는 존재이다. 그러나 인간의 자기완성은 그가 스스로 자기 자신에 관해서 만든 어떤 관념에 따라서 이루어지는 것은 아니다. 인간은 자기 행동의 동기를 안다고 생각하는 경우에도, 실제로는 전혀 엉뚱한 다른 충동을 받고 행동하기도 한다. 그러므로 인간은 단순한 존재가 아니다. 우리가 인간에 관한 연구를 할 때, 절대적으로 타당성을 인정받은 출발점이란 없다. 인간의 본질적 특성을 말할 때, 학자들은 그러한 특성이 인간을 이해하는 데 있어서 얼마나 중요한 의의를 가지고 있는가를 설명한다. 그러나 우연히 착안한 어떤 현상으로부터 인간의 전부를 밝힐 수 있다고 추론하는 것은 자의적이고 매우 위험한 생각이다. 인간 존재는 본질적으로 다원적이다. 인간이 무엇이냐는 물음은 매우 다양하게 다원적으로 물을 수밖에 없기 때문에, 이 물음에 대답을 이끌어 낼 확고한 출발점이 없다. 이 물음은 여러 가지 관계 속에서 제기되며, 또 이 물음은 제기되는 여러 가지 경우를 가지고 있다. 첫째, 인간은 동물이므로 다른 동물과 비교해봄으로써 인간의 특성을 살피려고 한다. 여기서 인간은 빈약한 본능을 가졌으며 비전문화(非專門化)되어 있지만, 자기의 생존을 위해 자기의식과 자기반성이 발달할 수밖에 없다든가, 인간도 환경의 지배를 받기는 해도 다른 동물과 달리 이성(理性)의 도움으로 환경을 변화시키고 창조할 수 있는 능력을 가지고 있으며, 또 우수한 학습 능력을 가지고 있다는 것이 밝혀졌다. 철학적 인간학을 연구하는 대부분의 학자들이 여기에 깊은 관심을 가지고 있다. 둘째, 인간을 인간 그 자체로써 연구하는 것이다. 이것은 인간을 밖으로부터 고찰해보는 것과 안으로부터 성찰해보는 것으로 나누어 볼 수 있다. 인간을 밖으로부터 고찰하는 경우에 인간은 문화적·사회적·역사적 존재임을 통찰할 수 있다. 인간은 문화·사회·역사의 창조자이면서, 또한 문화·사회·역사(전통)에 의해 이루어지는 피조자(被造者)이기도 하다. 미완성 상태로 세상에 태어난 인간이 어떻게 자기완성을 하며, 문화 창조자로서의 인간에게 자유와 개성이 인간이해에 얼마나 중요한 의미를 가지고 있는가를 알게 된다. 또 문화의 피조자라는 면에서 인간을 볼 때, 인간의 사회성·역사성이 인간이해에 중요한 의미가 있음을 알 수 있다. 인간을 안으로 성찰할 때 이른바 정신적 존재 또는 이성적 존재로서의 인간을 이해할 수 있다. 여기서 인간의 정신과 이성의 이해의 변천과정을 역사적으로 개관해 보며, 정신·이성·오성·의지·감정·영혼·육체의 의미 등을 살펴보게 된다. 셋째, 인간과 신과의 관계를 통찰하는 것이다. 여기서 이른바 신학적 인간학 및 종교적 인간학이 발생하고, 그리스도교적 인간학, 불교적 인간학, 이슬람교적 인간학, 유교적 인간학이라는 말이 생겨났다. 영혼불멸·영생·은총·구원·죽음·고통·희망·사랑의 의미가 인간이해에서 중요한 의미를 가지고 있음을 우리는 이해할 수 있다. 인간은 위기에 처해 있을 때나 누구를 사랑할 때, 대체로 절대자 또는 초자연적 존재에게 기원을 하게 된다. 그래서 우리는 인간을 종교적 존재라고 말할 수 있다. 종교가 인간을 이해하는 데 있어서 중요한 실마리를 던져주고 있음을 아무도 부인할 수 없는 것이다. 그밖에도 인간이 무엇이냐는 물음은 특정한 학문에 주안점을 두고 비판적인 시각에서 제기할 수 있다. 예컨대 교육학적 인간학, 의학적 인간학, 정치학적 인간학, 법학적 인간학이라고 하는 철학적인 영역들이 있다. 사회복지의 주체와 객체 모두가 인간이라는 사실은 기억해야 하며 인간학은 사회복지의 영역에서 매우 중요한 역할을 하는 학문이라는 것을 기억해야 할 것이다.

2. 사회복지의 이념적 성격

1) 사회복지이념의 성격

오늘날 우리 산업사회가 안고 있는 사회문제의 중요성과 심각성은 그것에 관한 예방이나 해결에 대한 주도권이 정부 및 공공기관 그리고 민간기관 등에 있으며, 이러한 사회문제와 위험에 대한 문제 해결이 사회적 책임 하에 이루어져 국민들의 행복이 보장되어야 한다는 사회적 이념이 '사회복지' 라고 볼 수 있다.

사회복지이념의 성격이란 각 시대에 해당되는 철학, 이념, 정치, 경제, 문화의 발전단계에 따라 변화하여 간다고 본다. 사회복지의 이념의 차이는 사회복지활동에 구체적인 범위, 내용, 구성, 동기, 가치와 이념, 주체와 대상, 실천철학과 방법 등에 직접적인 영향을 미치게 된다. 어원적 의미로서 사회복지는 영어의 social welfare를 번역한 것으로서 먼저 복지를 뜻하는 welfare는 '지내다, 살아가다'라는 의미의 fare에 '만족스러운, 적절한' 이란 의미의 well이 합쳐져서 만족스럽게 지내는 상태를 의미한다(박용순, 2008). 마르크스주의자들에 의하면 선진자본주의국가들이 사회정책을 필요로 하는 근본목적은 사회질서를 유지하기위한 것이며 사회복지서비스는 노동계급의 저항을 무마시키고 노동력을 유지시키기 위한 방편에 지나지 않는다고 본다. 따라서 극우 혹은 극좌의 복지이념을 믿게 될 때 복지의 위치는 자본주의의 필요악으로 타락하게 됨으로써 인간 개인이나 또는 집단의 이상적 목표를 의미하는 철학적 개념으로서의 복지와는 상반된다는 사실을 알아야 한다. 이념을 개인, 집단 및 문화의 특성을 규정짓는 사고방식이나 사고내용이라고 정의한다면 이 기본적 사고방식이나 행동양식의 방향을 결정하는 심성의 바탕을 우리는 가치관이라고 부른다. 다시 말해서 상이한 가치관에 따라 상이한 이념이 형성되는 것이다

사회복지의 어원을 찾은 것만으로는 사회복지의 개념을 파악하는 데는 한계가 있다. 사회복지는 고정되어 있는 것이 아니라, 시대와 사회에 따라서 변화되는 것이기 때문에 그 실체를 파악하기가 더욱 어렵다.

사회복지를 보는 관점에서 대상범주의 관점으로 한정적 개념으로서의 사회복지(잔여적 개념)는 사회복지의 대상을 제한된 사회적 약자계층이나 요보호대상자들로 한정지어 실천하는 소극적이고 한정된 협의의 개념이다. 최소한의 복지를 지향하여 지금 당장 현저하게 삶의 질이 떨어져서 개인이나 그 가족의 노력으로는 정상적인 사회생활을 영위할 수도, 회복할 수도 없는 상태에 이르러 삶 자체가 파괴될 정도에 이른 경우에만 한정하여 국가가 개입해야 한다는 입장이다. 광의적 개념으로서의 사회복지(제도적 개념) 성격은 사회성원 전체의 복지를 정부나 사회가 책임을 지는 것이다. Wilensky & Lebeaux가 제시한 잔여적 모형과 제도적 모형중 제도적인 개념을 말하며 사회복지는 특수한 처지에 놓인 요보호자만을 대상으로 하는 일시적·선별적·보충적 개념이 아니라 모든 사회구성원을 대상으로 하는 항구적·보편적·제도적 개념으로서 모든 인류가 생애의 전 과정을 통해서 언제, 어디서나 제공받게 되는 개념이 되는 것이다. 여기에서 의미하는 사회복지는 최저 수준의 확보로서 예방적이며 사전적 조치를 의미하게 된다.

잔여적 사회복지는 가족, 시장, 종교, 정치제도가 기능적으로 실패할 때 임시적으로 보충할 뿐이며, 사회복지가 사회를 유지 발전시키는데 필수적이라고 인식하지 않는다. 따라서, 사회 구성원들 중 낙오자들에게 최저한도의 보호를 제공하는 사회복지활동은 잔여적이고 주변적 예외적인 안전망 기능을 수행할 뿐이다. 제도적 사회복지는 시장과 가족의 실패는 임시적인 것이 아니라 피할 수 없고 지속적인 것으로 이해하고, 사회복지는 사회를 유지하는데 필수적인 기능을 수행하며, 제도화되는 것이 당연하다고 인식한다. 사회복지의 필수적인 기능이란 사회구성원간의 상호부조로서, 이러한 기능은 다른 사회제도가 수행하는 기능과 구별되며 독립적으로 수행된다. 복합적 개념으로서의 사회복지의 성격은 인간생활의 이상적 상태를 의미하는 개념이면서 동시에 그것을 지향하는 실천적 활동을

포함하고 있다. 사회복지는 사회문제에 대한 조치와 예방, 인적 자원의 개발, 생활의 질적 향상 등에 직접적으로 관심을 갖는 서비스나 과정을 포함하며, 사회제도의 강화 및 수정에 대한 노력과 개인이나 가족에 대한 서비스까지 포괄한다고 보는 것이다. Romanyshyn은 사회복지의 개념이 다음과 같은 방향으로 변화되어 가고 있다고 주장한다. 첫째, 보완점 개념에서 제도적 개념으로 둘째, 자선에서 시민권으로 셋째, 특수한 서비스에서 보편적 서비스로. 넷째, 최저조건에서 최적 조건으로 다섯째, 개인적 개혁에서 사회적 개혁으로 여섯째, 자발성에서 공공성으로 일곱째, 빈민복지에서 복지사회로의 변화이다. Romanyshyn은 사회복지는 개인과 사회 전체의 복지를 증진시키려는 모든 형태의 사회적 노력을 포함하며, 사회문제의 치료와 예방, 인적 자원의 개발, 인간생활의 향상에 직접적 관련을 갖는 일체의 시책과 과정을 포함한다. 또 사회복지는 개인이나 가정에 대한 사회적 서비스 제공 외에도, 사회제도를 강화시키거나 개선시키려는 노력을 포함하는 것'이라고 말하고 있다

Wilensky와 Lebeaux의 두 가지 개념 중 잔여적(residual) 개념에 해당하는 것으로 잔여적 개념의 사회복지는 가족, 시장, 종교, 정치제도가 기능적으로 실패할 때 임시적으로 보충할 뿐이며 사회복지가 사회를 유지 발전시키는데 필수적이라고 인식하지 않는다. 따라서 사회 구성원들 중 낙오자들에게 최저한도의 보호를 제공하는 사회복지 활동은 잔여적이고 주변적, 예외적인 안전망 기능을 수행할 뿐이다. 가능하면 가족이나 시장과 같은 기존사회제도들이 제대로 기능해서 사회복지활동이 필요하지 않게 되는 것이 사회복지의 궁극적인 지향이 된다. 개인적 질병이나 노령, 가족의 붕괴나 해체, 사회적 경제 공황의 발생 등과 같은 비정상적인 상황 아래에서는 가족이나 시장으로부터 욕구충족을 위한 재화와 용역을 충분히 공급받지 못하게 된다. 이러한 경우 제3의 메카니즘으로서 사회복지 조직이 작용해야 한다는 입장이 잔여적 모형이다. 이러한 개념은 복지의 일차적인 책임을 가정과 시장경제제도에 맡기며, 이렇게 중요한 복지기능이 제대로 수행되지 못할 때, 공공의 사회복지가 관여하게 된다는 개념이다.

제도적 개념의 사회복지는 시장과 가족의 실패는 임시적인 것이 아니라 피할 수 없고 지속적인 것으로 이해한다. 따라서 사회복지는 사회를 유지하는데 필수적인 기능을 수행하며 제도화 되는 것이 당연하다고 인식한다. 사회복지의 필수적인 기능이란 사회 구성원간의 상호부조로서 이러한 기능은 다른 사회제도가 수행하는 기능과 구별되며 독립적으로 수행된다. 현대 산업 사회의 핵가족 제도가 아동의 양육과 노인, 장애인의 보호 및 그들의 사회화를 전적으로 책임질 수 없음을 인정한다. 또한 시장의 분배원칙은 기본적으로

사회 구성원의 개개인의 욕구를 고려하는 것이 아니기 때문에, 시장경제 원리에 의한 일차적 분배의 수정 보완이 필수적이다. 따라서 가족과 시장이 그 주요 기능을 수행하는 것과 동등한 차원에서 사회복지제도는 상호부조의 기능을 수행한다고 본다. 사회복지를 현대 산업사회, 특히 자본주의 경제체제에서 불가피하게 기능하는 정상적인 욕구충족의 한 경로로 받아들이는 입장이다. 즉, 복잡 다양한 성격을 가진 현대 자본주의 체제에서 각 개인은 자신의 노력과 가족의 도움만으로 시장을 통해 기본적 욕구를 충족하기는 어려우며, 국가의 법적 제도적 장치의 보호를 받을 수밖에 없다는 입장이다. 따라서 사회복지는 비정상적 상황에 대처하기 위한 응급구호나 보충적 성격이 아니라 통상적이며 정상적인 제도적 지위를 가지게 된다는 것이다. 제도적 개념에서는 사회 문제의 발생 원인을 주로 사회 구조의 책임으로 간주하고 사회 문제의 발생을 예방하고 경감하는 방법으로 사회 개혁이나 혁신 등의 접근을 선호한다.

사회복지 개념의 차이는 사회 복지 활동에 구체적인 범위, 내용, 구성, 동기, 가치와 이념, 주체와 대상, 실천철학과 방법 등에 직접적인 영향을 미치게 된다. 예를 들면, 사회복지의 제도적 모형은 그 대상을 전체 사회 구성원으로 보고, 잔여적 모형은 사회적 취약계층으로 한정시킨다. 또한 사회복지의 실천 주체에서도 제도적 모형은 국가의 보다 많은 역할을 강조하는 반면 농업사회에서 산업사회로 바뀌면서 사회복지는 잔여적 모형에서 점차 제도적 모형으로 그 강조점이 바뀌고 있다.

초기 산업사회에 비하여 후기 산업사회의 사회경제적 특성이 매우 다양하고 심각한 현상이 도래하기 때문이다. 소비수준의 향상과 다양한 열망수준의 상승, 다양한 욕구에 대한 사회 개입의 확대는 기존의 사회복지제도와 서비스로는 해결할 수 없게 된다.

예외주의적 이념은 사회복지에 대한 한정적 개념과 맥을 같이 하는 것으로, 사회 복지 문제란 특정범주에 속한 사람들에게서 예측할 수 없게 발생하는 것이며, 사회규범에 비추어 볼 때 다분히 예외적이고 개인의 결함, 사고, 불행한 상황 속에서 발생하는 것이므로 이를 해결하기 위한 수단도 자연히 개별적 접근방법에 의해야 한다고 보고 있다(김상균외, 2001). 보편주의적 이념은 사회복지문제의 발생 원인을 사회체제의 불완전성과 불공평성에 두고, 이러한 문제의 발생은 그 예측이 가능하고 공공의 노력으로 예방내지 문제해결이 가능하다고 보는 이념이다. 이러한 사회체제하에서는 사회(복지)문제가 어느 계층의 사람들에게 특수하게 발생하는 것이 아니라 모든 국민에게 보편적으로 나타난다고 본다.

사회복지는 가족, 아동, 생활 건강, 사회적응, 여가, 생활수준 및 사회관계성과 같은 영역에서 인간의 욕구를 해결하는데 도와줌으로써 사회적 행복(well-being)의 추진을 위한 조직적 노력이며 광범위한 실천현장 중의 하나의 전문직(profession)이다. 개인、집단、지역사회、대인구 집단에 관심을 두고, 이들의 보호、 치료 및 예방을 포괄한다고 정의할 수 있다.

사회복지에 대하여 Friedlander & Apte(1980)는 사회복지를 국민들의 복지에 기본적인 것으로 인정된 사회적 욕구를 충족시키기 위하여 그리고 사회질서의 욕구를 충족시키기 위하여 제반 급부를 확보하거나 강화시키는 법률, 프로그램, 급여 및 서비스 체계로 본다. 사실 사회복지의 개념이 현실사회에서 출발한 것인 만큼, 지향하고 도달해야 하는 목표와 수준 역시 현실을 반영할 수밖에 없다. 사회 자체가 지니는 역량에 좌우되는데, 사회의 총체적 역량적, 내용, 형태, 방법 등을 결정하는 실체로 존재한다. 국가의 가치관이나 이념을 포함하는 문화적, 경제적 요소는 물론, 사회구성원 사이의 관계를 나타내는 종합적인 제반 사회적 요소를 말한다. 이것은 사회복지제도라는 형태로 구체적으로 표시된다. 사회복지제도는 국가에 따라 다양한 차이를 나타내고 있다. 그러므로 결국 이러한 점에서 사회복지는 한 국가와 사회의 역사적 흐름과 그 특성을 반영한 산물이라 할 수 있다(박용순, 2008).

사회복지란 이념적으로 어떤 시책을 달성하려는 목적이며, 인간의 복지를 의미한다. welfare 는 문자 그대로 해석하면 잘(well) 지낸다(fare)는 뜻이다. 즉, 만족감과 행복감을 느끼며 살아간다는 의미다. 따라서 사회복지는 모든 사람들이 인간다운 생활을 하는 데 필요한 조건을 형성해 주고, 만족스럽고 행복하게 살아가기 위해 요구되는 각종의 사회적 서비스를 제공하고 보장해 주는 하나의 사회제도다. 한편, 사회제도는 인간이 충분한 만족감을 갖지 못할 때 보완할 수 있는 공적인 서비스 체계로서 이해되어야 할 것이다. 이러한 사회복지는 인간, 즉 국민의 전반적인 생활의 질(an overall quality of life)을 향상시키고 사회적 행복을 증진시키는 공적, 사적인 활동을 포함 한다(노혁외, 2008).

이상과 같은 개념 정의를 살펴보면, 사회복지는 개인 및 집단과 지역사회의 문제에 관심을 두고 이들의 사회적 욕구를 충족시키기 위한 제반 법률, 프로그램 및 서비스 체계이며, 사회사업은 이를 이루기 위한 사회사업가들의 전문적인 활동이라고 할 수 있다.

복지라는 의미는 운명적인 축복이나 우연에 의한 행운 혹은 요행 등의 의미와는 다소 차이가 있으며, 행복이나 안녕과 같은 극히 추상적이고 주관적인 의미와도 다르다. 복지는 객관적이고 구체적인 활동 등이 개입되어 있는 중요한 의미를 내포하고 있다. 복지는 객관적이고, 인간관계 등이 종합적으로 어느 정도까지 하는가가 중요하다.

2) 사회복지 이념적 성격의 변화

사회복지 이념의 개념에 대해서는 그 기본적 특성에 대해서까지 어떤 합의가 이루어질 수 없을 정도로 학자들이 다양한 방식으로 정의하고 있으며, 대표적인 학자로는 파커, 조지와 와일딩, 룸 등이 있다. 사회복지 이념은 사회복지의 동기 또는 가치의 기준을 제공하여 사회복지의 주체, 대상, 재원 등을 결정하는데 중요한 역할을 한다. 사회복지 이념은 우측으로 개인의 자유를 강조하는 자유주의형과 좌측으로 사회와 평등을 강조하는 사회주의형으로 나눌 수 있다. 자유주의형에는 자유방임주의 자유주의, 신자유주의 등이 대표적이고 사회주의형에는 사회민주주의, 마르크스주의, 신마르크스주의가 대표적이다. 1980년대 이후 새로운 시각으로 페미니즘과 그린이즘등이 형성되었다(조추용외, 2009).

반집합주의(anti-collectivism)는 유류파동 이후 서구의 경제 불황 속에 나타난 공공복지에 대한 반동으로 등장했다. 반집합주의자의 기본가치는 자유, 개인주의, 불평등이다. 자유는 기본적으로 타인으로부터 간섭 또는 강제를 받지 않는 것으로서의 자유, 소극적 자유를 의미한다. 개인주의는 사회란 개인의 자발적 협동과 경쟁에 기초하여 형성되어야 하며, 국가의 역할은 최소수준에 머물러야 한다는 것을 의미한다. 개인의 자발적 협동파 경쟁에 기초하여 형성된 사회는 자유시장이 지배하는 사회이며, 시장에서 발생하는 빈곤이나 불평등은 자연스럽고 바람직한 것이라고 보기 때문에 사회정의라는 명분을 내세워 불평등을 완화하려는 시도가 오히려 개인의 자유를 침해하는 부당한 시도라고 본다. 개인은 자신의 이익을 최대한 자유롭게 추구해야 하고, 그 결과에 대해서는 책임을 져야 한다는 것이 개인주의의 핵반집합주의자들은 평등보다는 자유를 우선시하기 때문에 불평등을 옹호하는 입장이다(이종복외, 2008).

사회복지 이념 중 자유방임주의는 개인의 경제활동의 자유를 최대한으로 보장하고, 이에 대한 국가의 간섭을 가능한 한 배제하려는 경제사상 및 정책에서유래 되었다. 때문에 자유방임주의형은 개인주의를 기초로 하여 중심적인 가치는 자유와 불평등이다. 자유는 타인의 간섭으로부터 자유인 소극적인 개념으로 강제가 없는 상태를 의미하며 행위의 최고의 가치로 인정된다. 자유방임주의자들은 복지에 대한국가의 개입은 개인의 자유를 침해하기 때문에 국가주도의 사회복지에 대한 개입을 반대한다. 소득과 부, 교육, 의료서비스 및 그 밖의 모든 보호형태는 생산제도에 의하여 좌우되고 그것이 약자를 보호하든 강자를 보호하든 최소의 국가 개입 하에서 개인의 계약과 교환력에 의존한다(조추용외, 2009).

자유주의형은 역사적으로 중세의 사회원리에 대한 대항원리로서 등장하였다. 중세사회는 영주의 농노에 대한 정치적·경제적·인격적 지배를 바탕으로 성립되어 있었다. 따라서 중세사회의 붕괴는 한편으로는 영주제도를 대신하는 새로운 생산 양식이 전개되었으며 그것이 바로 자유주의이다. 즉, 자유주의는 생산력의 향상과 화폐경제의 침투로 말미암아 힘을 얻기 시작한 농노가 점차 영주의 권력에 의한 규제를 벗어나 경제활동에서의 자주성을 획득해가는 과정에서 나타났다. 사회복지 이념 중 자유주의 형에서는 자본주의제도에 대하여 기본적으로 신뢰하지만 빈곤, 비효율, 낭비, 시장의 실패 등 자본주의의 문제점을 인정하고 있다. 이러한 문제점은 정부의 개입을 통하여 해결이 가능하다고 보고 있다. 그러나 정부는 국민의 최저생활 정도만을 책임지는 등 무제한 또는 만능적 역할을 감당하는 것에 대해서는 부정적이다. 정부의 개입은 필연적이고 효율적일 때에만 개입을 해야 한다고 인식하고 있기에 국가개입의 최소화가 바람직하다는 입장이다(조추용외, 2009).

신자유주의는 정부권력의 시장개입을 비판하고 시장의 기능과 민간의 자유로운 활동을 중시한다. 1970년대부터 케인스이론을 도입한 수정자본주의의 실패를 지적하고 경제적 자유방임주의를 주장하면서 본격적으로 대두되었다(조추용외, 2009).

이른바 레이거노믹스와 대처리즘의 근간이 되었다. 신자유주의는 1970년대 후반 이후 세계자본주의가 불황에 빠지고 자본축적의 위기가 도래하자, 이 위기의 주요인으로 복지국가를 비판하면서 대두된 이념이다. 즉, 서구에서 1970년대 후반부터 경기침체로 복지국가의 확대에 제동이 걸렸다. 사회복지의 신자유주의론자들은 정부권력의 개입을 완전히 부정하지는 않지만 정부권력의 개입은 경제의 효율성과 형평성을 오히려 악화시킨다고 주장한다. 따라서 공공복지제도를 확대하는 것은 정부의 재정을 팽창시키고, 근로의욕을 감퇴시켜 이른바 '복지병'을 야기한다고 주장한다(조추용외, 2009).

사회민주주의의 중요 가치는 평등, 자유, 우애이고, 중심적인 가치로는 평등을 강조 한다. 즉, 평등은 과도한 불평등의 감소를 의미하는 것으로 기회와 부의 평등이나 소득에서의 불평등을 어느 정도 인정하고 있다. 사회 민주주의형은 경제성장 없이는 사회주의의 목표를 성취할 수 없기 때문에 경제성장을 보장하기 위해서 빈부간의 차이를 감소시켜 주며, 사회 자본을 증대시켜 주는 정부의 책임은 필수적이라고 본다. 즉, 시장경제의 정의롭지 못한 분배과정에서 나타나는 불평등의 완화와 재분배는 정부의 책임으로 간주한다. 때문에 복지국가에 대해서 적극 찬성하고 있으며 점진적이고 민주적인 방법을 통해 국가복지의 확대와 인간적인 자본주의로 개혁하여 사회주의로 이행하는 것이다(표갑수, 2002).

사회민주주의는 생산수단의 사회적(공적) 소유와 사회적(공적) 관리에 의한 사회의 개조를 민주주의적인 방법을 통해서 실현하려고 하는 이념이다. 자본주의란 원래 개인 이윤을 목적으로 개인 소유 위에서 개인 경쟁에 의하여 운영되는 경제적 '개인주의'이다. 그런

데, 19세기 사회주의 사상가들은 자본주의적 민주주의가 자유·평등을 실현하지 못하는 원인이 자본주의의 개인주의에 있다고 생각하였다. 따라서 자유·평등의 민주주의 사회를 실현하려면 자본주의의 '개인주의를 그 반대의 원리', 즉 '사회주의'로 바꾸어야만 된다고 믿었던 바, 마르크스주의자들이 폭력혁명을 방법으로 삼은 데 대하여 사회민주주의자들은 폭력이 아닌 민주주의적 방법을 통하여 그 목적을 실현하려 하였다(조추용외, 2009).

마르크스주의는 19세기의 3대 정신적 주류라고 할 수 있는 헤겔, 포이어바흐등 19세기 독일의 고전철학에서 변증법과 유물론, 영국의 고전경제학중에서도 특히 리카도의 경제학으로부터 노동가치설, 그리고 프랑스의 사회주의자들로부터 사회주의 사상을 비판적으로 계승·발전·통일시킴으로써 형성되었다. 마르크스주의자들은 자유, 평등, 우애 등이 중심적인 가치이다. 개인주의에 대립되는 가치로서 우애, 최저욕구 실현보장과 수량적으로 동등한 분배를 강조하는 등 평등을 강조하고 있다. 경제적 불평등은 갈등의 원인이 되어 자유를기대할 수 없기 때문에 생산수단의 완전한 정부개입을 주장하고 있다(강용규, 2005). 마르크스주의에 의하면 복지는 '각자의 욕구에 따른 각자에게' 최대의 서비스를 제공하는 것을 말한다. 마르크스주의자들에게 복지국가는 사회경제적 구조상 근본적 면화를 억제하고 지배계급의 권한을 유지하려는 사회통제에 불과하다. 따라서 복지국가는 빈곤 및 소득이나 주택 또는 정치권력상의 불평등을 해결하지 못하기 때문에 자본주의 사회에서 발생하는 여러 사회문제들을 해결하기 위해서는 사회혁명을 통한 자본주의의 붕괴가 그 해결책이라고 한다(조추용외, 2009).

신마르크스주의형은 마르크스주의는 국가를 자본가계급의 계급지배 도구로 간주하는 전통적인마르크스주의의 입장을 견지하면서도 국가가 정책과정에서 어느 정도 자율성을 지닐 수 있음을 인정한다. 국가가 계속적인 자본축적을 위하여 복지정책 등을 추구하는 과정에서 자본가계급으로부터 어느 정도 자율성을 유지할 필요가 있다.

신마르크스주의형은 사회정책의 역사적 발전과 현대적 기능에 대하여 마르크스가 지적한 대립적 계급이익, 자본축적의 중요성, 프로레타리아의 혁명적 역할에 기본적 변화가 없다고 하면서, 사회정책의 생성이 계급이익에 대한 마르크스의 분서을 감소시키지 못하고 재산, 이윤 및 시장이 불평등의 주요한 결정요인으로 되어 있다고 한다. 그리고 자본축적과 사회변화에 대한 마르크스의 분석이 현대 서구사회와 관련시켜 주요한 수정이 필요하다는 것을 신마르크스주의자는 부정한다(김영모, 1981).

페미니즘은 여성억압의 원인과 상태를 기술하고 여성해방을 궁극적 목표로 하는 운동 또는 이념이다. 19세기 중반에 시작된 여성 참정권 운동에서 비롯되어 그것을 설명하는 이론까지 포함하는 개념이다. 페미니즘의 시초는 자유주의에 근원을 두고 있는데, 자유주의적 페미니즘에 의하면 여성의 사회진출과 성공을 가로막는 관습적, 법적 제한이 여성의 남성에 대한 종속의 원인이다. 따라서 여성에게도 남성과 동등한 교육기회와 시민권이 주어진다면 여성의 종속은사라진다고 한다. 복지국가가 모든 시민의 평등에 큰 영향을 미치는 노동시장에서 여성들이 지위를 보장받을 수 있도록 하는데 필요한 서비스를 제공할 수 있다는 측면에서는 강한 지지를 보이지만, 한편 페미니스트들은 복지국가가 남성들이 정책입안자이고 여성들은 단지 정책수혜자로 머무는 남성지배적 국가라고 주장하고 있다(표갑수, 2002). 사회복지 이념은 사회적 상황에 대한 인식적·평가적 정향을 사회복지와 연결시키는 관념적 신념체계(belief system)를 말한다. 사회복지의 이념은 사회적 상황에 대한 인식을 사회복지와 연결시켜 가치 및 신념체계를 구축하여 사회경제적 문제와 사회복지의 형태, 바람직한 사회를 실현하기위해 필요한 방법 등에 대한 가치 판단적 설명을 제공한다.

Introduction to Social Welfare and job practice

2

Chapter

사회복지의 역사

Introduction to Social Welfare and job practice

Ferge는 사회복지의 역사를 크게 빈민법, 사회보험, 복기국가 등 세가지 체제로 구분하였다.

이 세가지 체계를 좀 더 구체적으로 세분화 시키면 고대(빈민법이전시대), 빈민법, 사회보험, 복지국가, 복지국가의 위기와 재편시기로 나눌 수 있다. 고대는 로마시대가 멸망하는 이전 시기이다. 이시기에 있어서 사회복지의 형태는 농업을 중요시하는 중농주의 시대로 자선, 상부상조이다. 사회복지의 기능을 담당한 곳은 교회였다. 각 교구에 설치된 수도원이나 구빈원에서 헌금으로 빈곤자에게 자선을 베풀었다. 자선은 하나님의 사랑을 소외계층에게 베푸는 행위로 도움을 주는 자의 일방적인 행위로 도움을 받는 사람들의 의지와는 상관없는 도움이었다. 반면 상부상조는 도움을 받는 자와 주는 자가 동등한 입장에서 서로 도움을 주고 받았다. 우리나라의 품앗이, 두레, 계와 같은 형태로 볼 수 있다.

사회복지에서 빈곤은 가장 핵심적이고 1차적인 사회문제이며, 사회복지의 대상이라고 볼 수 있다. 고대는 빈곤의 문제를 개인의 문제로 여겼으며, 개인의 나태와 게으름이 빈곤의 원인으로 보았다. 이러한 관점은 복지국가가 시작되는 근대까지 지속되었다.

빈민법은 봉건시대가 붕괴되면서 중세 절대왕권이 형성되는 시기에 만들어졌다. 봉건시대의 붕괴로 빈곤자가 지속적으로 증가되면서 1601년에 엘리자베스 여왕에 의해서 사회복지의 기원이 된 빈민법이 집대성되었다. 빈민법을 사회복지의 기원으로 삼는 이유는 빈민을 체계적으로 구분하였으며, 빈민을 돕기위해 구빈세를 걷어 국가차원에서 빈곤문제를 해결하기 위한 시도가 있었기 때문이다. 그러나 여전히 빈곤의 책임은 개인의 책임이었으며, 빈민법이 빈곤자의 인권이나 인간존중을 위한 것은 아니며 사회질서를 유지하기 위한 수단에 불과하였다. 사회보험은 산업혁명 후 노동자 계층이 형성되면서 독일의 비스마르크가 1880년대에 만들었다. 노동자들이 생존을 위해 우애조합이나 공제조합을 만들어 세력을 규합하고 노동운동이 권력으로 국가에 위협이 되자 당시 독일의 재상이었던 비스마르크가 노동자를 국가에 귀속시키려는 의도로 만들었다. 이 시기에도 여전히 빈곤은 개인의 책임이었다. 그러나 이 시기에 자선조직협회나 인보관운동 등 사회개량운동이 활성화되고, 빈곤조사가 시작되면서 빈곤관의 개념이 점점 사회문제로 인식되기 시작하였다.

1890대 들어서면서 유럽의 불황과 20세기 초기의 제1, 2차 세계대전, 대공황이 겹치면서 빈곤의 문제는 더 이상 개인의 문제가 아니라 사회문제로 인식하게 되었다. 1942년 베버리지 보고서가 작성되면서 보편적 서비스가 시작되었고 비로소 복지국가의 모습이 나타났다. 이 시기에 “무덤에서 요람까지”라는 복지국가들이 만들어졌다. 그러나 복지국가는 그리 오래가지 못하고 중동전쟁의 여파로 인한 오일쇼크와 실업률의 증가는 복지국가들의 재정파탄을 초래하게 되었다. 1980년대 이후는 복지국가들이 위기가 도래하고 복지국가들이 복지재정을 줄이기 위해 재편작업이 시작되었으며 지금까지 이르고 있다.

〈표 2-2〉 **사회복지정책 역사의 세단계**

단계	빈민법	사회보험	복지국가
대상자	• 걸인, 부랑자 • 구제가치가 있는 빈민	• 노동자계급	• 시민, 개인
복지주체	• 국가, 교회, 봉건영주	• 국가, 노동조합	• 국가, 시민단체
대상욕구	• 최소한의 생존	• 산업화,도시화로 인한 사회적 위험에 대한 최소한의 지원	• 국민최저이상, 직업보장(완전고용)과 복지와의 관련성 중시
주요제도	• 시설 및 거택보호 • 공공부조	• 사회보험 • 보건, 교육, 주택 • 복지의 시작	• 확대된 사회보장 • 시장을 보완하기 위한 케인즈주의적 사회경제 정책
권리수준	• 무 권리 • 정책 당국의 재량	• 사회보험에 입각한 권리 (구입한 권리)	• 시민권
경제와의 관계	• 주변적 • 사회문제를 경제와 무관한 것으로 인식	• 경제에 종속 • 잔여적 복지정책	• 경제와 거의 대등한 파트너 관계

1. 고대사회

1) 고대 이집트

고대 이집트는 빈민에 대한 비난은 없었다. 중앙집권적 구빈사업으로 운하나 피라미드 건설에 동원된 사람들의 대부분이 빈민이었고, 구빈사업은 국가가 주도하였다. 천재지변이 심할 때는 한정된 재정으로 주민들을 보호해야 했으므로 이방인의 유입을 금지하였다. 이는 후에 영국에서 제정한 정주법(residency law)과 유사한 성격의 정책이었다. 이집트에선 이방인에 대한 구제가 종교적으로 의무화되어 있었다.

2) 고대 중국

고대중국에서도 빈민에 대한 비난은 없었다. 국가의 구빈사업은 제도적으로 정해진 것은 아니었지만 빈민이 발생하면 국가에서 구빈(救貧)을 실시하였고, 도덕적으로나마 국가 및 제왕은 구빈뿐 만 아니라 국민복지를 향상시킬 의무가 있었다.

구빈사업의 내용은 천재지변시 국가는 곡물창고를 열어 빈민에게 무료로 방출했으며, 지불능력이 있는 자에게는 곡물을 판매하였다. 또한 부자들에게 자신의 창고를 열어 곡물 대여나 곡물의 무료 방출을 하도록 요구하였고, 황제 자신도 금고를 열어 그 돈을 구빈사업에 쓰도록 하였다. 또한 국가 주도하에 천재지변이 심한 지역의 빈민을 새로운 지역으로 이주시키는 사업도 전개하였다.

3) 유대사회

유대사회는 보편주의에 입각한 구빈관을 가지고 있었다. 유대사회의 구빈관은 가치 있는 빈민이나 가치 없는 빈민의 구별 없이 빈민이면 누구나 도움을 받을 권리가 있다는 보편주의에 입각한 것이었다. 또한 유대사회는 빈민을 비판하는 것이 아니라 사회나 개인이 얼마나 빈민에게 자선을 베풀었느냐에 따라 비판을 하는 파격적인 성격의 구빈관을 가지고 있었다.

구빈사업의 내용을 3가지의 특징을 가지고 있다.

첫째, 이방인 보호의 원칙이다. 유대민족의 조상 아브라함(Abraham)은 자신의 천막에 찾아온 이방인을 반갑게 맞이하고 후하게 대접함으로써 이방인 보호의 원칙을 정립하였다.

둘째, 공적부조의 확립이다. 유대사회는 생산자에게 재정의 의무를 부과하는 방법으로 공적부조의 체계를 확립했는데, 탈무드 시대에는 마을마다 기금함을 설치하여 빈민이 자유롭게 그 기금함에서 돈을 꺼낼 수 있도록 하는 구빈사업을 실시하였다.

셋째, 회년제(回年制) 실시이다. 희년제는 매 50년마다 노예를 해방시키거나 원래의 소유주에게 재산을 환원하는 제도로써, 부(富)의 재분배 효과를 꾀하는 혁명적 성격의 구조적 복지사업이라고 할 수 있다.

4) 그리스(Greece) · 로마(Roma)

그리스(Greece)는 빈민에 대한 비난을 표출하였다. 플라톤(Platon)은 빈민을 '도시에서 추방하여야 할 쓸모없는 존재'로 규정했고, 대부분의 그리스인들도 빈곤을 개인 자신의 결함에 의해 나타난 것으로 생각했기 때문에 빈민에 대해 부정적인 견해를 가지고 있었다. 따라서 사원 중심의 빈민구제와 의료시술조직이 있었으나 전반적으로 구빈사업은 미미할 수밖에 없었다.

로마(Roma)는 로마사회는 대체적으로 빈민에 대해서 부정적이었다. 정부의 구빈사업 또한 정치적인 목적을 위해서 주로 이루어졌고, 개개인들의 개별적인 구빈사업도 개인 자신의 자기 과시적 성격이 강하였다.

2. 중세사회

1) 교구제도

최초의 교구는 상호 경계를 받고 있는 사람들로부터 형성된 상호부조의 집단이었다. 구빈사업으로 각 교구에서는 10분의 1의 세(稅)를 수납한 뒤, 그것을 3~4등분하여 그 하나를 빈민구호를 위해 분배하였다.

2) 구빈원과 길드(guild)

집단적 수용보호시설인 구빈원은 수도원에 부설하였던 숙박소를 그 기원으로 하고 있다. 수도원 숙박소(구빈원)는 처음에는 순례자를 접대하는 장소였으나 후에는 노인·과부·고아·병자 등 도움이 필요한 사람들의 주거로 이용되었다.

길드(guild)는 현재의 조합과 같은 조직이다. 상인 길드(merchant guild)에서는 길드 성원 중에 남편을 잃은 과부 및 고아를 보호하고 교육하였으며, 수공업 길드(craft guild)는 불행한 성원은 구제하기도 하였으나, 초기에는 자선조직이라기보다는 오히려 성원간의 단순한 상호부조적 인보단체의 성격을 지녔다. 종교 길드에서 자선적 행위는 종교적 사업의 일부로 간주하였다.

3) 자선, 박애, 상부상조

박애사업은 가진 자와 못가진 자 간의 운동으로 오늘날 사회사업의 뿌리가 되었으며, 상호부조는 일하는 사람들이 서로를 돕는 활동으로 사회보험의 등장에 영향을 미쳤다. 자조는 스스로 자신의 문제를 해결하는 방법으로 국가 주체의 사회복지정책에 부정적인 여론을 형성시켰다.

<표 2-1> **자선, 박애, 상부상조의 비교**

구 분	특 징	비 고
자 선 (charity)	종교적 동기(신의 은총) 일방적 불평등 관계(주는자의 행복) 주관적 임의적 성격	자선은 박애보다 기부된 금품 등 소규모의 기부행위가 강조된 개념이다.

박 애 (philanthropy)	비종교적 동기(도덕적 신념) 일방적 귀족의 의무(도덕적 우월성) 주관적 임의적 성격	박애는 자선보다는 대규모 기부를 의미하며 도덕적 신념의 의미를 강조한 개념이다.
상부상조 (mutual aid)	연대의식(공속감, 동류의식) 호혜적 관계, 비낙인 폐쇄적(범위 제한)	한국의 품앗이, 두레 중세의 길드, 공제조합

3. 빈민법 시대

1) 빈민법

(1) 배경

봉건사회의 사회계층은 지배층으로 귀족과 성직자가 있었고, 피지배층으로는 젠트리, 농민, 노예 등이 있었다. 중세시대는 흉작과 인구증가 등으로 식량이 부족하였으며, 인클로저운동으로 부랑자가 급속도록 늘어났다. 1348~1349년 흑사병으로 노동력이 부족하여 노동자들의 임금이 상승하면서 지주들이 임금통제를 위해 노동자규제법(the Statute of Labourers)을 제정하였다. 노동자 규제법은 걸식과 부랑을 금지하고, 임금억제를 위해 임금에 상한선을 두며, 지주 상호간의 농인 쟁탈을 억제하는 법이다.

중산주의 발전에 따라 토지에 의존하던 봉건적 지주귀족들의 힘이 약해지면서 봉건주의 붕괴의 원인되었으며 중세 봉건제가 쇠퇴하고 절대주의 국가가 성립하면서 등장하였다. 빈민법 시대는 중상주의(mercantilism), 산업주의(industrialism), 계몽주의, 공리주의 사상이 주류를 이루었다. 중상주의는 15~18세기 상인자본의 이해를 뒷받침한 국가의 경제정책으로 중상주의자들은 노동, 특히 다수의 근면한 빈민의 노동을 중요하게 여겼다. 이 시기의 유럽 국가는 대외 무역을 통한 상업자본의 축적이 목표이었으며, 공장설립 지원을 통하여 노동자나 빈민의 값싼 노동력을 국가 부의 축적수단으로 삼았다. 정주법도 빈민의 유랑을 막고 노동윤리를 강조한 중상주의 정책이다. 17세기 정주법(1662)이 생길 무렵 산업주의적 사고가 시작되었다. 빈민에 대해 부정적인 시각을 가지고 있었으나 빈민과 실업자를 고용하여 국가의 부를 창출하려는 계획이 일어났다. 작업장에서 빈민을 통한 작업은 빈민에 대한 감독과 훈련을 동시에 할 수 있다는 논리로 후에 작업장법(1722)의 제정에 영향을 미쳤다.

이 시대의 시대적 사조는 자유주의 사상이다. 즉, 경제적으로는 자유방임사상이라고 볼 수 있는데, 1834년 신빈민법의 제정에 영향을 주었다. 아담 스미스는 『국부론』(1776)를 통해 경제는 보이지 않는 손에 의하여 시장을 통하여 발전하는 것이므로 국가가 개입해서는 안된다는 입장으로 자유주의 사상의 대표적인 학자이다.

(2) 엘리자베스 빈민법(1601년)

인클로저 운동과 계속된 흉작, 신세계로부터 귀금속의 대량 유입으로 극심한 인플레가 나타나면서 16세기는 부랑자가 꾸준히 증가되었다. 부랑자의 증가는 1601년 엘리자베스 여왕이 기존의 빈민법을 집대성하는 계기가 되었다. 부랑자가 늘어나면서 사회의 불안 요인으로 작동하였으며 엘리자베스 여왕은 부랑자 문제가 억압과 교구의 구빈만으로는 해결되지 않는 것을 인정하면서 보다 합리적인 조치를 마련하였는데 이것이 분류화이다.

엘리자베스 빈민법에서는 부랑자를 3가지로 구분해서 구빈을 실시하였다.

㉠ 노동능력이 없는 빈민 : 노령자, 만성병자, 맹인, 정신병자은 구빈원에 수용함.
㉡ 노동능력이 있는 빈민 : 작업장(workhouse)에 입소시켜 강제로 노동시킴. 원 외구호를 금지함.
㉢ 아동 : 도제로 삼아 24세까지 장인에게 봉사하면서 성장하였다.

엘리자베스 빈민법의 의의는 첫째, 빈민 구제의 책임을 정부(지방정부)의 책임 영역으로 여겼다. 부랑자를 지역사회에서 책임지도록 구빈세가 부과되었다. 둘째, 구제 대상자를 노동능력이 있는자와 없는자로 분류하여 근로능력이 있는 자에게 근로 의무를 강제하였다는 점이다. 이러한 모습의 현시대의 자활사업과 비슷한 모습이라고 볼 수 있다.

(3) 정주법(the Settlement Act, 1662년)

엘리자베스 빈민법은 빈민을 적절하게 통제하는데 실패하였으며, 빈민을 통제하고 도시로 빈민의 유입을 막기 위해 정주법이 제정되었다. 정주법에 의해 구빈감독관이 부랑자를 그가 태어난 원래 소속 교구로 돌려 보내졌으나 대도시로의 노동력 유입은 막을 수 없었다. 빈민법의 구빈원이나 작업장은 오히려 빈민에 대한 처우는 열악하여 빈민들은 보다 나은 생활환경이나 일자리 또는 교구를 찾아다녔으나 부랑자의 증가는 구빈세의 증가로 귀족계급이나 책임져야 할 교구는 빈민에게 관대하지 않았다.

(4) 작업장법(Workhouse Test Act, 1722년)

중세의 절대왕권이 형성되면서 절대왕권을 유지하지 하기 위해서는 군사력이 절대적이었다. 막강한 군사력을 유지하지 위해 막대한 자본이 필요 했으며 이를 위해 국가에서는 상공업을 강화시켰다. 이것이 바로 중상주의였다. 작업장법은 빈민들의 노동을 통해 이익을 얻는다는 생각에서 시작되었다. 작업장은 부랑억제와 이윤 획득 양쪽을 위해 활용하도록 촉진하는데 목적이 있다. 작업장은 노동능력이 있는 자들을 위한 것이었으나 나중에는 노동능력이 없는 자들도 수용되어 열악한 환경으로 변하게 되었다. 빈민자들을 이용하여 이익을 얻고자 하는 사고는 생산성이 떨어져 결국 실패하게 되었다. 작업장은 복지국가의 재편과정에서 오늘날 생산적 복지로 새로 태어났으며, 자활사업이나 조건부수급자와 같은 형태로 볼 수 있다. 몇 백년 전 실패하였던 복지사업들이 오늘날에도 반복되어 행해지고 있는 것은 역사의 교훈으로 볼 수 있다.

(5) 토마스 길버트법(the Thomas Gilbert Act, 1782년)

빈민들의 노동을 통해 이익을 얻는다는 작업장법이 실패하면서 열악한 교구는 교구연합을 통해 작업장을 만들어 빈민구제 비용을 분담하고자 하였다. 교구연합은 유급 사무원을 채용하였는데 사회사업가의 모태가 되었다. 토마스 길버트법은 원외구호를 허용하여 노동능력빈민과 실업자에게 일자리 또는 원외구제를 통해 구호물품과 금품이 제공되었다.

토마스 길버트는 하원의원으로 당선된 후 작업장을 시찰하면서 작업장의 열악한 작업 환경을 개선하기 위해 원외구호와 작업장법을 개선하고자 만든 법이 토마스 길버트법이다. 이러한 의미에서 토마스 길버트법은 인도주의적 구빈제도라고 볼 수 있다.

(6) 스핀햄랜드법(the Speenhamland Act, 1795년)

18세기의 흉작과 전쟁으로 빈민법은 위기에 빠졌으며 실업자는 물론 노동자도 식량 부족과 생필품 가격의 인상으로 새로운 조치가 필요하게 되었다. 스핀햄랜드법은 노동자들의 생활고를 덜어 주고 사회 안정을 꽤하기 위해 도입되었다. 엘리자베스 빈민법의 임금규제정책과 완전히 어긋난 것으로 매우 혁명적인 제도였다. 빈민구제에 있어서 최초로 생계비 지수(cost of living index)를 적용한 법으로 곡물 가격의 변동에 대처해 빈민을 구제하였다. 노동자의 임금을 밀 가격과 식구 수에 연동시킨 수당으로 저임금 노동자의 임금을 보충해 주었으며, 노령자·불구자·장애인에 대한 원외구호가 확대되었다. 원외구호 급여는 현금, 구호물품, 음식물 등의 형태로 제공되었다.

이 제도의 의의는 첫째, 인도주의적·자비적이었으며 최저생계 수준 이하의 노동을 하는 빈민들에게 진정한 관심을 가졌다. 둘째, 빈민구제에 따른 낙인 존재하지 않았다. 셋째, 구호수준을 가족수에 따라 차등 적용하였다.

그러나 좋은 제도를 과거나 지금이나 사람들은 잘 활용하지 못하고 악용하였다. 스핀햄랜드 법은 입안자들의 의도와는 다르게 빈민과 고용주 모두에게 부정적인 결과를 가져왔다. 고용주들은 임금 보조금이 지급되어 오히려 임금을 낮게 책정하였으며, 노동자들은 가족수에 따라 월급을 보장받을 수 있기 때문에 열심히 일하지 않았다. 결과적으로 빈민구호 비용 급증하여 스핀햄랜드의 비판받게 되고 신빈민법이 탄생시키는 결과를 나왔다. 스핀햄랜드 법은 빈민들을 위한 최소한의 사회 안전망으로 도입되었으나 실제로는 노동자와 빈민을 더 황폐하게 만들었으며 후일 반복지주의자들의 복지국가 공세에 스핀햄랜드 법의 모순이 자주 도마위에 올려지게 되었다

(7) 신빈민법(New Poor Act, 1834년)

엘리자베스 빈민법의 시작된 구빈세는 스핀햄랜드법으로 빈민 구호 비용을 엄청나게 증가시켰으며 반면 노동유인은 크게 떨어져 이에 대한 비판으로 구빈법이 개정되었다. 신빈민법은 비판의 표적이 된 스핀햄랜드법을 철폐하고 과거의 작업장을 다시 부활시켰다.

신빈민법은 노동 능력이 있는 자에 대한 빈민 구호는 작업장 안에서만 제공한다는 원칙을 재천명한 것이며, 구빈의 책임은 여전히 지역에 맡기되 중앙 정부의 개입을 강화하는 내용이 첨가되었다.

신빈민법은 3가지의 원칙을 제시하였다. 첫 번째 원칙이 열등처우의 원칙(less eligibility)이다. 국가에 의한 구제수준은 최하층의 독립 노동자들의 생활수준보다 낮게 유지되어야 한다는 것이다. 이 원칙은 오늘날에서도 그대로 적용되고 있다. 최저생계비와 최저임금의 격차에서 찾아볼 수 있다. 둘째는 작업장 입소의 원칙(원내구호의 원칙)으로 노동능력이 있는 자들의 빈곤에 대한 원외구호를 중단하는 대신 노동능력이 없거나 노동의 대가로는 생계유지가 불가능한 상태(indigence)에 대해서만 구호를 제공하였다. 세 번째 원칙이 전국균일처우의 원칙(행정의 중앙집권화와 통일의 원칙)이다. 구빈제도의 행정을 담당할 중앙기구로 구빈법위원회을 설치하였다(감정기외, 2004). 신빈민법은 영국 사회정책 역사의 중요한 분수령 되었으며, 소극적 시혜에서 적극적인 억압과 만성적 빈곤문제에 대해 빈곤 근절을 위한 냉엄한 결단으로 전환되었다.

이러한 신빈민법의 원칙은 1970년대 후반 복지국가가 위기에서 벗어나기 위해 재편과정을 겪으면서 오늘날 복지제도에 그대로 투영되었다.

2) 1905년 왕립빈민법위원회

1834년 신빈민법은 시행되자마자 잔혹성 때문에 많은 비판을 받게 되었다. 중앙집권적 구빈법위원회는 지방자치의 전통을 파괴한다는 비판을 받아 1847년에 구 빈법 위원회는

해체되었으며 새로운 구빈법평의회가 설치되었다. 그것이 바로 1905년에 구성된 왕립빈민법위원회이다.

20세기 초에 실업문제가 점점 더 심각해지자 빈민법에 대한 재검토가 불가피해 지고 1905년에 이 문제를 다루기 위해 '구빈법과 실업자에 관한 왕립위원회'가 임명되어 구빈구제에 대한 다양한 대책들이 분석되었다. 이 위원회는 보수주의자, 자유주의자, 페이비언 사회주의자 등 다양한 성향의 인사들 20명이 위원으로 참여하여 1909년에 다수파보고서(보수주의자들의 의견)와 소수파 보고서(페이비언 사회주의자인 웹 부부의 의견)가 제출되었다.

이 보고서는 두 파의 첨예한 대립으로 결론을 내리지 못하고 그대로 역사의 뒷안길로 사장되고 말았다.

〈표 1-4〉 **다수파·소수파 보고서의 주요 차이점**

구분	다수파 보고서	소수파 보고서
빈곤의 원인	개인의생활태도, 빈민의나태와 무책임	빈곤을 개인의 문제가 아니라 불합리하고 불건전한 사회질서의 결과
정책방향	빈민에게는 관대한 동정보다는 가혹한 조치가 필요	빈곤의 해결을 위해 공공지출이 불가피 함.
행정 운영방식	현행 구빈제도의 개혁을 통한 유지·존속을 주장	빈민법의 완전한 폐기를 주장

3) 빈곤조사와 민간활동

(1) 시대적 배경

신빈민법이 퇴조하고 사회보험이 만들어지는 어간에 민간에서는 새로운 의미있는 활동들이 전개되었다. 이 시대는 자유방임주의가 지배하였으며, 정부의 간섭이 적을수록 좋다는 생각과 자조, 근면, 절제, 절약이라는 덕성이 깔려 있었다. 자유방임주의 사조 하에서 빈곤은 개인의 도덕적 타락의 결과이며, 사회경제적 조건과는 무관하였다. 이 시기의 영국은 빅토리아 여왕이 통치하던 시절이었으며 영국은 전 세계에서 가장 강대국으로 군림하던 시대였다. 19세기 후반 빅토리아 여왕시대에는 박애, 상호부조, 자조 등의 색채를 띤 민간활동이 활발하게 전개되었다.

박애사업은 가진 자와 못가진 자 간의 운동으로 오늘날 사회사업의 뿌리가 되었다. 상호부조는 일하는 사람들이 서로를 돕는 활동으로 사회보험의 등장에 영향을 주었다. 자조는 스스로 자신의 문제를 해결하는 방법으로 국가 주체의 사회복지정책에 부정적인 여론이 형성 되었다. 빅토리아시대에 대량 실업 발생과 빈민행정의 공동화 현상으로 자선단체가 무차별적으로난무하자 단체들 간의 자선활동을 통일시키기 위하여 자선조직협회가 발족되었다.

(2) 자선조직협회(COS: Charity Organization Society)

박애사업은 빅토리아 시대에 크게 권장되었고 유행하였다. 1860년대의 영국은 산업혁명 이후 한 세기를 지나면서 자유방임주의 자본주의 폐해와 기근과 전염병 등이 겹치면서 빈곤문제로 어려움을 겪고 있었고 신빈민법의 체제하에서 구빈행정은 이를 감당하기에 역부족한 상태였다. 이와 때와 같이 하던 박애사업으로 확산된 자선활동들은 무원칙·비효율·무책임·상호대립 등의 문제점을 안고 있었다.

이러한 배경하에서 빈곤의 원에 대한 접근과 민간 자선활동 단체 상호간의 조정 및 구빈행정과의 역할분담 등이 필요하게 되어 자선조직협회가 발족되었다. COS는 글래드스턴(1867년 자유당 당수) 정부의 고쉔 각서(Goschen Minute)의 영향을 받았다. 자유당 클래드스턴 정부가 들어선 후 다소 관대해졌다. 지방구빈감독청은 지난 몇 년동안 중앙정부의 통제로부터 자율권을 획득하였으며, 원외구호가 크게 확대 되었다. 이러한 상황에서 고쉔은 글래드스턴 정부가 들어서면서 빈민법을 다시 엄격하게 만들 생각이었으며, 고쉔 각서는 원칙적으로 1834년의 빈민법을 재확인한 것이다. 그러나 민간자선활동의 급성장으로 타협과 양보로 구제가치가 있는 빈민과 구제가치가 없는 빈민을 구분하여 지원하는 원칙을 세웠다. 이로 인하여 COS는 구제가치가 있는 빈민에게 도움을 주었고, 구제가치가 없는 빈민은 작업장에 보내졌다. 고쉔 각서는 COS 활동의 기초가 되었다 구제가치가 있는 빈민(청결하고, 건전하고, 예의바르고 감사할 줄 아는 사람이며, 저임금 노동자나 장애인 혹은 연소아동 등과 같이 본인으로서는 어쩔 수 없는 가난하게 된 사람)은 자선조직의 도움에 맡겨도 좋으며 구제가치가 없는 빈민(더럽고, 항상 술에 취해 있고, 욕 잘 하고, 남을 존경할 줄 모르는 사람으로 노동능력이 있으면서 나태나 정신적 퇴폐로 도덕적 결함으로 가난하게 된 사람)은 작업장에 가도록 했다.

자선조직협회의 창립목적은 첫째, 중복구빈을 없애기 위한 여러 자선활동을 조정하기 위해서 창립되었다. 둘째, 환경조사 및 적절한 원조를 제공하기 위해서다. 중복 구빈을 피하기 위하여 연락기관 설치하게 되었는데 지역단위의 자선활동의 조직화와 조정활동이 지역사회조직의 모태가 되었으며, 우애방문단(friendly visiting)을 조직하여 개별적 조사활동을 통해 철저한 환경조사를 하였으며 이는 오늘날 개별사회사업으로 발전되었다. 우호방문원은 빈곤한 가구를 방문하여 빈곤의 원인을 조사하여 판단하고 분류하는 자원봉사자들이었다. 우애방문원은 신흥 자본가의 부인들로 주로 구성되어 도덕적 문제를 가진 빈민들에 대한 상담을 통하여 이들을 감화시키는 역할도 하였다. 우호방문원들은 빈민을 위하기 보다는 자신들의 우월감을 나타내려고 활동하였다. 우호방문들의 활동은 체계적 교육과 훈련의 과정을 거쳐 후일 개별 사회사업으로 발전하였다. 빈민에 대한 과학적 조사는 전문사회사업의 근원이 되었으나 대상자에게는 환경조사가 심한 낙인감을 주었다. COS는 빈곤을 개인의 도덕적 결함으로 간주하고, 사회·경제적 뿌리를 무시하였다는 점에서 보수주의적이다.

셋째, 구걸을 방지함으로써 빈민의 생활조건을 향상시키는 것이다. 정상적인 중산층의 인격적인 감화를 통해 비도덕적인 빈민의 탈 빈곤동기를 강화시키줌으로써 자력으로 빈곤으로부터 벗어날 수 있다고 여겼다. COS의 활동은 구제의 대상과 수준을 제한하려 하였으며 구빈행정의 원칙과 조화를 이루고 빈민들을 사회적으로 통제 하였다. 또한 빈곤을 개인의 책임으로 보았으며 능력이 있는 자만이 누릴 수 있다고 보는 사회진화론(Social Darwinism) 적 사상에 따랐다. 사회진화론은 19세기 찰스 다윈이 발표한 진화론을 기초로 하여 허버트 스펜서가 인간 사회에 적용시킨 논리이다. 인간사회도 계속 진화 발전을 하며, 이러한 변화에 적용하지 못하는 사회나 인간은 도태한다는 것이다.

COS의 빈곤관은 빈곤의 원인은 빈민의 성격이나 생활방식으로부터 나온다. 즉 게으름, 음주, 무책임한 행동의 결과로 보았다. 그러므로 빈곤구제의 핵심은 사회개혁이 아니라 빈민의 변화에 있다고 보았다. COS는 중산층의 인격적인 감화를 통해 비도덕적인 빈민의 탈 빈곤동기를 강화시켜 줌으로써 자력으로 빈곤으로부터 벗어날 수 있다고 여겼다. 또한, COS는 인도주의(Humanitarianism)의 영향을 받았다. COS를 결성하고 주도한 활동을 한 계층은 신흥 자본가들이다. 이들은 자유방임주의 사상으로 형성된 야경국가와 시민사회가 형성 되면서 부를 축적하게 되었고 부의 일부를 빈곤구제에 사용하여 빈곤문제를 해결하려고 자선활동에 참여하게 되었는데 이것이 19세기 전반에 걸친 인도주의 사상이다(감정기 외, 2004).

(3) 인보관 운동

인보운동은 1854년 데니슨 목사가 주측이 되어 캠브리지대와 옥스퍼드대 학생들과 스럼가의 노동자들을 결합시킴으로써 빈곤문제를 해결하려는 일종의 사회이상주의 운동이었다. 인보관 운동은 바네트 목사가 계승하여 더욱 발전시켰다. 인보관 운동은 활동가들이 빈민들의 거주지역에 뛰어들어 그들과 적극적으로 동조하는 가운데 빈민들이 필요로 하는 각종 서비스를 제공할 뿐 아니라 사회를 개혁함으로써 빈곤의 문제를 해결하려는 노력도 병행하였다. 인보관 운동은 경제적 상류층들에 의해 주도된 COS과는 달리 중류층 지식인들을 중심으로 이루어졌다.

인보관 운동의 주요 프로그램으로는 탁아, 급식, 아동과 청소년의 클럽활동, 레크리에이션, 교양강습 등이 있었고, 사회개혁 활동으로는 빈민의 조직화와 의식화 활동, 빈민보호를 위한 입법활동 등의 정치참여활동 등이 중심이었다.

영국에서 유명한 인보관은 토인비 홀(Toynbee Hall, 1884)이며, 아놀드 토인비의 헌신적인 인보운동을 기리기 위해 바네트(S. Barnett)가 세운 것이었다. 미국은 코이트(S. Coit)가 1886년에 뉴욕에 세운 근린조합과 시카고에 1889년에 아담스가 세운 헐 하우스(Hull House)가 최초이다. 인보관 운동은 각종 집단 서비스 프로그램이 나중의 집단사회사업의 출발점이 되었으며, 빈민들의 조직화 활동이 지역사회조직의 발전에 기여하였다.

〈표 1-5〉 **자선조직협회와 인보관 운동의 차이점**

구분	자선조직협회	인보관운동
사회문제의 원인	개인적인 속성	환경적인 요소
사상적 배경	사회진화론	자유주의, 급진주의
참여자	상류층	중산층
사회문제 접근방법	빈민개조, 역기능적 면 수정	빈민과 함께 거주, 동정, 사회비판
해결책	실용주의적	정해진 방안은 없고, 실현가능하고 효과적인 해답마련
역점분야	기관들의 서비스 조정	서비스제공
성격	사회질서유지를 강조	사회의 개혁적인 면을 강조, 참여 민주주의와 교육강조

(4) 빈곤에 대한 사회조사

빈곤에 대한 사회조사는 빈곤관을 개인문제에서 사회문제로 인식하게 되는 계기가 된다. 당시 신흥세력가였던 찰스 부스는 세계최초로 1886년에 런던 거주 세대의 거의 전수조사인 100만 세대를 조사하여 1889년 17권 분량의 『런던주민의 삶과 노동(Life and labour of the People in London)』이란 보고서를 발간하였다. 이 때 조사활동의 본거지는 토인비 홀이었다.

조사결과 런던 시민의 1/3이 빈곤상태에 있으며, 시민들은 신체적 효율성을 유지하는데 필요한 최소한의 음식과 피복이 부족하다고 보고하였다. 또한, 빈곤의 원인이 도덕적 결함보다는 실업과 노령에 있다는 사실을 발견하였다. 이 사회조사의 의의는 첫째, 지역사회조사에 대한 현대적 방법론의 개발의 기초를 제공하였다. 둘째, 빈곤계층의 분류를 위해 빈곤선의 개념을 제시하였다. 셋째, 빈곤의 개념을 객관적이고 사회적 현상으로 인식하도록 변화의 기초가 되었다.

찰스 부스의 영향을 받아 라운트리는 1899년에 영국의 조그만 시골마을인 요크시를 조사하였다. 1901년에 『빈곤 : 도시생활의 연구(poverty: A Study of Town Life)』를 출간하였으며, 지방도시도 런던과 유사한 상황임을 확인하였으며, 부스의 연구의 타당성을 입증하였다. 또한, 이론생계비 방식에 의한 최저생계비를 산출하였다. 빈곤을 1차 빈곤과 2차 빈곤으로 구분하였다. 1차 빈곤는 자신의 수입으로 최저생활 욕구 충족이 불가능한 상태를 말하며, 2차 빈곤는 적은 수입이나마 음주나 도박 등에 낭비하지 않으면 빈곤선 이상의 생활을 영위해 나갈 수 있는 수준을 말한다. 라운트리는 이러한 조사를 통해 주택, 빈약한 위생시설, 과밀한 주거환경 등에 관한 자료도 제시하였다.

4. 사회보험 시대

1) 사회보험 출현 배경

산업혁명으로 노동자가 늘어나면서 프롤레타리아라는 새로운 계급이 출현하였으며, 실업자라는 새로운 사회문제가 나타났다. 이에 대한 대응책이 사회보험이었다.빈민법이 봉건적인 국가정책이라면 사회보험은 자본주의적 사회복지정책으로 볼 수 있다. 사회보험은 사회적 위험인 산업재해, 노령으로 인한 정년퇴직, 각종 질병, 실업 등 봉건시대에는 존재하지 않았던 위험에 대응하기 위해 만들어졌다. 당시 주된 대상자는 프롤레타리아였으며, 재정은 자본가, 노동자, 국가 등 삼자가 부담하였으며 가장 전형적인 자본주의적 복지정책으로 자본주의의 출현과 발전에 따라 사회보험의 등장은 당연한 것이였다. 사회보험은 나라별로 등장배경과 성장과정에 큰 차이가 있었다. 세계 최초의 사회보험은 1880년대의 비스마르크 사회입법이며 이어 1911년에 영국의 국민보험, 미국의 사회보장법이 1935년에 시행되었다. 공공부조가 빈민법에서 유래되었다면 사회보험은 공제조합에 기원을 두고 있다(원석조, 2006). 공제조합이란 조합원 상호간의 부조와 복지를 목적으로 하는 상호부조 조직으로 조합원이 갹출한 일정의 부금을 재원을 마련했다. 조합원이 노령, 재해, 실업, 질병, 사망의 등의 사고를 당했을 경우 급여을 지급한 자조조직을 뜻한다.

2) 독일의 비스마르크 사회입법(1880년대) : 권위주의적 개혁

사회보험은 19세기말 당시 가장 선진적인 자본주의 국가인 영국이 아닌 독일의 비스마르크에 의해서 세계 최초로 만들어졌다

㉠ 1883년 : 건강(질병)보험 제정

㉡ 1884년 : 산재(재해)보험법 제정

㉢ 1889년 : 노령폐질보험

건강보험의 관리운영은 국가의 중앙집권식 기구를 만들지 않고 기존에 있던 길드, 공장, 기업 및 공제조합을 중심으로 건강보험조합인 질병금고를 만들어 운영하였다. 산재보험은 가장 논란이 많았던 사회보험이다. 비스마르크는 강제보험, 중앙집중식 통제, 민간보험회사의 배제, 국가보조금 지급하고자 했다. 이는 국가보조금을 국가가 직접 지급하려는 이유는 노동자가 자본가가 아닌 국가에 고마움을 느껴 국가의 통합을 시도하려고 했다. 비스마르크는 사회보험 입법은 "채찍과 당근" 정책을 통해 사회통합을 이루기 위해 시도한 것이다. 채찍정책은 사회주의자들에 대한 직접적인 탄압책이던 반사회주의법을 뜻하며, 당근정책은 노동자계급을 국가 내로 통합시키기 위한 일정한 양보로 사회보험을 뜻한다. 비스마르크의 사회보험은 재정을 주로 자본가계급에 부담시키면서 노동자들의 충성심을 유도하기 위한 것으로 사회보험기구 모든 계급을 무려화시키려는 전략였다.

3) 영국의 국민보험법(1911년) : 자유주의적 개혁

영국은 1911년에 자유당 정부가 건강보험과 실업보험으로 국민보험법을 제정했다. 자유당 정부의 주도 세력인 로이드 조지와 윈스천 처칠의 의해서 제정되었다.

① 제1보험 건강보험 : 건강보험은 공제조합, 보험회사, 의사 등의 강력한 기득권 집단들과 장시간 협상 끝에 탄생했다. 공제조합은 국가의 건강보험이 자신들의 사업 영역을 침해하는 것을 반대했으나 정부가 운영권을 공제조합에 맡김으로 해결되었다.

② 제2보험 실업보험 : 처칠이 베버리지의 도움을 받아 실업보험 입안하였다. 실업사태에 직면할 가능성이 많은 특정한 산업 분야에 한정하고, 갹출방식과 국가보조방식 형태로 구성하였다. 베버리지는 보험료에 비례하여 급여가 정해지도록 했다.

두 보험의 보험료는 노·사·정 3자 부담 방식을 적용하였으며, 사회보험을 강제적인 자조로 여겼으며, 재정은 노동자와 그 고용주가 주로 부담했다. 자유당 정부의 로이드와 처칠은 사회보험 급여와 도덕적 책임을 연계시키지 않았다.

4) 미국의 사회보장법(1935년)

미국은 1929년부터 시작된 대공황으로 경제위기에 놓였다. 이를 극복하기 위해 루스벨트가 1933년에 대통령으로 취임하면서 제1차 뉴딜 정책과 제2차 뉴딜 정책이 시작되면서 복지프로그램인 사회보장법이 마련되었다.

대부분의 유럽 국가가 20세기 초부터 복지국가의 틀을 마련하기 시작하였으나 미국은 매우 늦게 시작하였다. 미국은 아직도 기업 복지에 의존하고 있었다. 미국이 사회 보장 제도의 필요성을 느끼게 된 것은 대공황 때문이다. 사회보장법의 성격은 루스벨트의 사회보장에 관한 교서에서 미국 헌법이 경제적 안정에 대한 개인의 권리를 포함 있으므로 가정의 보장, 생활의 보장, 사회보험의 보장의 필요성을 강조하였다. 미국의 사호보장은 영국의 베버리지 보고서에 의한 종합적이고 체계적인 사회복지제도와는 비교도 안될 정도로 양적·질적으로 빈약하였다.

미국은 1935년에 사회복지정책의 근간이 되었던 사회보장법이 마련되었으며, 사회보장법은 연방정부가 관장하는 노령보험, 주정부가 관장하고 연방정부가 재정을 보조하는 실업보험, 주정부가 관장하고 연방정부가 재정을 보조하는 공공부조와 사회복지서비스로 구성되었다. 노령 연금 보험은 연방 정부 수준의 통일된 제도로 정착하였으나 산재보험과 실업보험은 주정부에서 담당하는 프로그램으로 되었으며, 국민 건강 보험은 지금까지도 도입되지 않았다. 사회보장법은 시민의 생활보장에 그 목적이 이었으며, 시민들이 국가의 사회경제적 간섭을 받아들였다는 점에서 역사적으로 큰 획을 그었다. 시민들은 이전까지만 해도 미국인은 자유주의 또는 개인주의 사상으로 국가가 국민 개개인의 사회경제생활에 간여하는 것은 불가능한 것으로 여겼으나 1930년 중반부터 정부의 간섭을 수용하였다(원석조, 2006).

5. 복지국가 시대

1) 베버리지 보고서

2차 대전 이후 처칠의 보수당을 총선에서 승리한 애틀리의 노동당은 베버리지 보고서에 입각하여 복지국가를 만들어 갔다. 베버리지 보고서는 영국 뿐만 아니라 서유럽 복지국가의 기틀 형성에도 큰 영향을 미쳤다.

(1) 베버리지 위원회

베버리지 위원회는 영국노총이 연립정부의 전후 사회재건에 대한 책임을 지고 있던 노동당 소속 장관 그린우드에게 권고하여 만들어졌다. 베버리지 위원회는 1941년 6월 창성되었으며, 베버리지가 의장으로 천거되었다. 베버리지 보고서는 1942년 9월에 완성되었다.

(2) 베버리지 보고서의 내용

베버리지 보고서의 핵심이념 보편주의이며, 이는 모든 시민을 포함하고 동일한 급여를 제공하며 빈민에 대한 자산조사의 낙인을 없애자는 것과 평등정신을 포함시켰으며, 국민최저, 또는 최저생계비 원칙이 중요한 핵심이다. 또한 국가재건을 위한 척결할 5대 악은 결핍(Want), 질병(Disease), 무지(Ignorance), 불결(Squalor), 나태(Idleness)로 규정하였다.

① 사회보험의 성공을 위한 3가지 기본 전제조건

㉠ 가족수당(Family Allowances) : 국민최저선을 달성하기 위해서는 가족수를 고려하여 가족수당이 지급 필요성 강조.

㉡ 포괄적인 보건서비스(Comprehensive Health Service) : 전 국민이 이용할 수 있는 보편적이고 포괄적인 보건서비스를 통하여 질병의 예방과 치료 및 노동능력의 회복을 위해서 필요성 강조.

㉢ 완전고용(Full Employment) : 대량실업이나 장기실업을 근절이 전제되어야 한다.

② 보편적이고 통일된 사회보험체계의 6가지 원칙

㉠ 균일한 생계급여의 원칙 : 어떤 이유로 소득이 중단되었거나, 어느 정도의 소득이 중단되었거나 간에 똑같은 보험금을 지급한다는 원칙으로 기본적 욕구를 만족시키는 최저 생활을 보장하는 것이다.

㉡ 균일갹출의 원칙 : 소득의 고하를 막론하고 누구나 똑같은 갹출금을 내야 한다는 원칙으로 형평의 원리에 따라 소득계층에 상관없이 누구나 균일하게 내고 균일받는다는 원칙이다.

㉢ 행정 책임 통일의 원칙 : 베버리지는 사회보장성을 신설하여 모든 기능을 하나로 흡수하여 운영하도록 한다는 원칙.

㉣ 충분한 급여의 원칙 : 급여는 국민의 최정생활을 보장하는 데 그 금액이 충분한 것이야 하며 적시에 지급되어야 한다는 원칙으로 베버리지는 시봄(Seebohm Rowntree)의 빈곤선을 최저생활수준으로 활용했다.

㉤ 적용 범위의 포괄성 원칙 : 사회보험의 적용 대상이 포괄적이어야 한다는 원칙으로 대상과 모든 욕구을 포괄해야 한다는 것이다.

㉥ 대상의 계층화 원칙 : 사회보험은 재산에 관계없이 모든 국민을 대상으로 하지만 전인구를 6개 층으로 구분하였다.

- 피고용인 : 평소의 직업이 고용 계약에 의하여 고용되어 있는 자.
- 고용주, 상인, 기타 독립 노동자를 포함한 자영업자
- 가정부주처럼 중요하지만 무보수에 종사하는 자
- 그 밖에 취업 연령에 속하는 비취업자
- 취업 연령 미달자(15세 미만) : 아동수당을 지급
- 취업 연령을 초과한 퇴직자 : 퇴직연금지급

베버리지 보고서는 국가가 이전까지는 부자들만의 특권이었던 자유를 모든 시민들에게 부여하였으며, 모든 시민이 가난에서 벗어날 수 할 수 있도록 하는 전혀 새로운 복지정책을 만들었다. 그러면서도 기존의 복지제도들을 폐기하지 않고 합리화하고 발전시켰다

2) 복지국가의 형성

(1) 복지국가의 성립 배경

산업혁명 이후 개인주의에 근거한 사유재산제와 시장경쟁이라는 자본주의의 기본원리는 경제과정에 국가가 개입하지 않는 자유방임주의(laisse faire)가 확립되었다. 그러나 자유방임주의는 독점이라는 모순을 들러내면서 "시장의 실패(market failure)"가 보다 명료하게 되고 국민경제과정에 국가개입을 정당화되기 시작했다. 더군다나, 1929년의 세계대공황으로 케인즈(J. M. Keynes)의 혼합경제논리가 받아들여져 복지국가의 틀을 마련하게 되었다. 복지국가는 자본주의와 민족국가가 기반이 되어 등장하였다. 복지국가란 용어는 영국의 켄터베리 대주교 윌리엄 템플(William Temple)이 자신의 저서 『시민과 성직자(Citizen and Churchman)』에서 가장 먼저 사용하였는데, 나치 독일을 무력국가로 영국을 복지국가로 비교한 것에서 비롯되었다. 복지국가는 2차 세계대전 직후 영국에서 애틀리의 노동당 정부의 집권과 함께 출연하였는데, 이것은 전쟁으로 인한 계급관계의 변화 때문이다. 애틀리의 복지국가는 노동자 계급의 힘의 증대, 노동자계급과 중간계급 간의 복지동맹, 자본의 복지국가의 암묵적 수락의 결과이다

복지국가 생성의 기원을 다음 세가지 관점으로 요약할 수 있다.

① 비스마르크의 사회보험의 도입시기
② 시민권의 확대와 복지대상의 탈 빈민화 시기
③ 사회보장비 지출의 확대 시기

복지국가의 기본정책은 ① 최저생계비 보장, ② 보편성, ③ 기회의 평등이다.

(2) 복지국가의 발전단계

① 복지국가의 형성기(1880~1920)

복지국가 태동의 시기는 사회보험이 도입되는 시점으로 보고 있다. 최초의 사회보험은 독일의 비스마르크에 의해 1883년 의료보험이 된 이후 1914년 제1차 세계대전이 일어난 때까지 30년동안 미국과 캐나다를 제외한 거의 모든 선진제국에서 사회보험을 도입하였다. 1894년에서 1920년 사이에 남성의 보통선거권이 주어졌으며, 남성 선거권이 도입된 나라일수록 복지개혁도 빨리 진척되었다. 복지혜택을 받는 사람들은 투표권을 가질 수 없다는 법률이 폐기되어 영국(1918), 노르웨이(1919), 스웨덴(1921)에서는 빈민투표권이 실시되었다.

이 시기는 복지국가의 입법으로 재정적 지출의 급속도록 팽창 되었다. 이것은 1차 세계대전(1914~1918)으로 수 많은 빈곤자, 전쟁유가족, 이산가족이 발생하여 이들에 대한 연금, 의료, 주택, 복지 등에 많은 비용이 지출되었다

② 복지국가의 정착기(1920~1945)

이 시기의 2차 세계대전과 대공황은 복지국가 발전의 중요한 요인이 되었다. 2차 세계대전은 국민들의 엄청난 희생과 함께 국민생활의 광범위한 영역에 대한 국가 개입을 초래하였으며 전쟁후 국가의 국민에 대한 복지책임을 증가과 함께 국가의 복지개입능력도 증가시켰다. 2차 세계대전으로 엄청난 사상자와 빈곤자의 발생은 빈민법이나 사회보험제도로는 더 이상 구호할 수 없게 되어 베버리지의 사회보장체계가 제출되었다. 세계 대공황(1929~1932년)은 전세계적으로 생산중단과 엄청난 실업자가 양산되어 케인즈의 제안에 따라 국가의 경제개입이 당연히 되었다.

세계대전과 대공황은 복지국가 발전에 큰 계기가 되었으며 정치적 합의로 시민권을 근거한 포괄적이고 보편적인 복지국가로 발전되었다

③ 복지국가의 확장기(1945~1975)

이 시기는 복지국가의 발전이 극대화된 확장기 또는 황금기라고 한다. 이 시기의 경제적 번영과 더불어 역사적 타협(국가·자본·노동의 3자 합의, 코포라티즘)으로 화해적 정치구조가 지속되면서 경제성장, 완전고용, 복지국가로 이어졌다.

이 시기의 복지국가는 빈곤자나 요보호자를 위한 선택적인 서비스 뿐만 아니라 중산계층을 포함한 전국민에 대한 포괄적인 계층을 대상으로 하는 제도적이고 보편적인 복지국가가 확립되었다

④ 복지국가의 위기와 재편기(1975～현재)

1970년에 들어오면서 중동전쟁으로 인한 오일쇼크로 인해 복지국가는 재정적 위기를 맞이하게 된다. 오일쇼크는 경기후퇴로 인하 엄청난 실업자가 발생되어 과다한 사회복지비 지출로 국가의 재정적 위기에 몰리게 되었으며, 사회보장비로 스태그플레이션을 촉발시켜 복지국가에 대한 부정적 시각이 힘을 얻게 되었으며 보수로의 회귀가 시작되었다. 국가 예산에서 국방비가 큰 예산을 차지하였는데 사회보장비의 엄청난 지출은 군축재정 축소의 요청 함께 복지국가 건설에 대한 공격이 시작되었다. 1980년대 들어서면서 복지국가의 황금기를 주도했던 노동당, 민주당, 사회민주당 정부가 제2당으로 전락하고 신자유주의를 기반으로 보수당이 들어서면서 복지국가의 축소작업이 시작되었다. 1979년 영국의 대처정부와 1981년 레이건 정부의 탄생은 보수주의로 회귀되었으며 정치적으로 우익화가 전 세계적으로 파급되어 복지국가는 제도적, 이데올로기적, 그리고 재정적으로 대폭적으로 수정을 요구받게 되어 각국의 사정에 따라 재편작업을 걷게 되었다. 이 때 생긴 용어들이 레이거노믹스와 대처리즘이다. 레이거노믹스(Reaganomics)은 미국 대통령 로널드 레이건이 1981년부터 1989년까지의 임기 동안 수행한 시장 중심적 경제 정책을 가리킨다. 라디오 방송자 폴 하비가 레이건(Reagan)과 이코노믹스(economics, 경제학을 뜻하는 영어 단어)를 합쳐서 만든 용어이다. 영국의 대처수상이 이 정책을 받아 드려 대처리즘을 형성하였으며, 신자유주의 사상에 기반한 레이거노믹스과 대처리즘은 복지국가의 재편 과정 전반에 영향을 미쳤다. 레이거노믹스는 경제정책의 주류였던 J.M. 케인즈의 유효수요경제론에서 벗어나려는 시장중심의 경제정책이다. 레이건은 미국 경제가 당면하였던 경기침체 속에서의 스태크플레이션을 극복하는데 종전의 케인즈의 수요관리만으로는 미흡하여 좀더 적극적으로 '공급 측면'을 자극함으로써 파급효과가 수요의 증대로 미치게 한다는 '공급의 경제학'을 내세웠다. 레이거노믹스의 중심 내용은 정부 지출의 축소, 노동과 자본에 대한 소득세 한계세율을 인하, 규제의 철폐, 인플레이션을 줄이기 위한 화폐 공급량의 조절 등이다.

대처리즘[Thatcherism]은 1979년 총선거에서 보수당의 승리로 집권한 대처수상은 노동당 정부가 고수해 왔던 각종 국유화와 복지정책 등을 포기하고 민간의 자율적인 경제활동을 중시하는 시장기구에 입각한 강력한 경제개혁을 말한다. 1970년대 영국은 경기의 침체 원인을 정부의 실패, 복지국가의 실패로 여겼다. 과도한 사회복지와 노조의 막강한 영향력으로 인한 지속적인 임금상승, 그리고 생산성의 저하로 경제가 전반적으로 침체하여 소위 고복지·고비용·저효율을 특징으로 하는 만성적인 복지병에 시달렸다. 대처 총리는 79년 집권하자마자 저비용·고효율로의 경제구조의 전환을 통하여 복지병을 치유하기 위해 시장경제 원리를 중시하는 경제 개혁을 단행하였다. 대처는 자유주의 사상에 입각하여 개인의 책임과 자조를 강조하고, 보편주의 원칙에서 선별주의 원칙으로 전환했으며, 복지 예산의 감소를 위해 민영화를 추진하였다. 개혁의 내용은 복지예산 삭감과 세금인하, 국영기업의 민영화, 노동조합의 활동규제, 기업과 민간의 자유로운 활동 보장, 작은 정부의 실현 등의 정책이 대표적이다. 결과적으로 인플레이션을 극복하고 경기를 회복하는 데는 성과가 있었으나 더욱 심각해진 실업문제로 국민들의 불만이 고조되고 대처리즘을 비판하는 소리가 높아지기도 했다. 이러한 대처리즘은 미국의 레이거로믹스와 같이 신보수주의, 신자유주의 사상에 입각하여 자유주의 시장구조에 따라 복지프로그램을 축소하고자 하였다.

어쨌든, 서구의 복지국가들 복지위기이후 재편작업을 거치면서 최근에는 근로연계복지로 과거 소극적 복지에서 적극적 복지로의 사회복지정책들이 펼쳐지고 있다. 복지국가들은 위기이후 보수정당들이 득세하여 신자유주의, 신보수주의로 사상으로 세계화, 민영화, 시장 중심 정책을 펼쳤으나 경제정책이 크게 진척되지 않아 90년대 이후 좌파정당들이 새로 입각하면서 제3의 길과 같은 중도좌파 정책을 펼치고 있다.

3) 복지국가 위기와 재편

(1) 복지국가 위기의 원인

저성장 고실업의 시대에는 고용창출이 가장 중요하다. 세계화 시대에 기업은 좋은 조건을 따라 이동한다. 국가 또한 기업의 여건을 만들기 위해 정책을 만든다. 적극적 복지국가로의 재편에서 강조되는 요소는 고용 창출적 복지국가로 고용, 취업을 높여 주는 쪽으로 초점을 맞춘다는 점이다. 저성장 고실업으로 인한 사회복지 지출의 증대와 재정 압박을 들 수 있다. 전후 황금기가 끝나버린 70년대부터 실업률이 높아졌다. 특히 73년 석유파동이후 경제성장이 무너지고 저성장기조가 심화되며 빈곤자가 증가하게 되었다. 80년대에 들어서면서 실업률은 가파르게 상승하여 대부부의 나라에서 2배 이상 올랐다. 특히 대륙복지국가들의 고실업 현상, 그 중에서도 장기실업자 문제가 대두되었다. 저성장 고실업은 곧바로 사회복지 지출을 증가시키는 요인으로 작용하였다. 높은 실업률은 실업급여와 사회 부조 등의 지출을 증가시켰고 낮은 고용률은 사회복지 재정에 대한 기여를 감소시킨 것이다. 결과는 복지국가의 재정 악화였다. 관대한 실업 보상 제도를 운영하는 노르딕 국가나 대륙 복지국가의 지출 수준이 크게 늘어났다. 1980년대의 꾸준한 삭감 노력에도 사회 지출은 모든 나라에서 증가하였으며 1990년대 초반에는 세계적인 경기 침체의 여파로 증가율이 더욱 높아졌다.

복지국가의 둘째 원인은 인구의 노령화이다. 인구의 노령화가 야기하는 가장 큰 문제는 노동인구의 감소이다. 부양받아야 할 노령 인구는 지속적으로 늘어나고 있는데 이들을 부양할 경제활동 인구가 줄어드는 상황은 복지국가에 커다란 재정부담을 안겨 주고 있다. 특히 연금제정 문제는 시한폭탄과 같다. 이를 해결하기 위해서는 경제활동 인구를 늘리는 것이 유일한 방법이다. 지금까지는 여성의 노동시장 참가율이 높아지면서 조동력의 부족을 메울 수 있었으나 한계에 다다르고 있다. 가용인구를 풀가동하기 위해 '적극적 노년(active ageing)'이란 구호가 나온다. 가능한 한 일할 수 있는 나이까지 일하면서 건강하고 적극적인 노년을 보내자는 주장이다. 적극적 복지국가의 추세 아래 노인이든 젊은이든 모든 인구 집단의 노동시장 참가율이 높아져야 한다는 것이 활성화 명제의 핵심내용이다.

셋째, 가족구조의 변화이다. 과거 복지국가의 토대를 이루었던 남성생계부양자 모델의 가족 구조가 허물어 졌다. 전통적 가족제도가 해체되고 핵가족의 개념이 깨어지며 새로운 위험과 욕구가 출현하게 되었다. 가장 대표적인 현상은 한부모 가족의 증가라고 하겠다. 한 부모 가족의 90%가 여성가장으로 이들은 저임금 비정규직에 종사하게 되며 대부분 빈곤에 처하게 된다. 현대의 가족은 복지국가 황금기에 비해 복지 공급 주체로서의 역할이 크게 취약해 졌다. 가족 구성원에게 안정된 소득 보장이나 사회적 지지를 제공할 수 있는 가족은 점점 적어지고 있다. 이러한 변화는 복지국가의 부담을 높이는 요소로 작용하게 된다.

넷째, 탈공업 경제로의 이행이다. 복지국가의 전성기는 포드주의에 바탕을 둔 제조업의 전성기와 일치하고 있다. 복지국가의 위기가 포드주의적 공업의 쇠퇴는 복지국가에 부정적 영향을 미쳤다. 1970년대를 거치면서 선진 자본주의 나라들의 산업구조는 제조업 중심에서 서비스 산업 중심으로 바뀌며 경제 성장 둔화의 결과로 나타났다. 서비스 부문은 제조업과 달리 생산 자동화나 노동의 자본 대체가 어려워 생산성 증가율이 낮다. 따라서 탈공업화의 진행은 경제성장을 낮추는 요인으로 작요하게 된다. 또한 서비스 중심의 탈공업 경제에서는 서비스에 대한 수요 증대가 고용증대의 관건인데 서비스 가격이 비싼 선진 자본주의 사회에서는 서비스 수요가 크게 늘어나지 않는다. 또한 공업 부문의 축소와 서비스 부문의 팽창은 전통적 공업 노동자 수의 감소, 여성 노동자의 진출 향상, 비정규직 노동자들의 대거 등자 등으로 계급정치의 지형을 근본적으로 바꾸어 놓았다. 노동자 계급의 정치사회적 영향력을 감소시켰고 이것은 다시 노동자 세력에 기반을 둔 사민주의 정당의 약화로 이어졌다. 결과적으로 탈공업화와 서비스 중심 경제로의 전환은 경제 성장과 고용의 저하 그리고 계급정치 약화의 원인이 되었으며 이러한 요인들은 서로 얽히면서 복지국가의 기반을 흔드는 결과를 가져온다.

1990년대부터 복지국가는 방향을 바꾸어 적극적 복지국가를 지향하며 근로연계복지가 등장하였다. 이는 좁게는 복지급여를 받는 근로 의무를 이행해야 하는 조건부 사회부조 프로그램의 가리키며, 넓게는 수동적 소극적 복지국가에서 복지국가 수요가 발생하지 않도록 예방하기 위한 고용친화적 정책으로의 전환을 의미한다.

(2) 복지국가의 재편의 배경

세계 복지국가는 2차 세계대전 이후 1960년대 후반까지 황금기를 맞았다. 복지국가 황금기는 케인즈주의 경제정책에 의한 고도성장과 완전고용을 바탕으로 한다. 서방복지국가의 특징은 케인즈주의 복지국가(KWS) 라고 규정지을 수 있다. KWS에서 국가는 복지를 생산하고 제공하는데 일차적으로 책임이 있다. 케인즈주의 경제정책과 부합하여 양적인 팽창을 이룬 복지국가의 황금기는 사회적 정치적 공감대를 형성하며 20년 이상 유지하였다.

그러나 70년대에 들어서면서 전후 자본주의 세계 체제의 근간인 브레튼 우즈 협정이 파기되었고, 잇단 석유파동으로 세계경제는 급속하게 하락되었으며 고실업률을 보이게 되었다. 경제파탄과 불완전 고용으로 인하여 복지국가의 황금기는 종말을 고하고 복지국가 위기론이 대두되었다. 이처럼 1970년대에 시작된 세계 경제의 위기는 서방 복지국가의 근간을 흔들어 놓았다. 복지국가 위기론이 난무하는 가운데 서방 각국이 취한 조치는 복지국가의 축소였다. 그러나 실업률이 줄지 않았기 때문에 사회복지 지출이 늘어나 80년대가 다 가도록 양적 축소는 이루어지지 않았다. 오히려 고실업 사태가 지속되면서 장기 실업자 문제가 대두되어 서방 복지국가는 무언가 획기적인 변화가 필요하다는 공감대가 조성되었다. 실업자에게 실업수당이나 사회부조를 지급하는 것에 대한 비판이 일어났다. 기존의 사회복지제도가 사회적 위험이 발생한 뒤의 '사후 처리'에만 치중되었기 때문에 시민의 사회 경제적 능동성을 약화시키고 복지국가에 대한 의존성을 깊게 했다는 것이다.

복지국가의 재편방향은 노동력의 재상품화에 초점이 맞추어져 있다. 복지와 일을 어떻게 연결시킬 것인가 하는 문제가 최대의 관심사이다. 미국과 같은 나라에선 복지수급자의 '의존문화(dependency culture)'를 비판하는 이데올로기 공세가 가열되었고, 유럽에서는 이들의 사회적 배제를 염려하는 목소리가 높아졌다. 이런 문제를 근본적으로 해결하기 위해서는 장기실업자들을 수동적인 복지수급자의 위치에서 능동적인 구직자의 모습으로 변화시켜야 한다는 인식이 확산되었다. 그러기 위해서는 제도 역시 능동적인 것으로 바꾸어야 한다는 요구가 뒤따랐다. 신자유주의의 득세와 함께 근로유인을 떨어뜨린다는 기존의 사회복지 제도에 대한 비판이 뒤따랐기 때문에 적극적 복지국가 작업은 기본적으로 이러한 배경에서 출발한다. 적극적 복지국가를 지향하기 위한 근로연계복지정책의 가장 중요한 배경요인으로 세계화(globalization)를 손꼽는다. 세계화 외에도 저성장 고실업으로 인한 사회복지 지출의 증대와 재정 압박, 인구의 노령화, 가족구조의 변화, 탈산업화 등을 들 수 있다.

복지국가의 맥락에서 볼 때 세계화는 새로운 현상이다. 2차 세계대전 이후 약 30년 동안 서방 복지국가는 자본의 이동이 국가의 엄격한 통제를 받았고 환율은 고정되었다. 또한 브레튼 우즈 협정 체제 아래 케인즈주의 정책을 바탕으로 복지국가를 운영하였다. 그러나 70년대 초 브레튼우즈 협정이 막을 내리며 자본에 대한 국가의 통제도 끝이 났다. 세계화가 복지국가에 미친 영향은 세계화로 인해 케인즈복지국가는 완전고용을 달성할 수 있는 기본 수단을 상실하게 되었다는 점이다. 이로 인해 국민국가의 영향이 축소되었으며 케인즈주의 정책이 흔들리게 되었다(김종일, 2004).

(3) 근로연계복지(workfare)의 개념

근로연계복지란 영어 workfare에서 온 말이다. 이는 'work for welfare'을 줄인 것으로 1960년대 미국 닉슨 정부 시절에 만들어졌다고 전해진다. 처음에는 단순히 일을 바탕으로 한 사회부조 프로그램을 가리키는 용어 였으나 30년 세월이 지나면서 다양한 이데올로기적인 의미가 더해졌다. 그 결과 workfare의 개념은 혼란되었으며 유사한 용어들이 잇달아 사용되면서 개념의 혼란은 더욱 심해졌다. Welfare to work, activation, insertion 등이 그것이다. 이 용어들은 workfare와 동일한 개념으로, 때로는 대체 용어로, 때로는 아예 별개의 용어로 쓰인다. 따라서 근로연계복지의 개념은 workfare에서 비롯된 용어이나 그 의미를 폭은 매우 넓은 것이다.

개인주의, 자립, 자활의 가치를 중요시 여기는 미국에서는 workfare와 welfare to work 이라는 말은 사실상 동의어로 쓰인다. 거기서 강조되는 것은 탈복지이다. 영국은 welfare to work 이라는 용어를 선호하는 경향이 있다. workfare 라는 말이 지닌 오랜 낙인을 의식해서 그런 것이지만, 본질적으로 둘 다 같은 말이다.

활성화(Activation)은 미국식 workfare에 대한 대용어로 유럽에서 애용된다. 말만 달리 쓰는 것이 아니라 내용면에서도 상당한 차이를 드러낸다. 미국의 경우 수급자 수를 줄이는 탈복지에 역점을 두나, 유럽의 경우에는 정규시민으로서의 위상을 갖도록 하는 사회적 배제에 역점을 둔다. 미국과 유럽의 근로연계복지는 수단은 'work'로 같으나 목표 지향은 다르다. 미국은 복지의존의 근절, 노동유인제고이며, 유럽은 사회통합과 시민권이다. 하지만, activation 역시 자립 개념에서 분리될 수 없다는 사실이다. 그리고 자립개념은 개인과 개인의 근로 의지에서 출발한다. 이점에서 activation은 workfare와 만난다.

통합(Insertion)은 전형적인 프랑스 사회정책의 산물이라고 볼 수 있다. 이것은 workfare와 달리 복지 수급자의 적극적 구직활동을 수급의 전제조적으로 삼지 않는다는 점이다. 또한 미국의 workfare가 복지 수급자를 의존적인 사람으로 여긴 반면, 프랑스의 insertion 정책은 복지수급자의 발생 원인을 개인의 결함이 아니라 사회구조 탓이라 여긴다. 그러므로 사회적 소외자를 사회 안에 통합해야 한다는 것이다(김종일, 2004).

(4) 근로연계복지의 목표

① 거시적 목표

미국의 경우 거시적인 목표는 복지의존문화근절과 노동윤리제공이며, 유럽은 사회통합촉진과 시민권회복에 목표를 두었다. 이 두 거시적인 목표는 이데올르기의 이념적인 정책 형태를 다분히 띄고 있다. 목적에 따른(aim-based) 접근들은 대체로 처벌적(punitive)인 성격을 얼마나 갖는가를 기준으로 프로그램들을 구분한다. 근로연계 복지의 핵심적인 특성은 강제성(compulsion)에 있다. 강제의 중요한 근거는 수급자들을 노동시장에 통합시키는 데 효과적이라는데 있다. 이때 강제는 '새로운 온정주의(patermalism)'의 핵심적 부분으로서 근로의무를 부과함으로써 사회적 시민권을 강화할 수 있다고 정당화된다. 일반적으로 서방 산업사회는 노동을 중심으로 이룩된 사회이기에 늘 노동윤리를 강조해 왔다. 특히, 미국은 노동윤리가 지배적인 덕목으로 자리를 잡은 사회이다. 지금까지의 복지개혁 과정은 노동윤리의 회복을 추구한 역사이기도 하다. 현재 진행중인 서방의 모든 노동중심적인 복지개혁이 정도의 차이는 있겠지만, 노동윤리의 회복을 강조하고 있다. 그러나 미국처럼 노동윤리 회복을 가장 중요한 목적으로 설정한 나라는 찾기 어렵다. 그중 영국은 미국과 근접한 나라이다(김종일, 2004).

② 미시적 목표

근로연계복지는 거시적인 목적에 따른 접근은 각국의 프로그램이 여러 가지 상이하고 때로는 상충하는 목적들을 갖고 있으나 미시적 목표, 즉 실제적인 목표는 같다.

첫째, 비용절감이다. 복지국가를 노동중심적 체제로 개편하는 주요 이유 가운데 하나는 복지지출을 줄여보자는 것이다. 1980년대 중반 이후 안정세를 유지하던 서방사회의 복지지출 비중은 90년데 초반에 급증하고 있다. 공공부조의 지출을 통제하는 것은 정책입안자들의 공통적인 목적이다.

둘째, 권리와 의무(rights and resposibilities)의 균형이다. 복지대상자가 청구할 수 있는 권리와 그들이 떠맡아야 하는 의무 사이의 올바른 균형점이 매우 추상적이지만, 수급자들의 의무가 부여되었다는 것이다.

셋째, 수급자의 취업가능성 향상이다. 취업 가능성의 향상이라는 측면에서 대상자들에게 제한적인 수준의 활동을 요구하는 소위 '소극적'프로그램들과, 구직자들의 취업가능성 및 노동시장으로의 진입 가능성을 높이기 위해 이들을 활성화시키는 '적극적' 프로그램들은 도입하였다.

넷째, 빈곤 제거/감소이다. 'from welfare to work' 정책의 대상은 복지급여에 의존하는 장기 실업자이며 이들의 절대 다수는 비숙련 또는 저숙련 노동자들이다. 미국의 취업우선(work first) 전략으로 이들에게 "아무 일자리든 받아서 일하라"등의 식으로 복지수급자를 노동시장에 편입시켜 빈곤율을 낮추고자 했다. 미국은 즉각적인 취업을 강조하였다. 반면에 유럽은 양질의 고용이 자립의 지름길이라고 여겨 대규모의 인간자본 개발에 중심을 두었다.

다섯째, 노동시장 유연화이다. 복지국가를 노동중심적인 것으로 바꾸는 과정에서 가장 강조되는 주제의 하나는 노동시장의 유연화이다. 유연화 문제는 특히 유럽의 고실업 문제를 해결할 유일한 해법였다. 유럽의 고실업이 과도한 고용보호장치와 밀접한 관련이 있다는 것이다. 유럽국가는 대체로 노동시장이 경직되어 있어서 고용창출이 더디고 실업률이 높다는 지적을 받았다. 근로연계복지의 유연성이란 수량적/외부적 유연성이다. 이것은 상품수요의 변화에 따른 노동력 공급의 자유로운 조절능력을 말한다. 기업의 관점에서 보면, 고용과 해고의 자유로 요약된다(free to hire and fire). 미국과 영국은 노동자 고용보호장치가 없다시피 한 나라들이다(김종일, 2004).

(5) 근로연계복지의 내용

근로연계복지에 내용을 살펴보면 다음 몇 가지로 요약할 수 있다.

첫째, 근로의무 부과이다. 노동 중심 복지 정책에서 자주 쓰이는 방법은 노동력부착, 인간자본 개발, 재정유인 등이 있다. 노동력 부착전략은 복지 수급자에게 취업을 강조한다. 즉 노동시장으로 빠른 시일내에 복귀하기 위한 방법을 사용한다. 특히 이것은 영미식에서 나타나는 모습이며, 인간자본 개발 전략은 교육, 훈련 등을 중시하여 노동시장에 복귀하기 위한 필요한 정보와 교육을 통해 준비된 상태로 노동시장에 복귀하기 위한 방법이다. 마지막으로 재정유인 전략은 조세지원과 같은 금전적 이익의 제공이 수습자를 노동시장으로 보내는 것이다. 즉 차상 위계층의 경우 세금공제를 해 줌으로써 빈곤층보다 더 많은 수입을 얻게 함으로써 빈곤계층으로 낙오되는 것을 방지하는 방법이다. 예를 들어 미국의 EITC(Earned Income Tax Credit)와 영국의 WFTC(Working Families Tax Credit) 이 그러한 예이다.

둘째, 근로유인강화 : 노동 중심적 복지정책의 수단은 제재와 유인으로 크게 나누어 생각할 수 있다. 제재에는 복지급여의 삭감이나 박탈, 수급자격 강과, 근로연계 등으로 미국처럼 자유주의 복지국가의 기조를 띄고 신자유주의 기조가 시장에 강하게 나타날 경우에 주로 쓰이는 방법이다. 이에 반해 유인 정책 전략의 수단은 조세지원, 교육, 훈련 기회 제공, 근로경험을 제공하는 등의 방법을 선택한다. 이것은 주로 유럽에서 나타나는 것으로 사민주의 복지국가를 지향하던 유럽의 복지국가들이 신자유주의 기조에 밀려 조금씩 복지국가의 모습을 변형하면서 나타나는 전략이다.

셋째, 집중적인 사례관리(case-management) : 노동중심 복지 정책은 어느 나라를 막론하고 노동시장에서 밀려나거나 처음부터 배제된 이른바 사회적 취약계층을 대상으로 한다. 장기 실업자. 여성, 청소년, 장애인. 편부모. 고령 노동자가 바로 이들이다. 이들이 프로그램의 적극적으로 참여시키기 위해 첫 번째로 근로연계 복지 프로그램에 참여하기까지의 구체적인 기간을 정하는 방법이다. 둘째는 강제적 프로그램이 적용되기 이전에 수급신청중이거나 수급중인 사람들에 대해 집중적으로 사례관리(case-management)를 하는 것이다.

넷째, 적극적 노동시장 정책이다. 적극적 노동시장 정책의 기본 목적은 노동시장의 구조적 불균형을 해소하는 것이므로 시장전략과 개입전략을 병용하였다. 시장전략은 주로 노동력의 공급측면에서 중점을 두는 반면 개입 전략은 수요 측면에 치중하는 경향이 있다. 전자는 노동시장의 논리를 회복시키는 것이고 후자는 시장논리가 빚어내는 문제점을 해결하는 것이다. 따라서 적극적 노동시장 정책은 미시적인 노동시장 논리와 거시적인 사회정책 논리를 조화시키는 것이 성공의 관건인 셈이다(김종일, 2004).

3

Chapter

사회복지의 가치와 이념

Introduction to Social Welfare and job practice

3.1 사회복지의 가치

1. 사회복지의 가치의 개념

1) 사회복지의 가치

사회복지 가치는 학자마다 다양하게 규정하게 있다.

퍼니스와 틸톤은 사회복지가 추구하는 일반적 가치로서 자유, 평등, 민주주의, 사회적 연대, 안정성과 생존권의 보장, 경제적 효율성 등 여섯 가지를 제시하였으며, 가치의 우선 순위는 각 사회 또는 국가가 직면한 정치, 경제, 사회, 문화적 상황에 따라 결정된다고 하였다.

프리들랜더(Friedlander)는 기본적 가치을 개인존중의 가치, 자기결정권의 가치, 기회균등의 가치, 사회연대성의 가치를 제시하였다. 이러한 가치 중 가장 기본적인 가치는 인간의 존엄성으로 제시하였다. 길버트와 스펙트는 생존권, 평등, 형평 등 3가지를 제시하였다.

이러한 다양한 사회복지의 가치를 정리해 보면, 사회복지의 가치는 기본적인 가치와 사회적기능적 가치로 구분할 수 있다. 기본적 가치는 개인·집단 측면의 접근이며, 사회기능적 가치는 사회 전체적 가치이다.

① 기본적 가치 : 개인·집단 측면

㉠ 인간의 존엄성 유지

인간의 존엄성이란 한 개인은 인종, 종교, 연령, 성, 교육수준, 경제사회적 신분 등의 차이에 관계없이 인간으로서 존엄한 가치를 지닌 존재를 의미 한다.

㉡ 자립성 유시

한 개인이 타인에 의한 의존에서 벗어나 자기 스스로 자신의 생활을 결정 하고, 삶을 영위할 수 있도록 돕는데 사회복지의 가치가 있다.

㉢ 개인적 성장과 계발

사회복지는 모든 사람들이 제 각기 능력에 따라 성장하고 발달 수 있는 발 휘할 수 있도록 돕는데 그 가치가 있다.

② 사회기능적 목표 : 사회 전체적 측면

㉠ 사회통합과 안정

사회복지제도는 다른 사회제도가 제 기능을 상실하였을 때, 그 제도를 일시적으로 보충하고 보완하여 사회 전반에 걸쳐 질서와 안정, 통합에 기여한다.

㉡ 경제성장과 안정

사회복지서비스가 노동력의 질적 수준을 향상시켜 경제성장에 플러스 효과를 준다. 또한 사회복지재원으로 사용되는 세금이나 기여금은 경기변동에 영향을 미쳐 경기를 안정화시키기도 한다.

㉢ 정치적 안정

사회복지제도는 불평등의 해소와 사회적 갈등을 해소 시켜 정치적 안정을 가져다 준다.

2. 사회복지정책 가치의 내용

1) 평등

(1) 결과의 평등(equality of result, 수량적 평등)

결과의 평등은 일반적으로 평등은 모든 사람에게 욕구나 능력의 차이에는 관계없이 사회적 자원을 똑같이 분해는 것을 완전한 평등을 뜻한다. 사회복지는 수량적 평등을 어느 정도 추구하는 면이 있지만 이러한 결과의 평등은 어떠한 사회에도 존재하지 않으며 현실적으로도 존재하지 않는다.

공공부조는 소득재분배의 목표를 달성하기 위해 상위계층이 낸 세금을 재원으로 가난한 사람들에게 능력과 욕구에 관계없이 자원을 제공하고 있으나 공공부조제도로 성취할 수 있는 수량적 평등은 매우 제한적이다.

(2) 비례적 평등(공평)

비례적 평등, 즉 공평은 수량적 평등(numerical equality)과 달리 사람들의 노력, 능력, 사회적 역할, 사회적 기여도 등에 따라 결정되며, 사회적 위치에 따라 사회적 자원을 다르게 분배하는 것이 평등하다는 개념이다. 이것은 사회적 위치가 같은 사람들 사이의 평등이다. 예를 들어, 의사와 청소원은 사회적으로 역할의 수행의 차이가 있다. 의사의 수행능력은 매우 중요한 반면, 청소원은 누구나 할 수 있는 기능이기 때문에 의사에 비해 사회적으로 덜 중요하다. 그러므로 의사에게 사회적 자원을 청소원보다 더 많이 분배하는 것이 공평하다는 것이다.

사회보험은 보험이기 때문에 보험수리원칙에 따라 공평이 가치를 반영한다. 보험료를 많이 낸 사람에게 보다 많은 급여의 혜택이 돌아가는 것이 공평의 원리이다. 공공부조의 기본원칙인 열등처우의 원칙(less eligibility)도 기본적으로 공평의 가치를 반영하고 있다. 근로능력이 있는 저소득층이 일을 하는 조건으로 급여를 받는 생산적 복지도 수급자를 노동시장으로 유인하려는 공평의 가치를 반영하고 있다. 스웨덴의 사회복지정책들은 탈상품화 효과가 커서 공평의 가치가 적게 반영되었으나 미국은 탈상품화 효과가 낮아 공평의 가치를 강조한다(김태성, 2006).

(3) 기회의 평등(equality of opportunity)

모든 사람에게 어떤 결과에 이르는 기회를 평등하게 주어 자유경쟁을 통하여 결과를 결정하게 하는 방법이다. 기회의 평등은 결과의 평등에 비하여 정치적으로 반대하는 사람들이 적고 정책적으로 추구하는 것이 비교적 쉽기 때문에 현실적이다. 기회의 평등의 사회복지정책들은 시장경제의 효율성을 강조하여, 국가에 의한 소득재분배보다는 시장에서의 일차적 분배를 강조하는 평등이다.

과정상에서 기회만 평등하다면 그로 인한 결과의 불평등은 아무런 상관이 없다는것이다. 이러한 평등의 개념은 결과의 불평등의 존재를 합법화할 수 있다(박병헌, 2006). 기회평등의 대표적인 예로는 장애인 의무고용, 대학입학 전형에서 농어촌 특별전형 등이 있다.

2) 자유

사회복지정책에서 평등만큼이나 중요한 가치가 자유이다. 평등과 자유의 가치는 서로 상충되는 개념이다. 자유는 타인의 강제와 속박이 없는 상태를 의미하지만 평등을 보장받으려면 국가의 철저한 간섭과 통제로 개인의 사생활(자유)을 침해받을 수 있다. 18C 자본주의는 아담 스미스의 사상에 의해 자유를 지나치게 강조하다 보니 심각한 불평등을 초래하였으며, 이러한 불평등을 없애기 위해 사회주의, 수정자본주의, 국가개입주의(케인즈주의)가 나타났다.

자유는 소극적 자유(negative freedom)와 적극적 자유(positive freedom)가 있다. 소극적 자유는 다른 사람의 간섭 혹은 의지로부터의 자유. 기회(opportunity)의 측면을 강조하는 자유이며, 적극적 자유는 자신이 원하는 것을 할 수 있는 자유. 즉, 능력(capacity)의 능력을 강조하는 자유이다.

사회복지가 시장에 개입하여 개인들의 자유로운 선택의 기회를 제한 할 때는 소극적 자유를 침해하는 것이고 사회복지정책을 통하여 빈자들이 자신이 원하는 것을 할 수 있는 능력을 갖게 되는 것은 적극적인 자유를 신장시키는 것이다.

사회복지는 특정한 사람들의 소극적 자유(세금을 부과하여 국민의 재산권행사 자유 저해, 또는 재화나 서비스가 강제적으로 제공)를 줄이는 반면 다른 사람들의 적극적 자유를 증가시킨다. 시장에서의 자원배분은 자유로운 선택의 이지만 사회복지의 자원배분은 개인의 자유로운 선택을 침해한다. 평등을 구현하다 보면 개인의 자유가 제한된다. 사회복지는 이 평등과 자유의 가치가 상반된 가치이지만 잘 조화를 이루어져야 한다.

3) 효율

사회복지에서 기본적이고 가장 중요한 가치는 평등이지만, 복지국가의 위기 이후 효율의 가치는 매우 중요한 가치가 되었다. 보수주의자들은 사회복지가 평등을 추구하기 때문에 경제적 효율성을 저해한다고 주장하였다.

효율은 종류는 ① 수단으로서 효율(목표효율성, 운영효율성) ② 배분적 효율로 구분할 수 있다.

수단적 효율은 최소한의 자원을 투입하여 최대한 결과(목표)을 얻은 것을 의미한다. 이러한 효율은 특정의 보다 큰 목표(일차적 목표)를 달성하기 위한 수단 혹은 이차적 목표를 의미하는 것이지 효율 그 자체가 주된 목표가 아니다 라는 개념이다. 수단으로서의 효율은 평등을 추구하는 여러 사회복지정책 가운데 어느 것이 보다 적은 자원으로 보다 더 평등을 성취할 수 있는가 판단하는 기준이다. 사회복지에서 수단으로서의 효율 개념이 중시되는데 목표효율성과 운영효율성이 수단으로서의 효율이다. 목표효율성은 정책이 목표로 하는 대상들에게 그 정책에 사용되는 자원이 얼마나 집중적으로 할당되는 가의 여부를 판단하는 개념이다. 예를들어, 저소득층의 소득향상을 목표로 하는 사회보험과 공공부조에서 공공부조는 저소득층에게만 자원을 집중으로 하므로 일반인을 대상으로 하는 사회보험보다는 목표효율성이 높다고 볼 수 있다. 반면 공공부조는 정책을 운영하는데 있어서 욕구조사, 자산조사 등 운영적인 비용이 많이 들어가므로 운영효율성이 사회보험보다는 낮다고 볼 수 있다

둘째로 배분적 효율(파레토 효율)은 사회적 자원의 바람직한 배분에 중점을 둔 포괄적인 측면을 강조한 개념이다. 파레토 효율적인 사회적 자원의 배분은 완전경쟁의 시장에서 개인의 효용을 극대화하려고 하는 이기적인 사람들이 충분한 정보를 바탕으로 합리적이고 자발적인 선택에 의해 교환이 이루어질 때 자동적으로 달성된다. 사회복지는 시장에서의 배분을 수정하여 평등의 가치를 구현하는 것이 목표이기 때문에 파레토 효율의 개념으로 본다면 비효율적이다. 그러므로 평등의 가치와 파레토 효율은 상반적인 가치이다. 평등을 추구하는 사회복지는 경제적 효율성을 저해 한다고 본다. 사회복지는 근로동기의 약화

시켜 효율성이 떨어진다. 중상위계층이 복지를 지탱하기 위해 세금을 많이 내야 하므로 일할 의욕이 저하되어 노동공급이 줄어들어 경제적 효율성이 저해된다. 반면 빈곤한 사람들은 복지 급여을 받게 되어 일할 의욕이 저하되어 노동공급이 줄어들어 경제적 효율성이 저해된다. 평등은 저축과 투자동기의 약화시킨다. 사람들은 공적 노령연금 등의 방법으로 국가로부터 많은 것을 기대하면 사적으로 저축하거나 사적인 노후연금계획을 세우는 것이 약화된다. 평등은 소비자선택을 왜곡 시킨다. 바람직한 사회적 자원의 배분은 모든 사람들의 효용을 극대화하는 방향으로 진행되어야 하지만 평등 정책은 사회적 자원을 비효율적으로 배분시킨다. 평등은 생산부분에 사용될 자원을 축소시킨다. 평등을 추구하는 사회복지가 확대 되면, 생산성이 높은 생산부문에서 사용할 인적·물적 자원이 줄어들어 경제성장의 효율성이 떨어진다. 즉 기회비용의 관점에서 사회복지에 쓰여지는 재원이나 자원들이 다른 곳에 쓰여지는 것이 더 효율적이라는 측면에서 사회복지의 확대를 비판한다. 평등은 지하경제를 확대 시킨다. 사회복지가 확대되면 일반조세나 사회보장조세의 부담이 증가되어 부유계층이 소득신고를 축소하여 그 만큼 지하경제의 규모가 커지게 된다.

그러나 평등이 효율성을 저해한다는 신자유주의나 보수주의자들의 주장이지만 사회복지는 직업의 안정성을 확보함으로써 근로의욕을 감소시키기 보다는 안정감을 주어 업무의 효율성을 높일 수 있으며, 연금제도은 국가에서 입장 볼 때 저축이며, 연금기금은 투자자본으로 활용되어 경제성장에 도움이 된다. 이러한 측면에서 평등이 효율성을 저해한다는 주장은 검증된 주장이라고 볼 수 없다.

3.2 사회복지의 이념

사회복지는 시대의 사조에 따라 사회복지제도나 사회복지정책에 영향을 받았다. 각 시대의 이념을 이해는 것이 사회복지를 명확히 이해하는 것이라고 해도 과언이 아니다. 사회복지에 영향을 미친 사조는 자유방임주의, 케인즈주의, 보수주의, 신자유주의, 사회민주주의, 마르크스주의 등이 있다.

1. 자유방임주의(laissez-faire)

자유방임주의는 개인의 경제활동의 자유를 최대한으로 보장하고, 이에 대한 국가의 간섭을 가능한 한 배제하려는 경제사상 및 정책이다. 자유방임주의는 18세기 중기의 자본주의 기본 정책으로 고전경제학파가 체계를 세웠다. A. 스미스, T.R. 맬더스, D.리카도 등으로 이어지는 고전경제학파의 경제학과 J.베담과 J.S 밀로 대표되는 공리주의에서 연관되었다.

1) 구빈법과 자유방임주의 등장

1601년의 엘리자베스의 구빈법(The Poor Law)은 사회복지에 관한 사상이나 사회복지 정책의 역사로 볼 수 있다. 그러나 이러한 공공복지는 현실적으로 국민이나 사회 전체의 사회복지보다는 절대군주 자신의 이익을 추진하는 것과 밀접하게 결합되어 있으며 어디까지나 절대군주의 자기지배의 정당성을 위한 이데올로기였다.

산업화의 거센 물결이 급격한 경제·사회적 변동을 가져오기까지는 중상주의가 모든 국가정책의 기조였다. 중상주의적 구빈정책은 이른바 억압적 온정주의를 바탕으로 하는 구빈의 성격을 지녔다. 그러나 18세기 말부터 19세기 초에 걸쳐서 산업화의 진행과 더불어 산업화의 주역인 부르주아지계급의 부상이 두드러졌고 이들이 표방하는 자유주의사조가 급격히 확산되면서 과거의 전통적 보호주의를 부인하였다. 즉, 사회에 의해 보호되어질 빈민의 권리를 부인하고 빈민에 대한 부자의 온정주의적 책임을 부여하였다. 자유산업국가에서는 모든 사람은 자유스럽게 자기의 재산을 추구할 수 있고 자신의 성공과 실패에 대해 책임이 있다는 것이다. 이 자유주의적 정치형태는 의회주의이며 경제활동의 틀은 사유재산권과 자유계약 그리고 자유시장제도에 바탕을 준 자본주의의 질서이다.

이와같은 견해에 입각할 때 사적 경제영역에 대한 국가의 개입은 최소한으로 제한되며 따라서 자유방임주의의 특징이 크게 부각된다. 그러나 19세기 자본주의적 사회조직의 구조적 문제들이 크게 부각되기 시작했으며, 특히 경제공황은 기존의 자유방임주의나 자본주의체제의 경제,사회적 불균형에 대처하기에는 역부족임이 분명해 졌다(곽효문, 1999).

2) 자유방임주의 쇠퇴와 복지국가 등장

18~19세기 사상인 자유방임주의는 최소의 국가 기능이 최대한의 자유를 보장한다는 논리 아래 정부에 대한 각종 제재 장치를 통해 국가의 불간섭 원칙을 강조하였다. 이러한 논리하에서 자유방임주의는 빈민법을 폐쇄하고 신빈민법을 개정하는 중요한 기초가 되었다. 그러나 기술 문명과 변질되어 가는 복잡한 산업 사외에 빈곤의 만연, 노사 대립, 가진 자의 착취, 경제 공황 등 많은 사회 문제가 도사리고 있었다. 따라서, 노동자의 비참한 생활을 게으름의 소산으로만 돌리고 피지배층에 대한 책임을 저버린 자유 방임주의에 대하여 국민 생활에 대한 국가의 보호와 간섭에 대한 요청의 소리가 높아졌다. 독점과 착취로 희생된 불우한 집단의 자유를 보장하기 위해 사회 복지 국가(service state)의 개념이 등장

하였다. 야경 국가에서 복지 국가로 전환되면서 자유와 정부 통제의 조화 문제는 또 하나의 사회 문제로 등장하게 되었다. 이에 시장 제도의 자율적 기능과 국가의 통제 기능이 잘 혼합된 경제 체제인 '혼합 경제(mixed economy)'가 등장하게 되었다. 이렇게 자유 방임의 보이지 않는 손에 의한 자동 조절 작용의 상실을 인식하고 자유 방임의 종언을 선언하고 정부의 시장 개입을 선언한 케인즈(keynes, j. M.)주의 복지국가 시대가 도래하게 된다(곽효문, 1999).

2. 케인즈 주의

케인즈주의는 시장의 무정부성이 초래한 세계 대공황기에 국가에 의한 적극적 수요관리를 내세우며 자본주의를 구출했다. 케인즈는 고전경제학과 당시의 자본주의는 제로섬게임(zero-sum game;자본의 이윤이 늘어나려면 노동자의 임금은 반드시 그대로 있거나 줄어야 한다. 따라서 이윤이 급감하는 공황기에 처방은 임금삭감이었다.)을 비판하고 정책에 따라서 자본(이윤)과 노동(임금) 양쪽이 모두 이익을 볼 수 있다고 주장하였다(김종일, 2004).

케인즈는 유효수요 창출과 완전고용, 지속성장을 도모하며 사회적 협약을 바탕으로 임금과 생산성의 동시 증대가 가능하다고 보았다. 복지국가는 케인즈주의 원리를 시작되었다. 경제성장과 완전고용은 조세기반을 넓힘으로써 복지국가의 비용조달 문제를 해결해주고, 복지국가는 산업평화와 생산성 향상에 기여하는 한다.

케인즈 주의는 코포라티즘을 기반으로 하고 있다. 즉 국가를 매개로 하여 노자간의 계급갈등을 계급타협으로 전환시키는 정치적 기제로서 자본주의의 안정과 지속성장에 커다란 공헌을 하였다. 케인즈 사상을 국가개입주의, 소극적 집합주의라고도 힌다. 국기개입주의란 자유주의와 같이 자본주의의 자유, 자유주의, 경쟁적 사기업에 대한 것은 인정하되, 자본주의의 자기 규제적이지 못한 결함을 직시하고 이를 해결하기 위해 일정한 수준에서의 국가개입이 불가피하다고 보는 실용주의적 입장이다(원석조, 2006).

1970년대 오일쇼크로 불황과 인플레를 동시에 나타나면서 케인즈주의적 사상은 무너지고 신자유주의적인 통화주의 경제학이 나타났다. 신자유주의자는 높은 실업률과 높은 인플레가 공존하는 스태그플레이션을 극복하기 위해서 케인즈주의 경제학을 포기하고 화폐공급을 억제하여 경제의 자율성을 회복시키고자 했다. 이것이 미국의 레이건정부와 영국의 대처정부를 등장시킨 신자유주의의 득세이다.

3. 보수주의(neo-conservatism)

보수주의는 1970년대에 등장, 1980년대의 미국에서 팽배하고 있는 지배적 정치조류이다. 본래는 20세기 초 서유럽에서 진보주의에 대립하여 자유주의적 전통을 보존하려는 정치적 신념체계를 의미한다. 서유럽 제국과는 달리, 귀족제와 신분제의 경험이 없고 자유주의와 더불어 시작된 미국이 지켜야 할 전통은 자유주의밖에 없다. 따라서 미국의 보수주의는 처음부터 '뉴딜(New Deal)'과 '거대정부(巨大政府)'에 반대하여 자유방임주의를 옹호하는 것으로 나타났다.

1960년대 이래 다시 유력한 조류로 등장한 보수주의는 정부 역할에 대한 견해차이로서 B.골드워터와 R.레이건 등의 고(古:palaeo)보수주의, R.닉슨 등의 중(中:meso)보수주의, H.잭슨과 J.코넬리 등의 신(新:neo)보수주의로 나누기도 하나, 최근에는 통틀어 신보수주의라고 한다.

1970년대에 나타난 신보수주의는 레이건 등의 극단적 보수주의보다는 다소 온건한 주장으로 출발하였으며, 지지자들의 견해도 반드시 일치하지는 않으나, 대체로 ① 자유지상주의(libertarianism) ② 미국제일주의 ③ 평등화의 거부 ④ 그리스도 부흥으로 요약된다. 자유지상주의는 자유방임주의와 같이 거대정부의 비능률을 들어, 개인과 재산 등 사적(私的) 영역에 대한 정부의 간섭을 최대한 배제하려고 하지만 개인과 재산, 그리고 이를 바탕으로 하는 도덕적 가치의 침해에 대해서는 정부의 강력한 권력행사를 요구한다. 신보수주의는 시장경제체제을 강조하고 정부의 역할을 축소시켰다. 또한 공급 위주의 고용정책 강화 및 법인세 인하를 통한 기업경쟁력의 강화, 개인주의, 경쟁의 원리, 소극적 자유 강조, 개인의 자유를 최대한 보장하고 창의력을 향상시킬 수 있도록 사회보장제도를 개혁하는 것이 특징이다. 레이건 대통령의 퇴진(退陣) 이후에는 평등과 참여를 옹호하는 신자유주의(neo-liberalism)적 조류가 대두되었다.

4. 신자유주의(neo-liberalism)

신자유주의는 자유방임주의, 반집합주의(anti-collectivism), 반사회주의, 반노조주의, 반복지국가주의와 같은 개념으로 사상적 기반은 자유주의이다. 주요학자로는 아담스미스, 데이비드 리카도 등의 고전주의 경제학자들의 자유방임사상을 이어받은 오스트리아학파의 하이예크(F. A. Hay다)와 미국인 프리드만(M. Friedman) 등이 있다. 이들은 자본주의 시장을 신봉하며 시장은 억압의 원천인 정치적 권위와 강제력의 제동장치이며, 자유로운 경쟁, 수요와 공급, 이윤, 자유로운 임금교섭등과 같은 시장의 힘은 사회적 평등을 구현한다고 보았다. 반면에 국가의 개입을 반대하고, 시민의 사회생활에 개입하는 국가의 사회복지정책은 사회적 분열을 야기시키며, 경제적으로 비효율적이고, 개인의 자유을 억압한다. 신자유주의가 정치적으로 가장 분명하게 표현된 것은 1979년에 집권한 영국의 보수당 의 대처수상에 의한 대처리즘과 1980년의 미국의 레이건 공화당정부에 의한 레이거노믹스가 대표적이다. 영국의 대처의 집권은 사회적 약자에 대한 온정주의에서 자유시장과 경쟁을 중시하는 시장자유주의의 득세를 의미한다. 자유시장경제의 복권과 강한 국가의 구축을 도모하였다. 케인즈주의 국가개입을 포기하고 자유시장경제의 재확립을 통하여 사회제도의 권위, 국내질서 및 국가 안보의 중요성을 강조했다.

신자유주의의 사회복지의 대표적인 전략은 민영화이다. 민영화는 국가 및 공공단체가 특정기업에 대해 갖는 법적 소유권, 재원, 규제, 관리, 공급 기능을 주식매각 등의 방법을 통해 민간부문으로 이전하는 것을 말한다. 넓은 의미에 있어서는 외부계약, 민간의 사회간접자본시설 공급, 공공서비스사업에 대한 민간참여 허용 등을 모두 포함한다. 사회복지의 민영화는 사회복지에 대한 주된 책임은 국가가 맡으면서 사회복지를 생산하고 전달하는 과정에 시장을 이용함으로써 민간의 공급자들이 경쟁을 통해 비용을 절감하여 한정된 자원을 효율성을 높이는 방법을 주로 사용한다. 사회복지의 민영화는 비영리기관 뿐만 아니라 영리기업에 의해서도 진행된다. 신자유주에서는 강한 노조에 대하여 사회주의의 온상으로 복지국가와 같이 척결의 대상으로 여겼으며, 신자유주의 정책은 복지수급과 노동의무를 연계하는 제도(workfare)가 대표적이다.

5. 제3의 길

제3의 길은 1997년에 영국 노동당의 블레어가 18년만에 집권하면서 내세운 국정전략이자 서구 사회민주의의 복지국가를 향해 제시한 일종의 생존 매뉴얼이다. 영국의 대표적 사회학자인 기든스는 제1의 길은 사민주의 복지국가(고복지－고부담－저효율)이고, 이에 대응하여 나타난 신자유주의(고효율－저부담－불평등)가 제2의 길이다. 양자 모두는 근본적인 한계를 드러냈다. 사회·경제가 근본적으로 바뀐 오늘날에는 사민주의는 전략은 더 이상 작동하지 않으며 사민주의 문제를 해결하려고 나온 신자유주의는 19세기로 돌아가자는 주장으로 비인간적이며 비현실적이다. 제3의 길은 이 두 가지 길을 뛰어넘는 노선이다. 제3의 길은 과도한 정부의 간섭과 과도한 복지비 지출이 가져온 도덕적 해이를 문제로 지적한다. 제3의 길의 대안은 적극적 복지(active welfare)이다.

제3의 길의 핵심적인 내용은 다음과 같다.

㉠ 사회투자국가(social investment state)이다. 국민들에게 경제적 혜택을 직접 제공하기보다는 인적 자원에 투자하는 복지국가이다. 노인일자리창출 등 노령인구대책(노령인구를 자원으로 간주하여 자본투자)과 실업대책(인적자원투자)에 중점을 둔다.

㉡ 복지다원주의(welfare plualism)이다. 복지 다원주의는 복지의 주체를 다원화하자는 것이다. 기존의 중앙정부 중심의 복지공급을 지양하고 비영리부분(제3의 영역), 기업, 지방정부 등도 그 주체로 삼자는 것이다. 시민단체, 종교단체은 물론 기업체까지 복지 자원으로 활용한다.

㉢ 의식전환이다. 복지국가는 자원보다는 위험성을 공동부담하는 것이다. 복지를 개혁하려면 위험성에 관하여 분명히 인식해야 한다. 위험성의 수용은 혜택을 포기하고 직업을 찾는 적극성을 뜻한다.

제3의 길은 복지지출이 경제적 경쟁력을 저해한다는 신자유주의적 사상이 깔려 있으며 복지 국가의 비용 삭감, 수혜자의 의존성향을 감소시키고 개인의 책임을 강조하였다

6. 사회민주주의

사회민주주의는 폭력적인 혁명과 프롤레타리아독재를 부정하고 의회제도에서 민주주의 방법으로 사회주의를 실현하려고 하는 사상 및 운동을 뜻한다. 사회민주주의는 넓은 의미로 마르크스주의를 인정하는 것에서 부터 마르크스의 폭력적인 혁명을 부정하고 이상주의적 휴머니즘을 표방하는 좁은 뜻을 내포하고 있는 여러 가지 형태가 있으며 그 정의를 명확하게 정의하기는 어렵다. 그 이유는 역사적으로 대립되는 사상 및 운동과의 긴장관계 속에서 그 의미 내용을 형성해 왔기 때문이다. 그러나 마르크스주의와는 달리, 이 사회민주주의에는 통일된 이론체계가 없고 그 개념도 시대에 따라 미묘한 변화를 거쳐 왔으며, 오늘날에도 한마디로 딱 잘라 말하기 어려운 실정에 있다.

자본주의는 개인 이윤을 목적으로 개인 소유를 인정하며 개인 경쟁에 따라 운영되는 경제적 '개인주의'이다. 그런데 19세기 사회주의 사상가들은 자본주의적 민주주의가 자유·평등을 실현하지 못하는 원인이 자본주의의 개인주의에 있다고 생각하였다. 따라서 자유·평등의 민주주의 사회를 실현하려면 자본주의의 '개인주의'를 그 반대의 원리, 즉 '사회주의'로 바꾸어야만 하며, 마르크스주의자들의 폭력혁명을 거부하였다. 사회민주주의자들은

폭력이 아닌 민주주의적 방법을 통하여 그 목적을 실현하려 하였다. 즉, 사회민주주의는 자본주의의 여러 가지 병폐에 대한 저항운동으로 19세기에 나타난 사상이지만 제2인터내쇼날 이후에는 자본주의보다는 공산주의에 더욱 적대적인 사상으로 나타났다.

이러한 사회민주주의 사상을 기반으로 두고 있는 세계 각국의 정당들로 사회민주당, 사회당, 노동당으로 활동하고 있으며, 이러한 정당들은 특히 복지국가 발전에 지대한 영향 미쳤다. 서구유럽에서 복지국가가 꽃 피울 때 집권당이나 제1야당으로서 역할을 하면서 복지국가의 형성에 중요한 변인이 되었다. 사회민주주의 정당은 독일을 중심으로 흐름을 형성한 서유럽 좌파정당들의 노선을 의미하는 것으로 독일의 사회민주당, 프랑스의 사회당, 영국의 노동당 등이 대표적인 정당이며 오늘날에도 복지국가의 중요한 정치세력으로 자리 잡고 있다.

사민주의는 맑스주의에서 시작하였지만 노동자 게토정당의 역할을 포기하고 대중정당으로 복지국가의 동어의로 사용되어 왔다. 사민주의는 급진사회주의 혁명노선을 버리고 자본주의를 현실로 인정하며 의회와 선거정치를 통해 사회주의적 이상을 실현하려고 한다. 사민주의는 노동력의 탈상품화를 통한 노동계급의 단결과 연대성을 형성하고자 하였다. 사민주의자들은 케인즈의 수요 중심 경제학이 자신들의 재분배 정치에 이론적 토대를 마련해 줄 수 있다고 보았다. 케인즈는 복지국가가 유지되기 위해서는 완전고용과 지속적인 경제성장으로 보았으며 이 점에서 사민주의는 동의한다. 사민주의 복지국가의 지지자들은 노동과 복지는 대립·배타적인 관계가 아니라 상호 보완적인 관계로 보았다. 그러나 신자유주의가 말하는 근로연계복지, 즉 적극적 노동시장정책(복지에서 노동으로)과는 근본적으로 차이가 있다. 1970년대 오일쇼크이후 사민주의 복지국가의 모델의 토대인 케인즈주의가 무너지면서 사민주의 복지국가에 대한 새로운 변화와 시도가 진행되고 있다(김종일, 2004).

7. 마르크스 주의

마르크스 주의는 자본주의 국가를 하나의 중립적 기관이나 조직이 아니라 계급지배에 기여하는 도구로 간주하였으며, 지배계급이나 부르주아 계급의 장기적 이익에 봉사하는 도구로 보았다. 마르크스는 자본주의 생산과정에 진입하지 못한 과잉인구 또는 산업예비군으로서 부랑자, 범죄자, 매춘부로 구성된 룸펜 프롤레타리아를 프롤레타리아와 구별하고 부정적으로 생각했다. 마르크스는 사회복지정책을 무조건 반대 하지는 않았다. 위로부터 주어지는 개량주의적 사회복지정책은 반대했지만 노동자계급이 자주적으로 얻어내거나 내용적으로 진보적인 사회복지 정책은 찬성하였다. 비스마르크의 사회보험은 그 내용이 노동자에 대한 동냥에 불과하다고 판단하여 반대하였다. 마르크스는 사회개량주의(박애주의자, 인도주의자, 자선사업가 등)에 대해서 매우 부정적인 견해를 가졌다. 사회개량주의자들을 부르주아 사회주의자로 보았으며, 이들은 부르주아 사회의 존립을 보장하기 위해 사회적 폐해를 제거하고자 할뿐이라고 비판했다.

4

Chapter

인간이해

4.1 인간행동의 발달이론

4.2 인간행동의 성격이론

Introduction to Social Welfare and job practice

환경속의 인간은 개인 및 환경 간 상호작용 증진의 책임을 개인, 환경모두에게 두는 것을 의미한다. 즉 인간이 경험하는 각종 사회복지적 문제의 원인은 개인 또는 환경 중 어느 한쪽의 결함으로 보기보다는 개인적 요소와 환경적 요소가 서로 어울려져서 나타난 결과로 보고 있다. 메리 리치몬드 여사는 사회과학의 지식과 25년간의 사회사업 실무를 통해 얻은 그녀의 지혜를 적용함으로서 사회사업을 일반직업의 영역에서 전문직의 영역으로 향상시켰으며 또한 클라이언트의 문제 및 환경에 대한 좀더 체계적인 사회조사를 위한 틀(framework)과 그 문제의 기초가 되는 요인분석을 위한 틀을 발전시켰다. 즉, 그녀는 개별사회사업의 과정을 개인과 사회 환경 간에 관련된 사회관계의 조정으로 파악하려 하였다. 그리고 이렇게 사회 환경론적 견지에서 파악된 개별사회사업은 1920년대에 들어와 심리학, 정신의학적 방향으로 이행되어 개별사회사업의 중심과제는 personality의 적응능력의 강화에 치중하게 되었다. 이리하여 개별사회사업의 방법론의 Freud의 정신분석학에 의존하는 진단주의 학파와 Freud학설에서 분파된 Otto Rank의 인격론에 근거한 기능주의 학파로 파생되었다.

20세기 중반 이후에 인간행동의 심리적 요인과 환경적 요인을 모두 중요시해야 한다는 의견이 나오게 되어 개별사회사업은 심리·사회 양면을 통합하는 단계에 이르렀고 또한 진단주의와 기능주의를 통합하려는 경향으로 발전되었다.

이러한 관점은 리치몬드(Marry Richmond)의 사회 진단속에 함축된 개념으로 1950년대 이후 사회복지실천의 기본 개념틀로 자리 잡았다. 고든은 환경내에 존재하는 것 즉 환경이 제공하고 있는 자원과 개인이 갖고 있는 욕구나 성장 잠재력과의 조합을 이루는 것이 사회복지사 활동의 초점이라 하였고, 바트렛은 모든 사회복지실천의 공통기반은 개인과 환경에 대한 이중초점이라고 하여 사회복지사는 개인이 갖고 있는 대처능력과 그 개인에 대해 환경이 요구하는 것 사이의 균형을 이루어 주기 위해 노력해야 한다고 하였다.

미국사회복지사협회의 실천 헌장은 사회복지실천의 목적은 모든 사람들의 삶의 질을 향상 시키기 위해 개인과 사회 사이에 상호 유익한 상호작용을 증진 시키거나 복구 시키는 것이라고 하였다. 이러한 목적을 달성하기 위해서 개인과 개인 주변 환경의 타인사이의 상호작용을 촉진하며, 개인이 자신의 능력을 확대시키고 자신의 문제해결 및 대처능력들을 향상시키도록 제공하며, 사회 및 환경과 관련된 정책에 영향을 주어야 한다. 개인-환경 상호작용에 대한 사회복지사의 개입활동으로는 개인은 생활의 주체로서 나름대로의 성격, 자질, 능력, 성취동기, 야망욕구, 삶에 대한 의욕 등을 갖고 있지 않은 특별하고도 독특한 욕구를 가질 수 있다.

환경은 최저 생계비의 보장을 위한 기본적 생계 지원 제도의 유무, 최소한의 인간다운 생활을 영위하는데 필요한 교육, 의료, 주택, 고용 정책들의 유무 및 그 성격과 수준 등이 사회 환경의 특성을 구성한다. 각기 다른 특성을 가진 개인과 사회 환경은 상호작용을 통해 각자의 기능을 수행해 가는데, 개인과 사회 환경 간의 상호작용영역을 개인. 환경의 공유면,접촉면 또는 교류면이라고 할수 있다.

개인의 성격, 역기능, 능력 및 기술 부족 등에 대한 치료를 위주로 개입하는 개인변화 촉매인의 역할이 될 수도 있고 다른 한편으로는 사회의 자원과 기회가 공정하게 배분되도록 힘쓰며 개인의 기본적 욕구충족을 위한 각종 사회복지정책 및 행정의 변화 및 개혁을 시도하는 사회변화촉매인의 역할이 될 수 도 있다

개인에 대한 관점은 클리이언트의 신체 기능상태, 지식 및 기술의 수준, 정서적 안정 상태, 영적 상태, 자신 또는 타인을 지각하는 상태, 생애 대한 동기 수준, 생의 목적 또는 야망의 유무와 그 내용 등을 진단한 후 진단결과에 다양한 활동을 여러 차원에서 전개한다.

환경에 대한 관점은 인간과 살아있는 모든 생명체에 영향을 미치는 물리, 사회적 구조, 물리,사회적 세력, 이들의 운동과정 등을 환경에 포함한다.

사회복지실천의 이론적 틀로서 실천의 포괄적 개념 틀은 실천관점, 실천이론, 실천 모델들을 일컬어 실천의 포괄적 개념이라 할 수 있다. 인간행동과 사회현상을 설명하는 각종 이론들과 실천의 시각들로 구성되어 있다. 사회복지실천의 개념 틀이 갖는 유용성으로 고도의 감정이 개입되기 쉬운 복잡한 인간의 문제와 그 문제 상황에 대한 분석 틀을 제공한다.

사회복지 실천이론은 기본이론과 실천틀로 구별되며 기본이론으로 인간행동에 대한 기술 및 설명, 인간행동문제의 발생원인, 사회문제의 발생원인 과정 등에 설명을 제공한다. 사회복지 실천틀로 인간의 행동 및 심리상의 문제, 인간 주변에서 인간의 문제에 영향을 미치는 여러 가지 사회환경의 문제를 어떻게 파악하고, 어떻게 변화시킬 수 있는 것인가에 대한 지침 제공하고 있다.

사회복지 실천 틀이 갖추어야 할 속성으로 사회복지진문직의 목직, 가치 및 윤리와 일치해야 한다. 사회복지 실천틀을 구성하고 있는 개념, 원리, 가설, 등이 명백히 기술되고 정의 되어 있어서 실천의 틀이 나타내는 전반적인내용들이 타인에게 쉽게 전달될 수 있어야 한다. 클라이언트나 자원봉사자 등 경험, 관심 있는 것들이 틀 속에서 제시되는 내용과 연결되어 있다고 판단할 정도로 쉽게 설명되어 있어야 한다. 사회복지사들의 그들의 실천과정에서 만나는 복잡하고 무질서한 상황들을 분석하고 이해하는 데 도움을 줄 수 있어야

한다. 사회복지실천의 좋은 틀을 갖추기 위한 조건으로 클라이언트에게 미치는 개인적 요소와 환경적 요소를 모두 고려하면서 이 두 요소들에 대한 개입을 모두 시도한다. 클라이언트를 진정으로 보호하고 아끼는 마음이 내포되어 있어서 밖으로 전달된다.

사회복지실천의 주요관점으로는 일반 체계적 관점은 개인과 환경은 어느 한쪽이 다른 한쪽에 일방적인 영향을 끼치는것이 아니라 양자가 모두 원인인 동시에 결과인 상호적 원인관계로 형성된 전체로 파악한다. 체계의 기본 성격으로는 체계란 상호관계를 맺고 있는 구성단위들의 집합체이지만 구성단위들의 단순집합이 아니라 구성단위 간의 상호작용 또는 관계양상을 포함하는 하나의 전체 또는 단위를 의미한다. 체계를 구성하고 있는 부분들 간의 상호작용의 독특성이 체계의 특성을 만들어 낼수 있다.

사회복지체계와 관련된 개념으로는 개방체계와 폐쇄 체계를 구분하는 것은 그 체계를 둘러싸고 있는 경제의 속성이다.

동등종결은 각 체계들의 초기상황이 서로 다르다 할지라도 그 체계들이 개방되어 있어 주변의 체계들과 목적 지향적인 교류를 하면 종국에 가서는 동일한 상태 또는 목적을 이끌어 낼 수 있는 것이다.

다중종결은 유사한 조건에 놓여 있는 체계들이라 할지라고 체계 내의 구성요소 간의 상호작용 양상, 또는 체계 밖의 다른 체계들과의 상호작용 양상과 특성에 따라서 상이한 최종상태가 된다.

체계내의 활동에서 체계는 나름대로 목적을 갖고 있는데 이러한 목적을 달성하기 위해 체계는 구성요소들 간의 상호작용이 목적달성에 필요한 방향으로 질서 정연하게 이루어진다. 이러한 체계활동이 일관성이 없고 무질서해 지면 체계의 활동에 일관성이 없거나, 무질서해지며, 비효과적이다.

체계 행동규칙으로는 모든 살아있는 체계는 시간이 경과함에 따라 반복적인 상호작용 패턴을 발달시키게 되는데 이런한 반복적 상호작용 패턴을 체계 행동규칙이라 한다.

긴장으로는 살아 있는 체계, 즉 외부와 지속적인 교류를 하고 있는 체계내에 긴장 상태가 전혀 존재하지 않는다는 것은 거의 불가능 하다. 인간을 구성되어 있는 체계에 있어 "긴장"은 생명력이자 생의 약동이며 한 체계를 활동으로 몰아가는 에너지다. 프로이트(Sigmund Freud)이론에서는 리비도(libido)라고 하며, 이 반대개념은 무기력이다. 이것은 불안과는 구별되는 개념이다.

사회복지실천과 관련된 체계들로서 핀쿠스와 미나한(A.Pincus &Minahan)은 사회복지사가 실천현장에서 함께 활동하게 되는 이러한 복잡하고 다양한 체계들을 4종류로 제시하였다. 첫째는 변화매개체계로 사회복지사는 클라이언트의 문제 상황에 변화를 가져오기 위해 그 문제와 관련된 여러 가지 체계를 확인하고 그 체계들 함께 노력하기 위해 계획수립, 실천에 옮기기 위해 노력하는 변화 매개인이다. 예를 들면 사회복지관,상담실,각종쉼터,치료기관등이 있다. 둘째로 클라이언트 체계로서 사회복지사에게 도움을 청하거나 어떤 문제해결을 위해 사회복지사와 공동의 노력을 기울이겠다는 묵시적 계약 상태에 있는 사람(체계)들이 클리이언트 체계가 된다. 셋째로 표적체계로서 변화매개체가 그 활동목적을 달성하기 위해 변화시킬 대상이 표적체계이다. 즉 클라이언트 체계가 변화의 대상인 경우 클라이언트 체계가 곧 표적체계이다. 넷째로 행동체계로서 사회복지사의 활동목적을 달성하기 위해 공동으로 노력하는 모든 체계들이 행동체계이다. 전문가 체계로서 한국사회복지사협회처럼 사회복지사들로 구성되어 있어 전문성을 강화하고, 사회 내에서 사회복지사의 위상을 높이려고 노력하는 체계이다. 클라이언트 체계가 사회복지사의 활동에 가장 큰 영향을 미친다. 체계 초점의 수준을 정한다. 행위체계들을 찾아내고 구성요소를 확인한다. 사회복지사의 활동에 직.간접으로 도움 제공 및 후원할 적절한 전문가체계를 확보한다.

인간의 생활체계에서 발생하는 문제들을 파악함에 있어, 개인, 그 환경, 개인과 환경과의 상호작용, 개인이 그 상호작용양상에 부여하는 의미등을 종합적으로 고려함으로써 하나문제가 발생하기까지는 복합적인 요소들이 관여하며 원인요소가 작용하여 파생시키는 효과도 항상 일정하지 아니하고 다양하다는 관점을 제공하였다. 사고의 틀이 개별적인 것에서 상호작용하는 전체로 확대됨에 따라 사회복지실천이 개인의 특성에 관한 관심에서 관련 요소들 간의 상호관련성에 대한 관심으로 그 초점이 이동하는데 기여하였다.

체계이론은 하나의 분석 틀을 제공할 뿐 문제 상황을 변화 시키기 위해 사회복지사가 구체적으로 어떤 행동, 어떤 처방을 해야 할지를 알려주지는 않는다. 이러한 구체성에 대한 정보는 체계론적 관점을 바탕으로 발달시킨 실천이론들에서 찾아야 할 것이다. 체계이론은 사회복지사가 소속되어 있는 기관, 사회복지사, 클라이언트, 사회복지사의 활동목적 달성을 위해 사회복지사가 접촉해야 할 주변 체계들을 동일한 상호교류의 장에 놓고 고찰할 수 있는 시각을 제시하였다.

생태체계적 관점은 체계적 관점과 생태적 관점의 합성어이며, 환경과 유기체가 역동적인 평형상태를 유지하면서 성장하는 과정이다. 환경의 수준은 인간은 그들이 처한 각종 환경으로부터 직.간접적인 영향을 받는다. 4가지의 환경을 보면 첫째, 개인이 처한 개별상황이라고 하는 것은 개인이 어느 특정한 순간에 경험하고 인지하는 부분적 환경이다. 둘째, 미시수준 환경은 전체의 물리적. 사회적 환경 중에서 개인이 일상생활 속에서 직접 접촉하고 상호 교류할 수 있는 부분이다. 셋째, 중간수준 환경은 전체 환경 중에서 미시수준 환경에 직. 간접으로 영향을 주어 미시수준환경의 성격과 기능을 결정하는 환경이다. 넷째, 거시수준환경은 사회구성원 모두에게 공통적으로 해당되는 환경을 의미하며 넓은 사회의 물리적, 사회적, 문화적, 경제적, 정치적 구조 등이 여기에 해당된다.

생태체계적 관점은 유기체와 그를 둘러싼 모든 환경적 요소와의 관계를 연구하는 생태학의 핵심적 접근방법이다. 생태체계적 관점은 생태학으로부터 개념들을 도출하였으며 이를 사회 상호작용과 사회변화를 설명하는 비유로서 활용한다. 생태체계론적 관점은 유기체와 환경이 어떤 방식으로 상호 적응하며 또한 어떤 유기체는 왜 그리고 어떠한 방식으로 환경에 대한 적응력이 떨어지는가라는 질문에 연구에 초점을 두고 있다. 환경 속의 인간(person in environment) 혹은 환경 속에서 상호작용하는 개인에 초점을 맞추는 복수체계적 관점(multisystem perspec-tive)을 적용 즉, 생태학으로부터 파생하였고 유기체와 유기체의 생물학적, 물리적 환경사이의 관계에 초점을 맞추고 있다.

스미스(Smith, 1986)는 생태학의 연구단위인 생태체계를 이렇게 정의했고, “지역사회의 유기체들을 서로 그리고 환경과 연계를 갖는 물질순환과 활동적인 상호작용을 하는 부분적 혹은 전체적인 유기체의 총체”라고 보았다. 이것은 사회복지사가 생태학에서 매력을 느껴 온 상호의존성, 상호교환, 상호관련성 등을 묘사하고 설명하는 것에 강조를 둔 것이다. 생태체계이론은 사회복지사들에게 환경 속의 인간이라는 관점을 강화시켜주고 명확화시켜 준다. 인간과 환경을 보는 것만으로는 충분하지 않다. 그 이론은 그 둘 사이에 필수적인 생명선을 강조한다. 대부분의 스트레스나 문제가 발생하는 곳은 사람과 환경이 만나는 경계선이라고 볼 수 있다.

4.1 인간행동의 발달이론

1. 발달의 개념

인간의 생명은 수정으로부터 시작하여 성숙에 이르기까지 생명체의 변화과정이다. 여기서 발달이란 수정란이 태아로 형성되어 출생, 성장, 노쇠과정을 거쳐 죽음에 이르기까지 신체성장, 체중증가, 운동능력의 변화, 지능의 발달 등이 끊임없이 변화하는 과정을 말한다.

발달은 유기체의 양적 증대, 기능의 유기화, 구조의 정밀화이다. 발달은 순서 있고 전후 맥락을 가진 한 패턴을 이루어 진행되는 점진적인 계열의 과정이며, 유기체의 분화와 중심화이다.

2. 인간 발달의 원리

인간 발달은 유전과 환경의 상호작용의 산물로서 나타난다. 즉 발달은 개체의 내부적인 힘인 유전적인 요인과 외부적인 힘인 환경적인 요인이 서로 상호작용한 결과로서 나타난다. 달은 초기의 전체적이고 미분화된 기관, 기능이 점차 부분적이고 특수적인 기관, 기능으로 분화되어가는 동시에, 그 분화된 기관 또는 기능은 전체적으로 종합되어 하나의 새로운 체제로 통합되는 과정을 밟는다. 모든 발달에는 일정한 순서와 방향이 있으며, 일정한 성장, 발달에는 최적의 시기(optimum period)가 있다. 즉 신체기관이나 기능 및 정신기능의 발달에 있어서 결정적 시기가 있다는 것이다. 그러므로 결정적 시기에 있어서의 발달장애는 영구적인 결함이나 결손을 초래한다. 발달은 체중, 신장 등의 신체적 발달뿐만 아니라 지식이나 정서 등의 정신적 발달은 비약적인 것이 아니라 연속적이며 점진적으로 이루어진다.

모든 인간은 보편적인 순서에 따라 발달하나 개개인의 발달은 개인차가 있다. 발달의 각 측면(신체적, 지적, 사회적, 정서적, 도덕적 영역)은 상호간에 긴밀하고도 유기적인 관련을 맺고 있다. 그러므로 특정 영역의 발달에 장애가 나타나게 되면 거기에 그치지 않고 다른 영역의 발달에도 영향을 미치게 된다. 생의 초기 단계인 영아기, 유아기, 아동기까지의 발달은 비교적 급속한 속도로 이루어질 뿐만 아니라 이후 모든 단계의 성장, 발달을 좌우한다.

3. 발달단계

1) 영·유아기

(1) 태아기

태아기의 정상적인 임신기간은 10개월(약280일)로 태내기는 3단계로 구분한다. 첫째, 발생기로 수정란이 자리를 잡고 태반이 발달하는 시기. 수정 후 약 2주간의 시기를 말한다. 둘째, 배아기로 착상 후부터 임신 8주까지 시기를 말한다. 셋째, 태아기는 임신 3개월부터 출생까지 말한다.

임산부의 신체적·정서적 상태는 태아발달에 중요하게 영향을 미친다. 임산부가 정서장애를 가지고 있거나, 불안이 심하거나, 혹은 원치 않은 임신을 한 경우, 그렇지 않은 임산부에 비해 임신기간 중 입덧, 자연유산, 조산이나 난산의 가능성이 높아진다. 임산부가 영양부족일 때 태어난 유아의 경우 모든 측면에서 발달이 저조하다.

(2) 유아기

유아기는 출생에서부터 초등학교 입학 전까지의 시기이다. 이 시기는 영아기(출생에서 2세까지), 걸음마기(3세에서 4세까지), 학령 전기(5세에서 6세까지)까지 세분화 할 수 있다. 유아기는 출생에서부터 초등학교 입학 전까지의 시기이다.

유아기의 신체와 운동기능의 발달 특성은 반사반응 즉, 빨기반사, 젖찾기반사, 모로반사(경악반사), 걷기반사, 쥐기반사, 바빈스키반사 등이 있으며, 균형잡기와 기어오르기, 걷기와 발 운동기구의 사용, 생활기술의 발달 등이 진행된다. 이 시기의 지각과 인지발달은 2세가 될 때까지 성취해야 할 중요한 과제는 대상영속성의 개념이다. 생후 6~8개월이 되면서 애착관계를 형성하며, 12개월 전후에 절정에 달하며 18개월이면 타인에게 확대된다. 이 시기는 낯선 사람에 대한 불안과 애착하는 사람과의 격리에 대해 불안을 느끼는 분리불안을 갖는다. 기초적 수준의 도덕성이 발달한다. 부모, 주위 사람들에 대한 동일시과정을 통해 가치, 태도, 그리고 선악의 행동기준을 받아들인다.

2) 아동기

아동기(학령기)는 초등학교에 입학하는 7~8세부터 12세에 이르는 시기이다. 이 시기의 아동들은 부모의 강력한 영향력에서 벗어나 친구, 또래, 선생님과의 접촉에 신경을 쓰게 되고, 그들과의 관계에 더 민감해진다. 이 시기에는 신체발달보다는 이미 획득한 지각과 운동기능을 보다 효과적이고 기술적으로 사용하는 능력을 키우게 되며, 인지적인 측면에서도 지각에만 의존하거나 자기중심성에서 벗어나 객관적으로 사물을 바라보고 판단하게 된다. 아동기의 신체발달은 매우 완만하며 새로운 운동기능의 발달은 없지만 이미 획득한 운동기술이나 근육의 협응, 정교화가 이루어진다. 아동의 사고능력은 구체적인 수준에서 논리적인 수준으로 발달하며 집중력이 향상된다. 또래와의 상호작용을 통해 자기자신에 대해 새롭게 지각하게 되고, 집단에 대한 소속감이나 또는 그와 반대로 소외감을 발달시키게 된다.

3) 청소년기

청소년기는 인간의 발달단계에서 가장 격정적이고 불안정한 시기이며, 동시에 발달의 어느 단계보다 많은 가능성을 가지고 미래를 위한 수많은 결정을 해야 하는 중요한 시기이다. 이 시기에는 청소년기의 성적 성숙에 비해 실제적으로 성과 관련된 정확한 지식이 부족하고 개방적인 사회 분위기에 휩쓸려 성에 대한 가치관을 확립하지 못한 채 무분별하게 저질러지는 성행위 때문에 많은 문제가 발생한다.

청소년기에는 정체감을 형성하게 된다. 정체감이 형성되어야 이성과 상호의존 할 수 있는 능력이 생기고 성행위를 즐길 수 있게 되며, 자신이 상실된다는 두려움 없이 타인과 의미 있는 친밀한 관계를 맺을 수 있게 된다

4) 성인기

초기 성인기의 중요한 인생과제는 친밀감 또는 소외감이다. 성인중기는 사람들은 자신이 적응해 왔던 생활 스타일을 받아들이고 자신의 한계성을 수용하며, 자신을 행복하게 만드는 삶의 형태를 발전시키고 자신이 지금까지 해 왔던 것에 대하여 현실적인 만족감을 느끼기 시작하는 시기이다.

5) 노년기

인생주기의 마지막 단계로서 사회활동의 제한 혹은 중단과 급격한 건강의 쇠퇴, 그리고 죽음을 맞이하는 인생의 황혼기이다. 노년기는 통합 대 절망의 시기로 큰 두려움 없이 죽음을 직면하되, 과거에 대한 후회의 감정이 동시에 나타난다.

4.2 인간행동의 성격이론

1. 정신역동이론

정신역동 이론은 프로이드의 정신분석이론, 아들러와 융, 에릭슨의 자아심리학, 설리반의 대인관계이론을 포함한다. 이것은 이 이론들은 대부분 인간의 행동을 '정신 내의 운동과 상호작용'에 초점을 두며, 인간의 마음 속 깊은 곳에서 일어나는 서로 다른 다양한 힘들의 역동적인 상호작용을 강조하는 이론이다. 정신이 행동을 어떻게 자극하는지, 정신과 행동이 개인의 사회환경과 어떻게 서로 영향을 주고받는지를 강조한다.

1) 정신적 결정론

프로이드 정신분석이론의 기본원리 : 우연히 일어난 것처럼 보이는 사건이라 해도 단지 그렇게 보이는 것일 뿐 실제로는 반드시 과거의 일과 연결되어 발생한다. 인간의 정신적 활동은 반드시 초기아동기나 이전의 행동이나 사건에 의해서 결정된다.

2) 지형학적 모형

(1) 의식

의식은 어느 순간에 인식하고 있는 감각, 지각, 경험, 기억 등의 모든 것을 의미한다. 의식은 현재 느끼거나 알 수 있는 모든 경험과 감각을 말하며, 정신생활의 극히 일부분만이 의식의 범위 안에 있다.

(2) 전의식

전의식은 의식 속의 자료들이 저장되는 영역이다. 현재는 인식되지는 않지만 조금만 노력하면 접근할 수 있는 영역이다.

(3) 무의식

무의식은 id와 superego로 구성되며, 무의식은 의식적 사고와 행동을 전적으로 통제하는 힘이다. 무의식은 욕구나 본능이 깊게 자리하고 있는 영역으로, 인식할 수 없고, 직접적으로 확인할 수도 없는 접근 불가능한 창고이다. 마음을 구성하는 사고, 감정, 본능, 욕구, 동기, 갈등 등의 자료들이 저장되는데 대부분의 자료들은 억압(repression)이라는 기제를 통해 무의식 속에 들어가게 된다. 프로이드는 무의식 속의 대부분의 자료들이 의식되지 못한 채 인간의 행동을 결정한다고 보았다.

3) 구조적 모형

(1) 원초아(id)

원초아는 성격의 가장 원초적인 부분으로 쾌락의 원천이다. 원초아는 본능적 충동은 원초아속에 내재되게 되며, 이러한 충동은 긴장상태를 만들어 내고 개인으로 하여금 이러한 긴장상태를 감소시키기 위하여 행동하게 만들며, 출생시부터 타고나며 정신에너지의 저장고다. 1차적 사고과정을 통해 무조건 욕구와 긴장을 해소하려 하며, 행동으로 해소가 안 될 경우에는 상상해서라도 긴장을 해소한다. 성장하면서 원초아에 의한 행동은 처벌받으므로, 현실을 고려하여 긴장을 해소하려는 '자아'가 발달한다.

(2) 자아(ego)

자아는 현실원칙을 따른다. 실제로 욕구충족을 위한 행동을 계획하며, 만일 계획한 행동으로 욕구 충족이 안 되면, 계속 다른 방법을 모색한다. 자아는 이드로 하여금 충동을 지연시키고 현실을 고려하도록 하는 역할을 한다. 자아는 이드 지배하며, 통제하여 이드와 갈등관계에 놓이게 된다. 자아는 이차적 사고과정을 통해 현실적으로 욕구 충족이 될 때까지 원초아가 만족을 지연시킨다. 불안을 다루고자 하는 시도를 하는 과정에서 무의식적 자아방어기제가 발달하게 된다.

(3) 초자아

초자아는 성격의 도덕적인 부분으로 남근기에 생기는 것으로 초자아는 현실적인 것보다는 이상적인 것으로 현실이나 쾌락을 추구하기보다는 완전을 추구하는 속성을 지니고 있다. 인간이 이드에 따라 행동하고 표현하려고 하면 초자아는 자아로 하여금 불안을 느끼게 한다. 부모를 동일시하는 과정에서 초자아를 형성하게 된다. 아동은 자신의 부모뿐만 아니라 유치원 교사, 보육교사 등과 같은 부성 인물이나 모성인물의 말이나 행동 등에 담겨져 있는 사회적 가치를 내면화하여 초자아를 형성하게 된다. 초자아는 자아이상과 양심이라는 두 개의 하위체계로 구성되는데 자아이상은 부모가 도덕적으로 바람직한 것이라고 간주하는 것으로서, 부모의 칭찬에 의해 형성되며, 양심은 부모가 도덕적으로 나쁘다고 간주하는 것으로서, 부모의 처벌에 의해 형성된다.

4) 성격발달 단계

(1) 구강기

구강기는 출생~18개월의 시기로 구강을 통해 쾌락을 추구하며, 양가감정을 경험하게 된다. 보통 유아는 6개월이 되기 전까지는 대상부재의 상태이며, 자신의 욕구를 만족시켜주는 사람이 자신과 분리된 다른 사람이라는 것을 인식하지 못한다. 6개월 이후부터 ‘어머니’의 존재를 느끼며, 애정을 가진다.

(2) 항문기

이시기는 18개월~3세로 양육자에 의한 배변훈련을 받게 되며, 이 시기 고착된 두가지 성격이 된다. 항문폭발적 성격은 잔인하고 파괴적이며 난폭하고 적대감을 공개적으로 표현하고, 항문강박적 성격은 부모가 정한 규칙에 동조하고 순응하는 유아들은 질서정연하게 정돈하고 결백한 행동을 하려는 강박적 욕구가 발달하여 지나치게 통제된 행동을 하게 된다.

(3) 남근기

이 시기는 3세~6세로 자신의 성기를 남의 것과 비교하고 싶어 하고 남녀의 성기가 서로 다른 것에 많은 호기심을 느낀다. 남아는 외디푸스 콤플렉스로 거세불안을 느낀다. 즉, 처음에 어머니를 사랑하여, 어머니를 소유하고 싶어하므로 아버지와 경쟁적 관계를 맺게 된다. 남아는 어머니에 대한 사랑의 감정을 아버지가 용서하지 않을 것이라고 생각하고 아버지의 보복을 두려워하며, 언젠가는 아버지가 자신을 해칠 것이라는 불안과 공포을 느낀다. 여아는 엘렉트라 콤플렉스로 남근선망을 한다. 여아도 처음에는 어머니를 사랑하지만 어느 날 자신이 가치 있는 신체가관, 즉 남근이 없다는 것을 발견하고 이미 거세되었다는 사실을 인식하게 되며, 자신이 거세된 것이 어머니의 탓이라고 보고 어머니를 미워하게 된다. 그리고는 자신의 음핵이 남근처럼 자랐으면 하는 공상을 하게 되고, 가치 있는 기관을 갖고 있는 아버지를 소유하고 싶어 하는 공상한다.

(4) 잠복기

이시기는 6세~12, 13세로 아동의 성적·공격적 환상들이 무의식 속에 잠복하여 리비도가 특정 신체부위에 집중되지 않는다. 신체의 발육과 성장, 지적인 활동, 친구와의 우정 등에 에너지 집중되며, 이드보다 자아와 초자아가 강해진다.

(5) 생식기

생식시는 사춘기 이후 시작되며, 호르몬과 생리적인 요인들로 인해 그동안 억압되었던 성적 감정들이 크게 강화되어 성적 에너지가 성인과 마찬가지로 직접적으로 표현된다.

〈표 4-1〉 **프로이드의 성격발달 및 성격특성**

단 계	연 령	성격 특성
구강기 (oral)	출생~약1세	• 즐거움의 근원은 빨기, 물기, 삼키기, 입술을 움직이는 것이다. • 충동의 즉각적인 만족에 빠진다. • id가 지배한다.
항문기 (anal)	1~3세	• 성만족의 근원은 배설물을 보유하고 배설하는 것이다. • id와 ego가 지배한다.

남근기 (phallic)	3~6세	• 생식기에 관심을 갖게 되고 생식기가 성만족의 근원이 된다. • 동성 부모를 동일시한다. • 외디푸스(Oedipus)와 엘렉트라(Electra) 콤플렉스를 갖는다. • id, ego, superego가 지배한다.
잠복기 (latency)	6~11세	• 성만족에 대한 관심이 없어지고, 같은 성의 부모를 동일시한다. • id, ego, superego가 지배한다.
생식기 (genital)	12세 이후	병적인 애착과 퇴행을 제외하고 어른의 형태와 같은 성 만족에 관심을 갖는다.

5) 사회복지실천이론에 미친 영향

프로이드(Sigmund Freud)의 정신분석이론은 인간행동의 이해와 정신치료의 새 지평을 열었다. 사회복지에서는 사회복지실천의 과학적 토대를 마련하기 위하여 노력하는 과정에서 정신분석이론에 관심을 갖게 되었다.

'원인을 발견함으로써 치료방법을 찾을 수 있다'는 리치몬드의 전제는 프로이드에 의해 창안된 의료적 모델에 기인한 것이다. 1920년대의 진단학파에서는 개별사회사업실천을 내담자의 초기 아동기의 해결되지 않는 정신적 외상에 대한 진단과 치료를 강조하는 정신분석적 치료와 동일시할 정도로 정신분석이론이 미친 영향은 지대하다.

정신분석이론은 사회복지실천에 긍정적 영향을 미쳤지만 부정적 영향을 미친 점도 있다. 특히 프로이드의 정신분석이론은 사회복지의 이중적 초점이라 할 수 있는 인간과 환경 중에서 인간의 정신내적 현상을 지나치게 강조하고 지나치게 기계론적이고 결정론적 인간관과 이에 따른 실천을 조장함으로써 사회복지 전문직의 분열과 사회복지실천상의 불균형을 초래하는 문제점을 야기시키기도 하였다.

2. 에릭슨의 이론

1) 인간관

Erikson은 각 개인은 끊임없이 새로운 발달과업과 투쟁하고 인생의 전환점에 직면하여 새롭고 더 나은 자아를 획득하려 하고, 그런 가운데 변화와 성장을 하는 존재로 보고 있다. 개인의 심리적 발달은 선천적인 유전적 요소와 부모의 양육방식, 학교에서의 경험, 또래집단과의 경험, 그리고 그 외의 사회적 관계망과의 관계들 간의 상호작용이라는 사회적 힘에 의해 결정된다고 보고 있다. 인간은 가변적이며, 유전적 요인에 기초하며 환경적 어려움의 극복을 통해 삶의 의미를 추구하는 총체적인 존재이다. 인간을 합리적 존재, 더 나아가 창조적 존재로 보고 있다. 에릭슨은 인간을 이해하기 위해서는 생리, 심리, 사회적 총체로 보아야 한다고 하였다.

2) 주요개념

에릭슨은 자아정체감을 포함하여 주요개념들은 8단계의 심리사회적 발달에 포함되어 있다. 자아를 일생동안의 신체·심리·사회적 발달과정에서 외부 환경에 대처하고 적응하는 과정에서 형성되는 역동적인 힘으로 규정하였다. 에릭슨은 전 생애에 걸친 자아발달단계을 8단계로 구분하였다. 심리사회적 발달단계마다 각 개인은 위기상황에 직면하게 된다. 위기의 결과에 따라 성격이 달라지며, 특정 단계의 심리사회적 위기해결은 이전 단계의 성패와 직결된다고 하였다. 심리적 위기를 만족스럽게 해결하게 되면 긍정적 자아특질이 강화되고 점차 성장·발달하는 자아 속에 스며들어 보다 건전한 발달이 이루어지지만 반대로 갈등이 지속되거나 위기가 만족스럽게 해결되지 못하면, 자아 발달은 손상을 받고 부정적 자아특질이 강화되는 것이다.

3) 심리사회적 발달단계

- 1단계 : 신뢰 대 불신 – 희망 대 위축(초기 유아기 : 출생부터 1.5세)

양육자의 보살핌을 통하여 영아는 신뢰감을 형성하며, 보살핌이 적절하지 못하거나 일관성이 없고 거부적인 경우에는 영아는 불신감을 형성하게 된다. 유아의 신뢰는 자신의 욕구를 절대적 양육자(어머니)가 충족시켜 줄 것이라는 확신에서 기인한다.

- 2단계 : 자율성 대 수치과 회의 – 의지 대 강박적 행동(초기아동기, 2~4세)

Freud의 항문기에 해당되며, 위기를 극복하면 의지가 형성하며, 극복하지 못하면 수치심의 내면화, 강박적 행동, 피해의식을 갖게 된다. 유아에게 생활공간 내에서 선택의 자유를 보장하여 자율성을 경험할 수 있도록 노력하면 자율성이 강화되지만, 부모가 인내를 갖지 못하고 유아를 대신하여 일을 처리하거나 유아가 할 수 없는 것을 혼자서 해야 한다고 지나치게 요구할 경우 수치심을 갖게 된다.

- 3단계 : 주도성 대 죄의식 – 목적 대 억제(학령전기, 4~6세)

이 시기는 프로이드의 남근기에 해당된다. 유아 스스로 환경을 탐색하고 스스로 행동할 수 있도록 격려하게 되면, 유아는 솔선성을 형성하게 되지만 부모가 유아 스스로 어떤 일을 완수하도록 기회를 부여하지 않고, 꾸지람을 하게 되면 죄의식을 갖게 된다.

• 4단계 : 근면성 대 열등감 - 능력 대 무력함(학령기, 6~12세)

이 시기는 프로이드의 잠재기에 해당된다. 일을 성취하기 위하여 열정적으로 참여하고 그 과업을 완수하게 될 경우, 주변 사람들의 강화가 뒤따르게 되며 근면성이 발달되지만, 자신의 능력이나 지위가 또래에 비하여 열등하다고 느끼면 학습추구에 대한 용기를 잃게 되고, 부모나 교사가 요구한 과업을 성취할 수 있는 능력이 없다고 느낄 때, 열등감을 경험하게 된다. 이 단계는 인지적·사회적 기술이 숙달되는 자아성장의 가장 결정적인 시기로 교사의 태도 매우 중요하다.

• 5단계 : 자아정체감 대 역할혼란 - 성실 대 거부(청소년기, 12~20세)

이 단계는 사회적 지지가 아동에게 연속적이고 잠정적인 동일시를 형성할 수 있도록 허용해 주는 정도에 따라 달라진다. 사춘기가 되면서 자아정체감 형성을 위한 노력을 하게 된다. 급격한 신체변화가 정체감의 혼란을 가져온다.

• 6단계 : 친밀감 대 고립 - 사랑 대 배척(성인 초기, 20~24세)

이 단계는 자신의 이성에 대한 감정, 자신의 미래와 희망, 그리고 미래계획에 대한 끊임없는 탐색과 도전을 통하여 자아탐색을 하게 된다. 이 단계에서는 타인과 상호관계를 형성하여 타인에 대한 보살핌과 사랑을 넓혀가고 심화시키는 단계이다.

• 7단계 : 생산성 대 침체 - 배려 대 거절(성인기, 24~65세)

이 단계는 자녀를 출산하고 양육하고 직업이나 여가활동에 참여한다. 생산성 : 생산성은 사회존속의 원동력이다. 자신의 세대를 넘어 다음 세대를 양육하는 것에 관심을 갖게 된다. 생산성의 결핍은 성격 침체를 가져오며, 위기의 극복하면 배려가 형성되며 극복하지 못하면 거절감이 형성된다.

• 8단계 : 자아통합 대 절망 - 지혜 대 경멸(노년기, 65세 이후)

이 단계의 위기를 성공적으로 해결한 개인은 지혜, 즉 죽임에 직면하여 삶에 대한 적극적 관심을 갖게 된다. 신체적·사회적 상실의 시기로 지나온 삶에 대한 수용이 필요하다. 실패할 경우 절망감과 혐오감이 형성되며 스스로를 경멸한다. 위기를 극복하면 삶에 대한 적극적인 관심과 지혜를 얻게 되며, 극복하지 못하면 자신에 대해 경멸한다.

<표 4-2> 심리사회적 발달 8단계

단계	생활주기	연 령	심리사회적 과제와 위기	기본 덕목	주요관계범위	주요병리	심리성적 단계
1	유아기	출생~2세	신뢰감 대 불신감	희망	모성	철퇴	구순기
2	초기 아동기	2~4	자율성 대 수치심	의지	부성	강박	항문기
3	학령 전기	4~6	솔선성 대 죄의식	목적	핵가족	억제	남근기
4	학령기	6~12	근면성 대 열등감	유능성	이웃, 학교	비활성	잠재기
5	청소년기	12~22	정체감 대 정체감 혼란	성실	또래집단	거절	생식기
6	초기 성인기	22~34	친밀성 대 소외	사랑	우정, 성, 경쟁, 협동상대	배타성	
7	중·장년기	34~60	생산성 대 침체	보호	직장과 확대, 가족	거부	
8	노년기	60~	자아통합 대 절망	지혜	인류	경멸	

4) 사회복지실천에 대한 적용

에릭슨의 자아심리학은 환경에 대한 자아의 대처 및 지배능력과 관련된 행동을 중시하며 심리적 건강과 증상에 대한 관점이다. 에릭슨의 이론은 정신분석 이론을 확대시켜 자아의 성장 가능성을 제시하였으며, 인간의 건강한 발달에 관한 새로운 통찰력을 부여하였지만 그 개념은 매우 불명확하다는 한계가 있다.

3. 아들러의 개인심리이론

1) 인간관

프로이드는 신경증을 지나치게 성적 충동으로 제한하여 설명하였으나 아들러는 성이 아닌 다른 요소에 의해서도 영향을 받는다고 보았다. 인간은 창조적인 힘을 가지고 자기 삶을 결정할 수 있으며, 인간은 통일되고 자아 일치된 유기체이다.

2) 주요 개념

인간은 사회적 동물로 인간 발달은 사회적 자극에 의해 동기화된다. 가공적 목적 : 각 개인의 우월성 추구는 그들이 채택하는 가상의 목표에 의해 결정된다. 개인의 가상적 목표는 자기 스스로 결정한 것이므로, 각 개인마다 독특한 것이라고 하였다. 한 개인의 가상적 목표를 이해하게 되면, 그의 다른 행동이 지니는 의미를 알 수 있으며, 생활양식도 이해할 수 있게 된다.

(1) 열등감과 보상

열등감과 그에 대한 보상노력이 인간을 발전시키는 원인이 된다. 인간이 된다는 것은 자신이 열등하다는 것을 느끼는 것을 말한다라고 할 정도로 열등감의 개념을 중시하였다. 개인의 성장과 발달은 상상에 의한 것이든, 사실에 입각한 것이든 열등감을 극복하려는 시도에서 나온다고 본다.

(2) 사회적 관심

인간은 본질적으로 사회적 동물이다. 사회의 이익을 위해 개인의 이익을 포기할 수 있으며, 교육을 통해 더 많이 실현될 수 있다.

(3) 우월에 대한 추구

우월을 향한 추구의 동기는 선천적으로 타고나며, 완성을 향해 노력함으로써 보다 높은 다음 단계로 발달할 수 있다.

(4) 생활양식

열등감을 극복하려는 노력으로 인생초기 4~5세에 확립된다. 생활양식은 인생목표뿐 아니라 자아개념, 타인에 대한 감정, 세상에 대한 태도를 포함한 한 개인의 독특한 특징을 포괄하는 개념이다. 예를들어, 작은 키를 지식으로 보상, 무능함을 웃음 짓는 행동으로 보상, 무능함을 무차별 공격행동으로 보상 등이 있다. 생활양식은 4가지 형태가 있는데, 지배형 생활양식은 단적이고 공격적이며 활동적이지만, 사회적인 인식이나 관심이 거의 없다. 획득형(기생형)은 기생적인 방법으로 외부세계와 관계를 맺으며, 다른 사람에게 의존하여 대부분의 욕구를 충족하는 생활유형이다. 회피형은 어떠한 방법으로든 참여하려는 사회적 관심도 적고 어떤 형식으로든 인생에 참여하려는 활동도 하지 않는다. 사회적으로 유용한 형은 사회적 관심과 인생과업을 성취하기 위한 활동 수준이 모두 높다.

(5) 창조적 자기

유전에서 나온 능력과 환경과의 상호작용에서 나온 경험을 해석하여 나름의 성격을 만든다. 인간은 환경에 영향을 받기도 하지만 또한 환경에 영향을 미쳐 환경이 자신에게 반응하도록 창조하는 존재이다.

4. 융의 분석심리이론

1) 인간관

인간은 의식과 무의식 간의 본질적인 대립양상을 극복하고 이를 하나로 통일해 나가는 전체적 존재로 본다. 미래의 목표와 가능성을 달성하기 위하여 노력하고 자신의 행동을 조절하는 존재로 성장지향적 존재이다. 인간을 가변적 존재로 본다. 인간의 행동이란 개인적인 것과 종족의 역사와 목적, 욕망에 따라 좌우된다. 따라서 실재했던 과거와 가능성을 지닌 미래가 동시에 인간의 현재행동을 이끈다.

2) 주요개념

① 정신 : 개인의 성격 전체를 정신이라고 하며 지형학적으로 정신은 의식, 개인무의식, 집단무의식으로 구분하였다.

② 의식 : 개인이 직접 인식할 수 있는 정신의 부분으로 네가지 심적 기능 생각, 감정, 감각, 직감으로 구분되었으며, 두가지의 의식 지향적 태도로 외향성과 내향성이 있다. 융은 심리적 태도와 기능을 조합하여 MBTI의 기초가 되었다.

③ 개인적 무의식 : 자아에 의해 의식화되지 못한 개인의 경험으로 상실된 기억이나 억압된 불쾌한 여러 표상 등 의식 위에 올려지지 않은 내용이 포함된다.

④ 집단적 무의식 : 모든 인류에게 유전되어 오는 잠재된 기억의 저장소이다. 집합 무의식은 내용은 원형이다. 원형은 모든 인간에게 보편적으로 존재하는 인류의 가장 원초적인 행동유형, 천하대장군, 천사이미지, 악마이미지 등을 의미한다. 중요한 원형은 페르소나, 아니마, 아니무스, 음영, 자기 등이 있다.

㉠ 페르소나 : 자아의 가면, 사회가 인간에게 생활에서 담당하기를 기대하는 배역

㉡ 아니마: 남성 정신의 여성적 측면

㉢ 아니무스: 여성 정신내부의 남성적 측면

㉣ 음영 : 의식에서 도외시 되는 동물적 본성. 대부분 자아상과 반대됨

㉤ 자기 : 성격의 상반된 측면들을 균형있고 조화롭게 만들려는 내적 충동

⑤ 리비도 : 프로이드의 리비도보다 더 포괄적인 개념으로 모든 활동에 에너지를 제공하는 전반적인 생명력이다.

3) 성격발달단계

① 성인초기 : 외적으로 팽창하는 시기로 남성은 남성적이며, 여성은 여성적이다.

② 40세 이후 : 이 단계에서는 정신적인 변화를 겪게 된다. 추구하던 목표와 야망에 대한 의미를 상실하며 무의식에 귀를 기울인다.

③ 중년기 : 자신의 내면세계에 초점을 두며, 발달적 측면에서 남성은 여성적이며, 여성은 남성적이 된다.

④ 노년기 : 죽음 앞에서 생의 본질을 이해한다.

4) 사회복지실천에 대한 적용

분석심리이론에서는 정신병리를 질병이나 정상상태로부터의 일탈로 보지 않는다, 자기실현을 향한 개인의 성장이 멈춘 것이라고 보았다. 치료목적은 내담자가 내면세계의 목소리와 요구를 귀담아 듣고 자신의 내면의 삶을 탐색함으로써 성격을 확장해 나가는 과정이다. 치료자는 내담자와 함께 있어주는 사람이다. 치료적 기법은 신체동작치료, 미술치료, 모래상자치료, 연극치료 등의 기법들을 절충해서 활용하고 있다.

5. 인지행동주의 이론

1) 스키너의 이론

(1) 인간관

자율적 인간이란 존재할 수 없으며, 인간의 자기결정과 자유의 가능성을 완전히 배제하고 있다. 인간행동은 스스로 창출하는 것이 아니라 외적 자극에 의해 동기화되고 학습화된 경험에 의해 결정된다. 인간행동은 유전적 영향보다는 환경이 더 중요한 요인이다. 인간행동은 법칙적으로 결정되고 예측이 가능하며 환경적으로 통제가 가능하다. 인간행동은 내적 영향에 의한 것이 아니라 주의환경에 대한 반응이다. 인간의 내면세계, 즉 성격, 심리상태, 느낌, 목적, 의도 등은 연구할 필요조차 없다고 하여 인간본성이 합리적인지 아니면 비합리적인지에 대한 논의 자체를 거부하였다. 인간행동을 객관적인 자극−반응의 관계에서만 설명할 수 있으며, 인간행동은 얼마든지 변화시킬 수 있다고 보고 있다.

(2) 주요 개념

① 조작적 조건화

파블로프가 비자발적인 반사행동을 유발하는 환경적 자극의 역할에 초점을 두었다면 스키너 이론은 개인의 과거행동의 결과가 어떻게 그 개인의 현재 행동에 영향을 끼치는가에 초점을 두었다.

조작적 조건화는 인간이 환경적 자극에 능동적으로 반응하여 나타나는 조작적 행동이다. 모든 행동의 결과는 어떤 유기체가 앞으로 그 행동을 나타낼 행동의 원인이 된다.

② 강화

강화는 반응을 증진시키는 것이다. 강화는 정적강화와 부정적 강화가 있다. 정적 강화는 긍정적 경험을 제공하여 바람직한 행동의 발생률을 높이는 것으로 강화물은 음식, 돈, 칭찬 등이 있다. 부정적 강화는 불쾌한 결과를 나타내지 않고 철회하는 것이다. 수업시간에 집중하지 못하는 학생의 휴대폰을 압수하면 휴대폰을 다시 돌려받기 위해 수업에 집중하게 된다.

③ 처벌

처벌이란 불쾌한 자극을 주거나 어떤 행동에 대하여 긍정적인 강화를 철회하는 것이다. 처벌에 대한 부작용으로 공격적인 행동의 유발, 회피적인 행동 발생, 처벌자에 대한 도피 등이 발생할 수 있다. 처벌의 효과를 유지하기 위해서는 계속적인 감독이 필요하다. 일차적 강화물은 음식, 물, 따뜻함 등과 같은 무조건적인 자극이며, 이차적 강화물은 돈, 관심, 칭찬, 애정. 조건적인 역사를 통해 학습, 개발된다.

④ 소거

소거는 어떤 자극이 후에 특정 행동이 일어나지 않는 것이다. 더 이상 강화되지 않아 조건반응이 제거되는 것이다.

⑤ 변별강화

변별강화란 조건화가 완전하면 처음에 받았던 조건자극에 대해서만 조건반응이 일어나고 비슷한 자극에는 조건반응이 일어나지 않는 것이다. 사회 적응적인 반응에는 강화가 주어지고, 문제가 있는 반응에 대해서는 강화가 주어지지 않는다면 그 결과로 사회 적응적인 반응은 증가되고 문제성 있는 반응은 감소한다.

⑥ 행동조성

행동조성은 복잡한 행동이나 복합적인 기술을 학습시키기 위해 사용하는 방법이며, 바람직한 행동을 학습할 수 있도록 기대에 부응하는 행동에 대하여 강화함으로써 행동을 점진적으로 만들어 가는 것이다.

(3) 스키너 이론의 기본 가정

스키너는 자극과 반응이라는 학습원칙이 누구에게나 동일하게 적용되지만 각 개인이 지니고 있는 유전적 배경과 독특한 환경적인 조건이 결합되어 개인의 행동 유형이 형성되기 때문에 사람들 각자의 행동발달 유형이 다르다. 행동은 환경적 자극에 의해 동기화되고, 그 것을 따르는 강화에 의해 행동의 빈도, 강도가 결정된다. 인간은 자신의 행동을 통제할 수 있는 힘이 없으며, 외적인 강화가 없이는 어떠한 행동의 학습이나 수정이 없다. 인간은 어떻게 행동하도록 강화되었느냐에 따라 행동하며, 인간행동의 차이는 강화 역사의 차이이다.

(4) 사회복지실천에 미친 영향

스키너의 이론은 치료기법의 효과성 중시하며, 치료기법에 대한 정밀한 측정을 강조, 비교적 짧은 시간 내 효과 기대한다. 인간행동결정에 있어 정신과정이 중요함에도 불구, 스키너는 인지의 창조적인 면을 염두에 두지 않았다. 인간의 모든 행동은 조작을 통해 변화할 수 있다는 주장하였으며, 자율적인 인간의 성격, 심리 상태, 느낌, 계획이나 목적, 의도를 부정하였다.

2) 반두라의 이론

(1) 주요개념

반두라는 모든 학습은 직접적인 경험 뿐 아니라 관찰학습을 통해서도 이루어진다고 보았다. 반두라는 인간이 환경과의 접촉을 통해 행동 유형을 어떻게 발전시켜 나가는가 하는 이론을 발전시켰다. 모방은 모델을 관찰함으로써 특별한 반응을 학습하는 것이다. 모델을 통한 세가지 효과는 첫째, 모델로부터 관찰자에게 모방적인 반응 패턴이 전달되고, 둘째, 접촉하는 빈도에 따라 이전에 학습된 반응이 강화되거나 약화되며, 셋째, 모델을 관찰함으로써 이전에 획득한 반응이 더욱 촉발된다. 인지란 지식을 획득하고 조직하고 사용하는 과정이다. 인지적 매개과정은 대리학습을 가능하게 하고, 행동하기 이전 행동 학습에서의 교정을 가능케 한다. 관찰학습의 과정은 대리학습, 사회학습, 모델링이라고도 한다. 상호결정론이란 인간의 성격이 개인적·행동적·환경적인 요소들 간의 지속적인 상호작용에 의해 발달한다는 것이다. 환경, 사람, 행동 세 가지 요소는 서로에게 영향을 주며 상호의 존적이다. 자기규제는 자신의 행동을 감독하고, 스스로 자부심을 가지는 것으로 인간의 행동은 자기강화에 의해 규제된다. 자기효능감이란 자신이 바라는 목적을 이루기 위해 어떤 특정 행동을 성공적으로 수행할 수 있다는 신념이다.

(2) 기본 가정

각 개인에게 있어 행동의 선행요인과 행동에 따르는 강화와 벌의 효과성은 각 개인의 자기효능감이나 그 개인이 처한 상황에 따라 차이가 나기 때문에 생활주기의 각 단계별로 행동이 발달하는 공통적인 특성을 설명하는 것은 큰 의미가 없다.

인간의 행동은 환경적 자극에 의해 동기화되고 개인의 인지적 요인과 내적 사건들에 의해 중재되고 결정된다. 인간은 자기효능감을 성취하는 방향으로 행동을 규제할 수 있으며, 모델을 관찰하거나 대리강화를 통해서도 새로운 행동의 학습 뿐 아니라 혁신적인 행동의 창조가 가능하다.

(3) 사회복지실천에 대한 영향력

사회복지 영역에서 많이 활용되는 행동주의 이론들은 상황에 있어 '문제'에 대한 정의를 내리는 데 도움을 준다. 행동주의적 접근방법들은 다양한 사회복지 실천영역에서 활동되고 있다. 제한점은 행동주의 이론들이 개인의 외적인 요소에 초점을 두고 있다고는 하지만 문화적 배경, 사회적 지위, 경제 상태 등 거시적 수준에 대한 고려는 근본적으로 하지 않는 경향이 있다. 또한 행동수정을 위해 처벌이나 부적 강화 기법을 활용하는 것은 사회복지사에게 있어 윤리적인 측면에서의 어려움을 야기한다.

6. 인본주의 이론

인본주의 인간관은 결정론적 인간관을 배제하고 인간의 수동적인 측면보다는 능동적이고 창조적인 측면을 더 중시한다. 인간이 태어날 때에는 자아가 결여된 하나의 단순한 비사회적 유기체일 뿐이지만 다른 사람들과의 관계, 즉 사회 생활을 통하여 자아가 형성됨으로써 하나의 인간이 되어 가는 것이며, 인간의 삶은 하나의 성숙한 인격으로 되어 가는 과정이라고 본다. 자유의지의 존재로서 개인의 주관적 체험을 강조한다. 그러므로 개인이 세상을 어떻게 지각하고 해석하느냐에 관심을 갖는다. 자아개념의 발달에 결정적인 역할을 하는 것이 긍정적 관심에 대한 욕구이다. 자아에 대한 의식이 생기면 모든 사람은 타인으로부터 온화함, 존경, 숭배, 수용 그리고 사랑을 받고 싶어하는 기본적 욕구가 생기는데, 특히 어머니로부터 사랑받고 보호받고 싶어하는 욕구가 강하다.

1) 로저스의 이론

로저스는 인간본성에 대한 자유론적 관점과 아울러 인간을 합리적인 존재로 규정하였다. 일상적으로 나타날 수 있는 살인, 이상적 충동, 반사회적 행동 등은 진정한 인간의 내적 본성과 화합하지 못한 결과라도 할 정도로 로저스는 인간이 합리적 존재라는 사실을 굳게 믿고 있다. 행동이란 개인이 세계를 지각하고 해석한 직접적인 사건의 결과로 생기므로 인간의 행동을 잘 이해하기 위해서는 그 개인의 내적 준거틀(Internal frame of reference)을 이해할 필요가 있다

(1) 주요 개념

로저스가 제시한 주요 개념들을 보면 다음과 같다.

① 긍정적 지향의 경향 : 인간을 미래의 목적과 자기지시적인 목적의 방향으로 에너지를 지향시킬 수 있는 활동적인 존재이다.

② 자아실현의 경향 : 인간은 선천적으로 자신을 유지시키거나 향상시키기 위해 자신의 능력을 개발하는 경향성을 지니고 있으며, 태어나면서부터 무엇이 좋게 느껴지고 나쁘게 느껴지는지를 구별할 줄 안다

③ 주관적 경험과 행동 : 인간의 행위를 지배하는 것은 자극 상황에 대한 주관적인 해석과 그것에 대한 개인적 의미이다.

④ 긍정적 관심에 대한 욕구 : 조건적인 긍정적 관심이 지속되면 그것이 아동에게 내면화되어 규범과 기준이 된다.

⑤ 무조건적인 긍정적 관심 : 아이가 그 존재 자체로서, 귀중한 한 인간으로서 평가받고 사랑받고 있다는 분위기를 제공하는 것이다.

⑥ 완전히 기능하는 사람 : 자신의 잠재력을 인정하고 능력과 자질을 발휘하여 자신에 대한 완벽한 이해와 경험을 풍부하게 하는 방향으로 이동해 나가는 것이다. 완전히 기능하는 사람은 경험에 대하여 개방적이며, 실존적인 삶을 살고, 유기체적인 신뢰를 가지며, 경험적 자유와 창조성을 지닌다

2) 매슬로우의 이론

(1) 주요 개념

매슬로우의 주요 개념은 잠재적 창조성, 형성되어가는 과정, 욕구 등이 있다. 잠재적 창조성은 인간의 가장 보편적 특질이다. 누구에게나 잠재해있는 것이므로 특별한 자질이나 능력을 요구하지는 않는다. 형성되어가는 과정은 자아실현의 과정으로 여기며, 이를 인간 본성의 고유한 것으로 간주한다. 인간 욕구는 다섯 단계로 구성되어 있으며 낮은 단계에 있는 욕구가 어느 정도 만족되어야 더 높은 단계의 욕를 의식하거나 동기가 부여된다고 가정하였다.

(2) 매슬로우 이론의 기본 가정

인간의 본성은 원래 선하며, 인간은 자유롭고 자율적이며, 인간 행동은 내면으로부터 나오지만 무의식적 동기의 산물이 아니다. 매슬로우는 동물에 관한 연구는 복합적인 인간 경험의 본질을 설명해주지 못한다고 보았으며, 인간행동을 연구하고 이해하기 위해서는 정신건강에 대해 먼저 이해해야 한다. 사람은 능력있는 존재이며 기본 욕구들이 충족되면 인간성을 성취하고 결국은 자아실현자가 된다고 보았다.

(3) 매슬로우 욕구위계이론

매슬로우는 인간의 욕구에는 다섯 단계가 있다고 주장하였다. 그에 의하면 욕구는 동시에 나타나서 상호 경쟁하는 것이 아니라 계층에 따라서 위계질서를 가지고 있으며 따라서 한 계층의 욕구가 만족되면 그 욕구에 대해서는 더 이상 동기를 부여하지 못하고 다른 욕구로 전환된다는 것이다. 매슬로우의 욕구 계층은 생리적인 욕구, 안전의 욕구, 소속과 참여의 욕구, 존경의 욕구, 자기 실현적인 욕구의 단계를 갖는다.

① 생리적인 욕구

생존에의 욕구로서 인간이 살아가는 데 가장 기본적으로 필요한 것들에 대한 욕구이다. 즉 배고픔, 맛보기, 목마름, 냄새 등 주로 생명을 이어가는 데 필요한 감각적인 욕구들이다.

② 안전과 보호 욕구

위험한 것이나 위협으로부터의 보호, 공포·불안·무질서로부터의 자유, 구조·질서·법령·제약과 안전에 대한 욕구를 포함한다.

③ 소속감, 사랑과 사회적 활동의 욕구

인간은 사회적 동물이므로 사회적인 여러 관계 속에서 살기를 원한다. 이 욕구는 타인과의 개인적 차원에서 만족스런 관계를 유지하는 것과 어떠한 집단에 소속되기를 바라고 우정과 애정을 서로 주고받기를 원한다.

④ 존경의 욕구

자기 스스로의 존중과 타인으로부터의 존중으로 구분할 수 있는데, 자기 존중은 스스로 사회적 제 관계에서 자신의 일에 대한 성취감, 능력 등에 의하여 자신감을 갖는 것이며, 타인으로부터의 존중은 지위, 인정, 존경심 등이 있다. 즉 타인이 자기를 우러러보고 자신이 존경받는 인물로 되기를 원하는 것이다.

⑤ 자아실현의 욕구

매슬로우가 본 가장 높은 수준의 욕구이다. 이 욕구에는 창의성과 자기 표현을 통하여 최대의 자기 발전을 기함으로써 잠재적인 성취를 이룩하는 것이다.

(4) 사회복지실천에 미친 영향

인본주의 이론은 모든 인간이 내부에 건전하고 창조적인 성장을 위한 가능성을 지니고 있다고 믿었다. 사회복지실천의 가치관은 기본적으로 인본주의에 근거를 두고 있다. 이 이론은 사회복지실천에 있어 다른 이론들보다 더욱 융통성 있게 적용할 수 있다. 전체 인간에 대한 존중 사상은 효과적인 실천의 기본적인 , 사회복지실천에 있어 가치관의 토대를 이루고 있다. 사회복지사들은 클라이언트가 자신과 자신의 개인적 의미를 탐색할 수 있는 기술을 가질 수 있도록 원조한다.

5

Chapter

사회복지의 미시적 실천방법

5.1 사회복지실천 방법론

1. 사회복지실천의 정의

사회복지의 학문적 성격은 곧 사회적 실천에 있다. 즉 사회적 실천학문이라고 할 수 있는데, 여기서 사회복지실천은 사회복지를 구체적으로 실천하는 원조활동이나 실천기술을 의미하는 원조기술이라고 할 수 있다. NASW는 사회복지실천을 개인, 집단 또는 지역사회로 하여금 사회적 기능에 관한 그들의 능력을 강화 또는 회복시키고, 그들의 목표에 바람직한 사회적 기능을 창출하도록 돕는 전문적 활동이라고 규정하였다. 따라서 사회복지실천은 인간과 사회환경 사이의 상호작용과 관련된 문제들을 완화 내지는 경감시키고, 이에 대처할 수 있는 능력을 강화시키는 것을 돕는 일련의 원조과정으로 실천과정에서 그 자체의 가치, 원칙, 기술들을 전문적으로 적용시키며 인간 발달 및 행동에 관한 지식, 사회적·경제적·문화적 제도들에 관한 지식, 그리고 이러한 모든 요소들의 상호작용에 관한 지식을 활용한다.

전통적으로 사회복지의 실천방법이라 하면 개별지도, 집단지도, 지역사회조직과 같은 3대 방법이 사용되어 왔는데, 이러한 분리된 방법론으로는 클라이언트를 원조하는 데 한계가 있음을 자각하면서 이를 통합적으로 포괄하여 활용하는 사회복지실천이 요청되어졌다.

2. 사회복지실천의 목적과 목표

사회복지실천의 목적으로 1979년의 시카고 회의에서 실질적인 사회복지실천의 목적에 합의하였으며 사회복지실천의 목적으로 모든 사람의 삶의 질 향상을 위해 개인과 사회간 서로 유익한 상호작용을 촉진 또는 회복시키는 것이라 하였다(엄명용외, 2004). 이 목적에는 삶의 질 향상, 사회적 기능의 향상, 사회적 역기능에 대한 개입 등의 의미가 내포되어 있다.

사회복지 실천의 목표는 개인의 역량확대 및 문제해결 능력 및 대처능력 증진을 위해 도움 제공하였다. 사회복지실천은 다양한 사회복지 실천현장에서 사회복지사가 어떤 활동을 해야 할 것인가에 대한 내용으로 개인, 소집단, 가족, 또는 지역사회의 저하된 기능을 회복 혹은 향상시키기 위해, 여러 가지 종합적이고 전문적인 활동을 제공하는 것이다. 사회복지실천은 뚜렷한 목적을 가지고 있으며 동시에 구체적인 목표를 가진 활동이자 실천적인 개입이다. 먼저 핀커스와 미나한(Pincu.s & Minahan, 1973)은 사회복지실천의 목적을 다음의 네 가지로 들고 있다 첫째, 개인의 문제해결 및 대처능력을 향상시키는 것 둘째,개인을 지역사회자원과 서비스의 기회를 제공해 주는 체계와 연결시켜 주는 것 셋째, 이러한 체계가 효과적이고 인도적으로 운영되도록 장려하고 촉진 시키는것 넷째, 사회정책을 개발하거 나 발전시키는 데 이바지하는 것이라고 보았다. 사회복지실천의 구체적 목표는 사람들이 문제를 해결하고 처리하는 능력을 신장 시키는 것이며 사람들에게 자원과 서비스, 기회를 제공해 주는 체계와 연결시켜 주는 것이다. 또한 체계가 효율적으로 이루어지도록 하며, 사회정책의 개발과 개선에 이바지한다(이경남외, 2008). 프로그램과의 관계에서 본다면 목표는 프로그램이 변화시키려고 하는 상황이나 문제에 대한 기준을 설정하는 것이며, 또한 프로그램 활동의 결과를 포함한다(정무성, 2001). 사회복지실천의 목적과 목표는 사회복지실천의 지향점이라고 볼 수 있고, 사회복지실천의 목적은 사회복지실천이 가지는 궁극적이면서도 다소 추상적·관념적·이상적 측면으로서 포괄적인 서비스의 사명에 대한 의도적인 표현이며, 이념적인 틀을 제시한다. 그에 비해 사회복지실천의 목표는 이념적인 목적을 달성하기 위해 사회복지실천과정에서 구체적으로 지향하는 행동지침인 것이다. 사회복지실천의 목표는 행동, 사회복지실천의 목적을 정의하고자 하는 노력은 사회복지실천의 출현 이래 계속되어 왔다. 이러한 노력이 구체화되기 시작한 것은 1929년의 밀포드(Milford) 회의였다(엄명용외, 2000). 특히 프로이트의 정신분석적 관점이 실천영역에서 채택되면서 사회복지전문직에 대한 성찰이 이루어지게 되었고, 1960년대를 거치면서도 역시 사회복지전문직의 위상문제가 이슈가 되었다. 결국 1960년대 미국 사회의 불안이 극대화 되고, 이에 따라 기존 개별사회사업적인 접근이 한계를 드러내면서 1970년대에는 본격적으로 사회복지의 정체성이나 위상 면에서의 재도전이 이루어지게 되었다. 사회복지실천의 목적과 목표가 왜 중요한가, 첫째는 사회복지실천의 방향을 올바로 가져야 할 필요가 있기 때문이다. 과연 사회복지실천이 무엇이며, 사회복지실천이 무엇을 추구해야 하는가에 대한 물음에 답해야 하기 때문이고, 그럼으로써 사회복지전문직의 정체성과 위상이 정립될 수 있기 때문이다. 둘째는 사회복지실천이 올바로 잘 수행되고 있는지에 대한 효과성 및 효율성 논의를 분명히 하기 위해서이다. 지향점과 지향지침이 분명함으로써 사회복지서비스 및 프로그램의 성과를 제대로 측정할 수 있을 것이다. 1980년대 이후 지속적으로 강조되어 온 것은 사회복지활동의 책임성과 효과성, 효율성 등이다. 산출(output)이 아니라 성과(outcome)를 강조하는 것이다. 사회복지실천의 궁극적인 목적은 무엇인가? 모든 사람들의 삶의 질을 현재 상태보다 향상시키는 것이고, 개인과 사회 간의 유익한 상호작용을 증진시키거나 개선하려고 하는 것이다. 여기에서 중요한 사실은 '모든 사람', '삶의 질 향상', '개인과 사회간의 상호작용'이다. 모든 사람은 우리가 일반적으로 사회복지의 대상으로 생각하는 장애인, 노인, 아동 및 청소년, 국민기초생활수급권자, 미혼모, 알코올중독 등만이 사회복지실천의 대상이 아님을 나타낸다. 어떻게 보면 주관적인 삶에 대한 기대에 미치지 못하는 그럴 가성성이 있는 모든 사람을 일컫는다고 할 수 있다. '삶의 질 향상'에서 삶의 질 개념은 단순한 물질적 풍요 이상의 중요한 삶의 차원이 존재한다는 것을 함의한다. 삶의 질에 대한 연구는 크게 두 가지 전통 또는 이분법적인 구분에 기반을 두고 있다. 즉, 양쪽측면과 질적 측면, 실재의 측면과 지각의 측면, 객관적 측면과 주관적 체계의 흐름도에서 input-throughout -output -outcome의 과정을 말한다. 삶의 질에 대한 계량적이고 객관적 측면을 강조하는 입장에서는 주로 다양한 사회지표를 통해 삶의 질을 측정하는 전략을 택해 온 반면, 주관적 측면을 중시하는 입장에서는 개개인의 삶의 질에 대한 느낌이나 행복감을 측정하였다. 삶의 질에 대한 객관적인 평가가 어려운 이유는 그만큼 삶의 질을 측정할 수 있는 차원이 다양하기 때문이고, 주관적인 요소를 많이 포함하고 있기 때문일 것이다. 주관적 차원의 삶의 질을 측정하는 데 가족관계, 먹는 것, 사회적 인간관계, 주거, 입는 것, 건강, 자아실현, 안전, 소득, 여가 문화 등의 10개 영역에서의 만족도를 사용하였다(임현진 등, 1997).

결국 '삶의 질 향상'이라는 의미는 객관적인 삶의 조건, 상태에 대한 주관적 인식과 평가가 만족스러운 상태로 향상시킨다는 것을 의미한다. '개인과 사회 간의 상호작용'은 사회복지실천의 가장 기본적인 주요 관점인 '환경 속의 인간(persons in environment)'을 의미한다고 볼 수 있다. 우리가 사회 내에서 정상적으로 살아가는 데 있어서 사회는 우리에게 요구하는 부분들이 있다. 개인들은 사회 내에서 다양한 사회적 지위를 가지고 있고, 사회는 개인들이 각자 가지고 있는 지위에 따른 역할을 적절하게 잘 수행하기를 기대한다(도광조, 2006).

사회복지실천은 뚜렷한 목적을 가지고 있으며 동시에 구체적인 목표를 가진 활동이자 실천적인 개입이다. 이에 사회복지실천의 목적이나 목표를 보다 상세하게 검토할 필요성이 있다. 즉, 사회복지실천은 보다 구체적이고 직접적이며 실행을 염두에 둔 목적과 목표를 가지고 있는데 사회복지실천의 개념은 목적이나 목표에 의해서 보다 분명하게 설명되어질 수 있을 것이다. 사회복지실천의 목적과 목표에 관한 본격적인 논의는 1979년 미국 사회사업가협회의 출판물위원회의 후원하에서 이루어진 적이 있었다. 이 당시의 신중한 논의를 통해서 사회사업의 목적에 관한 구체적인 안이 작성되었는데, 그 안은 세 가지주요 신념과 이와 연결된 목적의 진술, 그리고 여섯 가지 주요 목표의 기술 등의 내용을 담고 있다. 이 자료에 의하면 사회사업의 목적은 모든 사람들의 삶의 질을 개선하기 위하여 개인과 사회 간의 유익한 상호작용을 증진시키거나 개선하려고 하는 것이다(NASW, 1981). 이의 실현을 위하여 사회복지사는 환경이 모든 개인의 잠재력과 영감의 극대화를 위한 기회와 자원을 제공하도록 해야 하며 보편적인 인간 욕구를 충족시켜 주고 고통과 억압을 경감시키기 위한 기회와 자원을 제공하여야 한다는 것이다. 1982년에 미국 사회사업가협회에서 규정한 사회복지실천의 목표와 1992년 미국사회사업교육협의회(CSWE)에서 제시한 것을 종합하여 검토한 후 사회복지실천의 목표를 다음의 여섯가지로 요약하면 다음과 같다.

첫째, 사회복지실천의 목표는 사람들의 문제해결, 대처, 그리고 발달적인 능력을 신장시키는 것이다. 이 말은 상황 속에 놓여 있는 개인을 고려할 때 사회복지실천의 초점이 개인에게 있음을 의미한다. 이때 사회복지사는 가능하게 하는 사람, 상담자, 교사, 보호자, 그리고 행동변화자 등으로 묘사된다.

둘째, 사람들을 그들에게 자원과 서비스와 기회를 제공해 주는 체계와 연결시켜주는 것이다. 이때 사회복지실천의 초점은 개인과 체계간의 관계에 맞추어져 있다. 이 경우 사회복지사는 중개자로서 작용하게 된다.

셋째, 사람들에게 자원과 서비스를 제공해 주는 체계를 도와 주는 것이다(김기태외, 2007). 이 경우 사회복지사는 옹호자의 역할을 한다.

넷째, 사회정책을 개발하고 개선하는 것이다. 이 또한 사회복지실천의 초점이 체계에 맞추어져 있는 것으로서, 이때 사회복지사는 기획가 또는 정책개발자로 기능하게 된다.

다섯째, 위험에 처한 집단에게 권능을 부여하며 사회적·경제적 정의를 증진시키는 것이다. 여기에서 위기에 직면한 집단이란 여성, 노인, 신체적·정신적 장애를 가진 사람, 빈민 등을 의미한다.

여섯째, 전문적인 지식과 기술을 개발하고 검증하는 것이다. 사회복지사는 사회복지실천에 있어서 지식과 기술의 발전에 기여해야 할 것으로 기대되어진다.

사회복지실천의 보편적인 목적은 첫째, 사회적 기능의 향상, 둘째, 개인적인 역기능을 치료하는 것, 셋째, 사회정의를 증진시키는 것이다(김기태외, 2007).

사회복지실천의 목적(purpose)과 목표(goal)는 지향해야 할 가치라는 면에서는 공통점을 가지지만 목적은 다소 추상적인 지향가치라고 볼 수 있고, 목표는 목적을 달성하기 위한 구체적인 행동지침이라고 볼 수 있다.

3. 사회복지실천의 범위

사회복지실천은 다양한 사회복지 실천현장에서 사회복지사가 어떤 활동을 해야 할 것인가에 대한 내용이다. 1973년 미국사회복지사 협회(NASW)의 정의로서 개인, 집단, 지역사회로 하여금 그들 각자의 사회적 기능을 증진, 복구시키며, 그러한 목적에 합당한 사회적 조건들을 스스로 만들어갈 수 있도록 돕는 전문적인 활동이다.

사회복지실천의 범위로서 사회복지실천을 크게 분류하면, 미시수준, 중간수준, 거시수준의 활동으로 분류해 볼 수 있다(엄명용외, 2004). 미시수준활동은 개인의 가장 친밀한 일상생활에서의 상호작용에 개입하는 사회복지사의 활동이다. 예를 들어서 개인의 심리사회적 상태, 부모와 아동사이의 관계, 부부관계, 동료관계 등으로서 직접실천이라고도 할 수 있다.

중간 수준 활동으로는 미시수준 환경에 직, 간접적으로 영향을 주어 미시수준 환경의 성격과 기능을 결정하는 환경이다. 그 환경은 학교, 직장, 교회 등의 일반적 환경 특성과 일상생활의 필요에 의해 접하게 되는 각종 집단들이 될 수 있으며 중간 수준 활동이란, 중간 수준의 영역에서 발생하는 일들에 개입하는 사회복지사의 활동이라고 볼 수 있다.예를들면 자조집단, 치료집단 등의 활동이라고 할 수 있다. 거시 수준 활동으로는 전체사회, 지역사회, 기관이나 조직 등을 대상으로 한 사회복지사의 실천 활동을 의미한다. 예를들면 사회복지정책개발, 정책분석, 정책대안의 발굴 및 제시, 기관이나 조직의 행정체계 및 프로그램과 관련된 대안 제시, 취약계층 권익옹호 등이라 할 수 있다.

사회복지실천의 구성요소는 펄만의 6P의 내용에 근거하여, 6가지 요소로 정리될 수 있다

펄만의 4P는 문제(Problem), 사람(Person), 장소(Place), 과정(Process)을 의미하며,이 4단어를 한 문장으로 연결하면, "문제를 갖고 있는 사람이 주어진 과정에 의하여 전문가의 도움이 제공되는 장소로 나와 도움을 받는다."라고 표현할 수 있으며 그 후 펄만은 6P로서 4P에 전문가(Professional), 제공물(Provisions)이 추가시키었다(엄명용외, 2004) 실제로 사회복지 실천론에서 다루는 내용은 미시적 수준과 중간적 수준에서 이루어지는 사회복지 활동이다. 1970년대 이전의 사회복지실천은 대상, 방법, 범위에 따라 개별사회사업, 집단사회사업, 지역사회조직 등 세 가지 방법이었고 1970년대 이후 통합방법론이 대두되기 시작하여 통합방법론은 각각의 실천방법들을 실천가치, 실천지식, 실천목적, 실천기술체계 하나로 통일되었다. 개별사회사업, 집단사회사업, 지역사회사업, 통합방법론이 사회복지실천론과 사회복지실천기술론으로 통합되었다. 실천론은 보다 이론 중심적이고 사회복지실

천기술론은 보다 기술 중심적이라고 정의 할 수 있다. 사회복지실천은 “사람의 삶의 질 향상을 위해 개인, 소집단, 가족, 또는 지역사회의 문제 및 욕구에 권한부여적 문제 해결 접근방법으로 개입하는 종합적인 전문 활동” 이다라고 하였다. 그런 의미에서 사회복지실천은 개인, 소집단, 가족, 또는 지역사회의 저하된 기능을 회복 혹은 향상시키기 위해, 여러 가지 종합적이고 전문적인 활동을 제공하는 것이다.

4. 사회복지 전문직의 가치와 윤리강령

1) 사회복지 전문직의 가치

(1) 전문직 가치의 개념

전문직 가치란 어떠한 직업이 전문적으로 인정되는 과정에서 그 전문직이 독특한 실천 활동과 관련하여 요구되는 가치로서 기본적으로 해당 전문직 활동의 평가와 책임소재의 근거가 된다. 모든 인간은 자신의 삶의 문제를 다루고 잠재적인 능력을 개발하는 데 필요한 자원을 소유할 가치가 있다. 이 가치는 사회복지실천의 기본 토대는 삶 속에 있는 문제를 발견하고, 문제를 일으키고 규정하는 환경적 요소에 주목하는 것이다. 사회복지사는 클라이언트가 필요로 하는 자원을 획득하도록 도와줄 책임이 있다. 이 가치를 실행하기 위해서 사회복지사에게는 가치와 지역사회의 자원을 활용하는 지식과 기술, 인간의 욕구를 효과적으로 충족시킬 정책과 프로그램을 개발하고 실행하려는 의지와 책임감이 필요하다.

(2) 사회복지실천의 윤리와 가치

사회사업사전에 의하면 가치란 “관습이나 신념, 행동의 규준, 개인에 의해서 바람직하다고 생각되는 원칙”이다 가치란 “우리가 인간으로서 존재하고 행동함에 있어 옳고 좋은 것으로 선호되는 것에 대한 지속적인 신념들”이라고 할 수 있다.

보편적으로 가치는 올바른 것, 선한 것에 관한 원칙이나 선택적 지침이며 윤리는 행동상의 규율이라고 말할 수 있다. 특히 인간과의 관계 속에서 사회규범계들을 다루는 사회복지 영역은 가치관련 부담이 큰 전문직이라 정의 사회적 가치들과 연계됨으로써 사회의 양심 혹은 도덕 관념향이 있다. 가치가 보편적이고 관념적인 체계인 반면, 윤리는 가치와 일치된 행위행동상의 규칙들이라고 할 수 있다. 즉, 가치가 주로 무엇이 좋고 바람직심을 두는 것에 비해, 윤리는 무엇이 옳고 정확한 것인가에 대한 구체적인 것을 다룬 것이다. 한 전문직 안에서의 이러한 윤리적 행위에 대한 것이 윤리강령이며, 이것은 이론체계 개발과 더불어 전문직이 인정받기 위해 반드시 필요로 하는 부분이다. 윤리강령 안에서 신념 및 전통이 모두 반영되며, 이로써 전문가들을 올바르고 책임성로 안내 할 수 있다(김기태외, 2007). 사회문제를 연구함에 있어서 가치란 "선과 악, 옳고 그름, 바람직 한 것과 바람직하지 않다고 생각되어지는 것에 대한 사회적 합의"라고 규정하고 있다. 사회문제를 다룸에 있어서 가치에 대한 정의는 사회복지실천에 있어서의 그것과는 약간의 차이를 보이고 있다. 그것은 사회복지실천에서의 가치는 주로 개인을 중심으로 개념을 파악하고 있다면 사회학에서는 사회에 초점을 맞추고 사회적인 합의가 있어야 한다는 것이 다르다. 그러나 가치가 개인의행동과 태도에 결정적인 영향을 미치고 있다는 점에 있어서는 동일하다고 하겠다. 결국 가치는 사람들의 삶의 태도나 일상의 행동에 지대한 영향을 미치게 됨으로 사람들은 선호하는 가치 때문에 자신의 모든 것을 바칠 수도 있고 타인과의 가치갈등으로 인하여 다른 사람에게 나쁜 영향을 미칠 수도 있다. 이는 가치들이 상호간에 보완적인 것도 있겠지만 때로는 상호간에 갈등적인 상황에 놓이기도 하기 때문이다. 사람들은 일상의 생활 속에서 매우 다양하면서도 차별화된 가치들을 지니고 살아간다. 개인적인 가치는 자신의 신념을 나타내는 것으로서 사람들에 대하여 옳다거나 선한 것에 대한 선호를 말한다. 사회적 가치는 가끔은 정치적으로 협상을 통해서 도달하게 되는 옳다거나 선한 것에 대한 집단성원들 간의 의견일치를 나타낸 것이다. 전문적 가치는 전문직 집단 구성원들의 전문직 생활에 있어서 특별히 업무를 안내하게 된다. 전문직으로서 사회복지실천의 가치는 실천가들이 도덕적으로 정확한 실행방법을 인식하도록, 그리고 전문직 상황에서 올바르게 활동할 수 있도록 결정하는 것을 도와주게 된다. 사회복지사가 전문적 역할을 수행하면서 3가지 영역의 가치를 다루게 된다. 첫째, 사회복지사는 먼저 자신의 가치를 깨달아 알고 있어야 한다는 것이다. 자신이 지닌 가치를 안다는 것은 그것들에 대해서 생각하고 그것들을 정기적으로 검사하는 것을 말한다(김기태외, 2007). 둘째, 사회복지실천의 전문적 가치를 학습하는 것이며 상황의 다양성에 따라 이들을 적용할 수 있게 되는 것이다. 셋째, 둘 혹은 그 이상의 윤리적 원칙들이 갈등적인 상황에 놓였을 때 관심을 가지는 것이다. 모든 전문직은 명백히 드러나 있는 가치체계를 가지고 있는데 그러한 전문직 구성원들이 행하는 업무의 목적을 분명하게 해주며 그 구성원들을 안내해 주게 된다. 사회복지사의 가치는 클라이언트에게 최고의 관심이 아닐 수도 있다. 사회복지사는 자신의 가치를 드러냄으로서 클라이언트에게 영향을 미치고 있다. 클라이언트에게 서비스를 제공할 때 사회복지사의 개인적인 가치가 사회사업전문직의 가치와 갈등적이라면 전문직의 가치에 충실한 것은 사회복지사에게 현명한 것이다. NASW와 CASW의 윤리강령은 사회사업전문직의 가치에로 나아가게 하는데 유용하다. 클라이언트는 그들 자신의 가치를 탐색하도록 격려되어져야 하며 그들 자신의 가치체계에 부합되는 행동으로 이어질 수 있도록 격려되어져야 한다(김기태외, 2007).

사회복지 실천의 본질적 3대 요소인 가치, 지식, 기술 중에서 가치가 매우 중요하다고 본다. 사회복지전문직은 어떠한 지식이나 개입방법만으로는 충족될 수 없으며 뚜렷한 가치나 신념이 선행되어야 한다. 사회복지전문가가 클라이언트를 원조함에 있어서 어떠한 생각을 하는 것이 바람직하며 문제를 해결할 때 어떻게 처리하는 것이 바람직한 것인지를 판단할 수 있게 하는 것이 가치이다. 윤리는 사람들에게 그들이 추구하는 가치를 일관되게 행동하도록 지시하는 행동규범을 뜻한다. 사회복지사에게 있어 이 규범은 사회복지사 윤리강령에 구체화되어 있다.

2) 윤리강령과 사회복지사 윤리강령

(1) 윤리강령

① 전문직이 윤리적 실천을 수행할 수 있도록 구체적인 지침을 규정으로 정해놓은 것이다.

② 윤리강령은 전문직을 외부의 규정으로부터 보호해주고, 전문직의 사명이나 방법론과 관련된 규범을 수립하는 기준을 제시한다.

③ 사회복지사 윤리강령

㉠ 사회복지사 윤리강령은 사회복지사가 행동하는데 지침이 되도록 고안한 것이다.

㉡ 사회복지사 윤리강령은 사회복지 가치 기준에 맞는 실천을 하였는가에 대한 행동 기준 및 판단 기준이 된다.

(2) 전미사회복지사협회(NASW)의 사회복지사 윤리강령

전미사회복지사협회에서는 전문직 근본 가치에 기초하면서 클라이언트에 대한 윤리적 책암, 동료에 대한 윤리적 책임, 실천현장에서의 윤리적 책임, 전문가로서의 윤리적 책임, 직업에 대한 윤리적 책임, 더 넓은 사회에 대한 윤리적 책임에 관해 상세하게 행동기준을 기술하였다.

① NASW 윤리강령의 목적

- 사회복지의 임무는 핵샘 가치를 기반으로 한다.
- 사회복지 전문직의 핵심 가치를 반영하며, 사회복지실천을 이끄는 일련의 윤리기

준들을 총괄하는 윤리원칙을 요약한다.

- 전문직의 의무에 갈등이나 윤리적 불확실성이 발생 할 때 사회복지사가 적절한 판단을 내리도록 돕는다.
- 일반 대중이 사회복지 전문직의 책임으로 간주할 수 있는 윤리기준을 제공한다.
- 사회복지에 대한 임무, 가치, 윤리기준, 윤리원칙에 생소한 사회복지사에게 지침을 제공한다.
- 사회복지 전문직 자체에서 사회복지사가 비윤리적인 행위를 했는지 사정하는데 사용하는 기준을 규정한다.

② NASW 윤리강령의 윤리원칙

- 클라이언트에 대한 사회복지사의 윤리적 책임
- 동료에 대한 사회복지사의 윤리적 책임
- 실천 세팅에 대한 사회복지사의 윤리적 책임
- 전문직으로서의 사회복지사의 윤리적 책임
- 사회복지 전문직에 대한 사회복지사의 윤리적 책임
- 더 넓은 사회에 대한 사회복지사의 윤리적 책임

3) 우리나라 사회복지사 윤리강령

〈 윤리강령 전문 〉

사회복지사는 인본주의· 평등주의 사상에 기초하여, 모든 인간의 존엄성과 가치를 존중하는 천부의 자유권과 생존권의 보장활동에 헌신한다. 특히 사회적·경제적 약자들의 편에 서서 사회정의와 평등·자유와 민주주의 가치를 실현하는 데 앞장선다. 또한 도움을 필요로 하는 사람들의 사회적 지위와 기능을 향상시키기 위해 저들과 함께 일하며, 사회제도 개선과 관련된 제반 활동에 주도적으로 참여한다. 사회복지사는 개인의 주체성과 자기결정권을 보장하는 데 최선을 다하고, 어떠한 여건에서도 개인이 부당하게 희생되는 일이 없도록 한다. 이러한 사명을 실천하기 위하여 전문적 지식과 기술을 개발하고, 사회적 가치를 실현하는 전문가로서의 능력과 품위를 유지하기 위해 노력한다.

이에 우리는 클라이언트·동료 ·기관 그리고, 지역사회 및 전체사회와 관련된 사회복지사의 행위와 활동을 판단·평가하며 인도하는 윤리기준을 다음과 같이 선언하고 이를 준수할 것을 다짐한다.

(1) 일반적 윤리기준

① 전문가로서의 자세

- 사회복지사는 전문가로서의 품위와 자질을 유지하고, 자신이 맡고 있는 업무에 대해 책임을 진다.
- 사회복지사는 클라이언트의 종교, 인종, 성, 연령, 국적, 결혼상태, 성 취향, 경제적 지위, 정치적 신념, 정신적·신체적 장애, 기타 개인적 선호·특징·조건·지위를 이유로 차별대우 하지 않는 다.
- 사회복지사는 전문가로서 성실하고 공정하게 업무를 수행하며, 이 과정에서 어떠한 부당한 압력에도 타협하지 않는다.
- 사회복지사는 사회정의 실현과 클라이언트의 복지증진에 헌신하며, 이를 위한 환경 조성을 국가와 사회에 요구해야 한다.
- 사회복지사는 전문적 가치와 판단에 따라 업무를 수행함에 있어, 기관 내외로부터 부당한 간섭이나 압력을 받지 않는다.
- 사회복지사는 자신의 이익을 위해 사회복지 전문직의 가치와 권위를 훼손해서는 안 된다.
- 사회복지사는 한국사회복지사협회 등 전문가단체 활동에 적극 참여하여, 사회정의 실현과 사회복지사의 권익옹호를 위해 노력해야 한다.

② 전문성 개발을 위한 노력

- 사회복지사는 클라이언트에게 최상의 서비스를 제공하기 위해, 지식과 기술을 개발하는데 최선을 다하여 이를 활용하고 전파할 책임이 있다.
- 클라이언트를 대상으로 연구하는 사회복지사는 그들의 권리를 보장하기 위해 자발적이고 고지된 동의를 얻어야 한다.
- 연구과정에서 얻은 정보는 비밀보장의 원칙에서 다루어져야 하고, 이 과정에서 클라이언트는 신체적·정신적 불편이나 위험, 위해 등으로부터 보호되어야 한다.
- 사회복지사는 전문성을 개발하기 위해 노력하되, 이를 이유로 서비스의 제공을 소홀히 해서는 안 된다.
- 사회복지사는 한국사회복지사협회 등이 실시하는 제반 교육에 적극 참여하여야 한다.

③ 경제적 이득에 대한 태도

- 사회복지사는 클라이언트의 지불능력에 상관없이 서비스를 제공해야 하며, 이를 이유로 차별대우해서는 안 된다.
- 사회복지사는 필요한 경우에 제공된 서비스에 대해 공정하고 합리적으로 이용료를 책정해야 한다.
- 사회복지사는 업무와 관련하여 정당하지 않은 방법으로 경제적 이득을 취하여서는 안된다.

(2) 클라이언트에 대한 윤리기준

① 클라이언트와의 관계

- 사회복지사는 클라이언트의 권익옹호를 최우선으로 가치를 삼고 행동한다.
- 사회복지사는 클라이언트에 대하여 인간으로서의 존엄성을 존중해야 하며, 전문적 기술과 능력을 최대한 발휘한다.
- 사회복지사는 클라이언트가 자기결정권을 최대한 행사할 수 있도록 도와야 하며, 그들의 이익을 최대한 대변해야 한다.
- 사회복지사는 클라이언트의 사생활을 존중하고 보호하면, 직무 수행과정에서 얻은 정보에 대해 철저하게 비밀을 유지해야 한다.
- 사회복지사는 클라이언트가 받는 서비스의 범위와 내용에 대해, 정확하고 충분한 정보를 제공함으로써, 알 권리를 인정하고 존중해야 한다.
- 사회복지사는 문서, 사진, 컴퓨터 파일등의 형태로 된 클라이언트의 정보에 대해 비밀보장의 한계, 정보를 얻어야 하는 목적 및 활용에 대해 구체적으로 알려야 하며, 정보 공개 시에는 동의를 얻어야 한다.
- 사회복지사는 어떠한 상황에서도 클라이언트와 부적절한 성적 관계를 가져서는 안 된다.
- 사회복지사는 사회복지 증진을 위한 환경조성에 클라이언트를 동반자로 인정하고 함께 일해야 한다.

② 동료의 클라이언트와의 관계

- 사회복지사는 적법하고도 적절한 논의 없이 동료나 다른 기관의 클라이언트와 전문적 관계를 맺어서는 안 된다.

- 사회 복지사는 긴급한 사정으로 인해 동료의 클라이언트를 맡게 된 경우, 자신의 의뢰인처럼 관심을 갖고 서비스를 제공한다.

③ 동료

- 사회복지사는 존중과 신뢰로써 동료를 대하며, 전문가로서의 지위와 인격을 훼손하는 언행을 하지 않는다.
- 사회복지사는 사회복지 전문직의 이익과 권익을 증진시키기 위해 동료와 협력해야 한다.
- 사회복지사는 동료의 윤리적이고 전문적인 행위를 촉진시켜야 하며, 이에 반하는 경우에는 제반 법률규정이나 윤리기준에 따라 대처해야 한다.
- 사회복지사가 전문적인 판단과 실천이 미흡하여 문제를 야기했을 때에는 적절한 조치를 취하여 클라이언트의 이익을 보호해야 한다.
- 사회복지사는 전문직 내 다른 구성원이 행한 비윤리적 행위에 대해, 제반 법률규정이나 윤리기준에 따라 조치를 취해야 한다.
- 사회복지사는 동료 및 타 전문직 동료의 직무 가치와 내용을 인정·이해하며, 상호간의 민주적인 직무관계를 이루도록 노력해야 한다.

④ 슈퍼바이저

- 슈퍼바이저는 개인적인 이익의 추구를 위해 자신의 지위를 이용해서는 안 된다.
- 슈퍼바이저는 전문적 기준에 의해 공정하게 책임을 수행하며 사회복지사, 수련생 및 실습생에 대한 평가는 그들과 공유해야 한다.
- 사회복지사는 슈퍼바이저의 전문적 지도와 조언을 존중해야 하며, 슈퍼바이저는 사회복지사의 전문적 업무수행을 도와야 한다.
- 슈퍼바이저는 사회복지사, 수련생 및 실습생에 대해 인격적·성적으로 수치심을 주는 생위를 해서는 안 된다.

(3) 사회에 대한 윤리기준

- 사회복지사는 인권존중과 인간평등을 위해 헌신해야 하며, 사회적 약자를 옹호하고 대변하는 일을 주도해야 한다.
- 사회복지사는 필요한 사회서비스를 개발하기 위한 사회정책의 수립·발전·입법·집행에 적극적으로 참여하고 지원해야 한다.

- 사회복지사는 사회환경을 개선하고 사회정의를 증진시키기 위한 사회정책의 수립·발전·입법·집행을 요구하고 옹호해야 한다.
- 사회복지사는 자신이 일하는 지역사회의 문제를 이해하고 그것을 해결하는 일에 적극적으로 참여해야 한다.

(4) 기관에 대한 윤리기준

- 사회복지사는 기관의 정책과 사업 목표의 달성, 서비스의 효율성과 효과성의 증진을 위해 노력함으로써, 클라이언트에게 이익이 되도록 해야 한다.
- 사회복지사는 기관의 부당한 정책이나 요구에 대하여 전문직의 가치와 지식을 근거로 이에 대응하고 즉시 사회복지윤리위원회에 보고해야 한다.
- 사회복지사는 소속기관 활동에 적극 참여함으로써 기관의 성장발전을 위해 노력해야 한다.

(5) 사회복지윤리위원회의 구성과 운영

- 한국사회복지사협회는 사회복지윤리위원회를 구성하여, 사회복지윤리실천의 질적인 향상을 도모하여야 한다.
- 사회복지윤리위원회는 윤리강령을 위배하거나 침해하는 행위를 접수받아, 공식적인 절차를 통해 대처하여야 한다.
- 사회복지사는 한국사회복지사협회의 윤리적 권고와 결정을 존중하여야 한다.

5. 사회복지실천 관계론

사회복지실천에서 관계란 클라이언트와 사회복지사와의 전문적 관계를 의미하는 것으로 클라이언트와 사회복지사는 좋은 관계를 형성해야 효과적인 원조를 할 수 있다. 비에스텍(Biest다, 1957)는 사회복지실천에서 관계를 사회복지사와 클라이언트 간의 감정과 태도의 역동적인 상호작용이라고 하였다. 비에스텍은 관계의 목적을 심리·사회적인 욕구와 문제를 가진 클라이언트를 원조하는 것으로 보았다. 그는 심리·사회적인 문제를 가진 클라이언트의 욕구를 7가지로 분류하였다. 즉, 개별화의 원리, 의도적인 감정표현, 통제적 정서적 관여, 수용, 클라이언트의 자기결정, 비밀보장이다. 사회복지사는 이러한 욕구에 민감하고 적절하게 대응함으로써 클라이언트와의 역동적 상호작용을 통하여 문제해결과 사회적응을 돕는 원조과정을 성공적으로 이끌 수 있다(박귀영외, 2010).

1) 개별화의 원리

개별화란 각 클라이언트의 독특한 자질을 인정하고 이해하며 그가 보다 나은 적응을 할 수 있도록 상이한 원리나 방법을 활용하는 것이다. 인간의 개별성을 강조하는 한편 인간의 본성과 행동의 공통성도 중요시한다. 워커의 역할은 클라이언트 문제해결에 있어선 정확한 원인의 확인과 객관성이 요구되기 때문에 워커는 편견과 선입관으로부터 탈피해야 하며 자신의 생활경험뿐 아니라 의학, 심리학, 정신의학, 사회학, 철학 등의 과학적 지식과 통찰이 필요하다. 또한 클라이언트의 감정에 대해 민감하고 반응이 있어야 한다. 개별화의 수단은 자세하고 섬세한 배려, 면접의 내밀성, 약속 엄수, 면접을 위한 사전기록의 검토, 클라이언트의 참여, 융통성 등이 있다.

2) 의도적 감정표현의 원리

클라이언트의 감정 중 특히 부정적인 감정을 자유롭게 표현하려는 욕구에 관한 인식이다. 따라서 표현된 감정을 저지하거나 비난하지 않고 치료상 그 유용성이 인정되는 경우에는 그 감정을 적극적으로 자극하거나 격려한다. 의도적 감정표현의 목적은 클라이언트로 하여금 긴장이나 억압상태에서 벗어나게 하며, 그의 문제를 더욱 명백하고 객관적으로 볼 수 있도록 돕는 것이며, 정확한 조사, 사정(査定), 치료를 위해 클라이언트와 그의 문제를 더욱 적절하게 이해하는 것이다.

워커의 역할은 클라이언트가 마음 놓고 감정을 표현할 수 있는 허용적 분위기를 조성한다. 클라이언트로 하여금 감정을 표현하도록 격려하며 비현실적인 보증 및 너무 바른 해석을 내리지 않아야 한다.

3) 통제된 정서적 관여의 원리

통제된 정서적 관여란 클라이언트의 감정에 민감선을 가지며, 그 의미에 대해 이해하고, 클라이언트 감정에 대한 의도적이고 적절한 반응을 하는 것이다. 민감성이란 클라이언트의 감정을 보고 듣는 것을 의미하며, 이해는 워커가 도움을 주는 사람으로서 클라이언트와 그의 문제를 관련지어서 감정의 의미를 이해할 필요가 있다. 반응은 개별사회사업실천에서 가장 중요한 심리적 요소로 지식과 목적에 의하여 인도되는 태도와 감정이다.

4) 수용의 원리

수용이란 워커가 클라이언트의 타고난 존엄성과 개인적 가치에 대한 확신을 항상 유지하면서 현재 있는 그대로의 클라이언트를 지각하고 다루는 행동상의 원리이다. 수용의 대상은 있는 그대로의 현실이며, 수용의 목적은 치료적인 것이다.

클라이언트는 현재생활에 만족하지 못하고 변화를 필요로 하나 제반 요인(환경적 억압, 성격 등) 때문에 변화할 수가 없는 개인이다. 클라이언트는 문제와 관련된 그 자신이 수용할 수 없는 감정에 대해 자신을 보호하려고 하기 때문에 수용적인 분위기를 조성하는 것이 중요하다.

워커가 자신의 욕구보다는 클라이언트의 욕구로 지향되어야 하며, 워커는 자조를 위한 클라이언트의 잠재능력을 실현케 하며, 클라이언트의 성장을 도모하기 위한 전문적 책임을 수행한다.

5) 비심판적 태도의 원리

비심판적 태도는 문제의 원인이 클라이언트의 잘못인지 아닌지, 혹은 클라이언트에게 책임이 있는지 등을 심판하지 않고 클라이언트의 특성 및 가치관을 비난하지 않는다는 원칙이다. 클라이언트는 자신의 무능력, 실패, 부도덕성에 관한 워커의 심판 가능성에 대해 두려워한다. 비심판적 태도의 전달에서의 장애요인은 ㉠ 어떤 편견이나 선입견을 가지는 것, ㉡ 너무 빨리 결론에 도달하려 하는 것, ㉢ 다른 사람과 비교하거나 어떤 유형으로 분류하려는 것, 워커에 대한 적개심과 같이 클라이언트의 부정적 감정을 표현하는 것 등이 있다.

6) 클라이언트 자기결정의 원리

자기결정(Self-determination)의 의미는 외부의 영향을 받지 않고 스스로 결정하는 것을 의미한다. 스스로 선택하여 생활하고 다른 사람의 충고를 받지 않고 행동하거나 결정할 자유를 의미한다. 워커는 클라이언트가 명백한 전망을 가지고 그의 문제나 욕구를 이해하도록 돕거나 문제를 해결하는 데 관련되는 환경을 조성해야 한다.

클라이언트는 ㉠ 클라이언트의 능력에 의한 제한, ㉡ 법률에 의한 제한, ㉢ 도덕률에 의한 제한, ㉣ 기관의 기능에 의한 제한 범위 안에서 클라이언트의 자기결정권이 허용된다.

7) 비밀보장의 원리

비밀보장(Confidentiality)이란 전문적 관계에서 노출되는 클라이언트에 관한 비밀정보를 지켜주는 것이다. 비밀보장은 클라이언트의 기본적 권리이자 사회사업가의 윤리적 의무이며, 그 자체가 목적이 아닌 클라이언트의 권리보호를 위한 수단이다.

워커는 전문적인 이유에서만 클라이언트의 승인없이 클라이언트의 비밀정보를 다른 사람과 이야기할 수 있다. 워커는 클라이언트에게 비밀보장의 한계와 정보가 어떤 목적으로 수집되고 활용되는가를 충분하게 말해야 하며, 워커는 클라이언트에게 그에 관한 어떤 공식적 기록에 대해 올바른 이해를 하도록 도와주어야 한다.워커는 클라이언트의 행동에 관한 제삼자의 관찰을 허용하거나 녹음하거나 기록하기 전에 클라이언트의 승인을 받아야 한다.

6. 사회복지실천 과정론

1) 접수(인테이크)

접수는 어떤 문제에 직면한 사람이 그 문제를 해결하는데 필요한 도움을 받기 위해 기관에 찾아온 경우 최초로 실시하는 면접으로서, 그 사람의 요구나 욕구를 명백하게 파악하고 그 기관의 기능을 설명하되 기관에서 그 문제를 취급하는 것이 적절한가를 결정하는 과정이다. 접수단계는 사회복지 기관에 찾아온 사람, 즉 클라이언트가 직면하고 있는 문제를 기관의 도움을 이용하여 해결해 나갈 수 있는가의 적격성 여부를 결정하는데 있다.

이 단계에서의 워커의 과제는 클라이언트의 문제가 무엇인지를 확인하는 것이다. 사회복지사는 클라이언트의 문제가 무엇인지 정확하게 파악하고 그에 관한 서비스를 제공할 수 있는지 평가하여야 한다. 워커는 기관을 찾는 클라이언트들이 일반적으로 보이는 두려움과 양가감정을 해소하기 위해 사회복지사와 상호긍정적인 친화관계, 즉 라포를 형성해야 한다. 라포를 통해 클라이언트는 사회복지사가 자신을 이해하고 자신의 복지에 진심으로 관심을 가지고 있다고 느끼게 되며 서로간에 효과적인 의사소통을 할 수 있게 된다.

2) 조 사

조사과정은 사회사업실천 과정에서 사정(assesment) 또는 진단(diagnosis)을 하는데 필요한 기본자료를 수집하는 것을 의미한다. 조사는 클라이언트를 사정하는데 필요한 정보 수집하는 것이며, 클라이언트를 효과적으로 돕고, 문제를 가진 클라이언트를 보다 잘 이해하는데 있다.

조사의 내용은 다음과 같다.

㉠ 촉진적 요인 : 문제를 발생하게 하고 악화시키게 한 요인을 조사한다.

㉡ 과거의 처리내용 : 클라이언트가 과거에 무엇을 어떻게 처리했는가를 조사한다.

㉢ 중요한 사람 : 클라이언트의 문제에 관련되어 있는 중요한 사람, 즉 문제에 크게 영향을 미친 사람을 조사한다.

㉣ 개인과 환경간의 상호작용 : 개인이 주위환경에 어떤 영향을 미쳤으며 그가 주위환경으로부터 어떠한 영향을 받았는가를 조사한다.

㉤ 개인과 가족에게 영향을 미친 요인 : 사회경제적·심리적·문화적 요인들이 상호관련되어 개인과 가족에게 영향을 미친 사실들을 조사한다.

㉥ 사회적 기능의 중요한 과정 : 개인의 성장발달사, 건강과 직업, 가족관계와 기타 집단간의 관련 및 사회계층 등을 포함하는 생활력(life history)을 조사한다.

3) 사정(진단)과정

사정은 클라이언트가 직면하고 있는 문제의 상황을 파악·확인하고 이해하기 위해 자료를 수집하고 분석하여 문제해결을 위해 계획을 수립하는 과정이다. 사정은 문제의 성질·내용 및 원인에 관해 종합적인 해석을 내리고 문제해결을 위한 치료계획을 세우는 일련의 과정으로 진단 및 평가라고도 한다.

4) 치료과정

치료는 환경조정, 사회자원의 활용과 동원 및 심리적 도움으로써 독자적인 입장에서 클라이언트의 문제해결에 의미있는 도움을 제공하는 치료적 조치를 총칭하는 것이다.

치료의 목적은 ㉠ 클라이언트의 사회적 좌절을 예방하는 것, ㉡ 클라이언트가 가진 능력을 개발하는 것, ㉢ 클라이언트의 사회적 기능을 회복시키는 것, ㉣ 클라이언트로 하여금 보다 만족할 만한 생활경험을 하게 하는 것, ㉤ 클라이언트의 성장발달 기회를 만드는 것, ㉥ 자기통제와 사회적 공헌을 하도록 클라이언트의 능력을 증진시키는 것이다.

치료의 방법은 환경치료, 구체적 서비스 제공, 환경조정, 의뢰, 직접치료 등이 있다. 환경치료(간접치료)는 클라이언트의 문제에 영향을 미치는 외적·환경적·인간관계적 억압이나 장애를 경감·완화시킴으로써 간접적으로 클라이언트의 적응과정을 용이하게 하여 적응에 따른 환경조건의 장애를 경감 내지 완화시켜 문제를 해결해 나가는 방법이다. 구체적 서비스 제공는 구체적 서비스(현금 등)를 제공하여 생활환경을 개선시키려는 것이다. 환경조정(환경관리, 사회관계의 조정은 변화 및 성장의 목적을 위해 환경을 변화시키는 것으로 상황 수정과 클라이언트가 상호작용하는 다른 사람들의 변화를 의미한다. 의뢰(송치)는 클라이언트의 욕구와 문제를 해결하기 위해 그 문제를 취급하는 전문기관이나 적절한 사회자원을 소개하거나 위탁하는 것이다. 직접치료(direct treatment)는 클라이언트의 심리적·내적 측면에 직접적으로 심리적 도움을 제공하는 방법이다. 워커와 클라이언트의 관계를 통하여 개인을 돕는 것으로 상담(Counseling)과 치료(Therapy)등이 있다.

5) 종 결

종결과정은 사회복지실천의 마지막 과정이며 사회복지사와 클라이언트간의 관계가 목표를 달성하든지 그렇지 못하든지간에 전문적 관계를 단절하는 과정이다.

종결은 모든 목적이 달성되었을 경우, 목적이 달성되지 않거나 더 이상 진전이 없는 경우, 다른 요인들이 개입되어 관계를 끝내야 할 필요가 있는 경우에 한다.

7. 사회복지실천을 위한 사례관리

1) 사례관리의 개념

사례관리란 복합적인 욕구를 가진 사람들의 기능화와 복지를 위해 공식적·비공식적 지원과 활동의 네트워크를 조직·조정·유지하는 활동이다. 사례관리는 특별한 위험 대상 표적인구를 인하여 지역사회복지실천의 노력과 직접적인 서비스 실천인 개별접근이 혼합되어 있는 실천이다. 사례관리는 사회기능상의 문제를 가진 개인의 기능 회복 및 증진을 초래할 수 있도록 개인과 주변환경을 변화시키는데 지속적이고 통합적으로 개입하는 방법이다. 즉, 사례관리는 개별 클라이언트와 클라이언트 집단을 위한 모든 원조활동을 조정하는 절차를 말하며, 복합적인 욕구를 가진 사람들의 기능화와 복지를 위해 공식적·비공식적인 지원 및 활동의 네트워크를 조직·조정·유지하는 활동이다.

2) 사례관리의 등장배경

(1) 탈시설화의 영향

탈시설화는 정상화의 이념에 기초하여 추진된 운동이다. 탈시설화란 지역사회와 분리된 수용시설에서 제공되던 서비스 제공방식이 많은 문제점을 드러내자, 수용시설에 격리되어 있던 장애인들을 가장과 지역사회로 되돌아오게 하는 것을 말한다. 탈시설화 정책의 영향으로 한꺼번에 많은 수의 클라이언트들이 지역사회에 거주하게 되었고 그 결과 분산된 서비스를 통합하는 관리체계가 필요했다.

(2) 복잡하고 분산된 서비스체계(=서비스 전달의 지방분권화)

서비스전달체계가 공공부분에서 민간부분으로 이양되면서 서비스 중복을 막기 위해 조정하고 연계하는 기능이 필요했다. 분산되고 단편화된 서비스를 조직화하고 통합하여 클라이언트의 욕구를 충족시킴으로써 지방분권화에 따른 부정적 측면을 해소하기 위해 사례관리가 등장하게 되었다

(3) 클라이언트와 그 가족에게 부과되는 과도한 책임

지역사회 내 이용할 수 있는 자원이 열악해서 가족들은 보호부담을 느꼈고, 따라서 클라이언트와 그 가족들이 자원을 개발하고 연결할 수 있도록 돕는 서비스 기능이 필요해졌다.

(4) 복잡한 문제와 욕구를 가진 클라이언트의 증가

기존의 서비스는 특정 서비스를 한정된 범위에서 특정인구에게 제공되는 형태로 이루어졌기 때문에 서비스가 단편적이고 세분화되어 있어 복합적인 문제와 욕구를 가진 클라이언트의 욕구를 충족시키기 어려웠다. 지역사회에 거주하는 신체 및 정신장애인 등 복합적인 문제와 욕구를 가진 클라이언트가 증가하면서 지역사회에 적응하는데 필요한 서비스를 조직하고 욕구를 충족시킬 수 있는 활동이 필요했다

(5) 서비스 비용 억제

사회복지서비스에 대한 정부의 개입 역할이 점차 지방자치단체와 민간기관으로 이양되는 혼합족지의 경향에 따라, 대규모 시설의 고비용 서비스를 줄이기 위해 불필요한 시설입소를 배체하고, 비용효과가 높은 서비스를 중심으로 지역에서 재가 서비스를 확대하게 되었다. 자원이 한정된 상황에서 서비스 간에 중복을 피하고 비용효과를 높이는 전문기술이 필요했다.

(6) 기존 서비스의 단편성

복잡하고 다양한 욕구를 가진 클라이언트가 존재하고 증가하는 반면 기존의 서비스들은 범주로 분류되어 단편적인 서비스를 제공하게 됨으로써 클라이언트의 욕구가 충족되지 못하는 상황이었기 때문에 사례관리의 필요성이 대두 되었다.

(7) 사회적 지원체계와 지원망의 중요성에 대한 인식증가

대인복지서비스에서 클라이언트의 삶의 질을 높이기 위한 사회적 지원체계와 지원망의 영향이 매우 크다는 점이 확산되었다. 공적인 서비스가 제공하는 서비스와 비공식적인 사회적 지원체계가 공급하는 서비스에는 양적 혹은 질적 차이가 존재한다는 것을 알게 되었고, 공식적이고 전문적인 서비스와 비공식적인 차원체계와 지원망을 조정하고 통합하는 사례관리 방법이 주목받게 되었다.

3) 사례관리의 목적

(1) 보호의 연속성 보장

사례관리는 특정 시점에서 클라이언트의 다양한 욕구를 충족시키기 위해 포괄적인 서비스를 제공한다. 노인이나 정신장애인은 단일 서비스로는 충족되지 않는 복합적인 욕구 상태에 있는 경우가 많으므로 경제적·정서적·사회적·신체적 욕구를 충족시켜 주는 다양한 서비스를 동시에 제공하는 것이 그 예가 될 수 있다.

사례관리는 시간의 경과에 따라 변화하는 개인의 욕구에 반응하는 서비스를 지속적으로 제공해준다.

(2) 서비스의 통합적 확보

클라이언트의 다양한 욕구를 다루기 위해서는 많은 기관의 서비스와 전문가들을 통합한 체계를 확보할 필요가 있다. 이를 통해 서비스의 중복이나 누락을 예방할 수 있으며 서비스 제공자들 간의 갈등을 줄이고 긍정적인 상호 작용을 강화시킬 수 있게 된다.

(3) 서비스의 접근성 향상

클라이언트가 서비스 접근 시 부딪치게 되는 장애들(기관의 자격 기준, 규제, 정책, 절차 등)에 대해 협상하는 것을 원조한다.

(4) 사회적 책임성 보장

사례관리는 클라이언트의 욕구에 적합하고 적절한 방법으로 서비스가 제공되어 효과성과 효율성이 보장될 수 있도록 한다.

4) 사례관리의 특징

사례관리가 기존의 전통적 개별사회사업과 다른 점은 기관의 서비스와 프로그램의 기초한 서비스 제공이라기보다 클라이언트의 욕구에 초점을 두고 기관의 범위를 넘어서 지역사회차원에서 보다 적극적인 서비스 제공과 점검을 강조하는 것이다. 사례관리는 클라이언트를 위한 원조활동의 조정 절차는 기관 내의 많은 사회복지사들이 전문적인 팀워크를 통하여 클라이언트에게 서비스를 제공하려는 노력을 조정할 수 있게 해줌으로써 제공된 필요나 서비스의 범위를 넓혀준다.

사례관리는 많은 상이한 전문가, 기관, 건강보호시설, 대인서비스 프로그램을 필요로 하는 클라이언트의 욕구과정을 관찰하는 것이며, 전형적으로 사례관리는 사례발견(case finding), 종합적이고 다차원적인 평가, 빈번한 재평가를 포함하며, 기관들 간의 서비스를 조정하는 지역사회 프로그램이나 단일한 거대조직 안에서 이루어질 수 있다.

5) 사례관리의 개입원칙

(1) 서비스 개별화

클라이언트 개개인과 그가 갖고 있는 욕구를 적절하게 개발하여 서비스를 제공하며, 클라이언트마다 서로 다른 욕구와 강점이 있으므로 서비스 계획도 이에 맞추어서 수립해야 한다.

(2) 서비스 제공의 포괄성

사례관리는 클라이언트의 다양한 욕구가 모든 분야에 걸쳐 충족될 수 있도록 포괄적인 서비스를 제공한다. 클라이언트의 다양한 욕구를 충족시키기 위해 광범위한 지지를 연결하고 조정, 점검한다.

(3) 클라이언트의 자율성 극대화

사례관리는 클라이언트가 선택할 자유를 최대화하고, 지나치게 보호하지 않으며, 클라이언트의 자기결정권을 보장한다. 클라이언트가 가능한 한 자립할 수 있도록 돕는데 초점을 두고, 클라이언트가 자신의 서비스가 관련된 판단을 하는데 있어서 자기결정권을 최대화하도록 한다.

(4) 서비스 지속성(연속성)

사례관리는 클라이언트의 욕구를 점검하여 지속적으로 서비스를 제공하며, 지역사회 자원과 클라이언트가 공동으로 장기적인 노력을 기울이도록 조정한다.

(5) 서비스 연계성

사례관리는 복잡하고 분리되어 있는 서비스전달체계를 연결한다. 사례관리는 지역사회에 분산되어 있는 서비스 정보를 제공하고 서비스들을 서로 연결하여 서비스의 효과성을 높인다. 지역사회 내의 환경과 관련된 자원을 클라이언트가 적극적으로 이용할 수 있도록 원조한다.

(6) 서비스의 접근성

복합한 프로그램이나 자격조건 등이 다르거나 까다로워서 서비스 접근에 어려움이 있는 경우 사례관리자는 서비스 제공자와 접촉하여 중개역할을 하여 보다 쉽게 자원에 접근할 수 있게 한다. 클라이언트가 서비스를 이용하는 데 있어 장애가 되는 심리적 조건이나 물리적 요소 혹은 사회문화적 경제적 요소들이 존재하는지 살피며, 이를 최소화하여 서비스에 대한 접근성을 높인다.

(7) 서비스의 체계성

사례관리는 서비스 간 중복을 줄이고 서비스의 비용을 효율적으로 관리하기 위해 서비스와 자원들 간에 조정을 한다. 사례관리자는 서비스를 제공하는 공식적 지원체계 간의 조정뿐만 아니라 가족이나 친구, 혹인 친지 같은 비공식적 지원체계를 통합하고 기능적으로 연결하여 다양하고 체계적인 지지망을 구축한다.

5.2 사회복지실천 기술론

1. 개인대상 실천기법

1) 개별사회사업의 개념

리치몬드(A. Richmond)는 개인과 그의 사회환경간의 개별적·의식적 조정을 통해 그 사람의 인격발달을 도모하는 제반과정으로 설명하였다. 개인과 그의 사회환경간의 조정으로 개별적으로 행해지는 조정이다. 여기에서 개별적이라는 것은 문제의 개별성을 의미한다. 개별사회사업 과정은 결과를 전망하여 행해지는 의식적 조정이다. 이는 과학이 실증하는 법칙과 성과를 기반으로 하는 합리성 하에서 전개되어야 함을 의미한다. 개별사회사업의 궁극적인 목표는 성격(Personality)의 발달이다. 따라서 워커는 클라이언트의 지도자이기보다는 지원자이다.

개별사회사업의 구성요소(4P)는 ⓐ 사람(Person) ⓑ 문제(Problem) ⓒ 장소(Place) ⓓ 과정(Process) 등이 있다. 사람이란 그의 생의 사회적 측면이나 정서적 측면에 있어서 도움을 필요로 하는 개인으로 클라이언트를 의미한다. 문제는 사회환경과의 사이에서 조정을 필요로 하는 적응 이상의 상태를 의미한다. 장소(place)란 문제를 가진 개인의 도움을 받으려고 찾아오는 사회사업기관(social work agency)을 의미한다. 과정이란 워커와 클라이언트간의 전문직업적 대인관계를 매개로 하여 도와주는 문제해결과정을 의미한다.

개별사회사업은 치료과정이 아니라 문제해결과정이며 클라이언트를 사회적으로 기능할 수 있는 주체적 인간으로 취급하였다.

2) 개별사회사업의 일반적 특징

개별사회사업의 대상은 스스로 해결하기 곤란한 문제를 가지고 있는 개인 및 가족이다. 개별사회사업은 과학적 지식과 전문적 기술을 가진 전문가에 의해 이루어진다. 개별사회사업은 그 대상에 따라 방법이 달라지는 개별적(case by case)인 것이다. 개별사회사업은 환경에의 적응 및 인격의 성장과 발달을 돕기 위한 의식적이며 계속적인 노력이다. 개별사회사업은 사회사업가와 클라이언트 사이의 인간관계를 중요시하는 협동적 활동이다. 개별사회사업에는 과정(process)과 기술(art)이 있으며, 개별사회사업은 예방보다는 치료적 입장에서의 문제해결과 재조정을 중요시한다. 개별사회사업은 개인과 사회환경과의 상호작용을 중시하며, 개인의 내면 강화와 환경조정을 강조한다.

2. 집단사회사업 실천론

1) 집단사회사업의 개념

코일(G. Coyle)은 집단사회사업은 집단 내 개인의 성장과 발전을 위한 수단으로 집단 내에서 경험하는 사회적 관계를 활용하는 사회사업 방법론 중의 하나이며, 사회적 책임성의 발달 및 민주사회의 진보를 위한 활동적 시민을 양성하는 데 관심을 가지는 특성이 있다. 코노프카(G. Konopka)는 집단사회사업을 의도적인 집단경험을 통해 개인의 사회적 기능을 향상시키고 개인·집단 또는 지역사회의 당면 문제들에 대해서 보다 효과적으로 대처해 나갈 수 있도록 원조하는 것이라고 하였다.

2) 집단사회사업의 모형

① 사회목표모형(Social goal model)

목 표	인간관계의 훈련, 지도력의 실험, 시민참여 등의 활동을 통해 사회적 의식과 사회적 책임이라는 목표를 성취한다.
내 용	• 사회적 기능의 강화와 자기활용을 도모한다. • 사회적 행동의 부차적 효과로서 개인치료를 달성코자 한다. • 사회에 대한 적응, 즉 집단의식을 강조한다.
워커의 역할	교사, 조장자, 역할모델
제한점	• 문제를 적절하게 해결할 수 있는 이론적 준거틀이 없다. • 개인의 사회적 기능화를 원조할 수 있는 지침이 없다.
특 징	청소년단체, 인보관운동에서 발전되었다.

② 치료모형(remedical model)

기본철학	• 문제해결을 강조 • 과학적 접근을 강조 • 목표의 구체화 • 미래 지향성
내 용	• 문제를 가진 사람들에게 그 전문성을 발휘할 수 있다. • 집단을 치료의 수단이자 환경이며 개인치료를 위한 매개로 본다. • 이 모형에서 제공하는 서비스는 치료적 서비스와 예방적 서비스이다. • 개인의 목적을 성취하기 위한 수단으로서의 집단을 강조하며 개인의 선(善)을 강조한다.
워커의 역할	• 집단에서 주요 인물이 되며 집단을 변화시키기 위한 수단으로 간주한다. • 전문가(expert), 변화대리인, 조력자, 중재자 역할을 수행한다.
활 용	정신병원, 교정기관, 가족, 상담 서비스기관, 학교 등

③ 상호작용모형(중재모형, reciprocal model)

내 용	• 집단과 개별성원의 상호관계에 초점을 둔다. • 개인과 집단은 상호의존적이며, 집단은 워커와 모든 집단 성원을 포함한 체계이다. • 치료적 목적은 희박하며 정치적·사회적 변화의 문제들을 다루지 않는다. • 매개자, 중재자로서의 워커의 역할이 강조된다.
워커가 수행해야 할 과제 (Schwartz)	• 클라이언트의 욕구와 사회의 요구간의 공동기반 탐색 • 공동기반의 성취를 방해하거나 모호하게 하는 장애물의 제거 및 도전 • 문제상황에 대처하는데 필요한 아이디어나 사실·가치 등과 관련된 자료의 제공 • 워커가 자신의 전망을 제시함으로써 개인의 복지증진과 사회선의 추구에 대한 방향을 제시하고, 성원과 사회의 상호작용을 지원 • 활동의 제약 요인과 상황의 설정

④ 집단사회사업 모형의 비교

특 징	사회목표모형	치료모형	상호작용모형
목 적	• 사회적 의식화 • 사회적 책임성 • 책임있는 시민 및 사회·정치적 행동	역기능 행동을 하는 성원의 치료 및 재활	책정 수준의 적응 및 사회화를 성취하기 위해 성원간의 상호지지 체계 형성, 대인관계의 향상
기 관	• 인보관 • 지역복지관	• 임상기관 • 사회복지 기관 및 시설	• 임상기관 • 지역복지관
초 점	대규모 사회환경에 속한 개인	개인적 역기능 변화	성원간의 자조, 상호지지 체계 개발
지도자의 역할	역할모델, 조력자, 교사	변화대리인, 전문가, 조력자, 중재자	중재자, 조력자
대 상	시민, 이웃, 지역주민	역기능 또는 문제해결을 위해 원조를 필요로 하는 자	공동 관심사의 성취를 위해 협력하는 구성원
집단 크기	3~30명 정도	7~10명 정도	유동적이나 15명 이하
집단활동	성원의 행동유형 변화를 일으키기 위해 구조화된 운동을 하거나 직접 또는 간접적 영향력을 발휘	성원들이 관심사를 토론하여 상호지지를 형성하거나, 상호이익이 되는 결속된 사회체계의 형성	토론, 참여, 합의, 집단과제의 개발 및 실행, 지역사회의 조직화, 성원의 사회적 행동기술 습득, 사회변화에 필요한 프로그램이나 행동기술 습득
회합기간	지도력의 유형에 따라 유동적	• 정기적 • 시간 사용 계획을 사전에 설정	• 유동적 • 지도자와 성원의 합의에 의해 결정
대표적 학자	• 리랜드(Ryland) • 윌슨(Wilson) • 코일(Coyle) • 베너(Wiener)	• 빈터(Vinter) • 사리(Sarri) • 글래서(Classer) • 래들(Redl)	• 슈바츠(Schwartz) • 비옹(Bion) • 레윈(Lewin)

Introduction to Social Welfare and job practice

6

Chapter

사회복지의 거시적 실천방법

Introduction to Social Welfare and job practice

6.1 사회복지정책론

1. 사회복지정책의 개념

사회복지정책(social welfare policy)은 어의적으로 '사회복지'와 '정책'의 복합 개념이다. 사회복지정책은 특정한 목적을 이루기 위해 필요한 행동들에 대한 지침과 원칙, 계속적인 계획, 그리고 조직화된 노력을 뜻한다. 사회복지정책은 공공정책, 사회정책과 혼용해서 사용되기도 한다. 그러나 공공정책은 사회복지정책을 포함하여 좀 더 광범위한 개념이다. 사회복지정책은 나라마다 약간씩 개념적 차이가 있다. 유럽의 대부분 나라들은 사회복지정책이란 용어 대신 사회정책이란 용어를 사용하며 독일의 사회복지정책은 주로 사회보험을 의미하며, 영국은 사회보험을 포함하여 보건의료정책, 교육정책, 주택정책을 포함하고 있으며, 미국의 경우는 사회보장으로써 공적부조와 사회복지서비스로 여긴다.

2. 사회복지정책의 결정 이론모형

정책결정은 공익으로 표현되는 국민의 생활의 질 향상 등과 같은 가치를 구현하기 위하여 정부 및 공공기관이 필요하다고 인정한 정책의제를 채택하고 합법적인 절차에 따라 심의과정을 거쳐 최선의 대안을 선택하는 행위이다.

1) 합리모형(rational model)

합리모형은 포괄적 모형, 최선의 대안선택모형, 순수합리성 모형으로 불리기도 한다. 인간은 누구나 냉철한 이성과 고도의 합리성에 입각하여 정책결정을 내릴 수 있는 존재이다. 정책결정자는 고도의 합리성을 가지고 있어 주어진 상황에서 주어진 목표의 달성을 극대화할 수 있는 최선의 정책대안을 찾아낼 수 있다고 보는 정책결정 모형이다. 정책결정에 필요한 모든 지식과 정보를 동원할 수 있다는 종합성을 강조하는 규범적·이상적 접근방법이다. 합리모형은 달성하고자 하는 목표와 가치를 빠짐없이 열거·나열하고, 철저한 비교·계산에 의해 우선순위도 결정될 수 있다. 합리 모형은 목표와 수단, 가치와 사실을 구분할 수 있으며 목표를 명확히 규정한 후 목표달성을 위한 수단을 모색한다. 이미 설정한 목표에 가장 부합되는 결과를 가져오는 대안이 최선의 대안이다. 합리 모형은 합리적인 결정을 위해서 모든 요소들이 종합적으로 고려되어야 한다.

(1) 합리모형의 특징

- 인간의 이성과 합리성
- 주어진 목표의 명백하게 규정되고 상황에서 최선의 정책대안 발견 가능
- 인간의 능력에 대한 신뢰
- 대안의 비교 기준 : 다양한 정책대안들을 비교 평가할 수 있다.
- 최선의 정책대안 선택

(2) 합리모형의 한계와 문제점

- 인간의 이성 및 합리성에 대한 비판
- 목표와 상황의 불확실성
- 인간능력의 한계
- 정보 및 시간의 부족
- 심리적 갈등의 문제
- 매몰비용(sunk cost)의 문제

2) 만족모형(satisficing model)

현실적으로 인간은 합리 모형이 제시하고 있는 경제적인 합리성 보다는 제한된 합리성의 기준에 입각하므로 최적의 대안을 선택할 수 없으며 다만 만족스러운 정도의 대안을 선택한다. 현실적이고 실증적인 이론 모형이다. 이 모형은 현실의 인간은 지식, 학습능력, 기억능력, 계산능력 등에 있어서 많은 제약을 받고 있기 때문에 현실적인 인간은 그의 한계성을 때문에 최적의 대안을 선택할 수 없으며, 만족스러운 대안을 선택한다. 모든 목표를 동시에 달성하기보다는 일부 목표만을 고려하여, 달성 가능한 하위 목표를 부여한다. 대안의 선택은 최적화 기준보다는 만족스러운 대안을 선택하며 불확실성에 대해 회피하고자 한다. 정책대안 탐색시 모든 대안을 동시에 탐색하기보다는 소수의 대안만을 고려하여 순차적으로 탐색한다.

(1) 만족모형의 특징

- 제한된 합리성 : 인간은 합리적이긴 하지만 완전한 합리성을 없다.
- 정책목표 및 기준의 불확정성 : 정책목표가 항상 명백하지는 않다.
- 제한된 대안의 탐색
- 만족스러운 대안의 선택

(2) 만족모형의 한계와 문제점

- 만족스러운 대안도 불명확성을 가지고 있다.
- 대안의 선택 시 지나치게 주관적일 수 있다.
- 반쇄신적 성향 : 만족할 만한 정책대안이 나타나면 더 이상의 정책을 탐색하지 않고 중단한다.
- 개인의 의사결정에 초점을 맞추기 때문에 정책결정의 상황에 그대로 적용하기가 힘들다.

3) 점증모형(incrementails model)

합리모형이 실제의 현실적인 정책결정에 적용되기 어렵다는 비현실성에 대해 비판을 하며 실현가능성을 높이기 위한 모형이론이다. 만족모형이 인간의 보편적 의사결정에 초점 둔 이론이지만, 점증모형은 정책결정자에게 주로 적용되는 이론이다. 일상생활에서 발생하는 실제적인 정책결정과정을 중시하여 인간 능력을 고려함에 의해 현실적으로 정책결정은 현재의 것보다 약간 향상된 결정에 만족한다. 비교적 한정된 대안만을 검토하는 실증적이고 현실적인 모형이다. 점증 모형은 본질적으로 미래 지향적인 발전 향상을 꾀한다기보다는 현재의 불완전성을 치유·변화시키고자 하는 모형이다. 과거의 정책결정을 기초로 하여 점증적 차이가 있는 정책대안을 검토하고 과거의 정책을 약간 수정한다. 정책결정에서 선택되는 대안들은 기존의 정책이나 결정을 점진적으로 개선해 나간다. 정책결정은 부분적·순차적으로 진행되고, 정책결정의 과정에서 대안분석의 범위는 크게 제약을 받는다.

어떤 정책대안이 좋은 대안인가를 판단하는 기준은 정책에 관련된 자들의 합의에 달려있다. 인간의 능력과 시간에는 한계가 있으며 정보도 제한되어 고려할 수 있는 대안의 범위는 축소된다.

(1) 점증모형의 특징

- 비합리성을 전제로 정책결정을 한다.
- 정책목표와 수단의 조정
- 연속적 제한적 비교
- 정치적 성격
- 점증적 결정
- 보수적 성격

(2) 점증모형의 한계와 문제점

- 평가 기준의 부재
- 형평성의 문제
- 반쇄신적 성격
- 적용의 제한
- 외부의 압력에 약함
- 적용의 국지성
- 보수성

4) 최적 모형(optimal model)

점증모형이나 만족모형과 같은 소극적이고 보수적인 정책결정 모형을 비판한다. 정책과학의 입장에서 경제적 합리성과 초합리성을 동시에 고려하는 거시적인 정책결정 모형이다. 최적모형은 양적 모형이 아니라 질적 모형으로 정책결정을 하는데 직관이나 판단과 같은 초합리적 요소의 중요성을 강조한다. 인적·물적·시간적 제한까지 고려하여 가능한 범위 내에서 최대의 합리성을 추구함으로써 결정능력을 최적의 수준으로 향상시키는 모형이다. 실제적으로 수많은 정책결정을 기본 방향부터 재검토한다는 것은 시간적, 경제적으로 막대한 낭비를 초래할 수 밖에 없다는 비판을 받고 있다

3. 사회복지정책 분석틀

길버트(Gilbert)와 스펙트(Specht)는 사회복지정책을 분석하는 기준으로 급여대상(할당), 재원, 전달체계, 급여의 형태를 제시하였다.

① 누구에게 급여하는가(할당체계)?

② 무엇을 급여하는가(급여체계)?

③ 어떤 방법으로 급여를 전달하는가(전달체계)?

④ 어떻게 재원을 조달하는가(재원체계)?

<표 6-1> 정책분석틀

선택의 차원	분류	선택의 대안	가치
할당 (allocation)	수급자격 : 대상체계	• 귀속적 욕구(부여된 욕구) • 보상에 근거한 대상자 선정(형평성) • 진단적 구분(등급분류) • 경제적 기준	선별주의/보편주의 비용효과성/사회적효과성
급여 (benefits)	급여종류 : 급여체계	• 현물, 현금, 증서, 기회, 권력, 서비스와 재화	평등/공평
전달 (delivery)	전달방법 : 전달체계	• 중앙정부, 지방정부, 민간부문, 혼합형태	관료중심/시민참여
재정 (finance)	재정종류 : 재정체계	• 공공재원, 민간재원, 공공과 민간재원의 혼합형태	평등/공평 인간의 존엄성/사회적 적절성

1) 할당체계

(1) 급여대상

① 보편주의(universalism)와 선택주의(selectivity)

보편주의는 전 국민을 사회복지의 대상자로 여기며, 시민권에 입각해 하나의 권리로 복지서비스를 제공하여, 낙인감, 열등감이 없다. 길버트(Gilbert)와 테넬(Terrell)의 보편주의 4가지 원칙은 모든 시민을 대상으로 한 프로그램, 권리보장, 사회통합, 정치적 장점으로 제시하였다.

<표 6-2> 보편주의와 선택주의 비교

구분	보편주의	선택주의
주요 내용	• 보편주의는 전 국민을 사회 복지의 대상자로 여김 • 시민권에 입각해 하나의 권리로 제공 • 복지 수혜자격과 기준을 균등화	• 사회복지 대상자를 사회적·신체적·교육적 기준에 따라 구분 • 자산조사를 통해 사회복지서비스제공 • 결손가정, 노인, 빈민
장점	• 최저소득을 보장함으로써 빈곤을 예방 • 수혜자에게 심리적·사회적 낙인을 주지않음 • 행정절차 용이 • 시혜의 균일성 유지 • 모든 시민에 구매력을 일정수준 유지함으로써 경제적 안정과 성장기여	• 서비스가 필요한 사람에게 집중시킬 수 있음 • 자원의 낭비 없음 • 비용이 적게 듦
단점	• 한정된 자원을 꼭 필요한 부분에 효과적으로 사용하는데 한계 : 비효율성	• 자산조사 과정과 일반 시민들과 사회적 관계에서 낙인 부여.
예	• 아동수당, 기초노령연금, 가족수당	• 공공부조, 결손가정, 장애인, 빈민

선택주의는 사회복지 대상자들을 사회적·신체적·교육적 기준에 따라 구분한 다음 복지서비스를 제공하는 것을 의미한다. 급여는 자산조사를 통해 제공되며, 개인이나 가족의 드러난 욕구가 대상자의 선정의 기준이 된다.

(2) 대상자 선정의 네가지 원칙

대상자를 좀 더 세부적으로 구분할 수 있다. 보편적 방법은 귀속적욕구와 보상, 선별적 방법은 등급분류와 자산조사로 나눌 수 있다.

귀속적 욕구는 특정한 집단 구성원으로서의 조건을 갖춘 사람을 대상으로 전국민이 대상이 된다. 노령수당, 아동수당이 귀속적 욕구를 대상으로 하는 복지제도이다. 이는 전문가의 규범적 판단기준에 따라 선정된다.

보상은 사회보험에 가입한 사람으로 일정한 보험료를 납부한 사람 또는 사회적 희생자를 대상으로 한다. 이들에게는 사회복지급여가 하나의 보상으로 주어진다. 이러한 보상은 형평성에 맞춰 전문가가 규범적으로 판단한 특정한 집단을 대상자로 선정한다. 국가유공자나 사회보험이 보상에 해당된다.

등급분류는 신체적 혹은 정신적 손상을 입은 사람과 같이 특정한 재화와 서비스가 필요한 개인을 대상으로 한다. 대표적인 것이 장애연금의 등급 분류이다. 자산조사는 가장 선별적인 대상자이며 사회복지급여 수급여부는 개인의 경제적 여건에 좌우되며, 매우 제한적이다. 욕구의 경제적 기준에 따라 개별적으로 대상자를 선정한다.

<표 6-3> 대상자의 선택기준, 사회복지정책과의 관계

구 분	귀속적 욕구	보상	등급분류	자산조사
대상자	집단	집단	개인	개인
욕구판단기준	규범적 판단	형평성에 입각한 규범적 판단	기술적 등급분류	경제적 기준
사회복지개념	보편주의 제도적개념	⇦ ⇨		선택주의 잔여적개념
예	의무교육 아동수당	국민연금	직업재활 장애연금등급	공공부조 의료급여

2) 급여체계

급여체계는 복지대상자에게 무엇을 제공할 것인가에 대한 내용이다. 가장 대표적인 급여방법은 현물과 현금이다.

(1) 현물

스웨덴 경제학자인 미르달은 1930년대의 아동수당의 급여 형태와 관련하여 규모의 경제 관점에서 현물급여의 우월성을 주장하였다. 규모의 경제에 의해서 대량생산된 재화나 서비스는 낮은 비용을 제공할 수 있으나, 사적으로 생산된 재화를 구입하는 현금급여는 비용이 많이 든다고 주장하였다. 현물급여가 급여의 대상자에게 정확하게 전달되어 정책의 목표효율성을 높일 수 있으며, 현물급여는 현금급여에 비하여 정치적인 측면에서 더 선호하다. 현물급여는 현금급여에 비하여 효과가 비교적 명확하게 나타난다. 현물급여에서 가장 많이 사용되는 것은 의료서비스와 교육서비스이며 공공부조의 경우는 쌀이나 의복 등 현물로 제공된다.

(2) 현금

사회복지급여로서 가장 큰 규모는 현금급여이다. 현금급여는 수급자에게 선택의 폭을 넓혀줌으로써 효용을 극대화할 수 있다. 소비자의 주권, 수급자의 선택의 자유와 자기 결정의 권리를 보장할 수 있다. 또한, 현금급여는 현물로 받을 때의 수치감이나 낙인을 방지할 수 있어 인간의 존엄성을 유지시켜 준다. 현물급여는 보관이나 이동, 전달 등에 많은 비용이 드나 현금급여는 프로그램의 운영 비용이 적게 드는 것이 장점이다. 현금급여의 직접적인 형태로 국민연금, 건강보험의 질병수당, 산재보험의장해수당, 국민기초생활보장의 생계급여 등이 있으며, 간접적인 형태는 조세제도로 소득공제제도를 들 수 있다.

〈표 6-4〉 현물급여와 현금급여의 장단점

구 분	현물급여	현금급여
주요내용	• 복지서비스가 현물의 형태로 전달 • 사회통제와 집합적 선을 중시 • 현물급여로는 건강진료서비스, 장 애인복지 보장구지원	• 수급자에게 복지서비스가 현금으로 전달 • 개인의 자유와 소비자 선택을 중시 • 각종 복지수당, 공공부조의 현금급여
장 점	• 대량생산과 분배를 통해 낭비를 줄임 • 그 용도외에 사용을 막아 목표 달 성에 효과적임	• 선택의 자유 극대화 • 관리비용 절감
단 점	• 선택의 자유를 제한 • 관리비용이 많이 듦	• 용도 외 사용이 가능 함

(자료출처 : 원석조, 2006:48.)

(3) 증서(vouchers)

증서는 현금과 같은 가치를 지니지만 일정한 용도 내에서 수급자로 하여금 원하는 재화나 서비스를 선택할 수 있는 제도이다. 증서는 현금급여의 장점인 소비자 선택의 권리를 보장하면서 현금급여의 단점인 급여 의 사용처를 어느 정도 통제할 수 있다. 현금급여와 현물급여의 중간 성격을 가지고 있어서 어느 쪽의 장점 이상으로 뚜렷한 장점이 없는 중간적인 특성 때문에 널리 사용되지 않는다. 가장 대표적인 증서는 미국의 식품권(food stamp)을 들 수 있다.

(4) 기회(opportunity)

기회는 노동시장에서 불합리한 경쟁 요소를 제거하는 것이 목적이다. 기회는 물품이나 서비스와는 달리 여운의 기회(extra chance)를 제공하며, 이것을 통 해 다른 급여를 획득할 수 있다. 대표적인 예로 미국의 적극적 소수민족우대정책의 일환으로 소수민족의 고용을 부분 보장하는 것, 우리나라의 기업의 장애인 의무고용, 대학입시제도중 농어촌 자녀 특별전형 등을 들 수 있다.

(5) 서비스나 상품

서비스는 가정보호, 개인상담, 케이스매니지먼트, 직업훈련 등과 같이 수급자를 위한 제반 활동을 말하며, 수급자에게 제공되는 서비스는 시장에서 다른 재화와 교환할 수 없다. 재화는 식품, 피복, 주택과 같은 상품(commodities)을 뜻하며, 재화는 현금에 비해 교환가치가 낮아 유통경로가 매우 제한적이다.

(6) 권력(powers)

권력은 재화와 자원을 통제할 수 있는 영향력을 의미한다. 어떤 특정 집단에게 사회복지정책의 결정과정에 참여할 수 있는 권한을 주어 정책의 내용이 그 집단에게 유리하게 결정되도록 하는 것이다. 권력은 재화나 서비스와 같이 수급자가 직접적으로 소비 또는 이용할 수 있는 것은 아니지만, 경제사회적 선택에 큰 영향을 주기 때문에 복지수급자에게 매우 중요하다. 권력은 유동적인 교환가치(a fluid exchange value)이다. 예를 든다면, 건강보험이나 국민연금의 가입자 대표로 시민단체, 노동조합에서 추천받아 의사결정에 참여시키는 것이다

3) 전달체계

전달체계란 사회복지 주체와 대상자를 연결해 주는 조직체를 뜻한다. 사회복지전달체계는 서비스가 필요한 개인이나 집단에게 신속하고 정확하게 전달되어 사회복지정책목표를 효과적이고 효율적으로 달성하는 것이다. 서비스제공자 즉, 사회복지전달체계의 주체는 크게 정부(지방정부 포함)와 민간기관으로 나눌 수 있다. 정부가 시행하는 사회복지정책을 공공복지(public welfare)라고 하며, 민간기관이 운영하는 사회복지정책을 민간복지(voluntary welfare)라고 한다. 이에 따라 사회복지정책 전달체계의 유형을 ① 중앙정부, ② 지방정부, ③ 중앙정부와 지방정부 의 혼합체계, ④ 정부와 민간부문의 혼합형태, ⑤ 순수민간부문으로 나눌 수 있다(박병현, 2006).

공공복지는 소득보장(사회보험,공공부조), 보건의료복지, 주택복지, 교육복지, 사회복지서비스(아동복지, 장애인복지, 노인복지, 여성복지) 등이 있으며, 민간복지는 박애사업, 자선사업, 민간사회복지기관과 시설, 기업복지 등이 있다.

4) 재정체계

사회복지정책의 재원은 크게 공공재원과 민간재원으로 구분할 수 있다. 공공재원은 일반세(조세), 목적세(사회보험료), 조세비용 등이 있으며, 민간재원은 기업복지, 서비스이용료, 자발적 기부 등이 있다. 일반적으로 소득보장정책에 사용되는 재원은 주로 일반세에 의존하는 반면 개별적·사회적 서비스 정책들은 민간부문의 재원에 의존한다. 사회복지재원은 재원의 부족함이 없이 조달되어야 하며, 형평성과 소득재분배의 기능을 수행해야 한다.

6.2 사회복지행정론

1. 사회복지 행정의 의의

1) 사회복지 행정의 개념

사회복지 행정이란 공사복지 기관에서 국민들의 복지증진을 위한 목표와 사업영역을 설정하여 그것을 달성하는데 필요한 협동적 노력을 기울이는 과정이라 할 수 있다. 사회복지 행정은 체계적이고 개입적인 과정이며 상호의존적인 과업과 기능을 포함하고 있고, 조직의 목표와 목표달성을 위해 관리직원들이 수행하는 활동과 관련된다. 행정은 목표달성, 프로그램 계획, 자원의 동원과 유지, 결과에 대한 평가과업 등에 대해 지식·기술·가치 등을 적절하게 적용하는 것을 말한다.

2) 사회복지 행정의 특징

사회복지 행정은 국가이념·개발방향·정책 등의 내용에 따라 결정된다. 사회적으로 인지된 욕구충족을 위해 사용가능한 자원을 동원하는 것을 비롯하여 욕구충족의 방법으로도 적용된다. 사회복지 행정은 이윤추구 및 가격관리를 목적으로 하지 않으며 다양한 복합적 욕구충족의 우선 순위 및 그 선택과 관련된다. 사회복지 행정은 복지정책으로 설정된 목표를 달성하기 위한 이행수단 및 방법의 선택과 사회복지 서비스를 준비하고 운영하는 특정조직 및 기구에 관심을 갖는다.

2. 사회복지 행정의 이념

사회복지행정은 사회복지의 재화나 서비스가 전달체계에 의해서 효과성, 효율성, 공평성, 편익성(접근성) 있도록 제공되어야 한다. 효과성(effectiveness)은 욕구충족 또는 문제해결에 있어서 어느 정도 유효를 거둘 수 있는가를 의미하며, 효율성(efficiency)은 최소의 자원과 비용을 가지고 최대의 효과를 얻는 것을 의미한다. 공 평성(equity)은 동일한 욕구를 가진 대상자는 공평한 대우를 받아야 함을 의미하며, 편익성(convenience) 또는 접근성(accessibility)은 서비스 대상자는 손쉽게 서비스를 이용할 수 있어야 함을 의미한다.

서비스 제공적인 측면에서 사회복지 행정은 몇가지 원칙을 수반한다. 첫째, 평등성의 원칙이다. 이는 모든 국민은 인종이나 성별·연령·소득·지위에 관계없이 사회복지 서비스를 이용하거나 제공받을 수 있는 권리를 말한다. 둘째, 재활 및 자활의 원칙이다. 이는 서비스 제공의 목적은 대상자의 자립 또는 정상적인 사회복귀에 있다는 것이다. 셋째, 적절성의 원칙이다. 대상자는 충분한 양과 질의 서비스를 적절하게 제공받아야 한다. 넷째, 포괄성의 원칙이다. 이는 사회복지 서비스 체계는 복지대상자의 욕구를 포괄적으로 수용하여 처리할 수 있도록 구성되어야 한다는 것이며, 다섯째, 지속성의 원칙이다. 복지대상자의 자활을 위해 모든 서비스는 자활이라는 목적을 중심으로 통합되고 지속되어야 한다. 여섯째, 가족 중심의 원칙이다. 문제해결 단위가 개인이라도 서비스 제공의 기본단위는 가족 또는 가정중심이어야 한다.

3. 사회복지 행정과 다른 행정과의 비교

사회복지행정은 다른 일반행정에 한 영역에서 포함된다. 그러나 사회복지행정은 일반행정과 다른 특징을 가지고 있다.

일반행정과 사회복지행정의 공통점은 다음과 같다.

㉠ 행정은 주로 문제의 확인, 문제의 제(諸)측면 연구, 해결 가능한 계획의 개발, 계획의 수행, 효과성의 평가 등을 포함하는 문제해결의 과정이다.

㉡ 행정은 상호 관련되고 상호 작용하는 부분들이 모여 이루어진 체계이다.

㉢ 행정은 대안선택에 있어서 가치판단을 사용한다.

㉣ 행정은 개인 및 집단이 좀더 효과적으로 기능할 수 있도록 하는 과정(enabling process)으로 간주한다.

㉤ 행정은 미래와 관련되어 있다.

㉥ 행정은 지식과 기술의 틀에 박힌 활용이라기보다 창의적인 활용으로 이루어지고 있다.

㉦ 행정은 최적 효율과 상품 또는 서비스의 생산을 쉽게 하기 위한 프로그램, 서비스 및 직원들을 조직화시키는 것에 관심을 쏟는다.

㉧ 행정은 크건 작건 공의(public will)를 실행에 옮기는 것과 관련되어 있다.

㉨ 행정은 관리운영의 객관화와 인적 자원의 활용간에 적절한 균형을 유지한다.

㉩ 행정은 개개의 직원들의 지위와 인정에 관심을 갖고 조직의 목표·가치 및 방법에 직원들이 적극적인 일체감을 보이는가에 관심을 가진다.

㉪ 의사소통이나 직원들간의 집단관계, 행정에의 참여 등은 행정의 주요영역이다.

일반행정과 사회복지행정의 차이점은 다음과 같다

㉠ 사회복지 조직에서의 행정은 지역사회 내의 인지된 욕구를 충족시키는 데 도움이 된다.

㉡ 행정을 통해 사회복지 조직에서 제공되는 서비스는 크게 3가지 범주로 분류된다.

ⓐ 손상된 사회적 기능의 회복

ⓑ 효과적인 사회적 기능을 위한 사회적·개인적 자원의 제공

ⓒ 사회의 역기능 예방

㉢ 사회복지 행정이 이루어지는 장(場)인 전형적인 사회복지 조직은 일반적으로 지역사회를 대표하는 이사회를 가지고 있다.

㉣ 사회복지 조직의 크기·범위·구조 및 프로그램의 형태는 광범위하고 다양하다.

㉤ 사회복지 행정가는 사회복지 조직의 내부운영을 지역사회와 관련시킬 책임을 가지고 있다.

㉥ 자원활용에 관하여는 선택을 내릴 필요성이 있다.

㉦ 사회복지 조직은 생존을 위해 자원의 적자운영을 피해야만 하는데, 조직의 최적기능을 산출하고 유지하며 보호할 주요책임은 사회복지 행정가에게 부여한다.

㉧ 사회복지 조직에 의해 수행되는 서비스는 전문사회사업적 성격이 점차로 증대되고 있다.

㉨ 모든 직원들이 행정과정에 참여하며 어느 정도는 전체 조직사업에 영향을 미친다.

4. 사회복지 재정

1) 사회복지 재정의 특성

사회복지 재정은 늘 부족하고 제한된 경우가 많기 때문에 한정된 재원을 낭비 없이 효율적으로 운영한다는 것은 재정운영의 기본적 원칙이다. 사회복지재정은 국민경제의 하나의 수단으로써 그 기술적인 조직 작용이 재정지출로 구현되는 것인데 이것은 필연적으로 국민경제의 동향, 국민생활의 추이 등과 연결된다.

또한, 사회복지 재정은 특정 개인만의 소비나 서비스 재분배에 관련된 것이 아니라 사회 전체의 소비나 서비스 재분배에 관련된 것이다. 지방자치단체는 법률에 정해진 경우를 제외하고는 공적 기관이 아닌 개인이나 사회단체에 대한 기부·보조 기타 공금의 지출은 불허한다. 또한 지방자치단체의 공공사무에 관하여 필요한 경비는 지방자치단체가 그 전액을 부담해야 하며 국가가 수행해야 할 사무를 지방자치단체에 위임할 경우엔 그 소요되는 비용을 국가가 전부 부담해야 한다. 이에 따라 국가는 지방자치단체의 재정 사정상 필요하다고 생각될 때 예산의 범위 내에서 지방자치단체에 보조금을 교부할 수 있다.

2) 사회복지 재정의 구성

국가의 재정은 일반회계와 특별회계로 구분되는데 사회복지 재정은 대부분 일반회계에 속한다. 사회복지의 재정부담은 국고 부담과 지방비 부담으로 구분된다. 즉 사회복지 서비스에 소요되는 비용은 국가와 지방자치단체간의 행정사무 배분 관행에 따라 지방자치법, 지방재정법, 사회복지관계법 등의 규정에 의해 이루어진다. 이는 고유사무와 사무위임 방식을 전제로 하여 재정부담이 이루어지는 것이다.

지방자치단체의 재정부담은 지방자치법에 규정에 따라 지방자치단체는 그 자치사무의 수행에 필요한 경비와 위임된 사무에 관해 필요한 경비를 지출할 의무가 있다. 다만, 국가사무 또는 지방자치단체 사무를 위임하는 때에는 이를 위임한 국가 또는 지방자치단체에서 그 경비를 부담하여야 한다.

사회복지 서비스 관계법에 규정되어 있는 사회복지 서비스에 대한 정부와 지방자치단체의 부담 구분은 주로 보조비, 인건비와 사무비, 사회복지 시설의 설치와 운영에 따른 제비용으로 구분되고 있다.

3) 사회복지 관련 예산제도

(1) 품목별 예산제도(LIBS)

품목별 예산제도(The Line Item Budgeting System)는 지출대상인 급여·여비·수당·시설비 등 품목별로 분류하여 지출대상과 그 한계를 규정함으로써 예산통제를 기하려는 제도이다. 이 제도의 특징은 예산은 단년도 지출에 초점을 두어 이루어지며 관리나 계획에 대한 관심은 적다. 예산운영의 목적은 지출의 한계를 준수하는 것이며 회계자료가 유용하게 이용된다. 장점은 예산편성이 간단하고 용이하며, 예산집행에 대한 회계책임을 분명히 할 수 있다. 반면 단점은 예산집행에 있어 신축성을 저해하며, 지출의 세부적인 사항에만 중점을 두기 때문에 기관 활동의 전체적인 상황을 알 수 없다.

(2) 성과주의 예산제도(PBS)

성과주의 예산제도(Performance Budgeting System)는 기관의 기능·활동·사업을 중심으로 예산을 분류·편성하는 제도로, 기관이 수행하는 업무에 중점을 두는 관리지향적 예산제도이다. 이 예산제도의 특징은 관리지향적 예산제도로 각 사업마다 업무측정단위를 선정하여 업무를 양적으로 표시하고 원가에 기하여 과학적·합리적으로 예산을 편성하여 그 집행성과를 측정하고 분석·평가하여 효과적으로 재정을 통제한다. 이 예산의 장점은 각 기관의 사업이나 목적을 이해하기가 용이하며 예산편성에 있어서 자원배분의 합리화에 기여한다. 또한 예산집행의 실적을 객관적으로 측정하여 실적 분석결과를 차기 회계연도 예산에 반영할 수 있다.

단점은 정확한 단위원가 계산과 성과단위의 선정이 곤란하며 회계책임이 불분명하다.

(3) 계획예산제도(PPBS)

계획예산제도(Planning Programming Budgeting System)란 장기적 계획수립과 단기적 예산편성을 프로그램 작성을 통하여 유기적으로 연결시킴으로써 자원배분에 관한 기관의 의사결정을 일관성 있고 합리적으로 행하고자 하는 예산제도를 말한다. 이 예산의 특징은 목표지향적, 장기성, 효과성·능률성을 들 수 있으며, 장점은 자원배분의 합리화에 기여, 절약과 능률을 제고시킨다. 목표와 사업을 분명히 하고 장기적인 사업계획의 바탕 위에서 이루어지기 때문에 사업계획과 예산수립의 괴리를 막을 수 있어 사업의 효과성을 높일 수 있다. 반면, 단점은 목표를 정확히 설정하기가 어렵고 성과의 계량화가 곤란하다. 조직의 상층에서 예산을 결정하게 되어 중앙집권화될 우려가 있다.

(4) 영기준예산제도(ZBB)

영기준제도(Zero-Base Budgeting)란 전통적인 예산운영방식에서 벗어나 행정기관의 모든 사업·활동에 전 회계연도 예산을 고려하지 않는 영기준을 적용하여, 각각의 효과성, 능률성과 사업의 계속·축소·확대 여부를 분석·평가하고 그에 따라 우선순위가 높은 사업과 활동을 선택하여 예산을 편성·결정하는 제도이다.

이 예산 제도의 장점은 사업의 전면적인 평가와 자원배분의 합리화를 기할 수 있다. 재정운영의 효율적, 탄력적 운영이 가능하며, 하의상달과 각 수준의 관리자가 참여할 수 있으며, 감축관리를 위한 자원난의 극복이 가능하다. 단점은 모든 사업이나 대안을 총체적으로 분석하므로 시간과 노력이 과중하다.

5. 복지기관의 정보화

1) 사회복지정보화의 개념

정보(information)는 불확실성을 감소시키기 위해 사실을 데이터로 가공하여 의미 있는 형태로 변화시킨 산출물이다. 수신자에게 의미 있는 형태로 처리된 데이터이며 현재 또는 미래의 결정이나 행동에 실제적이거나 인지된 가치를 갖는다. 자료의 개념을 뛰어넘어 자료 자체로서 특정한 의미를 갖도록 조직된 것이다.

사회복지정보화란 용어는 정확하지 않으며, '정보화의 복지', '정보통신의 복지화', '사회복지의 정보화', '복지정보통신서비스' 등의 다양한 개념으로 혼재되어 사용된다. 정보화의 복지는 정보사회에서 발생할 수 있는 정보격차의 문제를 해소하고 사회의 모든 계층이 정보화의 혜택을 균등하게 받도록 하는 보편적 접근성이라고 볼 수 있으며 반면, 복지의 정보화는 정보화를 통해 기존의 복지시설 및 행정기관들이 지니고 있는 복지행정 및 서비스 제공의 비효율적인 요소를 해소하고, 복지수요자들의 욕구를 충족시키는 복지서비스를 제공하며, 나아가 사회적 약자나 소외계층의 사회적 참여 통로를 확보해주는 데 초점을 맞추고 있다. 사회복지정보화는 이러한 두가지의 개념 '복지의 정보화'와 '정보화의 복지'를 모두 포함하는 개념이라고 볼 수 있다.

2) 사회복지조직에서 정보관리체계

(1) 정보관리체계의 필요성

정부의 예산을 집행하고 있는 사회복지조직은 그 만큼 책임성 과 효과성을 요구받고 있다. 사회복지행정은 서류처리는 많은 시간이 소요되며, 이를 효과적으로 처리하기 위해서 정보체계가 필요하다. 이러한 정보체계는 사업수행에 대한 평가, 실천능력배양과 전문성 증진에 도움이 된다.

(2) 정보관리의 효과성

정보관리 시스템은 효율적인 관리도구 뿐만 아니라 책임성 검증도구로 활용이 가능하다. 정보관리 시스템을 통해 사회복지조직의 업무효율성을 증대할 수 있으며 서비스를 확장할 수 있다. 사회복지사 감당하고 있는 업무는 너무 과중되어 있다.

(3) 정보화를 통한 기대효과

① 정보화는 업무의 효율성을 증대시킨다. 일상업무에서 정보화기기를 통한 표준화되고 빠른 업무처리를 통해 업무의 효율성을 증가한다.

② 정보화는 비용을 감소시킨다. 정보화는 장기간 걸리는 작업을 정보화기기를 통해 쉽게처리할 수 있어서 인건비, 운영비 등의 비용을 절감할 수 있다.

③ 정보화는 시공간을 초월하여 신속한 서비스를 제공한다. 서비스 신청 및 접수 처리, 안내 등은 정보화기기를 통해 시간과 장소의 제약을 받지 않고 신속하고 다양한 사람들에게 제공할 수 있다.

④ 정보화는 책임있는 양질의 서비스를 제공할 수 있다. 정보화는 객관적이고 책임감있는 정보공유를 보다 쉽게 많은 사람들이 할 수 있어서 서비스의 양적·질적 향상을 가져올 수 있다.

⑤ 업무를 표준화시킬 수 있다. 업무의 표준화는 곧바로 업무의 질을 향상시킬 수 있으며, 표준화는 통해 정보 공유가 가능하게 된다.

⑥ 정보화는 사회복지의 정확성, 객관성, 타당성을 확보함으로써 사회복지의 책임성을 증대시킨다.

⑦ 정보화는 일반인에게 사회복지에 대한 관심을 확산시킬 수 있다. 정보화기기는 통해 일반인들도 사회복지에 대한 정보를 쉽게 접할 수 있으며 사회복지에 대한 관심이 영역을 넓힐 수 있다.

3) 사회복지분야 정보화

현재 정부에서 추진하고 있는 사회복지분야 정보화사업은 전 국민의 소득·재산정보를 통합 관리함으로써 사회복지 급여의 효율적 관리를 목적으로 하는 사회복지통합관리망 구축사업과 독거노인들의 고독사방지 및 응급상황 발생에 적극 대처할 수 있는 독거노인 응급안전돌보미시스템구축, 사회복지시설 관리의 효율성 재고를 위한 사회복지시설정보시스템, 사회복지와 관련된 각종 정보를 On-stop 으로 제공받을 수 있는 복지로 포털시스템 구축사업으로 추진되고 있다.

(1) 사회복지통합관리망(행복e음) 구축

사회복지통합관리망은 사회복지사업법 제6조의2 규정에 의해 사회복지시설 업무에 필요한 각종 자료 또는 정보의 효율적 처리와 기록·관리업무의 전자화를 위하여 구축·운영되는 정보시스템으로 복지급여통합관리시스템, 상담사례관리시스템으로 구성되었다.

사회복지통합관리망은 2010년 1월에 개통되었으며, 각종 사회복지 급여 및 서비스 지원 대상자의 자격과 이력에 관한 정보를 통합 관리하고, 지자체의 복지업무를 처리를 지원하기 위해 기존 시·군·구별 생올행정시스템의 31개 업무 지원시스템 중 복지분야를 분리하여 개인별·가구별 DB로 중앙에 통합 구축한 정보시스템이다.

사회복지통합관리망을 통하여 120여개의 복지서비스 업무처리, 복지급여의 상담, 신청, 조사, 결정, 급여지급의 사후관리 뿐만 아니라 사회복지시설 수급자에 대한 시설생계비 및 시설보조금 등을 지급·관리하고 있다. 이러한 사회복지통합관리망은 복지정책 집행의 효율성 제고와 일선사회복지공무원의 사례관리 확대로 수급자 중심의 복지급여 전달체계가 체계화되어 중복 수급 및 부패를 차단하는 효과를 보이고 있다. 앞으로 사회복지통합관리망이 더욱 실효성을 거두기 위해서는 고용노동부, 교육과학기술부 등 전 부처로 확대되어야 하며, 지자체 및 민간 자체사업으로까지 확대하여야 하며, 공급자 위주가 아닌 가구특성을 반영한 맞춤형 복지서비스를 제공할 수 있도록 해야 한다.

(2) 독거노인 응급안전돌보미 시스템 구축

독거노인 응급안전돌보미 시스템은 독거노인의 심리적 안정감과 독감을 해소하고, 정보통신 및 무선 네트워크 기반기술(RFID/USN)을 이용하여 365일 24시간 독거노인의 안전상태를 실시간으로 확인, 관리함으로써 독거노인의 안전을 확보하고 “독거노인 응급안전돌보미시스템”, “독거노인 돌봄기본서비스”, “소방방재청 구조 구급” 연계로 독거노인에 대한 종합적인 사회안전망 구축을 목적으로 구축되었다. 그러나 2010년 현재 18개 자자체에만 설치되어 있어서 그 실효성을 거두려면 서비스를 신속히 전국으로 확대시켜야 한다. 또한, 독거노인 생활관리사, 노인돌보미 등과 같은 오프라인 자원과 연계망 구축되어야 한다.

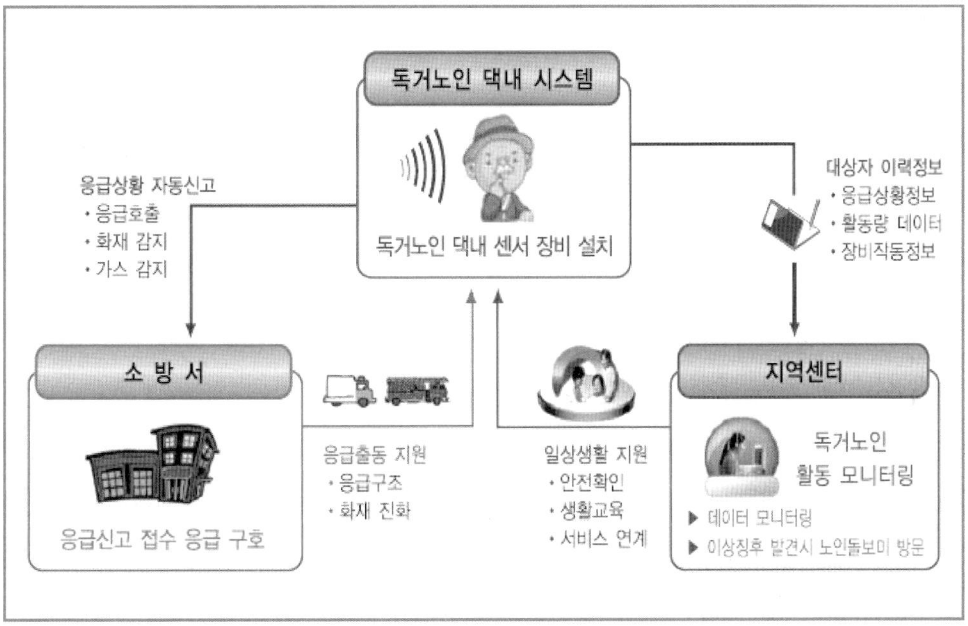

<그림 4> **독거노인 응급안전 돌보미 시스템 구성도**

(자료 출처 : 2010년 보건복지백서)

(3). 사회복지시설정보시스템

사회복지시설정보시스템은 사회복지사업법 제6조의2 규정에 의해 사회복지법인 및 시설업무의 전자화를 위하여 구축한 사회복지시설 통합업무관리시스템이다.

사회복지시설정보시스템(www.w4c.go.kr)은 국가복지정보시스템으로 장애인, 노인, 아동 등 복지서비스 대상자별, 사회복지시설별로 구축·운영되고 있던 사회복지시설의 정보화 업무를 국가가 통합적으로 지원하고 관리함으로써 사회복지시설 회계의 투명성 제고와 업무의 간소화에 따른 효율성 제고를 목적으로 사회복지시설정보시스템 구축사업이다. 2010년 12월 현재 사회복지 대상시설 16,224개소 중 14,847개소가 사회복지시설정보시스템을 사용하고 있으며, 회계, 인사, 급여, 후원금 관리, 시군구 온라인보고 등의 업무를 처리하고 있다. 이를 통하여 사회복지업무의 전산화와 더불어 사회복지시설 보조금 집행의 투명성을 제고하고, 복지급여의 중복 및 누락방지, 수혜서비스의 균등배분 등의 효과성을 거둘 수 있으나 자칫하면 모든 사회복지시설이 국가의 통제하에 귀속될 수 있으며, 시설의 특성을 반영하지 못하는 획일화로 서비스의 저하가 우려된다.

사회복지시설정보시스템 주요 기능은 다음과 같다.

① 통합회계관리 : 회계 관리, 예산관리, 세무관리, 인사관리, 급여관리, 자산(비품, 소모품)관리

② 통합고객관리 : 후원자 및 봉사자 관리, 후원금 관리, 시설의 후원금(품) 처리내역은 사회복지시설정보시스템 홈페이지, 스마트 서비스를 통해 개인별·시설별로 조회 가능하도록 제공

③ 시설 유형별 사회복지서비스 이력관리(11종) : 생활인 및 이용인 관리, 수혜서비스 관리, 사례 관리, 각종 일지 관리 등

④ 온라인 보고 : 행복e음으로 시설 수급자 생계급여, 운영비 등 보조금 신청、정산, 입소자、종사자, 예、결산, 후원금 등을 보고 및 신청, 지자체 공지사항, 질의응답 등 지역사회 내의 의사소통정보 연계

⑤ 사회복지시설통계시스템 : 시설의 온라인 보고정보를 기반으로 보건복지부, 지자체 담당 공무원에게 시설 현황, 입소자, 종사자 현황 등 정책기초자료 제공

⑥ 실종자·무연고자(노인, 아동, 장애인 등) 데이터와 경찰청 "사회적약자 종합관리시스템' 연계, 사회복지시설정보시스템에 실종자(무연고자)로 등록되어 있는 노인, 아동, 장애인 등 데이터를 활용하여 실종자의 조속한 발견 및 복귀 지원, 원활한 지원을 위하여 사회복지시설은 시스템 내 입소자 기본정보와 시설 정보의 현행화 필수

⑦ 사회복지시설 보조금 전용카드 사용내역 모니터링 : 보조금 전용카드제도 정책 전국 시행에 따라 '12년 6월까지 확대, 사회복지시설의 보조금 전용카드 지출결의 내역 열람 및 모니터링, 광역자치단체별 보조금 전용카드제 도입, 보조금 전용카드 사용내역 연계 등 모니터링 준비 완료 후 서비스 예정

⑧ 시설 후원금에 대한 '국세청 연말정산간소화서비스' 연계 : 사회복지시설정보시스템에 등록된 후원내역을 '국세청 연말정산간소화서비스'와 연계하여 후원자의 연말정산 편의성 제고 및 시설 후원금 관리 투명성 확보, 해당 서비스는 후원자로부터 개인정보 수집 및 이용에 관한 동의서를 청구한 경우에 한하여 제공 가능

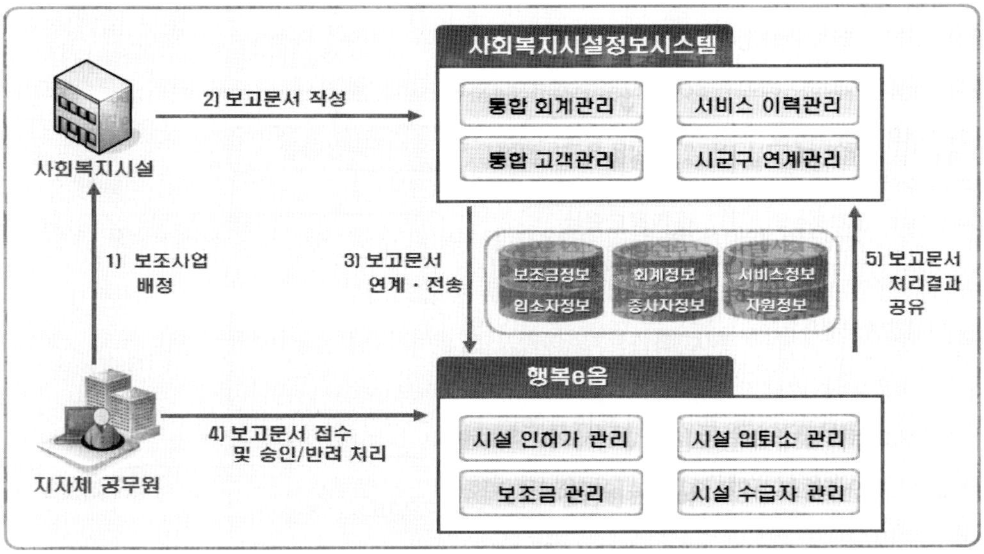

<그림 5> **사회복지시설정보시스템 개념도**

(자료 출처 : 보건복지부, 2012년 사회복지시설 관리안내)

(4) 복지로

복지로(www.bokjro.go.kr, 구 국가복지정보포털시스템)는 국민이 생생한 복지 관련 정보 및 서비스를 쉽게 검색하고 이용할 수 있는 복지영역의 대표포털이다.

복지로는 기초생활보장, 장애인, 여성, 아동/청소년, 노인 등 대상자별 최신복지 정책정보 및 이용자별 맞춤복지정보, 복지·보건·고용·보훈 관련 뉴스정보 및 통계·학술·법령 등 전문복지정보, 자원봉사, 전자민원, 건강강좌 등 실생활에 도움이 되는 정보, 사회복지 행사, 공모정보 등 사회복지 참여정보에 이르기까지 복지관련 정보를 제공하고 있다.

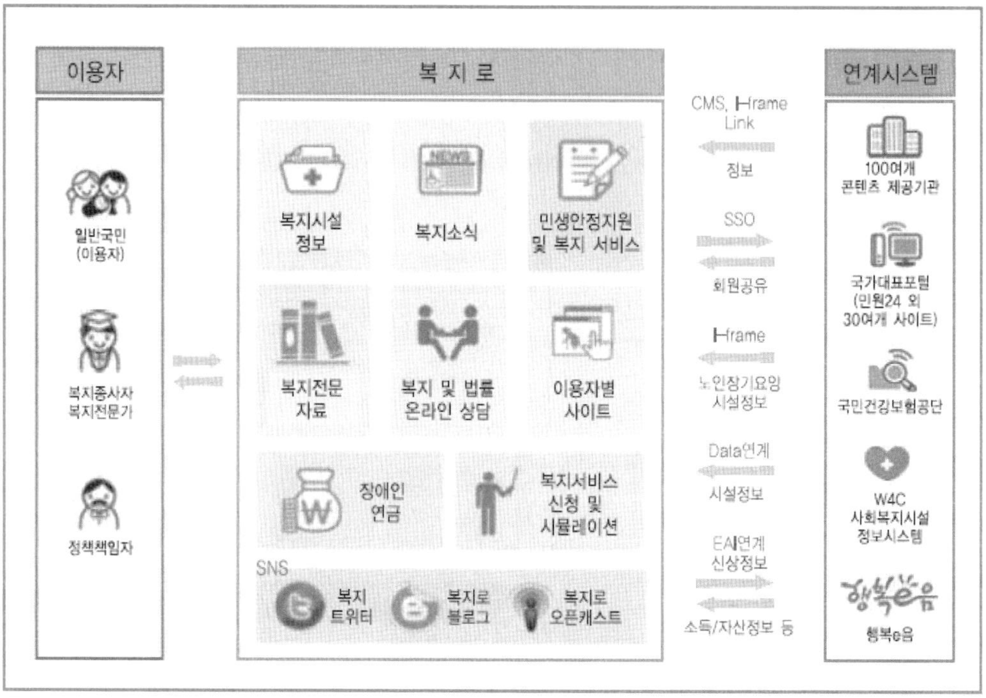

<그림 5> **복지로 개념도**

(자료 출처 : 2010년 보건복지백서)

7

Chapter

빈곤과 사회보장

Introduction to Social Welfare and job practice

7.1 빈곤과 사회보장

1. 빈곤의 개념

인간의 삶에 있어서 빈곤은 최소한의 인간다운 삶을 유지하는데 있어 필요한 자원이 부족한 상태로서 자원이 결핍하여 한 사회의 구성원으로서 의식주와 같은 기본적인 생활을 하는데 어려움이 있거나 다양한 활동에 참여할 기회가 박탈되거나 배제된 상태라고 본다. 이것은 단순히 육체적 상황에 그치는 것이 아니며 근대 도시 사회에서의 빈곤은 바야흐로 음식물, 의복, 주거의 결여를 의미할 뿐만 아니라 정신적 황폐까지도 의미하는 것이다.

빈곤의 이론적 정의는 경제적 측면에서의 결핍이나 부족이라는 통속적 정의뿐만 아니라 사회문화적 차원에서의 결핍이나 부족, 박탈이나 불평등, 그리고 사회적 배제까지 매우 다양하게 정의 내릴 수 있다. 본 장에서는 빈곤을 절대적 빈곤, 상대적 빈곤 그리고 주관적 빈곤으로 구분해서 살펴보고자 한다.

1) 절대적 빈곤(absolute poverty)

객관적으로 결정한 절대적 최저한도보다 미달되는 상태를 말하는데, 흔히 의식주 등 기본적 욕구를 해결하지 못하는 상태로 보고, 절대빈곤선 개념을 토대로 생존의 의미를 강조한다. 따라서 절대적 빈곤은 실질경제성장이 계속되어 그 사회의 전반적인 생활수준이 향상되면 빈곤선 이하의 생활을 하는 사람의 숫자도 감소하게 된다.

절대적 빈곤개념이 가지는 한계는 빈곤을 측정하는 것은 상황에 따라 시장의 여건에 의해 크게 영향을 받는다. 이는 인간의 기본적 필요라고 하는 것은 시기와 지역, 소득수준에 따라 다양하게 결정될 수 있다.

2) 상대적 빈곤(relative poverty)

상대적 빈곤이란 사회의 평균 또는 일정 생활수준과 비교해 볼 때 상대적으로 적게 가지고 있는 상태를 말한다. 즉 상대적 빈곤이란 사회적 상호작용을 저해하는 요인으로서 빈곤을 파악하고 있으며, 개인이나 가계의 절대적 결핍의 문제가 아닌 상대적 수준을 파악함으로써 개인과 가계, 전체 사회의 특성을 표현하고자 하는 개념이다. 상대적 빈곤을 측정하는 방법은 평균소득(mean income)이나 중위소득(median income)의 일정 수준 이하를 빈곤으로 정의하거나 전체 소득분포상에서 일정 수준 이하를 빈곤으로 정의한다. 상대적 빈곤은 특정사회 구성원 대다수가 누리는 생활수준에 미치지 못한 상태로서 상대적 박탈, 불평등과 연결된다.

3) 주관적 빈곤(projective poverty)

주관적 빈곤은 자신이 충분히 갖고 있지 않다고 느끼는 것을 말하는데 위에서 서술한 두 개념은 제3자의 판단에 의한 객관적인 수준이 결정되어지는 반면 주관적 빈곤의 개념은 빈곤한 사람들이 빈곤으로 느끼는 수준에서 결정된다. 빈곤은 결국 개인들의 안녕과 관련되는 문제 때문에 개인들의 주관적인 판단이라는 측면도 무시 할 수 없으며 어떤 의미에서는 전술한 객관적인 기준보다 중요할 수 있다. 주관적 빈곤은 객관적 기준 없이 주관적 판단에 근거해서 정의 되는 빈곤을 의미한다.

2. 빈곤의 원인

사회에 빈곤이 왜 발생하게 되는가 하는 원인 규명을 위한 이론들은 이를 규명하려는 학자의 시각에 따라 다양하다. 가령 낙인주의(stigmatism)적 관점에서 빈곤의 원인을 규명하는 학자들은 개인의 동기부족, 낮은 열망수준, 무절제, 게으름, 의타심, 과도한 출산, 부적응 등이 빈곤의 원인을 이루고 있다고 주장하고 있는 반면 기능주의(functionalism) 적 관점에서 빈곤의 원인을 규명하는 학자들은 가구주 또는 가구원의 사망, 질병, 불구, 노력, 저교육수준 등을 빈곤발생의 원인이라고 주장한다. 한편 이들과 달리 재산, 권위, 권력, 지식, 자원, 기회주의, 비소유와 종속상태에 빈곤의 원인이 있다고 보는 경우는 주로 갈등주의(conflict theory)적 관점이다. 이러한 이론적 근거로 빈곤의 발생 원인을 가족배경과 빈곤 그리고 인적자본과 빈곤으로 나누어 보고자 한다.

1) 가족 배경과 빈곤

빈곤원인을 가족배경에서 볼 때 증여, 상속, 부모의 낮은 학력, 부모의 소득수준, 가난한 성장환경, 부모의 직업으로 볼 수 있다.

(1) 증여, 상속

가족배경요인이 빈곤에 영향을 주는 하나의 방식인 증여나 상속을 통한 소득, 재산의 이전이다. 부모로부터 소득, 재산의 이전은 자녀의 빈곤 여부에 영향을 주는 정도는 전통사회의 경우 절대적이었으나, 현대 사회에서는 그 영향력이 매우 낮다. 그 이유는 현 경제적 지위에 영향을 크게 줄 정도로 많은 재산이나 소득을 이전 받는 사람은 소수에 불과하기 때문이다.

(2) 부모의 낮은 학력

우리사회 전체 가구를 대상으로 할 경우 하위계층과 상위계층간의 부모 교육수준의 격차는 매우 크다고 할 수 있다. 그러므로 우리사회에서도 교육수준이 낮은 부모를 둔 사람은 교육수준이 높은 부모를 둔 사람은 교육수준이 높은 부모를 둔 사람보다 빈곤에 빠질 가능성이 더 크다고 볼 수 있다.

(3) 부모의 소득 수준

가족배경이 좋은가 나쁜가를 나타내는 변수중 의 하나가 부모의 소득수준이다. 나쁜 가족배경을 가진 사람이 좋은 가족 배경을 가진 사람보다 빈곤할 가능성이 높다면, 부모의 소득수준이 낮은 사람은 그렇지 않은 사람보다 빈곤할 가능성이 더 높을 것이다. 이는 나쁜 가족배경이 빈곤의 한 원인이라는 점을 시사해 주는 것이다.

(4) 가난한 성장환경

어떤 성장환경 하에서 자랐는가는 그 사람이 성인이 되어 빈곤계층으로 전락하는가 여부에 중요한 영향을 미칠 수 있다. 좋은 성장 환경 하에서 자란 사람은 성장기에 좋은 양육을 들 수 있고, 자신의 능력껏 교육을 받을 수 있을 것이며, 그 결과 성인이 되어서 높은 소득을 얻을 수 있을 것이다. 반면에 나쁜 성장환경 하에서 자란 사람은 성장기에 좋은 양육을 받을 가능성이 적으며, 자신의 능력만큼 교육을 받을 가능성도 낮고, 그 결과 성인이 되어서 높은 소득을 획득할 가능성이 낮다.

(5) 부모의 직업

가족배경에서 부모의 직업에 따라서 빈곤의 차이를 볼 수 있다. 그러나 우리나라는 산업화의 역사가 그리 길지 않아, 현재 40~50대의 연령에 있는 사람들의 부모들은 대부분 농업에 종사하였으므로, 빈곤한 사람들과 그렇지 않은 사람들간 부모의 직업에서 커다란 차이가 있다고 볼 수는 없다.

2) 인적 자본과 빈곤

빈곤원인을 인적자본으로 학력, 건강, 기술 및 자격증, 내부경험으로 볼 수 있다.

(1) 학력

학력과 소득 계층 간에는 밀접한 관계가 있다고 볼 수 있다. 즉 학력수준이 높으면, 소득수준도 높고, 학력수준이 낮으면 소득수준도 낮다. 우리사회에서 빈곤계층이 빈곤한 주요 원인 중의 하나가 대표적인 인적 자본인 교육에 대한 투자수준이 낮다는 점에 있음을 보여 주는 것이다.

(2) 건강

건강 역시 대표적인 인적자본 중의 하나이다. 다른 모든 조건이 동일하다면, 건강한 사람은 아픈 사람보다 더 많은 소득을 획득할 것이다. 반대로 건강이 좋지 않은 사람은 경제활동에 참여하지 못함으로써 소득이 낮아질 뿐만 아니라 나쁜 건강에 따른 많은 의료비 지출로 가구 경제가 더욱 어려워지는 악순환에 빠지게 된다. 그런 점에서 질병이나 장애 등 좋지 않은 건강은 주요한 빈곤 원인 중의 하나로 지적된다. 질병이나 장애가 빈곤의 주요한 원인 중의 하나라는 사실은 빈곤원인에 대한 빈곤가구들의 주관적인 평가에서도 뒷받침된다.

(3) 기술 및 자격증

대표적인 인적 자본중의 하나는 기술이다. 인적 자본이론에 따르면, 기술이 우수한 사람은 그렇지 못한 사람보다 생산성이 높고, 따라서 더 높은 임금을 받게 된다. 반대로 기술이 없거나 기술수준이 낮은 사람은 생산성이 떨어지기 때문에 낮은 임금을 받을 수밖에 없다. 따라서 인적 자본이론에 따르면 기술의 소유 여부, 기술 관련 자격증의 소유 여부는 소득 결정에 중요한 영향을 미치는 요인으로 지적된다.

기술이나 자격증은 노동의 숙련도를 나타내는 지표라고 할 수 있다. 따라서 기술이나 자격증을 가지고 있는 사람은 노동의 숙련도가 높고, 그 결과 더 높은 임금을 받는 것이다. 그러므로 기술이 있는 사람은 기술이 없는 사람보다 빈곤할 가능성이 현저하게 낮다고 할 수 있다.

(4) 내부경험

내부경험이란 현 직장에서 근무한 경험을 가리킨다. 인적자본 이론의 설명에 따르면, 내부 경험의 증가는 개인의 직무수행능력을 향상시킴으로써 생산성을 향상시키고, 그 결과 소득의 증대를 가져오게 한다. 즉 빈곤계층은 상위계층에 비해 내부 경험이 현저하게 낮고, 그 결과 소득 수준이 떨어지는 것으로 평가된다.

3. 사회보장의 의의와 역할

사회보장(social security)이란 전 국민의 연대책임과 사회적 권리에 기초하여 전 국민의 소득재분배에 의하여 일정한도 이상으로 보장하고, 최저한도의 생활과 기본적 생활을 할 수 있도록 하기 위한 제도상의 모든 체제와 국가정책을 말한다.

1) 사회보장의 개념

(1) 우리나라의 법적 개념

사회보장이라 함은 질병, 장애, 노령, 실업, 사망 등의 사회적 위험으로부터 모든 국민을 보호하고 빈곤을 해소하여 국민생활의 질을 향상시키기 위하여 제공되는 사회보험 공공부조, 사회복지서비스 및 관련 복지제도를 말한다.

(2) 베버리지 보고서의 개념

베버리지는 사회보장이 5대 악인 결핍, 질병, 무지, 불결, 나태(want, disease, ignorance, squalor, idleness) 중 '결핍으로부터의 자유'(freedom from want)를 지향하며, 전 국민을 대상으로 삼고 보편주의적 입장에서 전 국민에게 최저한의 소득을 보장해 주기 위한 제도라고 규정했다.

베버리지 보고서에서의 사회보장 개념은 좁은 의미의 사회보장으로서 궁핍의 퇴치를 위한 소득보장을 사회보장의 6대 원칙으로 정의하였다.

① 균일한 생계급여 원칙

실업, 장애, 퇴직으로 인한 소득상실의 경우 보험급여 액수가 동일해야 한다.

② 균일한 기여금 원칙

근로자나 사용자가 지불하는 기여금은 소득수준과 관계없이 동일해야 한다.

③ 행정체계의 동일 원칙

행정체계를 단일화하여 효율성과 경제성을 높여야 한다.

④ 급여의 적절성 원칙

급여의 양과 시기가 국민최저선(national minimum)을 보장하기에 충분해야 한다.

⑤ 포괄성 원칙

전 인구의 기본적이고 예측가능한 모든 욕구를 보장해 주어야 한다.

⑥ 분류(구분) 원칙

사회보험의 적용인구를 근로자, 자영업자, 무임금 노동자(가정주부), 아동, 노인으로 분류하여 각 집단의 다양한 욕구에 맞도록 사회보험을 적용해야 한다.

(3) 국제노동기구의 사회보장의 개념

① 1942년 연구보고서 : 사회구성원들이 부딪히는 일정한 위험에 대하여 사회가 적절한 조직을 통해 부여하는 보장.

② 1984년 연구보고서 : 질병·모성·산업재해·폐질·사망 때문에 소득이 중단되거나 상당히 감소될 때 발생하는 경제적·사회적 어려움에 대비하는 공공 조치를 통해서 사회가 구성원에게 제공하는 보호이며, 이 경우에 의료를 제공하며, 아동이 있는 가족에게 보조금을 제공한다.

③ 국제노동기구의 정의는 사회주의적인 성격이 강하며 광의적 개념이다.

2) 사회보장의 목적

(1) 기본생활보장

사회보장은 국가가 국민들의 생존권을 보호하는 제도이다.

(2) 소득재분배

정부의 재정지출 중에서 사회보장 지출이 소득재분배 효과가 가장 크다.

(3) 사회통합(사회적 연대감)의 증대

소득상실의 위험에 노출된 사람들에게 사회보장을 실시함으로써 그들의 사회적 연대감을 증대시키는 제도적 장치의 역할을 한다.

3) 사회보장제도의 구성

(1) 사회보험

사회보험은 국민에게 발생하는 사회적 위험을 보험방식에 의하여 대처함으로써 국민건강과 소득을 보장하는 제도를 말한다. 사회보험제도는 다른 형태의 공적부조와 비교할 경우에도 큰 차이점을 나타낸다. 첫째, 사회보험제도는 보험료 등의 특별 기금을 이용해 어느 정도는 자금을 자체적으로 조달한다. 둘째, 보험금은 일반적으로 요구에 따라 지급되는 것이 아니라 보험료 납부액을 기준으로 할당되기 때문에, 자산조사를 실시할 필요가 없다.

① 국민연금

국민연금제도는 국가가 운영하는 장기적인 소득보장제도로서 가입자인 국민이 사망, 노령, 폐질(廢疾) 등으로 소득능력이 상실 또는 감퇴된 경우 본인이나 그 유족에게 경제적으로 안정된 생활을 보장할 수 있도록 하는 사회보험제도 이다.

② 국민건강보험

국민건강 증진과 소득재분배의 기능을 수행하는 사회보험제도이다.

③ 산업재해보험

산재보험은 근로자의 업무상 재해를 신속하고 공정하게 보상하며, 재해 근로자의 재활 및 사회복귀를 촉진하기 위하여 이에 필요한 보험시설을 설치·운영하고 재해 예방과 그 밖에 근로자의 복지 증진을 위한 사업을 시행하여 근로자 보호에 이바지 하는 것을 목적으로 제정된 법이다.

④ 고용보험

고용보험은 실업의 예방, 고용의 촉진 및 근로자의 직업능력의 개발과 향상을 꾀하고, 국가의 직업지도와 직업소개 기능을 강화하며, 근로자가 실업한 경우에 필요한 급여를 실시하여 근로자의 생활안정과 구직활동을 촉진함으로써 경제·사회 발전에 이바지하는 것을 목적으로 하는 보험이다.

⑤ 노인장기요양보험

제5의 사회보험으로서의 노인장기요양보험으로서 노인들의 생활안정을 기하고 가족들의 부담을 덜어주며, 특히 치매나 중풍 등으로 일상생활이 어려운 노인들의 요양문제를 사회가 함께 해결하기 위한 보험이다. 그리고 2007년 4월 27일 공포되어 2008년7월1일부터 시행하고 있는 제도로서 운영주체가 국가가 되는 강제 보험이다.

(2) 공공부조

사회보장기본법 제3조에서는 공공부조를 "국가 및 지방자치단체의 책임하에 생활유지능력이 없거나 생활이 어려운 국민의 최저생활을 보장하고 자립을 지원하는 제도"라고 규정하고 있다. 공공부조제도는 국민의 최저생활을 보장하는 데 기본목표를 두고 있으며, 생활의 불안과 위험을 해소하려는 사회보험과 함께 사회보장제도의 주요한 구성요소가 된다.

① 공공부조의 일반적 특징

첫째, 공공부조는 규정된 최저소득 이하의 자들에게만 적용된다.

둘째, 공공부조는 조세를 재원으로 한다.

셋째, 공공부조 수급자에 대한 자산조사가 행하여진다.

넷째, 공공부조는 사회적 취약계층에 대한 최종적인 소득보장제도이다.

② 공공부조의 기본원리

첫째, 국가책임의 원리이다.

둘째, 사회적 형평의 원리이다.

셋째, 보충성의 원리이다.

넷째, 자립조장의 원리이다.

다섯째, 무차별 평등의 원리이다.

여섯째, 생존권 보장의 원리이다.

③ 공공부조의 원칙

첫째, 선 신청 보호 및 후직권 보호의 원칙이다.

둘째, 급여기준과 정도의 원칙이다.

셋째, 필요즉응의 원칙이다.

넷째, 세대단위의 원칙이다.

다섯째, 현금부조의 원칙이다.

여섯째, 거택보호의 원칙이다.

(3) 사회복지서비스.

사회복지서비스는 국가·지방자치단체 및 민간부분의 도움을 필요로 하는 모든 국민에게 상담·재활·직업 소개 및 지도·사회복지시설이용 등을 제공하여 정상적인 사회생활이 가능하도록 지원하는 제도를 말한다. 우리나라 사회보장 기본법 제 3조에 따르면 국가지방자치단체 및 민간부문의 도움을 필요로 하는 모든 국민에게 상담, 재활, 직업소개 및 지도 사회복지시설 이용 등을 제공하여 정상적인 사회생활에 가능하도록 지원하는 제도이다. 사회보험법이나 공공부조법이 현금급여나 현물급여인데 반하여 사회복지서비스법은 비물질적·심리적·정신적인 측면에서의 사회복지서비스를 급여로 제공한다.

〈사회보장제도의 구성 비교〉

구분	주체/대상	재원/성격	종류
사회보험	국가/전 국민	근로자의 기여금, 사용자의 부담금/보편주의	국민연금, 건강보험, 산재보험, 고용보험, 노인장기요양보험
공공부조	국가 및 지방자치단체/저소득층	조세/선별주의	국민기초생활보장제도, 의료급여제도, 기초노령연금, 긴급복지지원제도 등
사회복지 서비스	사회복지법인	국가보조금, 공동모금 등/보편주의와 선별주의의 혼합형태	아동복지, 노인복지, 장애인복지, 모부자복지, 재가복지 등

4) 사회보장 프로그램의 형태

(1) 비기여 · 비자산조사 프로그램

가장 보편적인 프로그램 유형으로 국적이나 인구학적 조건(노인,아동등)만 충족시키면 별도의 기여(보험료) 없이도, 자산조사(소득,재산조사) 없이도 급여를 지급하는 프로그램이다.

사회적 권리를 가장 강하게 보장하는 프로그램이며 보편주의 원칙에 가장 가까운 프로그램이다. 재원이 많이 들고 제한된 자원에서는 급여 수준이 높지 못하다는 한계가 있으며 수당으로는 ,아동수당, 장애 수당, 노인수당 등이 있다.

(2) 비기여 · 자산조사 프로그램

사회보장 프로그램들 중 가장 오래된 유형의 프로그램이며, 소득과 재산이 기준이하인 가구 혹은 개인에게 별도의 기여 없이 급여를 지급하여 최저한의 생활을 보장하고자 하는 프로그램이다. 소득과 재산만을 기준으로 급여를 제공하는 일반적 공공부조와 소득,재산 기준외에도 연령이나 장애 여부, 가족의 형태등 추가 조건을 고려하여 급여를 제공하는 범주적 공공부조로 분류한다.

(3) 기여 · 비자산조사 프로그램

사회보험에 해당하는 유형으로서 위험에 대한 예방의 차원에서 소득이 있을때 보험료를 납부하고 위험이 발생했을때 급여를 제공받는 프로그램이다. 현재 국민연금, 건강보험, 고용보험, 산업재해보상보험 등이 실시되고 있으며, 제 5의 사회보험이라고 불리는 노인장기요양보험도 시행되고 있다.

5) 사회보장제도의 비용부담(사회보장법 제 27조)

(1) 사회보장비용의 부담은 각각의 사회보장제도에 대한 역할 분담에 따라 국가·지방자치단체 및 민간부문간에 합리적으로 조정되어야 한다.

(2) 사회보험에 소용되는 비용은 사용자·피용자 및 자영자가 부담하는 것을 원칙으로 하되 관계 법령이 정하는 바에 따라 국가가 그 비용의 일부를 부담할 수 있다.

(3) 공공부조 및 관계 법령이 정하는 일정 소득수준 이하의 국민에 대한 사회복지서비스에 소용되는 비용이 전부 또는 일부는 국가 및 지방자치단체가 이를 부담한다.

(4) 부담능력이 있는 국민에 대한 사회복지서비스에 소요되는 비용은 그 수익자가 부담함 을 원칙으로 하되, 관계법령이 정하는 바에 따라 국가 및 지방자치단체가 그 비용의 일부를 부담할 수 있다.

6) 사회보험의 일반적 특성

(1) 사회보험의 일반적 특성

국민에게 발생하는 사회적 위험을 보험방식에 의하여 대처함으로써 국민건강과 소득을 보장하는 제도를 말한다. 보험성으로서 공통의 위험에 대비해 공동 부담을 한다. 강제성으로서 불균형한 생활의 격차를 감소 시키기 위하여 국가가 개입하여 수평적,수직적 재분배를 한다. 그리고 부양성으로 국가,기업 고소득층의 부담에 의하여 저소득층의 자금을 경감한다. 이는 적절성과 관련된 것으로서 소득의 재분배를 가져오게 한다.

(2) 사회보험의 필요성

사회적 위험의 발생과 대응실패로 인해서 질병, 임신, 산업재해 또는 사망으로 발생하는 소득 상실의 위험과 부양자가 사망하여 생계 자체가 위협받게 되는 위험으로 일시적으로 많은 지출이 발생할 수 있기에 사회보험이 필요하다.

위험대응에 실패와 자발적 대응 실패와 시장 실패로 위험이 발생하면 소득의 상실로 근로자가 생계위협에 직면하게 된다. 그리고 핵가족화의 가속화와 저소득층이 많이 존재하기에 제도적인 보완 장치는 꼭 필요하다고 본다. 그리고 보험을 사적시장에 맡겨둘 경우 도덕적 해이의 문제가 나타나므로 이를 해결하기 위해서는 국가가 강제로 보험에 가입하도록 하는 사회보험을 실시한다.

(3) 사회보험의 체계

① 의료보험

국민의 생명유지 및 건강유지를 유지를 위한 목적과 질병과 장애의 진단과 치료, 출산, 요양, 장제 등에 대해 보험금 지급한다.

② 연금보험

노령으로 인한 퇴직 후의 경제적 보장을 위한 목적과 노령, 폐질(장애), 유족(사망)에 대해 보험금 지급한다.

③ 실업보험(고용보험)

실업기간중위 생활 보장, 직업훈련 및 인력개발 등에 대한 보험금 지급하고 실업기간중의 생활보장을 위해 대체로 6개월 이하 기간인 경우가 일반적이다(실업보험: 사후적 급여, 고용보험: 예방적 대책 + 사후적 급여)

④ 산업재해 보상보험

피고용자의 업무수행과 관련한 재해에 대한 보상의 목적과 요양, 휴업, 유족(사망), 장제 등에 대해 보험금 지급한다.

7) 공공부조

최저생활보장을 목적으로 생활곤궁자에 대하여 행하는 공행정주체의 직접적인 경제적 부조를 말한다. 사회보험의 경우와는 달리 급여의 재원은 일반국민으로부터 징수한 일반재정에 의존하는 무기여급부(Non-contributory Benefit)를 말한다. 비용을 국가 및 지방 자치단체 부담하여, 생활보호, 의료보호, 재해구조 등을 실시한다. 대상자의 자격을 심사할 필요가 있으며, 소득을 재분배하는 효과가 있다. 국가의 재정과 조세 부담이 증가하고, 급여의 무상성 때문에 근로 의욕이 상실될 우려가 있다.

(1) 적용대상

국민기초생활보장의 적용대상은 생활이 곤궁한 자로서, 이는 부양능력기준과 소득 기준을 충족시켜야 한다. 부양능력 기준은 부양의무자가 없거나, 있어도 부양능력이 없거나 받을 수 없는 자이어야 한다. 이 때 부양의무자는 1촌의 직계혈족 및 그 배우자이다. 소득기준은 소득인정액이 최저생계비 이하인 자이어야 한다.

(2) 급여

국민기초생활보장의 급여는 생계급여, 의료급여, 주거급여, 교육급여, 해산급여, 장제급여, 자활급여라는 7대 급여가 있다.

① 생계급여–의복·음식물·연료비·일상 생활용품 등
② 의료급여–질병, 부상, 출상 등에 대한 진찰, 검사, 치료 등
③ 주거급여–임차료, 유지수선비, 기타 수급품 지급
④ 교육급여–입학금, 수업료, 학용품비, 기타 수급품 등
⑤ 해산급여(조산, 분만전후의 필요한 조치와 보호),
⑥ 장제급여(사체의 검안·운반·화장·매장 등의 장제에 필요한 비용지급–실제로 장제를 행하는 자에게 지급)
⑦ 자활급여(금품의 지급·대여 직업훈련, 직업상담, 직업적성검사, 취업알선 등)

이중 의료급여는 의료급여법에의하여 실시하고 있다. 생계급여의 경우 매월 정기적으로 수급자에게 직접 현금을 지급하는데, 급여수준은 최저생계비 수준에 수급자의 소득인정액 등을 감안하여 차등지급 한다. 근로능력 있는 수급자의 경우는 자활의 의지를 유지하기 위하여 조건부생계급여를 받고, 이에 더하여 사회복지전담공무원이 수립한 가구별 자활지원 계획에 따라 자활에 관련된 활동에 참여할 것을 의무화하고 위반 시는 생계급여를 중지시킬 수 있도록 하였다. 공공부조 제도인 국민기초생활보장제는 신청에 따라 자산조사를 실시하고, 자치단체장은 급여 실시의 여부와 급여의 내용을 결정한다.

(3) 전달체계

국민기초생활보장제의 전달체계는 행정체계와 집행체계 모두 국가기관이다. 급여를 행하는 국가 또는 거주지 관할 지방자치단체가 보장기관이다. 행정체계는 보건복지가족부와 생활보장위원회등이며, 집행체계는 지방자치단체와 보장시설들이 된다. 지방자치단체는 구체적으로 조사기능과 수급자의 결정, 급여 실시기능을 가지며, 이를 위해 전담공무원을 배치한다. 또한 보장시설은사회복지법상의 급여를 행하는 사회복지시설들이다. 공공부조로서 의료급여의 전달체계로는 보건복지가족부장관과 의료급여심의위원회가 행정체계가 되며, 수급권자의 거주지 지방자치단체장과 요양기관들이 집행체계가 된다.

(4) 재원

국민기초생활보장의 재원 조달방법은 앞에서 살펴본 사회보험들과는 다르다. 즉, 보험료에 의한 조달이 아니라 국가의 일반조세, 즉 예산으로 충당하며, 그 부담은 국가와 지방자치단체가 일정하게 분담하고 있다. 특히 보장비용은 시·군·구의 재정여건이나 사회보장비 지출 등을 고려하여 국가·시·도 및 시·군·구가 차등하여 분담한다(국가는 40~

90%, 시와 도는 30～70%, 구는 10～30%로 차등지급한다). 또한 의료급여의 재원은 국고보조금 및 지방출연금으로 의료급여기금을 조성하여 충당하고 있다.

보편성의 원칙 : 모든 국민을 보호의 대상으로 한다.

(5) 공공부조의 기본원칙

① 보편성의 원칙 : 모든 국민을 보호의 대상으로 한다.

② 보충성의 원칙 : 시장경제가 허용하는 모든 수단 또는 사회보험과 같은 사회보장급여를 모두 투입하여도 개인의 빈곤이 극복될 수 없을 때 공적인 사회복지가 행해진다.

③ 개별성의 원칙 : 현재의 구체적인 수요상황에 따라 적당한 급여여부가 결정된다.

④ 법적 청구권성 : 공공부조급여는 국가정책시행에 따른 반사적 이익이 아닌 주관적 공권이므로 침해되는 경우에는 법적인 보장을 받는다.

8) 사회보장의 과제와 전망

우리나라가 20세기 후반기에 반세기가 되기도 전에 선진국형의 사회보장제도를 구축 하였다. 그러나 그 제도의 내용과 시행측면에서는 아직도 후진성을 면하지 못하고 있는 실정이다. 사회보장의 과제와 전망을 살펴 볼 때 사회보장의 주체는 국가이듯이 개인의 문제만이 아니라 공공제도서의 소득재분배나 사회통합, 경제 안정화 등의 기능을 갖추고 있어야 할 것이다. 우리나라의 사회보장제도는 짧은 역사에 비해 잘 정비가 되어 있지만 미래는 사회보장에 관한 관심이 높고 그 범위와 대상이 확대 된다고 볼 때 사회보장의 의의와 기능은 현재의 제도만으로는 그 기능이 많이 부족하고 관련 제도를 총괄하기에는 미흡한 면이 많이 있다. 그러므로 보다 광범위하게 개별사회보장과 제도들의 기본내용을 총괄할 수 있도록 확대해야 한다. 그리고 사회보장사업의 주체를 국가 및 지방자치단체, 민간 부문의 참여 등으로 규정하여 과거에 비해서는 어느 정도 전달체계를 구체적으로 명시하고 있으나 어느 부처에서 관장할 것인지를 구체적으로 지정해 놓지 않음으로써 사회보장제도 전달체계의 확보에 어려움이 많이 있었다. 이제 지방자치시대를 맞이하여 정부와 지방자치단체의 역할과 민간단체의 역할을 보다 더 명확히 구체적으로 규정해야 한다. 또한 사회보장의 정의에서 사회적 위험으로 질병, 장애, 노령, 실업, 사망의 다섯 가지의 유형을 제시하고 있는데 현대사회와 같이 급변하는 상황에서는 그 범위가 부족하다. 그리고 사회보장제도는 개별 사회보장제도의 기본이 됨으로 사회보장제도에서 보장하고 있는 보장 범위는 다른 제도에도 영향이 있기에 그 범위를 확대해야 해야 하며 오늘의 시대에 맞추어 미래지향적 제도로 더욱더 구체적인 사회보장정책이 이루어 져야 할 것이다.

Introduction to Social Welfare and job practice

2
Part

취업실무

8

Chapter

지역사회복지

Introduction to Social Welfare and job practice

1. 지역사회복지의 개념

지역사회복지(Community Welfare)에서 우선 '지역사회(Community)'라는 용어를 살펴보면, 이 용어는 라틴어의 'Commune(친하게 교제한다)'의 의미에 '~ity'를 붙여 공동체, 공동사회라는 뜻을 가지고 있다.

지역사회에 대한 정의를 살펴보면, 우선 Logman(1995) 사전에는 지역사회를 "동일한 지역 및 도시 등에서 생활하는 모든 사람들"로 지역성에 기반을 둔 정의와 "동일한 국적, 종교 및 유사한 영역들을 공유하는 사람들의 집단"으로 사회적 동질성에 근거한 두가지 측면에서의 정의를 내리고 있다. 또한 NASW에서는 지역사회를 구조적인 관점과 사회·심리학적 관점으로 나누고 있다. 구조적 관점에서는 지역사회를 개인과 국가를 매개하는 구조로 보고, 사회·심리학적 관점 구조에서는 의미, 정체성, 비소외적(non anomic)관계, 소속감을 강조한다(박태영, 2006). Warren(1963)은 지역사회를 "지역적인 수준에서 사람들의 욕구를 충족시키기 위해 적절한 주요 사회기능을 수행하는 사회적인 단위(Units)와 체계의 연합"으로 정의하고 있고, 최일섭(2001)은 지역사회란 다른 지역과는 다른 특수성과 분리성을 나타내는 물리적인 지리성 및 지리적 경제를 가지며, 또 다른 면으로는 문화적인 동질성, 합리성과 상호작용을 하며 공통된 매개가 성립되는 자연지역이라고 보고 있다. 지역사회복지란 도시화, 산업화로부터 사라져 가고 있는 공동사회를 현대사회에 맞게 적용하여 복원시켜 보려는 전문적 사회복지의 한 방법론이라고 할 수 있다.

지역사회복지에 대한 학자들의 정의를 살펴보면 박용순(2006)은 "지역사회복지는 지역사회의 제도들이 맡은 사회적 기능을 충실히 수행할 수 있도록 노력하는 제반 활동으로 공식적·비공식적인 지역사회 관계망을 통해 어려움에 처해있는 사회적 약자들에게 도움을 주는 총체적인 역할을 의미한다."고 하였으며, 박태영(2006)은 "지역사회복지는 이상적인 지역사회를 실현하기 위한 일체의 사회적 노력"이라고 정의하였다.

이상의 지역사회복지에 대한 여러 자료나 학자들의 개념들을 종합 정리해보면, "지역사회복지란, 지역사회의 제반 복지향상을 위하여 지역주민조직과 단체·지방자치정부가 함께 지역사회의 고용정책, 노동정책, 사회보장정책, 지역사회환경정책, 지역사회보건정책 등을 상호 보완·원조해 주는 총체적이고 포괄적인 지역사회복지활동"으로 정의 할 수 있다.

즉, 지역사회는 다양한 문제들이 존재하며, 다수의 사람이 존재하는 장소이며, 지역사회는 이러한 문제를 해결할 수 있는 근원이 되기도 한다. 이러한 지역사회문제를 바람직하게 해결하기 위해서는 바람직한 변화가 선결되어야 하며, 이를 해결하기 위해서는 지역사회에 대하여 역사, 가치관, 주민의식 등을 이해해야 한다.

지역사회복지가 더욱더 중요한 사회복지실천방법으로 발생한 배경을 살펴보면, 첫째, 가족 및 지역사회의 변화에 따라 가족과 지역공동체가 지니고 있는 복지적 기능이 약화되고 이를 보완하는 사회복지서비스가 사회적으로 필요하게 되었다는 점, 둘째, 사회복지욕구가 다양하여 경제적인 면에서 비경제적 복지서비스로 옮겨지고 있다는 점, 셋째, 기존의 시설수용 위주의 사회복지에서 탈피하여 가정과 이웃과의 정상적 생활 속에서 클라이언트에게 사회복지서비스를 제공하는 재가복지서비스가 등장하였다는 점, 넷째, 지방화 시대를 맞이하여 기존의 중앙정부 중심의 복지정책이 지역사회를 중심으로 하는 지역별 복지정책의 실현으로 지역사회의 중요성을 점차 인식하게 되었다는 점이다(전국대학사회복지교육협의회, 2002).

우리나라에서 추구해야 할 지역사회복지의 목표는 이상적이고, 능력 있는 지역사회를 만드는 것이다. 이러한 목표를 달성하기 위해서는 지역사회의 중요한 사회적 욕구를 파악하고 우선순위를 정해야 하며, 이러한 욕구충족을 위하여 구체적이고 달성 가능한 계획을 수립해야 하며, 목표달성을 위한 지역사회자원을 효과적이고 효율적으로 조정하고 동원해야 하며, 지역주민의 참여를 적극적으로 유도해야 할 것이다(이종복외, 2012).

2. 지역사회 기능 및 지역사회복지 원칙

1) 지역사회 기능

지역사회는 상호관계를 맺고 자녀양육, 생산, 분배, 소비, 여가 등 지역주민들이 함께 활동하는 것을 의미한다.

지역사회의 기능을 설명하기 위해서는 지역사회 내에서 누가, 무엇을, 어떻게, 기능하는지를 언급할 필요가 있다. 이러한 기능적 준거틀(Framework)을 Warren(1963)은 다음과 같이 정의하고 있다.

"지역사회의 주변상황은 지리적으로 인접한 지역에 거주하는 사람들의 사회적 조직이라고 할 수 있다. 이는 지역사회 내 성원 간의 사회적 유대(social bonds)뿐만 아니라 집단성원이 이웃이 아닌 여타 사람들과도 유대를 가져야 한다는 것을 포함한다." 즉, 지역주민이 지리적으로 근접한 생활을 통해서 주민의 생활을 만족시키는 데 필요한 사회구조와 사회적 기능을 발전시킨다고 강조하고 있다.

지역사회가 수행하는 다양한 인간활동으로서 공통수행 기능을 Gilbert와 Specht는 지역사회가 공통적으로 수행하는 다섯 가지 기능, 즉 ① 생산·분배·소비의 기능, ② 사회화

기능, ③ 사회통제의 기능, ④ 사회통합의 기능, ⑤ 상부상조의 기능으로 제시하고 있다 (Gilbert & Specht, 1974).

(1) 사회화의 기능

사회화(Socialization)는 사회가 향유하고 있는 일반적 지식, 사회적 가치, 그리고 행동양태를 성원에게 전달시키는 과정이며, 가족, 집단, 조직, 지역사회와 같은 모든 사회적 단위는 각 성원에게 살아가는 데 필요한 정보를 직·간접적으로 전달해 주고 있다. 사회화(socialization)의 과정은 개인의 어린 시절, 일생을 통해서 계속된다.

(2) 사회통제의 기능

사회통제(Social Control)는 지역사회가 그 구성원들에게 사회의 규범(norms)에 순응, 법, 도덕, 규칙을 준수하게 하며, 이를 위하여 사회적으로 법률, 규칙, 규정 등을 제정하고 집행함으로써 지역사회의 질서를 지키고 사회해체를 예방하는 기능을 수행하게 한다. ① 사회질서가 파괴되어 비행과 범죄가 만연되는 사회해체현상이다. ② 사회통제(social control)기관은 정부이다. ③ 정보는 경찰력과 사법권을 통해서 보편적으로 적용될 수 있는 법을 집행하는 강제력을 발휘하며 가정, 학교, 교회와 사회기관들도 부분적으로 수행한다.

(3) 사회통합의 기능

사회통합(Social Intergration)은 사회체계를 구성하는 사회조직 간의 관계와 관련된 기능을 의미하며, 지역주민은 상호 간에 협력하여야 하며, 사회체계가 정상적 기능을 수행하기 위해서는 어느 정도 결속력(solidarity)과 사기(morale)가 전제되어야 한다. 지역주민 스스로가 규범을 준수하여 바람직한 행동을 하도록 하는 것이다. 사회통합은 사회참여의 의미로 지역주민이 지역사회의 다양한 사회적 집단 및 조직의 활동에 참여하는 과정을 의미한다. 지역사회의 기능을 수행하는 공식적 조직, 비공식적 집단, 연합들도 포함한다.

(4) 생산·분배·소비의 기능

이 기능은 지역주민이 일상생활을 영위하는 데 필요로 하는 재화(goods)와 서비스를 생산하고 분배하고 소비하는 과정과 관련된 기능이며, 오늘날 의식주, 보건, 교통, 고용, 여가생활 등과 관련된 다양한 영역에서 재화 및 서비스 같은 기본적 욕구를 충족시키기 위하여 서로 의존하고 있다. 따라서 지역사회의 개인과 조직은 이러한 기능을 수행하고 활동하는 환경이다.

(5) 상부상조의 기능

상부상조(mutual aid)는 전통적 사회나 오늘날의 사회에서 상부상조(mutual support)의 기능은 가족과 친척, 동네사람들, 친목단체나 자선단체와 같은 일차적 집단에 의해서 수행해 왔으며, 현대의 산업사회에서는 정부, 민간사회복지단체, 종교단체 등으로 옮겨지게 되었다. 이러한 상부상조의 기능은 공식적 활공, 비공식적 활동 모두를 포함한다고 볼 수 있다.

전통적 사회의 경우 가족이라는 하나의 사회제도에서 사회적 기능이 수행되어 왔지만, 현대는 사회문제가 복잡다양함에 따라 개인과 집단이 전문적 기능을 수행하게 되었다. 즉, 전문적 기능과 문화에 따른 사회제도(가족, 종교, 경제, 정치, 사회복지 등)가 등장한 것이다.

〈표 8-1〉 **지역사회 내 사회적 기능과 제도**

제도		일차적 기능
가족	→	사회화
종교	→	사회통합
경제	→	생산·분배·소비
정치	→	사회통제
사회복지	→	상부상조

출처 : Gilbert & Specht(1974).

2) 지역사회복지 원칙들

지역주민의 복지증진을 목표로 하는 지역사회복지는 지역사회의 문제나 욕구를 평가하고 이에 개입하는 과정 속에서 이루어지므로 지역사회복지실천의 원칙이 필요하다. 지역사회복지의 원칙은 지역사회복지사업을 수행함에 있어서 '올바른 행동에 관한 규칙(Rule of Right Action)', 즉 무엇이 건전하고 바람직한지 기준을 의미한다. 학자마다 많은 원칙들이 있지만 여기서는 大橋謙策의 원칙, Mcneil의 원칙, Ross의 원칙을 중심으로 살펴본다.

(1) 지역사회복지 전개원칙

이종복 외(2012)는 지역사회복지를 전개함에 있어서 지켜야 할 원칙을 大橋謙策의 글을 재인용하여 다음과 같이 제시하고 있다.

① **전체성** : 주민의 개별적인 부분이 아니라 주민생활의 전체에서 필요한 서비스를 종합적으로 제공하는 것이 필요하다.

② **지역성** : 지역의 특성을 잘 파악하여 그 특성에 맞는 활동이나 서비스를 제공해야 한다.

③ **접근성** : 가능한 한 자신이 생활하고 있는 가장 가까운 곳에서 서비스를 이용할 수 있도록 해야 한다.

④ **사회성** : 고립된 사람 없이 사회적으로 교류하면서 적극적으로 사회참가를 할 수 있도록 해야 한다.

⑤ **주체성** : 개개인의 자립생활의 원조를 목적으로 개개인의 주체적 역량을 높일 수 있는 방안을 강구해야 한다.

⑥ **문화성** : 사회복지가 최소한의 의식주 보장의 수준이 아니라 생활의 질 향상과 복지문화 창조를 포함한 서비스를 제공해야 한다.

⑦ **참여와 협동성의 존중** : 주민의 자원봉사활동, 이웃 간의 상호협력활동 전개 및 공적 서비스와 주민 상호 간의 협력활동이 조화를 이루어야 한다.

⑧ **교류성** : 사회복지서비스는 이용자가 모든 주민과 교류하는 가운데 제공되어야 한다.

⑨ **쾌적성** : 생활의 질적 향상을 도모하기 위하여 주택, 공원, 도로 등의 생활환경이 쾌적한 상태가 되도록 환경개선이 이루어져야 한다.

⑩ **신속성** : 이용자가 필요할 때 필요한 서비스를 이용할 수 있도록 신속성을 확보하여야 한다.

(2) Mcneil의 지역사회조직의 실천원칙

Mcneil은 사회복지를 위한 지역사회조직의 원칙에 대하여 다음과 같이 제시하고 있다(최일섭외, 2001).

① 지역주민과 그들의 욕구에 우선적 관심을 둔다.
② 일차적 클라이언트는 특정 지역사회이다.
③ 지역사회를 현재 그대로 이해하고 수용해야 한다.
④ 지역주민의 사회적 복리에 역점을 둔다.
⑤ 지역주민의 욕구가 계속 변화함을 인식해야 한다.
⑥ 지역사회 내의 사회복지기관과 단체들은 서로 협력해야 한다.
⑦ 지역사회복지는 사회복지의 한 분야이며 과정이다.

(3) Ross의 추진회를 중심으로 한 실천원칙

Ross는 지역사회조직을 전개하는 주체로서 사회조직체를 강조하며, 이러한 조직체를 추진회(연합회)라고 부르고 있다.

① 추진회는 지역사회의 불만족해결을 위해 추진회의 결성에 앞장서게 된다.
② 지역사회 불만족을 집약하고 초점을 두고 문제해결을 위한 구체적 계획과 실천방안을 수립해야 한다.
③ 지역사회의 불만이 모든 주민에게 널리 인식되어야 한다.
④ 지역사회의 지도자를 통해 하위집단의 수용과 변화를 모색해야 한다.
⑤ 지역주민에게 지지를 받을 수 있는 운영방법을 만들어야 한다.
⑥ 지역사회활동에는 정서적이고 문화적인 내용들이 포함되어야 한다.
⑦ 지역주민의 잠재적 능력을 최대한 활용하여야 한다.
⑧ 지역주민 상호 간에 효과적 대화통로가 만들어지도록 노력해야 한다.

Mcneil, Ross, 大橋謙策의 학자들이 제시한 원칙들을 정리해보면 다음과 같다.

- 지역사회복지는 지역주민의 지역복지욕구를 충족시키고자 하는 일련의 사회복지실천 과정이다.
- 지역사회복지의 문제해결에는 지역주민의 자발적 참여가 전제되어야 한다.
- 지역사회복지는 지역사회를 있는 그대로 이해하고 수용해야 하며, 특성을 개별화하여야 한다.
- 지역사회복지를 증진시키기 위하여 공적·사적 복지기관(단체)의 협의체는 서비스의 조정을 통하여 복지자원을 효율적으로 활용하여 효과성을 최대한 도모하여야 한다.

3. 지역사회복지 실천모형

Rothman은 지역사회조직(community organization)의 세 가지 모형으로서 지역사회개발(community development), 사회계획(social planning), 사회행동(social action)을 제시하고 있으며, 이러한 방법은 지역사회의 규모나 수준, 존재기간 등에 따라 여러 가지 특징을 지니기 때문에 지역문제를 해결할 때 독특한 상호작용을 감안한 개입기술이 요구된다고 보고 있다(박용순, 2006; 이종복외, 2012 재인용).

1) 지역사회개발모형

지역사회개발모형은 지역사회의 변화를 효과적으로 실천하기 위해 지역주민의 자발적 참여와 조직화를 통해 개입하는 모형이다. 이 모형의 형태는 지역주민이 중심을 이루면서 스스로 문제해결에 참여하여 지역사회복지를 실현하는 데 있다. 지역개발모형의 특징은 지역사회 내에서 이루어지는 제반 사항의 민주적 절차를 강조하고 지역주민의 자발적 협동을 요구하며, 토착적 지도자를 육성하며 지역사회를 변화시키는 데 있다. 지역개발모형의 활동내용은 지역사회복지관, 인보관, 평화봉사단 등에서 펼치는 지역사회개발사업과 성인교육, 기타 지역활동 등을 들 수 있다.

2) 사회계획모형

지역사회의 사회적 복리문제, 즉 소득, 주택, 건강, 교육, 복지 등의 제반 문제를 해결하기 위해 기술적 방법으로 개입하는 모형이다. 이 모형의 강조점은 지역사회의 문제해결을 위한 구체적 계획수립, 합리적 절차, 통제된 변화 등이다. 특히 지역사회의 변화를 위해서는 사회복지사가 통찰력을 가지고 계획된 변화를 모색하되, 지역사회 내의 행동체계들을 활용하는 능력이 필요하다. 사회계획모형의 특징은 지역주민의 참여정도와 기관들의 관여 여부에 따라 차이가 있겠지만, 지역문제에 대한 고도의 기술적 과정, 인적·물적 자원의 동원, 구체적 서비스 제공 등을 위한 계획에 초점을 두고 있다. 사회계획모형의 활동내용은 정부의 기획부서, 지방자치단체의 도시계획부서, 사회복지협의회와 관계기관의 기획담당자 등을 통해 지역사회계획, 도시계획, 농촌개량 등에 개입하는 것이다.

3) 사회행동모형

사회행동모형은 지역사회의 불우계층과 사회적 약자에게 사회적 정의에 입각하여 적절한 자원과 향상된 처우를 대변하고 보장하기 위해 개입하는 모형이다. 이 모형에서는 지역사회의 기존 제도, 즉 정치적·사회적·경제적 제도의 불합리성에 대한 근본적 변화에 강조점을 두고 있다. 특히 사회복지사는 지역사회의 정책결정에서 사회적 약자의 권익보호와 재분배정책 등의 변화를 주도해야 한다. 사회행동모형의 특징은 사회적 불이익을 받고 있는 소외계층과 저소득층의 부당한 권익을 대변하고, 이들을 중심으로 합당한 물리적 행동을 주도하는 데 있다. 사회행동모형의 활동내용은 환경보호단체, 소비자보호단체, 여성단체, 노동조합, 기타 활동단체 등을 통해 환경보호운동, 소비자 보호운동, 여성신장운동, 노동운동, 학생운동, 복지권 운동 등에 개입하는 것이다.

Rothman에 의하면, 지역사회복지의 실천은 다양한 모형의 여러 측면이 결합한 것이며, 지역사회조직에서 경제적·사회적 개발에 이르기까지 심도 있는 개입활동으로 지역사회의 성장과 권익옹호에 필요한 대안적 서비스 체계를 확립할 수 있다는 것을 강조하고 있다. 지역사회복지는 다양한 지역사회의 현안문제와 주민욕구를 파악하고, 지역주민의 조직화와 연계성에 관심을 두고 접근하고 있다. 각 모형은 지역사회복지의 실천적 안내자가 될 수 있으며, 지역적이고 전국적인 현안문제와 지역사회의 내적·외적 사회복리 등에 반응하면서 변화를 시도하고 있다.

지역사회복지실천의 기본가치는 지역사회의 많은 현실적 상황이 변화하더라도 적절히 이에 대응하면서 대상자의 문제해결에 최선을 다하는 것이다. 따라서 사회복지사는 지역주민의 존엄성, 개인의 상호의존과 함께 실천현장에 개입하여 지역사회자원의 활용과 의사결정과정에 참여함으로써 지역주민의 지지에 초점을 두어야 한다. 그리고 지역사회 내 빈곤자와 억압받는 집단의 삶의 질을 향상시키기 위해 개입기술을 개발하고 지역사회자원을 확보하여야 한다. 또한 여타 조직체나 지역주민에게 물리적 피해를 끼치지 않는 전략과 전술을 사용하면서 지역사회의 정의와 분배적 정의를 실현하여야 한다.

4. 지역사회 문제해결 과정과 사회복지사의 역할

1) 지역사회복지의 문제해결 과정

지역사회복지의 문제해결과정은 지역사회의 욕구를 발견하여 분석하고, 문제해결을 위해 정책과 프로그램을 개발하고, 정책과 프로그램을 실행하고, 평가하는 일련의 과정이라고 할 수 있으며, 지역사회복지의 문제해결과정을 단계별로 정리하면 다음과 같다(남일재 외, 2006).

(1) 문제발견 및 분석

지역사회문제해결의 과정에서 문제발견 및 분석단계는 지역사회의 충족되지 않은 욕구나 해결을 필요로 하는 문제를 찾아내는 과정이다. 이러한 문제를 어떻게 규정하느냐에 따라 정책수립의 구상이 달라지며, 그에 따른 구체적 해결방안 및 실천전략이 달라진다. 따라서 이 단계에서 관심을 갖는 사회문제는 구체적 해결방안을 찾아 실제적 조치를 취하기 위한 분석단계이므로 사회문제는 가능한 한 구체화되어야 한다.

(2) 정책 및 프로그램 개발

해결을 필요로 하는 문제가 분석되고 조작적으로 정의된 다음에는 실천하기 위한 프로그램 및 정책을 개발해야 한다. 이러한 정책 및 프로그램 개발은 목표를 달성하기 위한 여러 가지 해결방안 중에서 가장 효과적이고 효율적인 정책을 선택해야 한다. 정책수립이 목표지향적 광범위한 내용을 설정하는 것이라면, 프로그램 개발은 정책을 실천하기 위한 구체적 조치를 명시하는 것이다. 여기에서 중요시되는 것은 경과를 추구함에 있어서의 효과성과 효율성으로서, Perlman과 Gurin은 프로그램 개발과정에서 업무의 내용, 자원, 가능성 등을 고려해야 한다고 보고 있다.

(3) 프로그램의 실천

프로그램의 실천은 정책목표를 달성하기 위해서 행하게 되는 일련의 활동이다. 활동의 내용과 형태는 문제의 성격에 따라 무한정한 것이기 때문에 일률적으로 논할 수는 없으나 크게 두 가지 범주, 즉 '체제유지적(과정중심) 활동'과 '과업중심적 활동'으로 나눌 수 있다. 체제유지적 활동이란 클라이언트 집단이 문제를 스스로 해결할 수 있도록 능력을 배양해 주는 활동을 말하며, 과업중심적 활동이란 클라이언트 집단이 필요로 하는 서비스를 직접적으로 제공하는 활동을 말한다. 프로그램이 실천되는 과정에서 새로운 문제가 발생될 수 있으며, 이 경우 원래의 계획을 수정해야 할 필요가 생긴다. 따라서 사회복지사는 계획의 단계에서 변화를 예측할 수 있는 통찰력이 있어야 되고, 변화가 발생했을 때 즉각적으로 대처할 수 있는 능력과 기술이 있어야 한다.

(4) 평 가

문제해결과정의 마지막 단계인 평가는 두 가지 목적을 갖는다. 하나는 프로그램의 실천과정에서 수집된 정보를 입수해서 실천에 반영하여 실천방향을 수정하는 경우이다. 이때의 평가는 문제해결과정의 마지막 단계라 볼 수 없고 문제설정, 목표수립, 프로그램의 개발, 프로그램의 실천이라는 전 과정에 영향을 주는 계속적 활동이라고 보는 것이 타당하다. 이를 위해서 흔히 사용하는 방법은 행동체계를 구성하는 사람들의 대표로 위원회를 구성하여 정기·비정기적 평가회의를 개최하여 프로그램의 추진상황을 면밀히 검토하는 일이다. 평가의 둘째 목적은 문제해결 전 과정의 결과와 최종산출을 평가하는 것이다. 이러한 평가는 일반적으로 프로그램을 통해 성취하고자 하는 목표가 어느 정도 달성되었는지, 전략과 전술의 효과는 어떠했는지 등 프로그램의 효과성과 영향을 측정하는 것이다. 따라서 이러한 평가결과는 새롭게 실시될 정책과 프로그램에 중요한 피드백 자료가 되며, 지역사회복지의 문제해결과정은 이렇게 순환적 형태를 유지한다.

2) 사회복지사의 자질과 역할

(1) 지역사회복지사의 자질

지역사회복지사는 지역사회복지 전반에 관한 전문적 지식, 가치, 기술과 사회적 책임감을 갖추어야 하며, 인간에 대한 가치를 인정해야 한다. 또한 정열(heart), 분석과 통찰력(head), 건강(health), 그리고 문제발견 및 분석능력, 문제해결능력 등이 요구된다.

따라서 지역사회복지사가 갖추어야 7가지 기본요소는 다음과 같다(박옥희, 2008 재구성).

첫째, 상이한 사회경제적 환경에서 주민과 함께 일하고 이해할 수 있는 능력이 있어야 한다.

둘째, 사회복지분야, 사회복지자원, 지방 및 국가적 수준의 사회정책에 관한 지식이 있어야 한다.

셋째, 개별사회사업, 집단사회사업, 사회조사방법, 사회복지행정 같은 실천방법에 대한 이해가 있어야 한다.

넷째, 지역사회조직을 실천하는 기술이 있어야 한다.

다섯째, 사회적 상호작용의 과정과 사회사업의 방법으로서 지역사회조직의 기술적 이해가 필요하다. 즉, 목적, 기본개념, 문제의 형태, 프로그램 형태와 기능, 방법과 원리에 대한 이해가 있어야 한다.

여섯째, 성실성, 용기, 감정적 균형과 조정, 객관성, 자기훈련, 건전한 판단, 재치, 민감도, 융통성, 상상력, 주민에 대한 애정이 있어야 하고 타인의 인격을 존중하는 성품이 필요하다.

일곱째, 지역사회조직의 철학, 즉 개인의 가치와 존엄성을 인정해야 한다.

이 외에도 사회문제와 관련된 사실을 발견하고, 욕구의 우선순위를 정하고, 사회행동을 위한 방법을 연구하는 것을 도와야 한다.

(2) 지역사회복지사의 역할

박옥희(2008)는 지역사회복지사의 역할을 5C로 설명하고 있다. 5C는 상담가(Counsellor), 분류가(Clarifier), 조정자(Coordinator), 개별사회사업가(Caseworker), 협력자(Copartner)로 그 역할을 살펴보면 다음과 같다.

첫째, 상담가의 역할은 면접을 통하여 지역주민의 문제를 파악하는 것이다. 둘째, 분류가의 역할은 지역주민의 불평을 수용하여 문제가 어디에 있으며 어떤 과제를 해결해야 하는지를 정리하여 주민에게 문제제기를 하는 것을 말한다. 셋째, 조정자의 역할은 문제와 문제 간의 연결, 인간과 인간 간의 연결망을 만드는 것을 말한다. 넷째, 개별사회사업가의 역할은 클라이언트의 문제를 사정하고 클라이언트를 원조하는 것이다. 다섯째, 협력자의 역할은 클라이언트와 수평적 관계에서 문제해결에 협조하고 관여하는 것을 말한다.

5. 지역사회복지 실천분야

1) 사회복지관[1)]

(1) 사회복지관의 정의

사회복지관이란 지역사회를 기반으로 일정한 시설과 전문인력을 갖추고 지역주민의 참여와 협력을 통하여 지역사회복지문제를 예방하고 해결하기 위하여 종합적 복지서비스를 제공하는 시설을 말한다. 여기서 지역사회복지란 주민의 복지증진과 삶의 질 향상을 위하여 지역사회차원에서 전개하는 사회복지를 말한다.

(2) 사회복지관의 목표

사회복지관은 사회복지서비스 욕구를 가지고 있는 모든 지역주민을 대상으로 보호서비스, 재가복지서비스, 자립능력배양을 위한 교육훈련 등 그들이 필요로 하는 복지서비스를 제공하고, 가족기능 강화 및 주민 상호 간 연대감 조성을 통한 각종 지역사회문제를 예방·치료하는 종합적 복지서비스 전달기구로서 지역사회 주민의 복지증진을 위한 중심적 역할을 수행하여야 한다.

(3) 사회복지관 운영의 기본원칙

사회복지관이 행하는 사회복지사업은 인도주의와 서비스를 필요로 하는 자의 존엄유지를 전제로 다음 각 호의 기본원칙에 따라 수행되어야 한다.

① 지역성의 원칙

사회복지관은 지역사회의 특성과 지역주민의 문제나 욕구를 신속하게 파악하여 사업계획 수립 시 반영하여 지역사회의 문제를 해결하고, 이에 따른 서비스를 제공하여야 하며, 지역주민의 적극적 참여를 유도하여 주민의 능동적 역할과 책임의식을 조장하여야 한다.

---

1) 보건복지부(2012), 「2012년도 사회복지관 운영관련 업무처리 안내」 참조

② 전문성의 원칙

사회복지관은 다양한 지역사회문제에 대처하기 위해 일반적 프로그램과 특정한 문제를 해결할 수 있는 전문적 프로그램이 병행될 수 있도록 지식과 기술을 보유한 전문인력이 사업을 수행하도록 하고, 이들 인력에 대한 지속적 재교육 등을 통해 전문성을 증진토록 하여야 한다.

③ 책임성의 원칙

사회복지관은 서비스 이용자의 욕구를 충족하고 지역사회문제를 해결함에 있어서 효과성을 극대화하기 위하여 최선의 노력을 기울여야 한다.

④ 자율성의 원칙

사회복지관은 다양한 복지서비스를 효율적으로 제공하기 위하여 사회복지관의 능력과 전문성이 최대한 발휘될 수 있도록 자율적으로 운영하여야 한다.

⑤ 통합성의 원칙

사회복지관은 사업을 수행함에 있어 지역 내 공공 및 민간복지기관간에 연계성과 통합성을 강화시켜 지역사회복지체계를 효율적이고 효과적으로 운영되도록 하여야 한다.

⑥ 자원활용의 원칙

사회복지관은 주민욕구의 다양성에 따라 다양한 기능인력과 재원을 필요로 하므로 지역사회 내의 복지자원을 최대한 동원·활용하여야 한다.

⑦ 중립성의 원칙

사회복지관은 정치활동, 영리활동, 특정 종교활동 등에 이용되지 않게 중립성이 유지되어야 한다.

⑧ 투명성의 원칙

사회복지관은 자원을 효율적으로 이용하고 운영과정의 투명성을 유지하여야 한다.

(4) 사회복지관의 사업대상 및 내용

우리나라는 광복 이후 1956년 이화여자대학교 사회관과 같은 해, 아현인보관을 시작으로 개인 및 민간단체에 의한 사회복지관들이 설립되었다.

1980년대에 한국의 사회복지관사업은 양적·질적 확대의 시기를 맞이하였는데, 1988년부터 주택건설촉진법에 따라 저소득층을 위한 영구임대주택을 건설하면서 의무적으로 사회복지관을 건립하도록 하였고, 사회복지관 건립, 운영국고보조지침이 마련되었다.

2003년도에 사회복지사업법이 개정되면서 사회복지법상 사회복지시설로 규정되며 법적 근거를 마련하게 되었다.

사회복지관 사업의 대상은 사회복지서비스 욕구를 가지고 있는 모든 지역주민으로 하고 있다. 다만, 다음 각 호의 주민을 우선적인 사업대상으로 하여야 한다.

① 국민기초생활보장 수급자, 차상위계층 등 저소득 주민
② 장애인, 노인, 한부모가정 등 취약계층 주민
③ 직업·부업훈련 및 취업알선이 필요한 주민
④ 유아, 아동 또는 청소년의 보호 및 교육이 필요한 주민
⑤ 기타 긴급지원이 필요하다고 인정되는 주민

이런 대상들에게 사회복지관에서는 다양한 목표와 계획을 가지고 사업을 실시하고 있다. 사회복지관은 지역사회의 특성과 지역주민의 복지욕구에 대한 조사결과를 바탕으로 분야별 단위사업들을 해당 사회복지관의 실정에 적합한 프로그램을 선정하여 수행하고 있다. 다만, 위의 우선사업대상자들을 위해 8개 이상의 프로그램을 선정하여 수행하되, 우선사업으로 지정된 아래 프로그램 중에서 분야별로 각 1개 이상을 포함하고 있다. 이 경우 관할 시장·군수·구청장이 지역적 특성을 감안하여 특히 필요하다고 인정한 때에는 사업분야 및 단위사업을 조정하거나 별도의 사업을 개발·추진할 수도 있다.

〈표 8-3〉 **사회복지관 사업내용**

분야	단위사업	우선사업 대상 프로그램
가족복지사업	- 가족관계증진 - 가족기능 보완 - 가정문제 해결·치료 - 부양가족지원	- 개인 및 가정문제 등 상담 - 방과후 아동보호 프로그램
지역사회 보호사업	- 급식서비스 - 보건의료서비스 - 경제적 지원 - 일상생활 지원 - 정서서비스 - 일시보호서비스 - 재가복지봉사서비스	- 급식서비스(식사배달, 밑반찬 배달, 무료급식 등) - 주간보호소·단기보호소운영 - 재가복지봉사서비스
지역사회 조직사업	- 주민조직화 및 교육 - 복지네트워크 구축 - 주민복지 증진 - 자원봉사자 양성 및 후원자 개발·조직	- 주민조직체 형성 및 운영 - 복지네트워크 구축

교육·문화 사업	- 아동·청소년 기능교육 - 성인 기능교실 - 노인 여가문화 - 문화복지	- 노인 여가·문화 프로그램 - 아동·청소년 사회교육 프로그램
자활사업	- 직업기능 훈련 - 취업알선 - 직업능력 개발 - 자활공동체 육성	- 취업·부업 안내 및 알선 - 취업·부업 기능훈련 및 공동작업장 운영

출처 : 보건복지부, 「2012년도 사회복지관 운영관련 업무처리 안내」

한편, 각 분야별로 사업의 내용을 살펴보면 다음과 같다.

① 가족복지사업

가. 가족관계 증진사업

○ 가족원간의 의사소통을 원활히 하고 각자의 역할을 수행함으로써 이상적인 가족관계를 유지함과 동시에 가족의 능력을 개발·강화하는 사업(가족문제 예방프로그램 포함)

- 교육 및 훈련 프로그램 : 가족교육, 부모교육, 가족역할훈련, 대인관계훈련, 의사소통향상교육 등
- 상담 및 검사 : 부부상담, 부모상담, 가족상담 등(법률·의료상담, 심리검사 등 포함)

나. 가족기능 보완사업

○ 사회구조 변화로 부족한 가족기능, 특히 부모의 역할을 보완하기 위하여 주로 아동·청소년을 대상으로 실시되는 사업

- 아동 대상 프로그램 : 방과후 아동보호 및 보육
- 청소년 대상 프로그램 : 공부방 및 도서관 운영(학습 및 독서지도 포함), 사회성 향상, 감성교육, 심성발달 프로그램, 진로탐색 및 지도, 학교사회사업

다. 가정문제 해결·치료사업

○ 문제가 발생한 가족에 대한 진단·치료·사회복귀 지원사업

- 신체적 장애 관련 프로그램 : 장애아동 조기교육, 음악·놀이·미술 등 특수치료, 장애인 사회적응 프로그램 등

- 정신적 장애 관련 프로그램 : 정신보건서비스, 알코올 및 약물중독 치료, 정신장애인, 정신지체인, 발달장애인 서비스 등
- 청소년 프로그램 : 청소년 범죄예방 사업, 학교부적응 또는 징계학생을 위한 지도 프로그램 등
- 위기가정 문제 : 이혼가정, 해체위기가정 등
- 폭력·학대 : 아동학대 및 방임, 노인학대, 성폭력, 가정폭력

라. 부양가족 지원사업

○ 보호대상 가족을 돌보는 가족원의 부양부담을 줄여주고 관련 정보를 공유하는 등 부양가족 대상 지원사업

- 치매노인 가족지원, 장애인 가정지원, 만성질환자 부양가족모임, 장애아동 부모상담 그 밖에 부양가족 지원사업

② 지역사회보호사업

가. 급식서비스

○ 지역사회에 거주하는 보호대상 노인이나 결식아동 등을 위한 식사제공 사업

- 식사배달, 밑반찬 배달, 경로식당, 무료급식

나. 보건의료서비스

○ 노인, 장애인, 저소득층 등 재가복지사업 대상자들을 위한 보건·의료관련 사업

- 의료서비스(통원 및 방문진료), 간병서비스, 물리치료, 재활치료, 보건교육, 방문간호(보건기관 연계), 영양서비스(영양지도 및 상담)

다. 경제적 지원

○ 경제적으로 어려운 지역사회 주민을 대상으로 생활에 필요한 현금 및 물품 등을 지원하는 사업

- 의료비·교육비·생활비 등 지원, 후원품 제공, 생활용품 지원 등

라. 일상생활 지원

○ 자립생활능력이 부족한 대상자가 사회복지시설이 아닌 곳에서 자립적인 생활을 하도록 하기 위하여 필요한 기초적인 일상생활 지원 사업

- 청소·세탁·장보기·취사 등 가사서비스, 목욕, 이·미용, 심부름, 차량지원, 주거환경개선 등

마. 정서지원 서비스

○ 지역사회에 거주하는 독거노인이나 소년소녀가정 등 부양가족이 없는 보호대상자들, 또는 사회적으로 정서적 소외로 지원이 필요한 가족을 위한 비물질적인 지원사업

- 말벗, 안부전화 등 노인정서지원, 의형제·의부모 관계맺기, 멘토링

바. 일시보호 서비스

○ 독립적인 생활이 불가능한 노인이나 장애인 또는 일시적인 보호가 필요한 실직자·노숙인, 가정폭력피해자, 가출청소년 등을 위한 보호사업

- 노인 주간·단기보호, 치매노인센터, 장애인 주간·단기보호, 실직자 쉼터, 노숙인 쉼터, 공동생활가정

③ 지역사회조직사업

가. 지역사회복지를 위한 주민조직 강화 및 교육

○ 주민이 지역사회 문제에 스스로 참여하고 공동체 의식을 갖도록 주민조직의 육성을 지원하고, 이러한 주민협력강화에 필요한 주민의식을 높이기 위한 교육을 실시하는 사업

- 주민조직체 형성·운영 : 주민조직, 성인동아리 등
- 지역주민이 주체가 되어 지역문제를 해결하는 사업 : 녹색가게, 소비자 이동고발, 쓰레기 재활용운동 등
- 주민의식교육 : 주민지도자 교육, 사회복지교육 등 의식교육, 환경교육, 소비자교육 등

나. 복지네트워크 구축

○ 지역내 복지기관·시설들과 네트워크를 구축함으로써 복지서비스 공급의 효율성을 제고하고, 사회복지관이 지역복지의 중심으로서의 역할을 강화하는 사업

- 네트워크구축 : 지역복지협의회 활동, 연계사업 등
- 지역복지 중심기관 역할 : 지역복지 대변자로서의 활동, 지역문제의 발굴 등

다. 주민복지 증진사업

○ 지역단위 행사 또는 주민편의시설 운영을 통하여 주민복지를 증진하고 공동체의식을 높이는 사업

- 지역행사 : 경로잔치, 절기행사, 마을잔치 등 지역주민행사
- 시설개방 : 시설대여, 경로당 운영, 주민사랑방 운영

- 정보제공 : 일상생활 및 복지관련 정보제공

라. 자원봉사자 양성 및 후원자 발굴

○ 지역사회내에서 취약계층을 돕고자 하는 자원봉사자를 모집·양성하는 사업

- 자원봉사자가 희망하는 복지사업분야에서 활동할 수 있도록 연계·관리

○ 지역사회에서 복지사업에 관심이 있는 주민 또는 기업 등을 후원자로 개발·조직하는 사업

- 정기적 또는 비정기적으로 제공하는 후원금품을 노인, 장애인, 청소년 등 취약계층에게 직접 전달하거나 관련 복지사업비 등으로 사용

④ 교육·문화사업

가. 아동·청소년 기능교육

○ 아동 및 청소년을 대상으로 하는 기능교실 운영사업

- 주거환경이 열악하여 가정에서 학습하기 곤란하거나 경제적 이유 등으로 학원 등 타기관의 활용이 어려운 아동·청소년에게 필요한 경우 학습내용 등에 대하여 지도하거나 각종 기능교육(컴퓨터, 피아노, 미술, 태권도, 서예 등) 실시

나. 성인기능교실

○ 기능습득을 목적으로 하는 성인사회교육사업(저소득층을 위한 직업훈련 및 일반주민을 위한 단순기능교육을 포함)

- 조리사, 이용·미용, 양재, 포장, 제과·제빵, 도배사, 에어로빅강사 등 기능교육 및 자격증 취득을 위한 교육
- 교양강좌 : 꽃꽂이, 서예, 독서지도, 종이접기 등

다. 노인 여가·문화사업

○ 노인을 대상으로 제공되는 각종 사회교육 및 취미교실운영사업

- 건강운동교실 : 체조교실, 생활체육, 단전호흡, 수영교실 등
- 여가프로그램 : 노래교실, 춤교실 등
- 교양교육 프로그램 : 노인대학, 컴퓨터, 한글교육 등
- 경로당 지원사업

라. 문화복지사업

○ 일반주민을 위한 여가·오락프로그램, 문화 소외집단을 위한 문화프로그램, 그 밖에 각종 지역문화행사사업

- 일반주민 여가 프로그램

- 소외집단 대상 프로그램 : 장애인 문화체험, 한부모 또는 해체가정 청소년 일일캠프 등
- 주민문화행사 : 영화상영, 춤 축제, 음악회 등

⑤ 자활사업

가. 직업기능훈련

○ 저소득층의 자립능력배양과 가계소득에 기여할 수 있는 기능훈련을 실시하여 창업 또는 취업을 하도록 지원하는 사업

- 봉제, 이용·미용, 조리, 컴퓨터훈련, 공예품제작, 창업교실, 건축관련 세부기술, 서비스교육

나. 취업알선

○ 직업훈련 이수자 기타 취업희망자들을 대상으로 취업에 관한 정보제공 및 알선사업

- 가사도우미·산모도우미·간병인·경비직·조리원·사무원·일용직 등의 알선
- 취업·부업안내센터, 창업정보센터, 창업지도, 고령자 취업센터

다. 직업능력 개발

○ 근로의욕 및 동기가 낮은 주민의 취업욕구 증대와 재취업을 위한 심리·사회적인 지원프로그램 실시사업

- 지역봉사자를 위한 전문지도, 재활프로그램, 근로의욕 고취프로그램

라. 자활공동체 육성

○ 비슷한 경험과 능력을 소지한 저소득층이 공동창업방식을 통하여 서비스 또는 제품의 생산으로 자립할 수 있도록 지원하는 사업

- 자활공동체 창업, 공동작업장, 노인부업실 등

2) 지역사회복지협의체

(1) 지역사회복지협의체

지역사회복지협의체는 사회복지사업법 제7조2의 규정에 의해 지역사회를 단위로 하여 사회복지 관련 여러 주체들이 협력하여 사회복지서비스 제공의 효과성과 효율성을 제고하고 지역복지문제를 자체적으로 해결하기 위해 시·군·구에 설치되어 운영되고 있다.

지역사회복지협의체는 지역사회의 공공 및 민간분야의 복지네트워크를 강화하기 위하여 2001년부터 시범적으로 운영하였고, 2003년 사회복지사업법을 개정하여 종전의 시·군

·구 사회복지위원회를 폐지하고 2005년부터 지역사회복지협의체를 설치토록 하였다.

사회복지사업법에는 설치근거로서 "관할지역의 사회복지사업법에 관한 중요사항과 지역사회복지계획을 심의 또는 건의하고, 사회복지·보건의료 관련기관·단체가 제공하는 사회복지서비스 및 보건의료서비스의 연계·협력을 강화하기 위하여 시·군·구에 지역사회복지협의체를 둔다."라고 명시하고 있다.

지역사회복지협의체의 주요기능은 지역 내 사회복지사업에 관한 중요사항과 지역사회복지계획의 심의, 사회복지 및 보건의료에 연계, 협력강화 등이다. 지역사회복지협의체의 구성은 사회복지 또는 보건의료에 관한 학식과 경험이 풍부한 자, 사회복지사업을 행하는 기관·단체의 대표자, 보건의료사업을 행하는 기관·단체의 대표자, 공익단체에서 추천한 자, 사회복지 또는 보건의료 업무를 담당하는 공무원을 위원으로 위촉하도록 규정하고 있다. 그리고 지역사회복지협의체의 효율적 업무수행을 위하여 실무협의체를 둘 수 있도록 하였다. 지역사회복지협의체의 조직체계는 대표자협의체, 실무자협의체, 실무분과로 구성되어 지역사회복지 관련사항을 협의, 결정하는 체계이다. 그러나 지역사회복지협의체의 조직체계와 기능, 구성원에 대한 구체적 규정과 운영은 기초자치단체의 사정에 따라 차이가 있을 수 있다.

지역사회복지협의체의 구성의 특징은 민·관 협력체계로서 지역사회복지 관련 주체들의 광범위한 참여를 전제로 하고 있고, 복지 관련 주체들의 대표자를 포함함으로써 실무자들의 참여와 활동이 가능하며 복지서비스 관련 협의의 실행가능성을 높일 수 있다는 점이다. 또한 실무협의체를 둘 수 있어 실무자의 참여를 포함함으로써 다층적 구성이 가능하다는 점으로서 실무협의체의 운영은 지역사회복지협의체의 실질적 기능을 수행하는 데 중요한 요소가 될 것이다.

(2) 지역사회복지협의체 기능

지역사회복지협의체의 기능으로, 지역사회의 사회복지사업에 대한 중요사항과 복지계획을 심의·건의하는 기능을 갖고 있어 지방자치단체와 지역사회복지협의체의 결정에 따라 달라질 수 있기에 지역사회복지협의체의 실질적 기능을 수행하는 데 중요한 요소이다. 박옥희(2008)는 지역사회복지협의체의 기능을 다음과 같이 제시하고 있다.

① **지역사회복지의 제도화 및 체계화 기능** 지역사회복지에 관한 체계적 의견수렴 및 협의를 통하여 지역사회의 개선방안을 마련하고 지역사회복지계획 수립과정에 참여와 심의를 하게 된다. 특히 지역사회복지협의체는 지역사회복지계획에 대한 심의기능을 법적

으로 부여받고 있다. 지역사회의 욕구 및 문제파악, 이를 해결하기 위한 관련 조직의 다양한 대응방식의 검토와 지역사회복지에 대한 현황분석과 개선방안을 논의할 수 있기 때문에 지역사회복지의 제도화 및 체계화 기능을 수행할 수 있다.

② **지역사회복지서비스의 연계 및 조정에 대한 지원기능** 지역사회복지협의체는 지역사회복지서비스의 연계·조정기반을 마련하고 이를 지원하는 기능을 수행한다. 서비스의 중복 및 누락문제해결을 위한 협의, 지역사회복지서비스 간에 매개를 촉진하는 연계체계를 구성하고, 실무자의 서비스 연계·지원 등을 중심으로 기능을 수행할 수 있다.

③ **지역사회복지자원의 개발기능** 지역사회복지협의체는 지역사회복지자원의 파악 및 확보계획을 수립하고, 지역사회자원의 배분기준 마련과 배분계획을 협의함으로써 지역사회에서 제공할 수 있는 복지자원을 체계화하고, 잠재적 자원을 발굴하는 기능을 수행한다(이종복외, 2012 재편집).

3) 사회복지협의회

(1) 사회복지협의회의 개념

사회복지협의회는 지역사회조직의 대표적 기관으로서 지역사회조직의 모든 기능을 수행하며 사회행동에 참여한다. Dunham(1958)은 "사회복지협의회란 지역사회 안의 각종 사회복지시설, 사회복지에 관심을 갖고 있는 민간단체나 개인의 연합체라고 할 수 있다. 또한 지역사회가 요구하는 사회복지의 욕구를 효과적으로 달성하기 위하여 모든 활동에 있어서 상호협력 및 조정하는 단체이다."라고 언급하고 있다. 즉 지역주민은 지역사회의 주인의식으로 권리주체에 대하여 주민의 입장을 관철해 나갈 수 있도록 운동을 전개하는 민간자주 조직이라고 할 수 있다.

(2) 사회복지협의회의 기능

사회복지협의회는 조사, 토의 및 홍보 등의 방법에 의해 지역 내 사회복지활동에서 부족한 상태를 규명하여 적절한 사회복지계획을 수립하여, 필요성에 따라 지역주민의 협동촉진, 관계기관, 단체, 시설의 연락·조정 및 지역사회자원의 육성 등 조직활동을 행하는 기능의 조직체이다.

Dunham(1970)은 사회복지협의회의 기능으로서 다음의 9가지를 제시하고 있다.

첫째, 사회복지에 관한 기초자료수집, 연구, 조사, 타 기관에 대한 독려 및 공동연구를 수행한다.

둘째, 사회복지에 관한 정보교환, 자원봉사자 관리 등 지역사회복지의 중추기관으로서의 역할을 한다.

셋째, 기관 간의 연합회나 회의주체, 공동위원회 개최 등의 활동을 통해 그들 간의 협조와 협력증진을 원조한다.

넷째, 정보제공 및 위탁서비스, 사회봉사교환소 역할을 함으로써 공통의 복지서비스 기능을 수행한다.

다섯째, 집단적 혹은 개별적 접근방법을 통해 사회복지기관들이 수행하는 업무의 질적 수준을 높이는 기능을 한다.

여섯째, 사회복지에 관한 공동계획수립과 실천을 담당한다.

일곱째, 사회복지에 관한 정보를 제공한다.

여덟째, 전체 사회복지분야의 재정 상태를 개선하기 위한 활동을 전개한다.

아홉째, 사회행동, 즉 현안에 대한 견해를 밝힌다거나 특수층(심신장애인, 노인, 저소득층)의 복지를 위한 입법대안을 제시한다.

4) 공동모금회

(1) 공동모금 및 공동모금회의 개념

공동모금회는 광범위한 시민의 참여로 사회복지사업에 도움을 주는 연합 모금의 명칭이다. 공동모금회는 지역사회의 복지욕구를 충족시키기 위해 노력하는 인간봉사 조직들을 원조하기 위해 자원봉사자들에 의해 만들어지고 운영되며 ‘모두를 위한 한 번의 기부’ 원리를 적용하여 자발적 기금조성 노력들을 체계화하고 조정하며, 자원적 기부금에 의해 원조 받는 지역사회의 기금조성, 기획 및 기금 배분 조직으로서 시민들과 복지기관들의 협동적 조직이라고 할 수 있다(표갑수, 2003).

한편, 사회복지 공동모금회법 제2조에 보면 공동모금이란 사회복지사업의 지원에 필요한 재원을 조성하기 위하여 전국 또는 지역을 단위로 제도권 내에서 기부금품을 널리 모집하는 것을 말한다. 따라서 공동모금회는 지역사회의 복지욕구를 충족시키기 위해 노력하는 인간봉사조직을 원조하기 위해 자발적 기금조성 노력을 체계화하고 조정하며, 자발적 기부금에 의해 원조를 받는 지역사회의 기금조성, 기획 및 기금배분조직으로서 서민과 복지기관의 협동적 조직이라고 할 수 있다(남일재외, 2007 : 286-287).

(2) 공동모금제도의 목적 및 필요성

공동모금회는 공동 모금을 통하여 사회복지에 대한 국민의 이해와 참여를 촉진하고 국민의 자발적인 성금으로 조성된 재원을 효율적이고 공정하게 관리, 운용함으로써 사회복지 증진에 이바지함을 목적으로 1997년 3월 사회복지공동모금회법이 제정되었고, 1998년 7월 이후 공동모금활동을 전개하게 되었다.

이와 같이 공동모금회는 사회복지사업에 대한 부족한 재원을 확보할 수 있는 근간이 되며 그 필요성을 정리해 보면 다음과 같다.

첫째, 공동모금을 통하여 산발적인 자선모금활동을 줄이고 법이 보장하는 제도적인 틀 안에서 민간자원을 동원할 수 있는 방법으로 인정받고 모금하는 측의 입장에서도 최소한의 노력과 비용으로 모금을 할 수 있는 반면 기부자의 입장에서도 불필요한 모금의 중복을 피하고 하나의 창구를 통하여 한 곳에 금품을 기부하는 방법을 통해 기부한 돈이 효과적으로 쓰일 수 있게 되므로 경제적 일 수 있다.

둘째, 공동모금은 지역사회 내에 공동체 의식과 함께 나누는 삶을 증진시키고 지역사회 내 문제를 주민 스스로 해결하는데 크게 기여할 수 있다 따라서 자원봉사활동을 크게 활성화시키게 된다.

셋째, 공동모금이 활성화되면 후원자 또는 지원봉사자들을 동원하고 재원을 동원할 수 있는 노하우가 없어서 모금을 하지 못하고 있는 기관들에게 복지재원 분배의 기회가 제공될 것이며 사회복지계의 전반적인 서비스 수준 향상에 도움이 된다.

넷째, 사회복지사업에 대한 국민일반 인식을 개선한다는 점이다. 모금사업의 주체인 공동모금회가 전 국민을 대상으로 다양한 홍보 전략과 모금활동을 벌이는 가운데 국민들에게 사회복지에 대한 올바른 이해를 도모하도록 하고 이웃사랑에 대한 많은 관심을 기울이게 유도한다.

다섯째, 사회복지 발전을 위한 정부와 민간의 동반자 관계(partnership)를 형성한다는 점이다. 정부의 일방적인 복지정책의 수립과 집행, 나아가 민간사회복지사업에 대한 통제 및 개입을 벗어나 일정 정도의 자율성을 지니고 민간부문 스스로의 방향성과 재원을 통하여 궁극적으로 사회복지의 지평을 확대하여 정부부문과 민간부문이 상호보완적인 역할을 수행 할 수 있다.

여섯째, 사회복지서비스의 전문성 제고에 기여할 수 있다. 종전처럼 비전문가에 의해 객관적인 기준 없이 이루어질 경우 중복 또는 누락되어 오히려 형평성의 문제를 야기할 수 있기 때문이다.

(3) 사회복지공동모금회의 사업

사회복지공동모금회법 제5조(사업)에서 규정하고 있는 사업은 다음과 같이 7개항으로 되어 있다.

① 사회복지공동모금사업
② 공동모금재원의 배분
③ 공동모금재원의 운용 및 관리
④ 사회복지공동모금에 관한 조사, 연구, 홍보 및 교육훈련, 지회의 운영
⑤ 사회복지공동모금과 관련된 국제교류 및 협력증진사업
⑥ 다른 기부금품 모집자와의 협력사업
⑦ 기타 모금회의 목적달성에 필요한 사업

이상의 각 사업들은 사회복지공동모금회의 설립목적과 기능에 따라 분류한다면 크게 모금과 배분의 두 가지 사업으로 구분할 수 있다.

Introduction to Social Welfare and job practice

9
Chapter

아동 · 청소년 복지

Introduction to Social Welfare and job practice

1. 아동·청소년의 정의

아동 및 청소년이란 신체적·정신적으로 미성숙하여 혼자서 독립적인 생활을 하지 못하는 존재로서 성인의 도움과 보호를 필요로 하는 단계라고 할 수 있다. 아동과 청소년은 가정과 사회를 통하여 건전한 성장과 발달을 추구할 권리가 있으며, 미래를 책임져야 할 중요한 역할이 기대되는 존재로서의 개인이자 가족의 구성원이며, 나아가 국가와 사회의 미래를 책임지는 중요한 인적자원이기도 하다.

아동과 청소년은 인간의 성장과 발달과정에서 연령에 따른 구분이다. 학자에 따라서는 아동과 청소년을 구분하지 않는 경우도 있다. 아동과 청소년의 연령구분은 각종 법률이나 국가, 학자에 따라 차이가 있다. 우리나라 아동복지법에 따르면 아동은 18세 미만의 연령층을 말하며, 소년법은 아동을 19세 미만인 자로 규정하고 있다. 또한 청소년기본법은 청소년의 연령을 9세 이상 24세 미만인 자로 규정하고 있다. 이처럼 아동과 청소년의 개념은 여러 규정에서 혼재되어 사용되고 있다. 하지만 최근에는 청소년기의 중요성이 인식되어 지면서 청소년이라는 용어를 구분하여 사용하고 있으며 일반적으로 13~18세를 청소년이라고 부르고 있다.

〈표 9-1〉 **아동의 연령구분**

법 률 명	용어	나이기준
민법	미성년	20세 미만
형법	미성년	14세 미만
아동복지법	아동	18세 미만
청소년기본법	청소년	9세~24세 미만
청소년보호법	청소년	19세 미만
소년법	소년	20세 미만
근로기준법	연소자	18세 미만
한부모가족지원법	아동	18세 미만(취학 시 20세 미만)

2. 아동·청소년복지의 개념

아동·청소년복지는 아동과 청소년을 위한 다양한 정책과 서비스를 통해 아동·청소년들에게 심리·사회적으로 건강한 상태를 제공해 주는 것을 말한다. 일반적으로 아동·청소년복지란 이들을 위한 복지라는 이념과 다양한 프로그램이나 서비스의 실제적 활동까지를 포함하는 실천적 개념을 공유하는 의미로 설명하고 있다.

좁은 의미의 아동·청소년복지란 요보호아동·청소년을 중심으로 한 복지활동을 말하되, 비교적 개인이나 민간단체를 중심으로 이루어지는 활동을 말한다. 여기서 말하는 요보호아동·청소년이란 주로 구조적으로나 기능적으로 어려운 양육환경에서 자라는 아동·청소년이나 발달상의 문제로 장애를 가진 아동·청소년들을 말한다. 넓은 의미의 아동·청소년복지는 일반아동과 그 가족을 대상으로 다양한 복지주체들이 서로 유기적인 관련 속에 체계적으로 복지활동을 전개하는 것을 말한다(이소희, 2005).

전통적인 아동·청소년복지의 개념은 자녀 양육의 책임을 수행하는 데 장애가 있는 가족의 기능을 대리하고 보충하는 것이었다. 그러나 최근에는 아동·청소년복지의 개념이 보다 광범위한 개념으로 변화하여 특별한 보호를 필요로 하는 아동·청소년뿐 아니라 일반아동·청소년을 대상으로 하는 것으로 변화되었다. 따라서 아동·청소년복지는 "모든 아동·청소년과 아동·청소년이 속한 가족이 지닌 욕구와 문제를 해결하고 아동·청소년들이 건강하고 행복한 생활을 할 수 있도록 돕는 다양한 정책서비스와 프로그램을 통해 이루어지는 일련의 계획적이고 조직적인 활동"이라고 정의할 수 있다.

3. 아동·청소년복지서비스의 대상

아동·청소년복지 서비스의 대상은 아동과 청소년 그리고 그 부모 및 가정이다. 아동·청소년복지의 대상에 부모와 가정이 포함되는 이유는 발달단계 특성상 아동·청소년이 건강한 발육과 성장을 위해서는 가정에서 부모가 보호와 양육을 담당해야 하기 때문이다. 아동·청소년복지의 대상은 보편주의 시각으로 보면, 모든 아동·청소년과 그 부모 및 가정이라고 할 수 있고, 선별주의적 관점에서 보면 보호를 필요로 하는 아동·청소년과 그 가족이 된다고 할 수 있다. 최근 아동·청소년복지서비스의 대상은 과거 요보호아동·청소년 중심에서 모든 아동·청소년으로 확대되고 있다.

1) 요보호아동

요보호아동은 가정환경상의 문제를 지녔거나 발달상의 장애를 지닌 아동, 그리고 사회적·법적 보호가 필요한 아동들을 의미한다.

이러한 아동들은 주로 빈곤가정의 아동이나, 결손 및 부재가정, 그리고 병리가정의 아동들을 말한다. 또한 선천적이든 후천적이든 신체·정신적 능력의 결여 때문에 개인 혹은 사회생활에 필요한 능력을 스스로 확보할 수 없는 장애아동들이 여기에 해당된다.

요보호대상아동들에게는 주로 선별적복지서비스 형태에 입각하여 아동들이 지니고 있는 문제 및 병리적인 부분에 개입하거나 보호하는 서비스를 제공하게 된다.

2) 일반아동

일반아동은 특별한 보호조치가 필요하지 않은 아동을 말한다. 최근 보편적복지서비스의 확대로 인해 일반아동에 대한 아동복지서비스가 확대되고 있는 추세이다. 일반아동에 대한 복지는 주로 예방적인 입장으로 잠재적인 문제를 지속적으로 예방하고 일반아동에 대한 지지와 사회성 향상을 통해 아동들이 문제에 빠지지 않도록 제도적이고 보편적인 서비스를 제공하게 된다. 현재 우리나라에서 모든 아동을 대상으로 하는 서비스 및 정책으로는 의무교육, 12세 이하 아동의 고용금지, 보육서비스, 어린이회관, 청소년수련관, 아동전용시설 운영 등이 있다.

3) 부모

부모는 아동복지의 직접적인 대상이 아니지만 가족체계에서 아동에게 가장 중요한 영향을 주는 체계이므로 부모 역시 아동복지서비스 대상에 포함된다. 특히 가족은 아동의 1차적 지지망으로써 부모의 지지망이 무너지면 다양한 문제에 노출되는 환경이 조성되어지기 때문에 부모는 자녀양육의 책임을 지고 부모역할을 잘 감당해야 한다. 최근에는 부모의 양육태도 및 역할에 대한 다양한 부모교육 프로그램들을 통해 아동들을 보다 건강한 가족환경에서 성장할 수 있도록 돕는 노력을 하고 있다.

4. 아동 · 청소년복지의 원칙

아동의 문제를 해결하고 복지를 위한 정책과 서비스를 마련하기 위한 아동복지의 원칙으로는 권리와 책임의 원칙, 보편성과 선별성의 원칙, 개발적 기능의 원칙, 포괄성의 원칙, 전문성의 원칙 등 다섯 가지 원칙에 대한 준수가 필요하다(오정수, 2001). 또한 청소년복지의 목적과 목표를 달성하기 위해서 따라야 할 원칙이 있다. 여기에는 보호의 원칙, 참여와 책임의 원칙, 자립이 원칙, 연대의 원칙 등이다(권중돈외, 2012).

1) 아동복지의 원칙

(1) 권리와 책임의 원칙

권리와 책임의 원칙에는 아동의 권리와 책임, 부모의 권리와 책임 그리고 국가와 사회의 권리와 책임으로 구분된다. 즉, 권리와 책임의 원칙은 아동과 부모, 그리고 사회의 상호관계를 바탕으로 실시되어야 한다.

권리와 책임의 원칙에서 아동, 부모, 사회 이들 중 어느 한 부분이라도 권리가 상실되거나 부정적인 상황이 발생하게 되면 아동은 여러 가지 문제가 발생될 가능성이 높아진다. 따라서 아동은 아동으로서의 권리와 책임을 부여받았으므로 부모는 부모로서의 권리와 책임을 잘 감당해야 하며, 국가와 사회 역시도 권리와 책임을 충실히 이행해야 한다.

(2) 보편성과 선별성의 원칙

보편성의 원칙은 보편주의 원칙으로 모든 대상의 아동에게 아동복지 급여나 서비스를 제공하는 원칙을 말한다. 아동수당이나 가족수당, 무상의무교육, 그리고 최근에 무상급식, 무상보육 등이 대표적인 보편성의 원칙이다. 반면 선별성은 선별주의 원칙으로 빈곤아동이나 기본욕구가 충족되지 않은 아동들에게 아동복지급여나 서비스를 제공하는 것이다.

(3) 개발적 기능의 원칙

개발적 기능이란 제도적 변화만을 초래하는 것이 아니라 국가경제개발과 사회개발의 제 조건을 향상시키고 창조하는 활동을 의미한다. 즉, 아동복지와 관련된 문제가 발생한 후 대응하는 복지체계에서 벗어나 예방적이며 의도적인 변화를 가져올 수 있는 사회복지체계를 구축한다는 의미이다.

(4) 통합성의 원칙

통합성의 원칙은 아동의 기본전제로 아동들에게 안정된 가정생활, 경제적 안정, 교육기회, 건강유지, 오락 활동, 특수보호 등에 대한 프로그램이나 서비스가 총체적이고 포괄적, 상호보완적으로 적용되어야 아동의 전인적 발달이 이루어질 수 있다고 보는 원칙이다.

이러한 원칙을 실현하기 위해서는 아동의 발달을 돕기 위한 정부의 관계부처나 민간 기관들은 아동 문제해결 및 복지서비스에 있어서 유기적인 연계 및 협력체계와 포괄적인 상호 조정체계가 필요하다.

(5) 전문성의 원칙

아동복지에 있어서 전문성의 원칙은 아동복지 서비스에 있어서 매우 중요한 원칙이라고 할 수 있다. 이 원칙은 아동복지사업을 수행함에 있어서 아동복지전문가와 전문기관에서 이루어져야 한다는 것이다. 아동에 대한 전문적인 지식과 기술을 갖춘 전문 인력이 아동의 문제를 올바르게 진단 및 실천할 수 있다. 따라서 아동복지와 관련된 정책개발이나 서비스 실천영역에서 전문가를 중심으로 한 아동복지서비스가 실시될 때 아동복지 서비스의 효과성을 높이고 아동복지의 전문성을 향상시켜 나갈 수 있다.

2) 청소년복지의 원칙

(1) 보호의 원칙

성숙 단계에 있는 청소년은 가정과 사회 등의 안전한 사회 환경을 제공받아 기본적인 성장 기반을 마련해야 한다. 특히 빈곤과 장애 등으로 인해 불평등한 조건을 지닌 청소년에 대한 보호는 지속적이고 체계적으로 이루어져야 한다.

(2) 참여와 책임의 원칙

참여란 자신의 삶에 영향을 주는 모든 사안에 대해 의견을 표현할 수 있는 자유를 말한다. 다시 말해 청소년 참여는 청소년이 자기 삶에 영향을 주는 의사결정에 참여하게 하고, 관심 있는 사안에 대해 행동할 수 있도록 권한을 부여하는 모든 활동이라고 할 수 있다.

(3) 자립의 원칙

자립이란 청소년이 신체적·정신적·사회적 발달을 위하여 필요한 생활수준을 확보하는 것을 말한다. 즉, 자신의 삶을 주체적으로 계획하고 통제하며 살아간다는 뜻이다. 청소년 자립에는 생활에서 필요한 소득을 스스로 확보하는 경제적 자립, 복잡한 사회와 인간관계에서 자기의 입장을 지키는 사회적 자립, 그리고 이것들을 위하여 자율적인 태도와 생활방식을 갖는 정신적 자립 등이 포함된다.

(4) 연대의 원칙

연대는 사회구성원이 상호 간 또는 사회 환경과의 사이에 갖는 상호의존 의식, 즉 같은 세대와 공간에 살고 있는 사회구성원으로서 갖는 소속감을 말한다.

5. 아동복지서비스

카두신(Kadushin, 1980)은 아동복지 서비스의 기능을 가정 내 부모의 역할 기능을 토대로 지지적 서비스, 보충적 서비스, 대리적 서비스로 분류하였다. 이 분류는 아동의 양육기능의 1차적 책임은 부모에게 있다는 것을 전제한 것으로 부모가 아동양육의 책임을 다 하지 못할 때, 서비스가 가정의 역할 수행에 어떤 기능을 하는가에 따라 역할을 지원하는 지지적 서비스(supportive service), 가정의 역학을 보충하는 보충적 서비스(supplementary service), 가정을 대신하는 대리적 서비스(substitute service)로 이를 3s 모델이라고 한다.

1) 지지적 서비스

아동의 욕구를 충족시키기 위한 부모의 능력을 지지하거나 강화하기 위한 서비스를 의미한다. 지지적 서비스의 특징은 아동이 자신의 가정에 머물면서 받을 수 있다는 점이다. 즉, 지지적 서비스는 아동이 속해 있는 원가정의 구조를 침해하지 않으면서, 그 가정의 기능이 원활하게 수행될 수 있도록 지원해 주는 외부의 서비스를 의미한다. 이러한 서비스의 구체적인 복지실천 내용으로는 아동상담, 가족상담 및 가족치료, 부모교육 및 상담, 지역사회 프로그램 등이 있으며, 아동 및 가족상담소, 아동보호전문기관, 지역사회 정신건강 상담소 등에서 제공된다.

2) 보충적 서비스

보충적서비스는 부적절하거나 제한된 부모의 보호를 보상하거나 아동의 받아야 할 보호를 보충해 주는 서비스로 가족의 사회적 체계 안으로 들어와 제공된다는 점에서 지지적 서비스와 다르다. 특히 보충적 서비스는 부모의 사망이나 이혼, 별거 등의 문제로 인하여 부모의 역할이 수행되기 어려울 때, 혹은 교도소 수감이나, 질병 등의 이유로 인해 일시적으로 부모의 역할수행이 힘들 때 사회가 부분적으로 양육 책임을 분담함으로써 아동이 가정과 부모로부터 분리되지 않은 채 가정에서 부모와 생활할 수 있도록 보장함에 있다.

보충적 서비스의 구체적인 복지실천 내용으로는 사회보험제도와 공적부조와 같은 소득보충 프로그램과 같은 경제적 지원, 취업부모를 위한 보육사업, 아이돌보미사업 등이 있다.

3) 대리적 서비스

부모의 역할 전부가 상실되었거나 그와 유사한 상황이 되었을 때 아동의 개별적 욕구에 따라 부모의 보호를 부분 또는 전체를 대리하는 서비스를 말한다. 즉, 아동이 속한 원가정이 완전히 해체되어 일시적 또는 영구적으로 부모 중 누구도 아동에게 보호나 양육의 기능을 적절히 수행할 수 없을 경우에 제3의 가정이나 시설을 통해 이 기능을 대신해 주는 서비스를 말한다. 대리적 서비스는 정상화의 원리에 따라 가급적 시설보호보다는 가정위탁보호나 입양에 의한 보호를 우선해야 한다. 대리적 서비스의 대표적인 복지실천에는 입양, 가정위탁, 시설보호서비스 등이 있다.

〈표 9-2〉 **카두신의 아동복지서비스 유형 분류**

분류	지지적 서비스	보충적 서비스	대리적 서비스
내 용	아동의 욕구를 충족시키기 위한 부모의 능력을 지지, 강화함	부적절하거나 제약된 부모의 보호를 보상하거나 아동이 받아야 할 보호를 보충함	아동의 개별적 요구에 따라 부모의 보호를 부분 또는 전체를 대리함
서비스 프로그램	• 아동상담소, 가정상담소, 지역사회복지기관에서 제공하는 상담서비스 • 학대·방임 아동을 위한 보호서비스 • 미혼부모, 한부모를 위한 서비스	• 소득보충 프로그램 • 가정봉사원 파견 서비스 • 보육서비스	• 가정위탁서비스 • 입양서비스 • 시설보호: 긴급피난처, 그룹홈, 아동양육시설, 아동치료보호시설

출처: 최일섭외 (2012).

6. 아동·청소년복지시설

1) 아동복지시설

아동복지지설에는 요보호아동을 대상으로 한 아동양육시설, 아동일시보호시설, 아동직업시설, 아동자립지원시설, 아동단기보호시설, 공동생활가정과 같은 생활시설과 아동상담소, 아동전용시설, 아동복지관, 지역아동센터와 같은 이용시설로 구분된다. 그리고 영유아를 중심으로 한 보육시설과 아동의 학대방지 및 보호, 상담을 담당하는 아동보호전문기관, 국. 내외 입양 업무를 담당하는 입양기관 마지막으로 가정위탁지원센터와 실종아동을 위한 실종아동 전문기관으로 분류된다.

〈표 9-3〉 **아동복지민간조직의 분류와 이에 따른 시설의 종류**

아동복지민간조직		시설의 종류/내용
아동 복지 시설	생활시설	아동양육시설, 아동일시보호시설, 아동보호치료시설, 아동직업훈련시설, 자립지원시설, 아동단기호보시설, 공동생활가정
	이용시설	아동상담소, 아동전용시설, 아동복지관, 지역아동센터
보육 시설	일반보육	국공립보육시설, 법인보육시설, 직장보육시설, 가정보육시설, 부모협동보육시설, 민간보육시설
	취약보육	장애아전담보육시설, 시간연장형, 24시간 보육시설, 방과 후 보육시설

아동보호전문기관	중앙아동보호전문기관, 시·도 아동보호전문기관
입양기관	국외입양기관, 국내입양기관
가정위탁지원센터	중앙가정위탁지원센터, 시·도 가정위탁지원센터
실종아동전문기관	실종아동전문기관(어린이재단 위탁운영)

출처: 정무성외 (2010).

2) 청소년복지시설

청소년의 욕구와 문제가 다양해짐에 따라 청소년복지서비스를 제공하는 실천현장 또한 점차 확대되고 있다. 청소년관련법에 명시되어 있거나 청소년복지 증진을 위해 서비스를 제공하는 시설을 크게 청소년활동시설, 청소년보호시설, 청소년복지시설로 구분하면 다음과 같다.

〈표 9-4〉 **청소년복지 관련 시설**

시설구분		종류/내용
청소년 활동시설	청소년 수련시설	청소년수련관, 청소년수련원, 청소년문화의 집, 청소년특화시설, 청소년야영장, 유스호스텔
	청소년 이용시설	문화예술시설, 과학관, 체육시설, 평생교육시설, 자연휴양림, 수목원, 사회복지관, 기타 청소년이용시설
청소년보호시설		청소년보호센터, 청소년재활센터, 기타시설
청소년복지시설		청소년쉼터, 청소년공부방, 청소년선도시설

(1) 청소년활동시설

청소년 활동시설은 청소년의 긍정적 성장·발달과 성공적인 성인으로의 이행을 위해 제공되는 각종 장소와 시설·설비를 총칭하는 것으로 청소년육성정책이 국가정책으로 편입된 이후 정책과 제도의 관련성으로부터 도입된 개념으로 볼 수 있다.

청소년활동시설의 종류는 청소년활동진흥법 제10조에 의하여 청소년수련시설과 청소년이용시설로 구분할 수 있다. 청소년수련시설에는 청소년수련관, 청소년수련원, 청소년문화의 집, 청소년특화시설, 청소년야영장, 유스호스텔 등이 있고, 청소년이용시설에는 문화예술시설, 과학관, 체육시설, 평생교육시설, 자연휴양림, 수목원, 사회복지관, 기타 청소년이용시설 등이 있다.

(2) 청소년보호시설

청소년보호시설에는 청소년보호센터, 청소년재활센터, 기타시설로 구분된다. 여기서 청소년보호센터는 가정이나 학교에서 학대와 폭력을 당한 청소년, 가출청소년, 성범죄 피해청소년, 임금체불 등 근로 현장에서 적절한 보호를 받지 못한 청소년, 약물남용 청소년 등 위기에 처한 청소년에게 통합적인 서비스를 제공하고는 곳이다. 청소년재활센터는 청소년 폭력·학대 등의 피해·가해 청소년 및 약물로 고통을 받고 있는 청소년의 재활을 위한 시설이다.

(3) 청소년복지시설

청소년복지시설은 청소년의 발달과 복지를 보장하기 위하여 직접서비스를 제공하는 장소로써 요보호 청소년뿐만 아니라 전체 청소년에게 보호·예방·치료 등의 서비스를 제공한다. 청소년복지시설로는 청소년쉼터, 청소년공부방, 청소년선도시설이 대표적이다. 이 중 청소년쉼터는 가출청소년의 일시보호 및 숙식 제공, 가출청소년의 상담·선도·수련활동, 가출청소년의 학업 및 직업 훈련 지원활동, 청소년 가출 예방을 위한 거리 상담활동, 그 밖에 청소년복지지원에 관한 활동을 수행한다. 청소년공부방은 열악한 환경에서 생활하고 있는 도시 영세민지역 청소년에게 제공되는 학습공간을 말한다.

7. 아동·청소년 복지서비스

1) 아동상담

Kadushin(1980)은 아동상담을 아동복지사업 중 가장 일차적인 사업으로 규정하며, 그 이유는 아동이 가장 행복할 수 있는 곳이 가정이라는 것이다. 아동상담은 주로 가족생활에서 경험하는 위기나 부모의 역량부족으로 인하여 아동에게 부적절한 보호를 함으로써, 아동이 바람직한 경험과 그 기회를 잃는 경우, 아동의 신체발달이나 행동에 문제가 있는 경우, 지역사회의 제반환경이 생활상의 압박이나 긴장감을 주거나 아동의 욕구와 권리를 침해할 경우에 개별, 집단, 지역사회조직 등의 방법으로 개입하게 된다.

우리나라의 경우 아동상담 서비스를 위해 시·도 아동상담소와 아동일시보호소를 설치·운영하고 있으며, 각 시·도 및 시·군에 아동복지지도원을 치하고, 읍·면·동 단위에는 아동위원으로 위촉·활동하고 있다. 하지만 이들의 실질적 활동은 거의 없고 명예직에 만족하고 있는 실정이다. 따라서 아동상담이 보다 효과적으로 제공되기 위해서는 아동상담의 법적 근거가 강화되어 아동상담소이 기능이 확장되고 아동상담서비스 전달체계의 전문성을 확립하는 것이 중요하다(최일섭, 2012).

2) 방임·학대아동의 보호

아동복지법 제 1조 4항에 따르면, "아동학대란 보호자를 포함한 성인에 의하여 건강·복지를 헤치거나 정상적인 발달을 저해할 수 있는 신체적·정신적·성적 폭력 또는 가혹행위 및 아동의 보호자에 의하여 이루어지는 유기와 방임을 말한다"고 규정하고 있다. 이는 적극적인 가해행위뿐 아니라 소극적 의미의 방임행위까지 아동학대의 정의에 명확히 포함하고 있다.

이재연 외(2009)는 아동학대를 신체적 학대, 정서적 학대, 성학대, 방임으로 구분했다. 신체적 학대는 보호자를 포함한 성인이 아동에게 우발적 사고가 아닌 상황에서 신체적 손상을 입히거나 또는 신체손상을 입히도록 한 모든 행위를 말한다. 정서적 학대는 언어적·정신적 혹은 심리적 학대라고 하는데, 아동의 정신건강 및 발달에 해를 끼치는 학대행위이다. 성학대는 아동에게 성적 수치심을 주는 성희롱, 성폭행 등의 학대행위와 아동에게 음행을 시키거나 음행을 매개하는 행위이다. 그리고 방임이란 고의적, 반복적으로 아동양육과 보호를 소홀히 함으로써 정상적인 발달을 저해하는 모든 행위를 말한다.

아동복지법 제 24조에 의거 국가와 지방자치단체는 아동보호전문기관을 설치하여 아동하대에 대한 예방 및 조치를 실시하고 있다. 아동학대에 대한 복지서비스로는 ① 피해아동의 신체적·심리적 손상 정도를 판단하기 위한 각종 심리 검사 실시, ② 신체적 손상의 치료를 위해 개별상담을 위시한 각종 치료 제공 서비스가 있다(최일섭, 2012).

3) 공공부조

아동을 위한 공공부조사업은 아동의 보호자가 현실적으로 생활능력이 없는 상태에 있거나 경제생활이 곤란한 상태에 있는 자에게 국가 또는 공공단체가 최종적인 생활보장수단으로써 최저생활에 필요한 급여를 제공하는 제도이다. 우리나라의 경우 국민기초생활보장법을 통해 공공부조 서비스를 제공하고 있다.

공공부조는 아동이 빈곤으로 인하여 발생하는 여러 가지 문제를 미연에 방지하기 위하여 극빈가정과 한부모가족 등의 생활이 어려운 가정에 경제적 지원을 하는 거택보호와, 아동이 보호자로부터 유기, 또는 이탈된 경우나 보호자가 자신의 자녀를 도저히 가정에서 양육하기가 어려운 18세 미만의 아동을 지원하는 시설보호, 보호대상자의 자립능력을 배양시켜 스스로 저소득층을 벗어나 자립하여 정상적인 사회성원이 되도록 하는 자활보호, 그 밖에 교육보호, 의료보호 등이 있다.

우리나라는 현재 아동을 위한 공공부조가 독립적으로 운영되는 것이 아니라 수급자에 아동이 일부 대상자로 포함되어 있어 아동의 특수성을 고려한 보호는 아직 미흡한 상황이다.

4) 보육사업

보육이란 영유아를 건강하고 안전하게 보호·양육하고 영유아의 발달특성에 맞는 교육을 제공하는 어린이집 및 가정양육 지원에 관한 사회복지서비스를 말하며, 영유아란 6세 미만이 취학 전 아동을 말한다(영유아보육법 제2조). 보육사업이란 영유아의 심신을 보호하고 건전하게 교육하여 건강한 사회 구성원으로 육성함과 아울러 보호자의 경제적·사회적 활동이 원활하게 이루어지도록 함으로써 영유아 및 가정의 복지 증진에 이바지함을 목적(영유아보육법 제1조)으로, 보호자의 위탁을 받아 어린이집에서 영유아이 교육과 기능을 제공하는 서비스를 말한다(Kadushin & Martin, 1988).

〈표 9-5〉 **보육의 유형**

분 류	내 용
보육 장소	가정보육, 기관보육, 직장보육, 병원보육, 대학 및 연구소 부설 보육
운영시간	종일제 보육, 반일제 보육, 시간제 보육, 야간보육, 24시간 보육, 방과 후 보육
보육 대상아동	영아보육, 유아보육, 장애아보육, 방과 후 보육
운영 주체	국·공립어린이집, 법인 어린이집, 직장어린이집, 가정어린이집, 부모협동어린이집, 민간어린이집

5) 가정위탁보호

가정위탁보호사업은 부모의 사망, 실직, 질병, 학대, 방임, 알코올중독, 약물중독, 수감 등으로 아동의 부모가 일시적으로 또는 장기적으로 아동을 양육할 수 없거나 양육하기에 적절하지 못할 때 아동의 보호를 희망하는 건전한 가정을 선정하여 단기 또는 장기간 대리양육 하도록 하는 것을 말한다. 하지만 가정위탁보호는 친부모의 아동에 대한 권리나 의무 등 법적인 권한이 양부모에게 이전되는 입양과는 구분된다.

이러한 가정위탁보호는 아동에게 있어 장기적 측면에서 아동이 부모나 가정에서 영원히 분리가 아니라, 잠시 위탁되어 있는 동안에 부모가 양육능력을 회복하거나 환경을 개선함으로써 가정을 되찾을 수 있으며, 정서적 안정, 가족이 해체되는 것을 방지하는데 그 의의가 있다.

하지만 우리나라의 경우 아직까지 가정위탁보호제도가 활성화되지 못하고 있어서, 입양을 앞둔 일부 아동을 일시적으로 맡기는 입양보조사업으로의 성격이 강하다.

6) 입양

입양이란 친부모가 없거나 친부모가 자녀를 양육·보호할 능력이 없는 경우 아동에게 가정과 부모를 제공해 주는 것으로 출산이 아닌 법적 과정을 통하여 친권관계를 맺는 것을 의미한다. 입양이 결정되면 법이 정하는 절차에 따라서 친부모와 자녀 간의 모든 권리와 의무는 소멸되는 대신 양부모와 입양아가 새로운 부모-자녀 관례를 인정받게 된다.

우리나라에서의 입양이 이루어지기 시작한 것은 한국전쟁으로 인한 정쟁고와와 혼혈아동을 국외로 입양시키기 시작한 1950년 이후이다. 입양실적을 보면 1958년부터 2005년 사이에 공식적으로 국내외에 입양한 아동은 모두 224,752명이다. 이 중 국내입양이 67,607명, 국외입양이 157,145명으로 국내입양 비율이 30.1%에 불과하다. 최근에는 국내입양이 국외입양보다 늘어나는 추세이다. 하지만 장애아동의 경우는 국내입양이 매우 저조한 상황이다. 이는 입양가정에 대한 지원이 부족하여 양육비가 많이 들어 경제적인 문제와 사회적인 차별시선 때문이다. 따라서 정부에서는 장애아동의 국내입양을 촉진하기 위하여 보다 다각적이고 효과적인 지원을 제공해야 하며, 장애아동 입양에 대한 사회적 인식개선 노력을 기울여야 한다.

7) 시설보호

시설보호사업은 아동의 부모가 자녀를 양육할 능력이나 의사가 없는 경우 대리양육이나 가정위탁 등의 가정보호 대신 일정한 시설에 아동을 입소시켜 일시적 또는 장기적으로 집단보호 하는 서비스를 말한다. 과거에는 시설보호가 주로 고아를 양육하는 데 1차적 목적이 있었지만, 오늘날에는 단순한 수용보호의 차원을 넘어 아동들의 건전한 성장과 인력발달 및 사회적 치료를 목적으로 하여 아동문제를 근본적으로 해결하려 노력하고 있다.

아동복지법의 규정된 아동복지시설로는 아동양육시설, 아동일시보호시설, 아동보호치료시설, 아동직업훈련시설, 자립지원시설, 아동단기보호시설, 아동상담소, 아동전용시설, 아동복지관, 공동생활가정, 지역아동센터가 있다. 보건복지부(2011) 아동복지시설 운영 자료에 의하면, 아동복지시설은 보호아동 중 90% 이상을 차지하는 양육시설(243개소)을 비롯하여, 직업훈련시설(3개소), 보호치료시설(8개소), 자립지원시설(13개소), 일시보호시설(13개소), 종합시설(2개소) 등 총 282개소에 약 18,400여 명의 아동의 보호를 받고 있다.

8) 드림스타트

드림스타트는 아동 및 가정의 욕구 및 위기상황에 대한 지속적인 사례관리를 통해 건강·기초학습·사회성 함양·부모교육·가족지지 등 맞춤형 통합서비스를 제공하는 것으로,

2010년 5월 현재 94개 지역에서 시행되고 있으며, 시·군·구 내 저소득 아동 300명 이상이 거주하는 빈곤아동 밀집지역의 12세 이하 저소득 아동(수급자 및 차상위) 300명 및 가족, 임산부를 주요 대상으로 한다.

9) 디딤돌 씨앗통장

디딤돌 씨앗통장사업은 저소득 아동이 사회진출 시 필요한 자립자금에 도움을 주기 위한 사업으로 아동복지시설 아동, 가정위탁 아동 등을 대상으로 아동발달지원계좌(CDA)를 지원해 주는 것이다. 이 사업은 아동이 보호자, 후원자 등의 도움으로 월 3만원 이내의 금액을 저축하면 국가(지자체)에서 만 17세까지 같은 액수(1:1 매칭 펀드)를 지원하여 만 18세 이후 사회진출 시 학자금, 전세금, 창업자금 등으로 사용할 수 있다.

10) 지역아동센터

아동복지법에 명시된 지역아동센터란 "보호·교육·건전한 놀이와 오락의 제공, 보호자와 지역사회의 연계 등 아동의 건전육성을 위하여 종합적인 아동복지서비스를 제공하는 시설"로 규정하고 있다. 아동복지의 대상이 아동과 그 가족임을 고려해 보면, 지역아동센터의 서비스 내용은 아동과 그 아동이 속한 가정이 건강하게 유지되기 위해 필요한 서비스를 제공하는 것을 의미한다.

최근 교회를 중심으로 지역아동센터가 증가하는 추세이다. 하지만 정부의 지원이 열악한 상황과 시설의 자립능력 부족으로 인하여 지역아동센터가 설립 목적을 달성하는데 많은 어려움이 있다. 따라서 이러한 문제를 해결하기 위해서는 지역사회와의 연계 및 민·관 협조체계와 지지망을 통해 아동들에게 보다 효과적인 서비스가 제공될 수 있도록 하는 노력이 절실하다.

11) 두드림존(do dream zone)

두드림존(do dream zone)은 자립준비가 필요한 취약계층 청소년을 대상으로 자립준비 교육, 체험을 통한 동기 강화 및 사회진출을 위한 3단계 과정의 체험 중심적 자립준비사업을 프로그램 정례화를 통해 상설로 운영하는 자립지원기관이다. 시·도 청소년상담지원센터에서 운영하며, 학업중단, 가출, 요보호, 보호관찰, 시설퇴소, 학교부적응 등 사회 심리적 위기·취약계층으로 사회진출 및 자립에 어려움을 겪고 있는 자립 당면 청소년이 사업의 지원 대상이다.

12) 청소년통합지원체계(CYS-Net)

지역사회 청소년통합지원체계는 지역사회 시민, 청소년 관련 기관 및 단체가 위기 상황에 빠진 청소년을 발견·구조·치료하는데 참여하여 건강한 민주시민으로 성장하도록 지원하기 위해 협력하는 연계망을 말한다. 지역사회내 청소년 관련 자원을 연계하여 학업중단, 가출, 인터넷 중독 등 위기청소년에 대한 상담·보호·자립 등 맞춤형 서비스를 제공하여 가정과 사회로의 복귀를 지원하는 것을 목적으로 하며, 시·도 및 시·군·구 청소년상담지원센터에서 운영한다.

13) 교육복지우선사업

교육복지우선사업은 교육복지정책, 즉 국민최저교육 수준 보장, 교육부적응 및 불평등 해소, 그리고 복지 친화적 교육환경 조성 등을 구체화시킨 것으로 저소득 밀집지역을 대상으로 학교 중심의 지역사회연계망을 구축하고, 저소득층 학생에게 교육·복지·문화서비스를 제공함으로써 교육기회 균등을 그 목적으로 한다(교육인적자원부, 2004).

14) 학교사회복지

학교사회복지는 학생의 문제를 개인만의 문제가 아닌 환경과의 상호작용 문제로 보고, 이러한 심리사회적 문제를 학생-학교-가정-지역사회의 연계를 통해 예방하고 해결해야 한다는 시각에서 출발하였다. 학교사회복지는 모든 학생이 자신의 잠재력과 능력을 최대한 발휘할 수 있도록 최상의 교육환경과 교육기회를 제공하여, 궁극적으로는 교육의 본질적인 목적을 달성하고, 학생 복지를 실현할 수 있도록 도와주는 교육기능의 한 부분으로 모든 학교를 대상으로 이루어지는 복지를 말한다.

10

Chapter

노인복지와 장애인복지

Introduction to Social Welfare and job practice

1. 노인복지

1) 노인복지의 개념

노인복지의 개념은 노인이 인간다운 생활을 영위하면서 가족 및 지역사회에 적응하고 통합되도록 필요한 자원을 제공하는 공적 및 사적 차원의 조직적인 제반 활동이다(장인협 외, 2002). 즉, 노인복지는 노인의 복지적 상태를 유지할 수 있게 하는 사회적 활동으로서 사회복지 실천의 한 분야이며, 노인의 필요 요구를 충족하게 하는 사회적인 서비스로 정의된다.

일반적으로 노인복지라고 하면 넓은 뜻으로는 노인생활의 전면 보장을 말하기도 하고, 좁은 의미로는 최소한의 생활유지를 의미하는 복지서비스를 말하는 경우도 있다. 그러나 어떤 경우에든 노인복지는 독립된 인간으로서의 노인의 기본적 욕구 충족과 문화적 생활 유지를 국가나 사회가 보장함을 뜻한다고 할 수 있다.

노인복지는 노인을 대상으로 이들의 복지를 추구하는 사회적 노력이다. 대부분의 사회에 있어서 노인은 아동 및 장애인과 함께 사회복지의 주된 대상이 되어왔다. 특히 우리나라는 현재 매우 빠른 수준의 고령화 현상을 보이고 있기 때문에 다른 복지사업에 비해 매우 관심이 높은 서비스분야로 인식되고 있다.

2) 노인복지의 대상

(1) 노화와 노인의 정의

노인복지의 대상인 노인을 정의하기 위해서는 노화에 대하여 먼저 이해하여야 한다. 노화란 시간에 따라 유기체의 세포, 조직 혹은 유기체 전체에 일어나는 점진적인 변화이다. 노화과정에서 인간은 경험 및 지혜의 축적, 기술 및 활동능력의 향상과 같은 긍정적인 결과를 얻을 수 있는 반면에 신체적 노쇠, 정신능력의 감퇴, 친구 혹은 배우자의 죽음 등 부정적인 결과를 초래할 수도 있다. 권중돈(2004)은 노화를 생물학적 노화, 심리적 노화, 사회적 노화로 구분하여 노화에 대한 개념을 구체적으로 제시하였다.

(2) 노인과 사회문제

우리나라는 급격한 고령화 현상을 보이고 있다. 평균수명의 증가로 인한 고령화 현상은 가족구조와 기능의 변화, 산업사회와 탈산업사회 영향과 노후생활의 탈 가치적 판단에 의하여 여러 가지 사회문제와 연관되어진다. 우리나라 고령화는 1980년대 3.8%, 2000년 7%, 2018년 14%, 2026년에는 20.8%로 고령화 속도가 점차 빨라질 것으로 예상된다. 하지만 이러한 고령화 속도에 올바르게 대응하지 못 할 경우 우리 사회는 다음과 같은 심각한 어려움에 직면하게 될 것이다.

첫째, 퇴직으로 인한 빈곤과 직결된 경제적 문제이다. 퇴직은 곧 소득의 상실을 의미한다. 노령연금제도가 실시되는 선진국에서도 퇴직 후의 수입은 퇴직 전의 수입에 비하면 절반 이하로 절감되는 현상을 보이고 있다.

〈표 10-1〉 **연도에 따른 인구와 노년부양비 변화추계**

연도	총인구	15~64세	65세 이상	총부양비	노년부양비
1990	42,869,283	69.3	5.1	44.3	7.4
2000	47,008,111	71.7	7.2	39.5	10.1
2005	47,041,434	71.8	9.1	39.3	12.6
2010	47,219,537	72.8	10.9	37.3	14.9
2019	49,949,889	72.3	14.9	38.3	20.6
2026	49,771,248	67.5	20.8	48.0	30.8

출처: 통계청 추계인구

1) 인구는 1990~2005년까지는 확정인구이며, 그 이후는 인구추계 시 바뀔 수 있음

2) 부양비: 생산가능인구(15~64세)가 부양해야 할 유년인구(0~14세),
노년인구(65세 이상)의 비율: 부양비=유년부양비+노부양비

3) 노년부양비=65세 이상 인구/(15~64세인구)×100

둘째, 퇴직 이후 역할상실의 문제이다. 퇴직은 직업역할의 상실을 초래하고, 이는 긴 여가시간, 즉 역할 없는 역할에 사로잡히는 시간을 맞이하게 된다. 문제는 여가에 대한 사회화의 부족, 여가시설의 부족, 여가프로그램의 미개발 상태는 사회적 역할 상실과 밀접한 관계를 갖게 된다.

셋째, 퇴직 후에 나타나는 중요한 문제 중 하나는 건강 등의 신체적·생리적인 문제이다. 경제적 곤란은 건강의 효과적인 관리에 어려움을 초래하게 되며, 신체적 노화로 인하여 자연스럽게 발생하는 질병을 관리하지 못하게 될 경우 더욱 심각한 신체적·생리적인 어려움을 겪게 된다.

넷째, 퇴직 후의 노인은 사회적·심리적 고립과 소외를 맞이하게 된다. 산업사회가 발전하면서 부모는 자녀보다 학력은 낮으며 낮은 수준의 정보를 접하게 된다. 이로 인하여 세대 간이 교류와 의사소통에 있어서 단절을 경험하게 되고, 이는 세대 간의 갈등의 요인이

되기도 한다. 따라서 부모와 분리되어 생활하려는 핵가족화가 촉진되고, 자녀와 부모 간의 거리감은 더욱 확대되어질 것이다.

3) 노인복지의 원칙

노인복지의 원칙은 국제연합(UN)이 1991년 유엔총회에서 채택한 노인을 위한 유엔원칙에 가장 잘 반영되어 있다. 이 UN 원칙은 노인복지를 함에 있어서 자립, 참여, 보호, 자아실현, 존엄이라는 원칙을 반영하고 있다(양점도외, 2010).

(1) 자립

- 소득, 가족과 지역사회의 지원 및 자조를 통하여 적절한 식량, 물, 주거, 의복 및 건강보호에 접근할 수 있어야 한다.
- 일을 할 수 있는 기회를 제공받거나, 다른 소득을 얻을 수 있는 기회에 접근할 수 있어야 한다.
- 직장에서 언제 어떻게 그만둘 것인지에 대한 결정에 참여할 수 있어야 한다.
- 적절한 교육과 훈련 프로그램에 접근할 수 있어야 한다.
- 개인의 선호와 변화하는 능력에 맞추어 안전하고 적응할 수 있는 환경에서 살 수 있어야 한다.
- 가능한 오랫동안 가정에서 살 수 있어야 한다.

(2) 참여

- 사회에 통합되어야 하며, 노인의 복지에 직접 영향을 미치는 정책의 형성과 이행에 적극적으로 참여하고, 노인의 지식과 기술을 젊은 세대와 함께 공유하여야 한다.
- 지역사회 봉사를 위한 기회를 찾고 개발하여야 하며, 노인의 흥미와 능력에 알맞은 자원봉사자로서 봉사할 수 있어야 한다.
- 노인을 위한 사회운동과 단체를 조직할 수 있어야 한다.

(3) 보호

- 각 사회의 문화적 가치체계에 따라 가족과 지역사회의 보살핌과 보호를 받아야 한다.
- 신체적, 정신적, 정서적 안녕의 최적 수준을 유지하거나 되찾도록 도와주고, 질병을 예방하거나 그 시작을 지연시키는 건강보호에 접근할 수 있어야 한다.
- 노인의 자율과 보호를 고양시키는 사회적·법률적 서비스에 접근할 수 있어야 한다.
- 인간적이고 안전한 환경에서 보호, 재활, 사회적·정신적 격려를 제공하는 적정 수준

의 시설보호를 이용할 수 있어야 한다.

- 노인이 보호시설이나 치료시설에 거주할 때도 그들의 존엄, 신념, 욕구와 사생활을 존중받았으며 자신들의 건강보호와 삶의 질을 결정하는 권리도 존중받는 것을 포함하는 인간의 권리와 기본적인 자유를 향유할 수 있어야 한다.

(4) 자아실현

- 노인의 잠재력을 완전히 개발하기 위한 기회를 추구하여야 한다.
- 사회의 교육적, 문화적, 정신적 자원, 그리고 여가에 관한 자원에 접근할 수 있어야 한다.

(5) 존엄

- 존엄과 안전 속에서 살 수 있어야 하며 착취와 육체적, 정신적 학대로부터 자유로워야 한다.
- 나이, 성, 인종이나 민족적인 배경, 장애나 여타 지위에 상관없이 공정하게 대우받아야 하며, 노인의 경제적인 기여와 관계없이 평가되어야 한다.

4) 노인복지시설서비스

우리나라 노인복지시설은 노인주거복지시설, 노인의료복지시설, 노인여가복지시설, 재가노인복지시설, 노인보호전문기관 등 크게 다섯 가지 유형이 있다. 세부시설 유형을 살펴보면, 노인주거복지지설에는 양로시설, 노인공동생활가정, 노인복지주택으로, 노인의료복지시설에는 노인요양시설, 노인요양공동생활가정, 노인전문병원으로, 노인여가복지시설에는 노인복지관, 경로당, 노인교실, 노인휴양소로, 재가노인복지시설에는 방문요양서비스, 주·야간보호서비스, 단기보호서비스, 방문목욕서비스로, 마지막으로 노인학대예방 및 신고 상담을 수행하는 노인보호전문기관으로 구분된다.

〈표 10-2〉 **노인복지시설 유형**

종 류	시 설
노인주거복지시설	양로시설, 노인공동생활가정, 노인복지주택
노인의료복지시설	노인요양시설, 노인요양공동생활가정, 노인전문병원
노인여가복지시설	노인복지관, 경로당, 노인교실, 노인휴양소
재가노인복지시설	방문요양서비스, 주·야간보호서비스, 단기보호서비스, 방문목욕서비스
노인보호전문기관	노인보호전문기관

(1) 노인주거복지시설

노인복지주거시설은 양로시설, 노인공동생활가정, 노인복지주택을 포함한다. 양로시설은 노인을 입소시켜 급식과 그 밖에 일상생활에 필요한 편의를 제공하는 것을 목적으로 하는 시설이다.

노인공동생활가정(그룹홈)은 노인들에게 가정과 같은 주거여건과 급식, 그 밖에 일상생활에 필요한 편의를 제공함을 목적으로 하는 시설이다. 노인복지주택은 노인에게 주거시설을 분양 또는 임대하여 주거의 편의·생활지도·상담 및 안전관리 등 일상생활에 필요한 편의를 제공하는 시설이다.

<표 10-3> **노인주거복지시설**

<table>
<tr><th>시 설</th><th>설 치 목 적</th><th>입 소(이용) 대 상 자</th><th>설 치</th></tr>
<tr><td>양로시설</td><td>노인을 입소시켜 급식과 그 밖에 일상생활에 필요한 편의를 제공</td><td rowspan="2">○ 다음 각 호의 어느 하나에 해당하는 자로서 일상생활에 지장이 없는 자
가. 「국민기초생활보장법」 제2조에 따른 수급권자(이하 "기초수급권자"라 한다)로서 65세 이상의 자
나. 부양의무자로부터 적절한 부양을 받지 못하는 65세 이상의 자
다. 본인 및 본인과 생계를 같이 하고 있는 부양의무자의 월소득을 합산한 금액을 가구원 수로 나누어 얻은 1인당 월평균 소득액이 통계청장이 통계법 제17조제3항에 따라 고시하는 전년도의 도시근로자가구 월평균 소득을 전년도의 평균 가구원수로 나누어 얻은 1인당 월평균 소득액 이하인 자(이하 "실비보호대상자"라 한다)로서 65세 이상의 자
라. 입소자로부터 입소비용의 전부를 수납하여 운영하는 양로시설 또는 노인공동생활가정의 경우는 60세 이상의 자</td><td rowspan="2">시장·군수·구청장에 신고</td></tr>
<tr><td>노인공동생활가정</td><td>노인들에게 가정과 같은 주거여건과 급식, 그 밖에 일상생활에 필요한 편의를 제공</td></tr>
<tr><td>노인복지주택</td><td>노인에게 주거시설을 분양 또는 임대하여 주거의 편의·생활지도·상담 및 안전관리 등 일상생활에 필요한 편의를 제공</td><td>단독취사 등 독립된 주거생활을 하는데 지장이 없는 60세 이상의 자</td><td>〃</td></tr>
</table>

(2) 노인의료복지시설

노인의료복지시설은 노인요양시설, 노인요양공동생활가정, 노인전문병원과 같은 노인의 의료를 위한 시설을 말한다. 이 중 노인요양시설(요양원)은 치매·중풍 등 노인성 질환 등으로 심신에 상당한 장애가 발생하여 도움을 필요로 하는 노인을 입소시켜 급식·요양과 그 밖에 일상생활에 필요한 편의를 제공함을 목적으로 하는 시설이다. 그리고 노인요양공동생활가정은 치매·중품 등 노인성 질환 등으로 심신에 상당한 장애가 발생하여 도움을 필요로 하는 노인에게 가정과 같은 주거여건과 급식·요양, 그 밖에 일상생활에 필요한 편의를 제공하는 시설을 말한다. 마지막으로 노인전문병원은 노인을 전문으로 의료를 행하는 시설이다.

<표 10-4> **노인의료복지시설**

시 설	설 치 목 적	입 소(이용) 대 상 자	설 치
노인요양시설	치매·중풍 등 노인성 질환 등으로 심신에 상당한 장애가 발생하여 도움을 필요로 하는 노인을 입소시켜 급식·요양과 그 밖에 일상생활에 필요한 편의를 제공	○ 노인성질환 등으로 다음 각 호의 어느 하나에 해당하는 자 가. 「노인장기요양보험법」 제15조에 따른 장기요양급여수급자 나. 기초수급권자로서 65세 이상의 자 다. 부양의무자로부터 적절한 부양을 받지 못하는 65세 이상의 자 라. 입소자로부터 입소비용의 전부를 수납하여 운영하는 노인요양시설 또는 노인요양공동생활가정의 경우는 60세 이상의 자	시장·군수·구청장에 신고
노인요양공동생활가정	치매·중풍 등 노인성 질환 등으로 심신에 상당한 장애가 발생하여 도움을 필요로 하는 노인에게 가정과 같은 주거여건과 급식·요양, 그 밖에 일상생활에 필요한 편의를 제공		
노인전문병원	주로 노인을 대상으로 의료를 행하는 시설 ☞ 의료법에 의한 의료기관을 개설할 수 있는 자(치과의사 및 조산사 제외)에 한하여 시·도지사의 허가를 받아 설치	가. 노인성질환으로 치료 및 요양을 필요로 하는 자 나. 임종을 앞둔 환자	시·도지사 허가

(3) 노인여가복지시설

노인여가복지시설은 노인복지관, 경로당, 노인교실, 노인휴양소 등 노인의 여가를 위한 시설을 말한다. 그 중 가장 대표적인 노인복지관은 노인의 교양·취미생활 및 사회참여활동 등에 대한 각종 정보와 서비스를 제공하고, 건강증진 및 질병예방과 소득보장·재가복지, 그 밖에 노인의 복지증진에 필요한 서비스를 제공하는 시설이다. 다음으로 경로당은 지역노인들이 자율적으로 친목도모·취미활동·공동작업장 운영 및 각종 정보교환과 기타 여가활동을 할 수 있도록 하는 장소를 제공하는 것을 목적으로 하는 시설이다. 그리고 노인교실은 노인들에 대하여 사회활동 참여욕구를 충족시키기 위하여 건전한 취미생활·노인건강 유지·소득보장 기타 일상생활과 관련한 학습 프로그램을 제공하는 시설이다. 마지막으로 노인휴양소는 노인들에 대하여 심신의 휴양과 관련한 위생시설·여가시설 기타 편의시설을 단기간 제공하는 시설을 말한다.

<표 10-5> **노인여가복지시설**

시 설	설 치 목 적	입 소(이용) 대 상 자	설 치
노인 복지관	노인의 교육·취미생활 및 사회참여활동 등에 대한 각종 정보와 서비스를 제공하고, 건강증진 및 질병예방과 소득보장·재가복지, 그 밖에 노인의 복지증진에 필요한 서비스를 제공	60세 이상의 자	시장·군수·구청장에 신고
경로당	지역노인들이 자율적으로 친목도모·취미활동·공동작업장 운영 및 각종 정보교환과 기타 여가활동을 할 수 있도록 하는 장소를 제공	65세 이상의 자	〃
노인 교실	노인들에 대하여 사회활동 참여욕구를 충족시키기 위하여 건전한 취미생활·노인건강유지·소득보장 기타 일상생활과 관련한 학습프로그램을 제공	60세 이상의 자	〃
노인 휴양소	노인들에 대하여 심신의 휴양과 관련한 위생시설·여가시설 기타 편의 시설을 단기간 제공	60세 이상의 자 및 그와 동행하는 자. 다만, 이용인원이 정원에 미달하는 때에는 정원의 100분의 30의 범위 안에서 그 외의 자도 이용할 수 있다.	〃

(4) 노인재가복지시설

노인재가복지시설은 가정에서 일상생활을 영위하고 있는 노인, 즉 재가노인을 대상으로 하는 노인복지시설이다. 이 시설에서 제공되는 서비스는 방문요양서비스, 주·야간보호서비스, 단기보호서비스, 방문목욕서비스 등이 있다.

<표 10-6> **재가노인복지시설**

시 설	설 치 목 적	입 소(이용) 대 상 자	설 치
방문 요양 서비스	가정에서 일상생활을 영위하고 있는 노인으로서 신체적·정신적 장애로 어려움을 겪고 있는 노인에게 필요한 각종 편의를 제공하여 지역사회 안에서 건전하고 안정된 노후를 영위하도록 하는 서비스	○ 장기요양수급자나 심신이 허약하거나 장애가 있는 65세 이상의 자(이용자로부터 이용비용의 전부를 수납 받아 운영하는 시설의 경우에는 60세 이상의 자로 한다)로서 다음 각 호에 해당하는 자 가. 방문요양서비스 : 가정에서 보호가 필요한 자	시장·군수·구청장에 신고
주·야간 보호 서비스	부득이한 사유로 가족의 보호를 받을 수 없는 심신이 허약한 노인과 장애노인을 주간 또는 야간 동안 보호시설에 입소시켜 필요한 각종 편의를 제공하여 이들의 생활안정과 심신기능의 유지·향상을 도모하고, 그 가족의 신체적·정신적 부담을 덜어주기 위한 서비스		

<table>
<tr><td>단기
보호
서비스</td><td>부득이한 사유로 가족의 보호를 받을 수 없어 일시적으로 보호가 필요한 심신이 허약한 노인과 장애노인을 보호시설에 단기간 입소시켜 보호함으로써 노인 및 노인가정의 복지증진을 도모하기 위한 서비스</td><td rowspan="2">나. 주·야간보호서비스 : 주간 또는 야간 동안의 보호가 필요한 자
다. 단기보호서비스 : 단기간의 보호가 필요한 자
라. 방문 목욕서비스 : 가정에서의 목욕이 필요한 자</td><td rowspan="2"></td></tr>
<tr><td>방문
목욕
서비스</td><td>목욕 장비를 갖추고 재가노인을 방문하여 목욕을 제공하는 서비스</td></tr>
</table>

(5) 노인보호전문기관

노인보호전문기관은 노인 학대와 관련된 신고, 상담, 보호, 예방 및 홍보하는 노인학대 예방 전문기관으로 24시간 신고·상담을 운영한다.

<표 10-7> **노인보호전문기관**

시 설	설 치 목 적	입 소(이용) 대 상 자	설 치
노인보호전문기관	시·도지사가 노인보호전문기관을 지정·운영, 노인학대 신고, 상담, 보호, 예방 및 홍보, 24시간 신고·상담용 긴급전화(1577-1389) 운영	노인학대행위자에 대한 상담 및 교육 학대받은 노인의 발견·상담·보호 등 노인학대 예방 및 방지를 위한 홍보	시·도지사 지정

2. 장애인복지

1) 장애의 개념

장애라는 용어는 매우 광범위하고 모호한 개념을 포함하고 있다고 할 수 있는데, 1980년 세계보건기구(WHO)에서 내린 공식적인 정의에 의하면 "장애(disability)는 의학적 손상(impairment)의 직접적인 결과로서 발생하는 것을 의미하며, 손상(impairment), 장애(disability) 및 사회적 불리(handicaps)의 개념으로 설명한다."

여기서 말하는 손상은 심리·생리해부학적 구조나 기능 상실을 의미하고, 장애는 손상으로 인한 기능의 제한이 장기간에 걸쳐 지속될 것이라고 의학적으로 판단되어 정상의 범위 내에서 활동을 수행하는 능력의 제한이나 결여된 상태를 말한다. 그리고 사회적 불리는 주요 환경적응에 있어서 독립성의 상실이나 사회·경제적 개인생활상의 역할수행과 관련된 제한성을 뜻한다.

WHO에서는 1980년에 ICIDH(International Classification of Impairments, Disabilities, and Handicaps) 분류체계를 만들어 원인에 관계없이 사회적 불이익을 받는다는 결과를 중

심으로 장애를 설명함으로써 장애에 대한 사회적 책임론이 확장될 가능성을 높였으며, 1997년에 새롭게 제안한 ICIDH-2에서는 개별적 모델과 사회적 모델의 개념적 차이를 한 체계 안에서 설명하려고 노력함으로써 장애를 3차원의 축(손상, 활동, 참여)으로 분류하면서 손상과 활동은 개별적 모델의 개념을, 상황요인과 참여는 사회적 모델에서의 환경을 제시하고 있다(김용득, 2002).

〈표 10-8〉 **ICIDH의 장애 개념**

개념	의미	차원
건강조건 (Health condition)	병리학적인 변화로서 증상이 있다. 즉, 개인적인 차원에서 어떤 '비정상성'이 발생하였다.	개인적차원
손상 (impairments)	임상적인 질병을 다른 사람이 인식할 수 있게 되었다. 즉, 타인이 개인의 어떤 '비정상성'을 인식하였다.	개인적차원
장애 (disabilities)	활동상의 능력 제한이 발생했다. 즉, 개인적인 차원에서 활동 수행 능력이 감소되었다.	개인적차원
사회적 불리 (handicaps)	개인의 활동상의 능력 제한에 대해 사회적 참여의 제한이라는 사회적 반응이 발생했다. 즉, 개인은 다른 사람에 비해 불리한 상황에 처해졌다.	사회적차원

출처: WHO(1980).

최근 장애를 보는 관점은 개인의 신체적 조건이나 질병을 강조하는 의학적 모형에서 개인과 환경은 상호작용을 한다고 보는 생태학적 모형으로 그 관점이 바뀌고 있다(정동영, 1996).

이상에서와 같이 현대 사회에서 장애란 특정 개인의 문제가 아니라 개인과 사회와의 상호작용에 의한 문제로 설명되어진다. 뿐만 아니라 장애는 단순히 심신의 손상만이 아니라 개인의 기능적 제한이나 사회적으로 불리를 가져오는 요인들까지도 모두 장애에 포함하고 있다. 이러한 개념의 변화로 인해 최근에는 장애유형도 점차 대상이 확대되고 있는 추세이다.

2) 장애인복지의 정의

장애인복지란 장애인 당사자 및 장애인 가족에게 장애로 인하여 발생하는 가정생활, 사회생활의 어려움을 경감하기 위하여 국가나 민간복지기관을 통해 제공하는 다양한 서비스 프로그램을 통해 의료적, 교육적, 직업적, 사회적 모든 문제에 걸쳐 원조하는 제도적, 정책적 서비스의 조직적인 활동과 노력을 말한다.

WHO(1976)는 장애인복지를 의료적, 사회적, 교육적, 직업적 서비스를 통합적으로 사용하여 개인을 훈련시키고 재훈련시켜 개인의 기능적 능력을 가능한 최고의 수준으로 높이는 것으로 정의했다. 그리고 장애인복지는 장애인이 가지고 있는 잔존능력을 최대한 활용하여 사회적응이 가능토록 하는 지역사회복지(Community Based Rehabilitation: CBR)를 통하여 장애인을 그 지역사회 내에 통합시켜야 한다는 정상화 이념에 기초해야 한다. 즉, 장애인복지는 장애인이 지역사회의 구성원으로 지역주민과 더불어 모든 영역에 걸쳐서 평등하게 살아갈 수 있도록 환경을 조성해야 한다는 기본 이념에 근거해야 한다.

3) 장애인복지의 원칙

우리는 장애인도 사회복지의 한 대상으로서 인간존엄성과 클라이언트의 능력을 최대한 발휘할 수 있도록 하여야 하며, 스스로 삶을 결정할 수 있는 차원에서 가치 있는 삶을 영위하도록 지원해야 할 것이다. 이러한 차원에서 장애인복지의 이념을 실천하기 위한 주요 원칙들을 살펴보면 다음과 같다.

(1) 인권존엄성의 원칙

장애인에 대한 일반적인 사회적 인식은 차별과 편견이 만연한 것이 사실이다. 그러나 신체적·정신적으로 장애가 있다하여도 한 인간으로서 생명이 존중되어야 하며, 장애인의 동등한 사회의 기본적인 의무와 권리가 존중되어야 한다는 원칙이다.

(2) 개별화의 원칙

장애를 가지고 있어도 개인이 추구하는 삶의 목표는 다르다. 따라서 개개인이 가진 다양한 장애에 대한 의미 부여와 문제해결을 위한 접근방법에는 개별화되어야 한다는 원칙이다.

(3) 발달보장의 원칙

모든 개체는 변화하고 발달하며 그 가능성을 믿고 잠재능력을 개발하는 것이다. 따라서 모든 인간은 발달의 과정을 겪게 되기 때문에 설사 장애가 있다하더라도 장애인의 개인적 발달과 잔존능력과 특성에 성장 가능성을 찾아 발달시켜야 한다는 원칙이다.

(4) 사회참여와 평등의 원칙

사회참여와 평등의 원칙은 장애인의 완전한 사회참여와 평등이 이루어져 장애인과 비장애인이 하나의 사회를 형성하여 사회통합을 이루고자 하는 원칙이다.

(5) 기회균등의 원칙

장애인도 한 사람의 사회구성원이기 때문에 모든 사람들이 공유하는 사회적 기회가 장애인에게도 보장되어야 한다. 즉, 비장애인과 다른 생활이나 분리된 생활은 바람직하지 못하므로 정상적인 사회생활을 할 수 있도록 해야 한다는 원칙이다.

(6) 사회적 가치화의 원칙

장애인은 장애를 가지고 있다는 이유만으로 사회로부터 가치 절하되고, 그들의 잠재된 능력을 인정받지 못하게 되는 경우가 많다. 그러나 장애인도 사회의 한 구성원으로의 역할을 하며 살 수 있는 존재로 사회적 권리가 부여되어야 한다는 원칙이다.

4) 장애분류 및 유형별 정의와 특징

(1) 장애의 분류

우리나라는 1999년 개정된 장애인복지법 제2조에서 장애유형을 크게 신체적 장애와 정신적 장애로 분류하고 있으며, 동법 시행령 제2조에서는 장애종류를 지체장애, 뇌병변장애, 시각장애, 청각장애, 언어장애, 지적장애, 발달장애, 정신장애, 신장장애, 심장장애로 분류하고 그 기준을 규정하고 있으며 2003년 7월부터는 장애 분류가 확대되면서 호흡기, 간, 안면, 장루·요루, 간질장애도 장애범주에 포함하여 현재 15가지 장애유형으로 분류되고 있다.

<표 10-9> **우리나라 장애인복지법에 따른 장애범주**

대분류	중분류	분류	세분류
신체적 장애	외부 신체 기능의 장애	지체장애	절단장애, 관절장애, 지체기능장애, 변형 등의 장애
		뇌병변장애	중추신경의 손상으로 인한 복합적인 장애
		시각장애	시력장애, 시야결손장애
		청각장애	청력장애, 평형기능장애
		언어장애	언어장애, 음성장애, 구어장애
		안면장애	안면부의 추상, 함몰, 비후 등 변형으로 인한 장애
	내부 기관의 장애	신장장애	투석치료 중이거나 신장을 이식받은 경우
		심장장애	일상생활이 현저히 제한되는 심장기능 이상
		호흡기장애	일상생활이 현저히 제한되는 만성·중증의 호흡기 기능 이상
		간장애	일상생활이 현저히 제한되는 만성·중증의 간 기능 이상

<table>
<tr><td rowspan="2"></td><td rowspan="2"></td><td>장루·요루 장애</td><td>일상생활이 현저히 제한되는 장루·요루</td></tr>
<tr><td>간질장애</td><td>일상생활이 현저히 제한되는 만성·중증의 간질</td></tr>
<tr><td rowspan="3">정신적 장애</td><td rowspan="2">발달 장애</td><td>지적장애</td><td>지능지수가 70 이하인 경우</td></tr>
<tr><td>발달(자폐성) 장애</td><td>소아자폐 등 자폐성 장애</td></tr>
<tr><td>정신 장애</td><td>정신장애</td><td>정신분열병, 분열형 정동장애, 양극성 정동장애, 반복성 우울장애</td></tr>
</table>

<표 10-10> 선진국의 장애범주 비교

국가	장애인구 비율(연도)	장애인 범주
한국	4.59% (2005)	• 신체장애 – 외부 신체 기능장애: 지체장애, 뇌변병장애, 시각장애, 청각장애, 언어장애, 안면장애 – 내부장애: 신장장애, 심장장애, 간장애, 호흡기장애, 장루·요루장애, 간질장애 • 정신장애 – 지적장애, 발달(자폐성)장애, 정신장애
일본	4.70% (2000)	• 지체장애, 시각장애, 청각장애, 언어장애 • 정신지체, 정신장애 • 내부장애: 심장, 호흡기, 신장, 방관 및 직장, 소화기능장애
미국	19.30% (2000)	• 신체장애(지체, 시각, 청각, 언어)·외형적 추형, 신경계, 근골격계, 감각기관장애 • 정신질환, 발달장애, 정서장애, 학습장애, 알코올중독 • 내부장애: 생식기, 소화기, 비뇨기, 피부, 혈액·내분비계, 암, AIDS
스웨덴	20.6% (1987)	• 신체장애(지체, 시각, 청각, 언어) • 정신지체, 학습장애, 정신장애, 정서장애, 약물·알코올 중독 • 내부장애: 폐질환, 심장질환, 알레르기, 당뇨 • 사회적 장애: 의사소통이 어려운 외국이민자, 타인 의존자
호주	15.6% (1987)	• 신체장애(지체, 시각, 청각, 언어, 안면기형) • 정신지체, 정신장애, 정서장애, 알코올중독, 약물중독 • 내부장애: 심장, 신장, 호흡기, 당뇨, 암, AIDS 등
독일	10.20% (2003)	• 신체장애(지체, 시각, 청각, 언어, 추형) • 정신지체, 정신질환, 정서장애 • 내부장애: 호흡기, 심장·순환기, 소화기, 비뇨기, 신장, 생식기, 신진대사, 혈관, 피부

출처: 정무성 외(2006).

(2) 장애유형별 정의와 특징

① 지체장애

지체장애란 사지와 몸통의 운동기능장애를 의미한다. 사지는 상지와 하지로 구분된다. 운동기능장애란 운동에 관계하는 기관이 있는 중추신경계, 근육 및 뼈, 관절 등이 부상이나 질병으로 인하여 장기간 일상생활에 혼자 활동하는 것이 곤란한 상태의 장애를 말한다. 이에 해당되는 장애는 절단장애, 관절장애, 지체기능장애, 신체변형 등으로 구분된다. 우리나라 장애인복지법에서는 지체장애정도를 1급에서 6급까지로 나누고 있다.

② 뇌병변장애

뇌병변장애는 중추신경의 손상으로 인한 복합적인 장애로 뇌성마비, 외상성 뇌손상, 뇌졸중 등 뇌의 기질적 병변에 기인한 신체적 자애로 보행 또는 일상생활 동작에 제한을 받는 것을 의미한다. 1999년에 개정된 장애인복지법에서는 뇌병변장애를 기존의 지체장애에서 별도로 분류하였으며, 여기에 해당되는 장애는 경직성 뇌성마비, 무정위 운동형 뇌성마비, 운동실조형 뇌성마비 등이 있다. 우리나라의 경우 장애인복지법에서 규정하는 뇌병변장애는 장애정도에 따라 1급부터 6급까지로 나누고 있다.

③ 시각장애

시각장애는 장기간 또는 지속적으로 여러 가지 불편을 겪는 눈의 기능장애를 포괄적으로 나타낸다. 장애인복지법상의 시각장애에는 시력이 나쁜 시력장애와 시야가 좁은 시야장애가 포함된다. 시각장애에는 맹과 저시력이 있다. 맹은 교정시력이 0.05 미만이거나 시야가 20도 이하인 자, 학습에 시각을 주된 수단으로 사용하지 못하고, 촉각이나 청각을 주된 수단으로 사용하여 학습활동이나 일상생활에서 특별한 지원을 지속적으로 요구하는 자이다. 저시력은 눈의 교정시력이 0.05 이상 0.3 이하인 자, 저시력 기구나 환경의 수정을 통해 시각적 과제를 학습할 수 있는 자를 말한다. 우리나라 장애인복지법에서는 시각장애정도를 1급부터 6급까지로 나누고 있다.

④ 청각장애

청각장애란 청각기관의 특정 부위에 손상을 입어 청각능력에 불능을 갖고 있는 다양한 정도를 포괄한다. 청각장애는 농과 난청으로 구분되는데, 농은 청각에 의하여 말을 듣지 못하는 것이고, 난청은 듣는 일에 곤란을 겪는 것을 말한다. 청각장애의 특성으로는 언어장애가 수반되고, 교육적으로 불이익을 당하며, 사회적으로 소외되고, 경제생활과 취미, 오락 등 참여의 기회가 일반인들에 비해 상대적으로 제한된다. 또한 청각장애인은 구화, 수화, 필담, 손발이나 몸 짓 등으로 의사소통을 하는 경향이 있다. 우리나라의 장애인복지법에는 청각장애정도를 2급부터 6급까지로 나누고 있다.

⑤ 언어장애

언어장애는 음성 또는 음성 기능에 영속적인 현저한 장애가 있는 것으로, 소리를 전혀 낼 수 없거나 소리를 낼 수 있더라도 음성이나 언어에 의해서 의사를 전달하는 것이 곤란한 상태를 말한다. 즉, 의사소통상 방해를 받아 사회생활에서 적응상의 곤란을 겪는 경우, 언어학적으로 불완전하거나, 발성이 어렵거나, 말의 리듬, 음조 또는 고저에 이상이 있거나, 말하는 사람의 연령, 성, 신체적인 발달 정도와 일치하지 않게 말을 하는 경우를 일컫는다.

언어장애는 청각장애, 지적장애, 뇌성마비 등에 의해 수반되기도 한다. 또한 언어 발달과 지능은 정적 상관관계로 나타나며, 적절한 학습을 방해하기 때문에 지능 발달의 지체를 가져오기도 한다. 언어장애의 유형에는 조음장애, 음성장애, 유창성장애, 단순언어장애, 언어발달지체, 실어증 등이 있으며, 우리나라 장애인복지법에서는 청각장애정도를 2급부터 6급까지로 나누고 있다.

⑥ 안면장애

안면장애는 선천성 기형, 질환 및 사고 등으로 인한 안면부위의 변형(색깔, 모양, 혹 등)으로 인한 장애가 있어 사회생활 활동에 현저한 제한을 받는 사람들을 의미한다. 안면장애가 발생하면 현대 의학의 발전에도 불구하고 원상회복이 거의 불가능 하여 질병이나 상해의 단계에서 장애로 이행하게 된다.

안면변형의 주된 원인은 선천적으로 구순, 구개열(입술 및 입천장 언청이), 안면부 기형, 반안면왜소증, 안면열, 주걱턱 등이 있으며 안면변형과 화상이나 질환, 사고로 인한 후천적인 원인으로 대별된다. 우리나라 장애인복지법에서는 안면장애의 판정을 안면장애정도에 따라 2급에서 4급으로 판정되며, 2급은 안면부의 변형으로 인한 장애가 지속되며, 이로 인하여 기본적인 사회생활 활동이 불가능한 사람이며, 3급은 안면부의 변형으로 인한 장애가 지속되며, 이로 인하여 기본적인 사회생활 활동이 극도로 제한받는 사람이며, 4급은 안면부의 변형으로 인한 장애가 지속되며, 이로 인하여 사회생활 활동이 현저하게 제한 받는 사람이다(남연희외, 2011).

⑦ 신장장애

신장장애는 일반적으로 만성신부전증을 의미하는 말로 신장기능이 90% 이상 소실되어 혈액투석이나 복막투석 등 지속적인 치료와 관리를 받아야 하거나, 신장 기능의 영속적인 장애로 인하여 일상생활 활동이 상당히 제한을 받는 경우를 말한다.

장애인복지법에서는 신장장애는 만성신부전증으로 인하여 1개월 이상 혈액투석 또는 복막투석을 받고 있는 사람과 신장을 이식받은 사람으로 정의하고 있다. 신장장애의 원인은 만성 시구체신염, 만성신우신염, 당뇨병성신증, 고혈압성 사구체경화증 등으로 우리나라의 경우 당뇨병성신증이 가장 높은 비율을 차지하고 있다.

⑧ 심장장애

심장장애는 심부전증 또는 협심증, 심근경색증 등 심장의 기능 부전으로 인한 호흡곤란 등의 장애로 인하여 일상생활을 하는 데 있어 상당한 제한을 받는 경우를 말한다.

심장장애의 원인은 기질적인 심질환으로 인한 심장판막결손, 심장근육질환 등 심장의 손상이나 동맥폐쇄질환, 혈전후증후군 같은 혈관의 손상, 고혈압과 같은 협압의 장애가 대표적인 원인이 되어 나타난다. 우리나라 장애인복지법상에서는 심장장애정도에 따라 1급에서 3급으로 나누고 있다.

⑨ 호흡기장애

호흡기장애는 폐나 기관지 등 호흡기관의 기능에 장애가 있어 일상생활이나 사회생활 활동에 현저한 제한을 받는 사람으로 폐나 기관지는 인체 내에서 여러 가지 기능을 하는데 이 기능이 일상생활이나 사회생활에 제한할 때 장애로 판정한다.

호흡기 장애는 가장 흔한 만성 호흡기질환으로 만성 폐쇄성 폐질환, 제한성 폐질환, 만성 환기장애 질환군, 만성 폐혈관 질환군 등이 있다. 우리나라의 호흡기장애의 등급기준은 호흡기장애정도에 따라 1급에서 3급으로 나누고 있다.

⑩ 간 장애

간 장애는 간의 만성적 기능부전과 그에 따른 합병증 등으로 인한 간 기능의 일상생활을 하는데 있어 상당한 제한을 받는 사람 중 소관 전문의의 최초 진단 이후 1년 이상 경과하고 2개월 이상의 적극적인 치료에도 불구하고 호전의 기미가 거의 없는 만성 간 질환을 말한다. 간은 체중의 3%를 차지하는 체내 최대 장기로서 각종 영양소를 가공 처리하고 중요한 영양소들을 합성공급하며, 혈액을 저장하는 역할, 담즙의 생성과 장으로 배출하는 역할, 외부에서 섭취 또는 체내에서 생성된 이물, 약물 등의 여러 가지 독소를 해독하는 작용을 한다. 우리나라의 간 장애의 등급기준은 간 장애의 정도에 따라 1급에서 5급으로 나누고 있다.

⑪ 장루·요루 장애

장루·요루는 배변 기능 또는 배뇨기능의 장애로 인하여 장루 또는 요루를 시술하여 일상생활을 하는데 있어서 상당한 제약을 받는 장애를 말한다. 장루·요루는 복벽을 통해 체외로 대소변을 배설하기 위하여 만든 구멍으로서, 장루는 복벽을 통해 체외로 대변을 배설하기 위하여 만든 구멍으로서, 장루는 복부의 우하보복부에 위치하는 화장루와 상복부 중앙에 위치한 결장루, 좌하복부에 위치하는 요루로 구분한다.

장루·요루장애의 발생원인은 드물게 각종 사고로 인한 경우도 있지만 대부분이 선·후천적 질병으로 발생된다. 우리나라 장루의 원인은 95% 이상이 직장암이나 대장암 등의 악성 종양이며, 흔치는 않으나 장결핵, 거대결장증, 척추기형, 무항문증 등이 원인이 되기도 한다. 장루·요루의 장애정도에 따라 2급에서 4급으로 나누고 있다.

⑫ 간질장애

간질에 의한 뇌신경세포의 장애로 인하여 일상생활 또는 사회생활을 하는데 있어서 상당한 제한을 받아 다른 사람의 도움을 필요로 한 상태를 말한다. 중추신경계의 간질 발작 장애는 뇌에서 전기방전의 금발로 인하여 반복적으로 경련이 발작이 일어나는 것이 특징이다.

간질은 모든 연령층에서 발생되지만, 특히 뇌손상이나 뇌질환이 호발 하는 신생아기와 노년기에 가장 많이 발생한다. 전신간질의 경우는 원인불명인 경우가 많으나 유전적 요인과 전신성 대사정 질환이나 독성물질, 음주, 약물복용 및 남용 등이 그 원인으로 추측되고 있다. 우리나라의 장애인복지법은 간질 장애정도에 따라 2급에서 4급으로 나누고 있다.

⑬ 지적장애

지적 장애란 정신발육이 항구적으로 지체되어 지적 능력의 발달이 불충분하거나 불완전하고 자신의 일을 처리하는 것과 사회생활에 적응하는 것이 상당히 곤란한 사람을 말한다. 즉, 현저하게 낮은 지적능력을 가리키는 용어로서 인지기능의 문제가 발달 지체의 결과를 반영하는 뜻을 말한다. 이는 의사소통, 자기관리, 가정생활, 대인관계, 지역사회참여, 자기의사결정, 기능적 학습, 일, 여가생활, 건강과 안정의 사회적응 등을 대표하는 열 개 영역 중 두 영역 이상에서 제한된 기능을 수반하고 18세 이전에 이러한 현상이 분명하게 나타나는 것을 의미한다. 우리나라 장애인복지법에서는 지적장애 정도에 따라 최중도(1급)에서 경도(3급)로 나누고 있다.

⑭ 발달장애(자폐성장애)

발달장애(자폐성장애)는 아동이 출생 후 밟게 되는 정상적인 발달이 지연이나 지체되는 것을 말하며, 자폐증이 이에 해당된다. 사회적 상호작용이나 사회적 의사소통을 위해서 사용되는 언어, 상징놀이 상상놀이에서 한 가지 이상의 발달지체나 비정상적인 기능이 3세 이전에 나타나는 경우를 말한다.

자폐성장애 발병 원인은 아직 불분명하지만 생물학적 원인과 심리적 원인으로 구분할 때 생물학적 원인일 가능성이 높은 것으로 보고, 임신, 분만을 전후한 합병증, 경련성 질환의 동반, 대사장애와 동반, 풍진 등 감염성 질환, 뇌의 이상 등 생화학적인 측면에서 연구 등이 진행되고 있으나, 의견의 일치는 보지 못하고 있다(정무성, 2006). 우리나라 장애인복지법에서는 발달장애전도에 따라 1급에서 3급으로 나누고 있다.

⑮ 정신장애

정신장애는 생물학적·심리적 병변으로 인하여 지각, 사고, 행동, 의식, 기억, 정동, 성격 등에서 병리적인 현상이 진행되어 정신장애를 가진 자로 의학적 진단분류에 따라 정신과 전문의에 의해 진단명을 부여 받는 자를 말한다.

정신장애의 종류에는 정신분열, 양극성 정동장애, 반복성 우울장애, 분열형 정동장애 등이 있다. 우리나라 장애인복지법에서는 정신장애 정도에 따라 1급에서 3급으로 나누고 있다.

5) 장애인복지시설 및 서비스

(1) 장애인복지시설

장애인복지시설의 유형을 서비스 형태에 따라서 시설중심재활(IBR: Institution Based Rehabilitation)과 지역사회중심재활(CBR: Community Based Rehabilitation)로 구분할 수 있다. 장애인복지법 제58조에는 장애인복지시설의 종류를 장애인생활시설, 장애인지역사회재활시설, 장애인직업재활시설, 장애인 유료복지시설, 그리고 그 밖에 대통령령으로 정하는 시설로 분류하고 있다.

<표 10-11> 장애인복지시설의 종류

구 분	내 용
장애인생활시설	장애인이 필요한 기간 생활하면서 재활에 필요한 상담, 치료, 훈련 등의 서비스를 받아 사회복귀를 준비하거나 장애로 인하여 장기간 요양하는 시설
장애인직업재활시설	일반고용이 어려운 장애인이 특별히 준비된 작업환경에서 직업훈련을 받거나 직업생활을 영위할 수 있도록 하는 시설
장애인지역사회재활시설	장애인복지관, 의료재활시설, 체육시설, 수련시설, 공동생활가정 등 장애인에게 전문적인 상담, 치료, 훈련 등을 제공하거나 여가활동 및 사회참여활동 등에 필요한 편의를 제공하는 시설
장애인유료복지시설	장애인이 필요한 치료, 훈련 등 편의를 제공받고, 이에 소요되는 일체의 비용을 시설운영자에게 납부하여 운영하는 시설
장애인 생산품판매시설	장애인 생산품의 판매활동 및 유통을 대행하고, 장애인 생산품이나 서비스·용역에 관한 상담, 홍보, 판로개척 및 정보제공 등 마케팅을 지원하는 시설

(2) 장애인복지서비스

장애인복지의 목적을 달성하기 위해서 다양한 서비스가 장애인과 그 가족을 대상으로 제공된다. 여기서는 크게 재활, 특수교육, 재활공학, 접근성, 직업재활, 가족지원서비스에 대하여 살펴보기로 하겠다.

① 재활서비스

재활이란 장애인에게 의료적·사회적·교육적·직업적 재훈련을 통합적·합동적으로 실시함으로써 장애인 스스로가 가능한 최대한의 기능회복과 잠재능력을 개발시켜 자활의 삶을 살아갈 수 있도록 도와주는 것을 말한다(NASW, 1977).

재활의 목표는 장애인 한 사람 한 사람의 기능을 최적의 수준으로 되찾아 최상의 생활을 유지할 수 있도록 도와주는 것이다. 이러한 재활의 목표에 도달하기 위해서는 장애인을 전인적인 관점에서 평가·판정하고 그 결과에 따라 재활계획을 일관된 체계하에서 실시해야 한다. 그러므로 재활 프로그램의 방향은 장애인에 대하여 재활의 목표, 재활의 시기와 장소, 그리고 장애수용에 초점을 두어야 한다.

② 특수교육서비스

장애인 등에 관한 특수교육법 제2조 제1호에서는 특수교육에 대하여 특수육대상자의 교육적 요구를 충족시키기 위하여 특성에 적합한 교육과정 및 제 2호에 따른 특수교육을 관련서비스 제공을 통하여 이루어지는 교육이라고 설명하고 있다.

장애인들에게 대한 교육권을 보장하기 위한 정책으로는 장애인가구 자녀교육비 지원, 특수학교 및 특수학습에서의 특수교육 실시 및 운영비 지급, 그리고 장애인을 대상으로 대학입학 시 정원 특례입학제도를 들 수 있다.

③ 재활공학

이종운(2011)은 재활공학은 장애인, 노인 등 인간을 위한 공학으로 의료적, 교육적, 사회·심리적, 직업적 재활을 원활히 수행하고 그 재활의 효과를 극대화할 수 있도록 과학적인 지식과 기술적인 지식을 체계적으로 적용하는 응용과학이라고 정의하였다. 재활공학은 장애인의 원활한 사회참여와 활동을 가능하도록 하는 기기를 개발하는 것을 목적으로 하는 재활의 한 분야이다.

④ 접근성 서비스

장애인접근권은 장애인이 사회 전 분야에 걸쳐 기회의 균등과 적극적 사회참여를 목적으로 교육, 노동, 문화생활을 향유할 수 있는 근본적 권리를 말한다. 여기에는 3가지 권리가 있으며, 첫째, 물리적 장벽을 없애는 의미의 이동권, 둘째, 시설 이용에 대한 접근권, 셋째 각종 정보에의 장벽을 없애는 것으로서 정보접근권으로 세분화될 수 있다. 장애인인권헌장 제4항에서는 "장애인은 자유로운 이동과 시설이용에 필요한 편의를 제공받아야 하며, 의사표현과 정보이용에 필요한 통신, 수화통역, 자막, 점자 및 음성도서 등 모든 서비스를 제공받을 권리를 가진다"고 명시하고 있다.

⑤ 직업재활서비스

직업재활이란 장애인의 사회통합을 위한 최대의 관제인 자립생활을 영위할 수 있게 하는 재활서비스 중 가장 중요하고 핵심이 되는 서비스로 의료적, 심리적, 교육적 재활과 함께 총체적 재활에 기여하며 전 인격적으로 큰 영향을 주는 재활의 마지막 단계라고 할 수 있다. 이러한 직업재활은 장애인들을 의존적인 생활로부터 독립적인 생활로 변화시킴으로써 가족과 사회로부터 자존과 존엄을 찾게 하는 인도적인 일뿐만 아니라 비경제적인 인간을 가용인간으로 변화시킴으로써 사회적 부담을 줄이고 사회적 생산에 기여케 하는 가장 경제적으로 생산적인 재활영역이라 할 수 있다(최일섭, 2012).

⑥ 가족지원서비스

가족지원서비스는 장애아가 출생함으로 발생하는 심리적 충격이나 경제적인 부담에 대하여 정부나 민간복지기관을 통해 지원해 주는 서비스를 말한다. 생활안정 지원, 의료비 지원, 자녀교육비 지원, 자립자금 대여와 같은 경제적 지원과 공공기관 및 민간단체에서 제공되는 각종 프로그램에 참여할 수 있도록 하는 시설이용지원, 그리고 예방 및 재활지원이 대표적인 가족지원서비스이다.

Introduction to Social Welfare and job practice

11

Chapter

의료사회복지와 정신보건사회복지

Introduction to Social Welfare and job practice

1. 의료사회복지

1) 의료사회복지의 정의

의료사회복지란 보건·의료기관에서 의료팀의 일원으로 사회복지의 전문적인 방법을 활용하여 환자의 질병치료와 회복 및 사회복귀기능을 돕는 목적으로 질병 때문에 파생되는 환자의 심리적·사회적·경제적 문제가 진료과정이나 질병회복에 악영향을 주지 않도록 문제를 해결해 주거나 조정하여 환자 및 그 가족을 돕는 전문적인 활동이다(김규수, 2004).

프리들랜더(Friedlander, 1980)는 의료사회사업을 사회사업의 전문화된 한 분야로서 환자가 가능한 한 보건서비스를 가장 효과적으로 활용할 수 있도록 하기 위하여 병원, 진료소 혹은 기타의 의료기관에서 실시되는 개별사회사업과 집단사회사업의 실천이라고 정의하고, 환자의 질병과 치료에 영향을 주는 사회적·정서적 문제에 대한 원조를 그 특징이라고 설명하고 있다. 대한의료사회복지사 협회는 국민의 보건·의료에 관련된 문제에 대한 접근방법에 따라 정책적 관점, 기술적 관점, 통합적 관점으로 구별하여 정의하였다.

〈표 11-1〉 **접근방법에 따른 의료사회복지의 정의**

관점	정책적 관점	기술적 관점	통합적 관점
대상	보건의료체제 전반	환자 및 가족의 심리, 사회, 경제적 문제	질병을 가진 개인과 환경 (가족은 물론 의료, 보건 분야 종사자 등)
방법	사회복지조사, 사회복지정책 등 광범위한 방법	사회사업의 전문적 방법	사회사업의 전문적 방법과 사회복지조사, 사회복지정책 등 다각적인 접근방법
목적	질병의 예방, 건강증진 및 향상을 지향하는 의료복지	환자의 질병치료와 회복, 사회복귀 기능을 지원	환자 및 가족의 사회기능 향상, 질병의 예방, 치료 및 재활 등 다양한 목적

출처: 대한의료사회복지사 협회

최근 의료서비스는 질병의 치료에서 예방, 재활을 포함하는 종합적 서비스로의 전환이 이루어지고 있고, 이에 따라 의료사회복지의 개입영역이 다양해지고 있다. 환자와 그 가족의 권리옹호와 다양한 욕구충족을 포함하는 의료서비스의 질적 향상을 위해 의료사회복지가 요구된다.

의료사회복지의 목적은 전인적인 의료서비스를 제공하고 환자와 가족이 보건 의료서비스를 가장 효과적으로 활용할 수 있도록 원조함으로써 의료복지를 실현하는 것이다.

2) 의료사회복지의 기능

Carlton은 의료사회복지의 주요 기능으로서 개인치료의 실천, 의료제도 내에서의 프로그램 계획과 정책형성과정에의 참여, 지역사회 내에서의 사회 및 보건 프로그램의 개발에의 참여, 전문인력에 대한 교육적 프로그램에의 참여, 사회조사를 통해 환자 및 지역주민의 치료와 건강증진을 꾀하는 것 등을 들고 있다(한인영외, 2006).

한국의료사회복지사협회에서 제시한 의료사회복지의 기능을 살펴보면 다음과 같다.

① 환자들의 심리·정서적 충격과 그와 관련된 위기, 혹은 장애와 관련된 사항이 삶에 있어서 미치는 심리사회적인 영향을 이해하고 다룰 수 있도록 지원하고, 또한 미래에 대한 계획을 세울 수 있도록 돕는다.

② 만성질환이나 장애에 대한 조정과 적응할 수 있는 대처양식을 개발하고, 새로운 환경에 재통합되거나 적응할 수 있도록 돕는다.

③ 각 전문분야 치료팀의 일원으로 참여하여 의료적 상황에 영향을 받는 환자와 가족들의 심리사회적인 측면에 대한 이해와 인식을 제공한다.

④ 지역사회 자원을 확인하고 연계함으로써 치료를 안정적으로 받을 수 있도록 하며, 퇴원 이후의 사회적 기능 향상을 돕는다.

⑤ 말기 환자들에게 품위 있는 죽음이 될 수 있도록 상담을 진행하고, 가족들에게 사별과 관련된 서비스를 제공한다.

⑥ 특정한 환자 집단의 욕구를 사정하고 이에 따른 프로그램을 기획하고 실행한다. 특히 자조집단 운영 및 지역사회 자원과 연계하여 서비스를 개발한다.

⑦ 잠재적인 방임, 학대 그리고 취약계층에 대한 상담 및 유관기관과의 연계를 통해 보호하는 활동을 한다.

⑧ 기관의 비전과 목적을 달성하도록 활동하고, 기관 차원에서 환자의 욕구에 민감하도록 개입한다.

3) 의료사회복지의 발달과정

(1) 미국 의료사회복지의 발달과정

미국에서 근대적 의미의 의료사회복지가 시작된 것은 1905년 매사추세츠 종합 병원 외래에 캐보트(Richard Cabort)가 처음으로 사회복지사를 채용하였다. 캐보트는 질병의 발생과 치료과정에서 생물학적인 요인과 함께 사회적 요인이 중요하다고 인식하여 간호사 펠

튼(Pelton)을 고용하여 환자의 생활을 조사하였으며 이를 바탕으로 치료효과를 증진시켰다. 이것을 필두로 하여 이 후 각 병원에서 사회사업가가 본격적인 업무를 담당하게 된 계기가 되었다.

1907년에는 존스홉킨스대학병원에서 사회복지사가 채용되었으며, 1908년에는 뉴헤븐 정신병원, 1918년 시카고대학병원에 사회사업부서가 설립되었다. 1918년 미국병원사회복지사협회가 설립되고, 1924년 미국정신의학사회복지사협회가 결성되었으며, 1920년대 중반 미국병원협회에서 공식적으로 의료사회사업실천이라는 용어가 사용되었다.

1930년대 세계대공항으로 경제 불황에 처하여 사람들은 일상생활에서도 공포·걱정·불안에 떨게 되었고 이러한 사람들의 정신상태가 신체의 기능에 장애를 준다는 사실이 인식되면서 신체와 정신의 상호 연관성에 대한 연구가 활발해졌다. 따라서 의료사회복지에 정신분석이 도입되어 정신의료사회복지가 발달하게 되어 의료사회복지와 정신보건사회복지가 분리되어 별개의 프로그램을 운영하게 되었다.

정신보건사회복지란 용어는 1931년 에보트(Adith Abbot)가 처음으로 사용하였다. 1940년에는 2차 세계대전의 영향으로 지체장애인에 대한 재활과 장애인 문제가 강조되면서 국립 및 주립의 직업적 재활정책과 지도계획이 설정되고 전국적으로 발달한 사회복귀시설에 처음 사회복지사가 채용되었다. 1946년에는 정신보건법이 제정되었고, 1950년대와 1960년대에는 병원사회사업의 역할이 전문화되었으며, 1970년대와 1980년대에는 자아심리치료, 가족치료, 위기개입, 인지행동이론이나 행동수정모델 등과 같은 다양한 이론을 접목하고 의료사회복지실천이 전문적인 영역으로 확립되었다(강흥구, 2008).

(2) 한국 의료사회복지의 발달과정

우리나라의 의료사회복지의 시작은 1950년대 후반부터이다. 1958년 한노병원에서 그리고 세브란스병원에서 결핵환자와 그 가정을 돕기 시작한 것이 최초라고 볼 수 있다. 이어서 1959년에는 국립중앙의료원과 원주기독병원, 1962년 국립정신병원과 가톨릭 부속 성모병원에서 시작되었다. 그리고 병원내 사회사업과나 사회사업실이 정식으로 편성되어 의료사회복지 업무가 시작된 것은 1964년 연세의대 부속 세브란스병원, 1966년 계명의대 부속 동상의료원, 1968년 전주 예수병원, 고려병원, 중앙대 부속병원, 1971년 이화여대 부속병원, 서울기독병원, 안양정신병원, 고려대의대 부속병원 등에서 사회사업 업무가 이루어졌다.

1973년 의료사회복지사를 종합병원에 한 명 이상씩 두도록 법제화함으로써 제도화되기 시작하였다. 이를 계기로 같은 해 의료사회사업의 전문화를 위하여 대한의료사회사업가협회가 설립되었고, 1977년 의료보험제도의 확대 실시되면서 정신보건사회복지사들의 치료활동에 대한 보험수가를 청구할 수 있게 되었다. 또한 대한병원협회가 1981년에 종합병원에 대한 병원표준화심사제를 도입하면서 의료사회사업을 심사대상 부문으로 명시함으로서 종합병원의 의료사회사업이 현격한 발전을 이루는 계기가 되었다. 1993년에는 정신보건사회사업학회가 결성되었고, 1995년 정신보건법이 제정되어 의료사회복지가 더욱 발전할 수 있는 기틀을 마련하였다.

4) 의료사회복지 분야

의료사회복지 분야는 편의상 일반의료사회사업, 정신의료사회사업, 재활의료사업, 그리고 지역사회보건의료사회사업의 네 가지로 분류할 수 있다(김융일외, 2003).

(1) 일반의료사사업

일반의료사회사업이란 의료시설 내에서의 정신의료사회사업가나 재활의료사회사업가의 활동을 제외한 사회사업가의 활동 영역을 통틀어서 말하는 것이다. 일반의료사회사업은 보건·의료의 목적과 사회사업의 목적을 동시에 성취하고자 의료진과 함께 일하면서 질병의 원인이 될 수 있고 진료과정에 장애가 될 수도 있는 환자 및 그 가족의 심리적·사회적·경제적 문제를 해결하도록 돕고, 퇴원 후 환자가 그의 가정이나 지역사회에 복귀하여 적절하게 정상적인 사회기능을 발휘하도록 지원한다.

(2) 정신의료사회사업

정신의료사회사업은 의료사회사업에서 분화하여 전문화된 영역으로 종합병원 정신과나 정신병원, 진료소 등을 포함하는 정신의료기관과 지역사회 내의 사회복귀시설 및 정신보건센터, 정신요양시설 등에서 정신적·정서적 장애로 고통 받고 있는 사람들의 건강회복과 문제발생 예방을 위하여 사회복지의 지식과 가치, 기술을 활용하는 활동이다.

(3) 재활의료사회사업

개인에게 일어난 신체의 장애는 본인에게 정신적으로 큰 충격을 주는 동시에 가정적·직업적·사회적으로도 부차적인 문제를 발생시킨다. 따라서 환자의 의료적 재활을 보다 효과적으로 성취시켜 가정과 사회에 원만히 복귀할 수 있도록 도와주는 것을 재활의료사회사업이라고 한다.

(4) 지역사회보건의료사회사업

지역사회주민들의 질병예방과 치료를 지원하기 위해 사회복지사 행하는 일체의 활동 영역을 말한다. 주로 지역사회보건소나 지역사회기관을 중심으로 행하여지며 프로그램은 모자보건사업, 전염병관리, 환경위생, 보건교육, 의료봉사, 의료제도 및 정책결정을 위한 의료복지사업 등이 있다.

5) 의료사회복지사의 직무 및 역할

(1) 의료사회복지의 직무

의료사회복지사의 직무는 크게 임상차원과, 행정차원, 그리고 교육 및 연구조사차원으로 구분되며, 임상차원에서의 직무는 심리·사회·정신적 문제해결 직무차원, 경제적 문제해결 직무차원, 지역사회자원 연결직무차원, 사회복귀 및 재활 문제해결 직무차원, 팀접근 직무차원으로 분류되고, 행정차원은 사회사업부서의 순수행정 직무차원으로, 그리고 교육 및 연구조사직무 차원으로 구분한다. 각 직무에 대한 세부적인 직무내용은 아래 <표 11-2>에서 설명하고자 한다(한인영외, 2006).

<표 11-2> **의료사회복지사의 직무**

직무 차원	직무 하위차원	직무내용
사회사업 임상	심리·사회·정신적 문제해결 직무차원	• 심리사회적 문제의 원인 조사 및 사정 • 치료계회에 의한 환자의 개별치료 • 내원객의 욕구에 의한 환자의 개별상담 • 치료계획에 의한 환자의 개별상담 • 치료계획에 의한 환자의 가족치료 • 내원객의 욕구에 의한 환자의 가족상담 • 집단치료 • 집단활동지도 • 환자와 환자가족의 교육 • 환자와 환자가족에게 질병에 관한 정보제공
	경제적 문제해결 직무 차원	• 사회보장 및 법적 제도에 대한 정보 제공과 지원 • 병원의 자원을 이용한 진료비 지원 • 후원자, 후원단체 연결을 통한 병원 외적 자원과의 연결
	지역사회자원 연결 직무 차원	• 지역사회의 새로운 자원 개발 및 정보망 조성 • 수집된 기존 지역사회의 자원체계에 대한 정보 제공 • 지역사회자원과 연결
	사회복귀 및 재활 문제해결 직무 차원	• 퇴원계획 상담 • 추가치료 및 자가 치료 지원(가정방문, 외래상담 등) • 직업재활 상담지도

		• 회복상태 및 사회적응도 평가 • 사회생활훈련지도
	팀접근 직무 차원	• 회진 참여 • 타 부서와의 사례회의 • 병원경영에 어려움을 줄 수 있는 고위험환자의 조기발견 • 질병에 의한 고위험환자의 조기발견 • 사례분석 평가
행정	사회사업부서의 순수행정 직무 차원	• 보고서 및 업무일지의 기록 • 사회사업부서의 운영에 관한 회의 • 부서 직원의 지휘 및 감독 • 병원(기관)의 행정 및 경영에 관계된 회의
교육 및 연구조사	교육 및 연구조사 직무 차원	• 실습생 지도 • 신규직원 교육 • 전문성 제고를 위한 교육 참여(임상연구회의, 저널클럽) • 의료사회사업 연구 및 조사활동

(2) 의료사회복지사의 역할

의료사회복지사의 역할은 직무에 따라 다양하게 나타나지만, 여기서는 임상 의료팀의 일원으로 환자가 빠른 시일 내에 회복, 재활, 사회복귀를 할 수 있도록 돕는 전문가의 주요 활동들로 치료자의 역할, 자원 활용자의 역할, 조정자의 역할, 중개자의 역할 등으로 설명하고자 한다.

① 치료자의 역할

의료사회복지사는 환자가 안정감, 자신감, 용기 등을 갖도록 하며, 환자 및 가족이나 그 환경이 가지고 있는 문제에 해결을 돕는 치료적인 역할을 수행해야 한다. 이 과정에서 개인력 검사나 사회조사를 실시하기도 하며, 개별상담, 집단치료, 가족치료, 위기개입 등의 방법을 사용하기도 한다.

② 자원 활용자의 역할

의료사회복지사는 치료 및 재활과정에서 필요한 인적·물적 자원을 동원하는 역할을 수행해야 한다. 병원 내 의료적 자원의 활용을 극대화하기 위하여 의료적 자원을 조직화하고 환자의 치료와 재활 및 사회복귀를 위하여 유용한 지역사회자원을 조직화하고 동원하는 역할을 수행해야 한다.

③ 조정자의 역할

조정자의 역할은 의료자원과 사회자원을 효율적으로 활용되도록 서비스를 조정하는 것이다. 의료사회복지사는 치료에 참여하는 다른 전문 인력들과 함께 각기 다른 전문적 진단과 치료 및 의료서비스 계획을 수립해야 한다. 환자에 관한 심리적·사회적·경제적 정보를 의료팀에게 제공하여 환자에 대한 전인적 이해를 증진시키고, 의료팀의 종합적인 서비스를 위한 협력 및 조정역할을 수행해야 한다.

④ 중개자의 역할

중개자의 역할은 환자의 회복과 재활, 사회복귀를 위해서 지역사회의 공·사적인 자원을 조직하고 연계하여 정상회복을 위한 각종 지원 활동을 하는 것이다. 구체적으로는 퇴원계획에 참여, 정보제공과 의뢰, 경제적 원조 또는 처리, 사회복귀 원조, 치료의 연속성 제공, 환자의 권리보호, 의사에게 환자의 필요한 정보 제공, 병실 생활에의 적응지원, 치료에 필요한 자원동원 등으로 환자가 치료에 적극적으로 임할 수 있도록 한다(조흥식외, 2008).

6) 의료사회복지사 수련 및 자격제도

(1) 의료사회복지사

대한의료사회복지사협회에서는 협회의 의료사회복지사자격 및 자격유지규정에 근거하여 협회 정회원으로 임상경력 1년 이상, 연간 협회인정평점 20점 이상 유지하고 협회에서 시행한 의료사회복지사 자격에 관한 소정의 시험에 합격한 자와 협회에서 지정한 수련기관 또는 협회에서 인정하는 수련과정을 이수한 자에게 의료사회복지사 자격증을 교부하고 있다.

(2) 실습 , 수련 슈퍼바이저

2010년 10월 29일 의료사회복지사 실습 슈퍼바이저 및 수련 슈퍼바이저 교육을 실시하고 대한의료사회복지사협회장 명의로 자격증을 발급하였으나 그동안 협회의 사정으로 제대로 관리를 하지 않고 있다가 수련교육규정을 정비하여 2009년 1월 17일 의료사회복지 임상실습 및 수련 슈퍼바이저 교육을 실시한 후 기존의 자격증은 갱신하여 교부하고 새로 자격을 갖춘 자에게는 신규로 교부하였다.

(3) 호스피스 전문 사회복지사

우리나라 최초의 호스피스는 1964년 강릉의 갈바리 호스피스로 마리아의 작은 자매회라는 수녀회에서 설립한 것이며 현재는 약 120여 개 기관이 설립되어 있다. 대한의료사회복지사협회에서는 2007년 6월, 7월에 두 차례에 걸쳐 제1차 호스피스완화 사회복지사 전문교육을 실시하였으며, 2008년 3월 1차 호스피스완화 의료사회복지사 심화교육을 실시하였다.

2. 정신보건사회복지

1) 정신보건사회복지의 개념

(1) 정신건강 및 정신장애의 개념

정신건강의 사전적 의미는 '정신장애인의 치료뿐만 아니라 국민정신건강의 향상을 도모하기 위해 생물학적·의학적·교육적·사회적인 면에서 협력하여 보다 더 좋은 인간관계를 이룩하고자 하는 분야'라고 정의하고 있다. 따라서 정신건강이란 일상생활을 언제나 독립적이고 자주적으로 처리해 나갈 수 있고, 스트레스에 대한 통제력을 갖추고 있으며, 원만한 개인생활과 사회생활을 할 수 있는 상태라고 할 수 있다(박선환외, 2007).

미국정신보건위원회는 '정신적으로 건강한 사람이란 정신적으로 병적인 증세가 없을 뿐 아니라 자기능력을 최대한 발휘하고 환경에 대한 적응력이 있으며 자주적이고 건설적으로 자기생활을 처리해 나갈 수 있는 성숙한 인격체를 갖추고 있는 상태'라고 정의하고 있다. 따라서 정신적으로 건강한 사람은 정서적으로 안정되어 일상생활에 겪는 스트레스에 적절히 대처하고, 자신의 능력에 맞는 업무를 완수할 수 있으며, 사회에 기여할 수 있는 사람이다.

정신장애에 대한 관점은 역사적인 흐름에 따라 크게 생물학적 관점, 유전적 관점, 심리사회적 관점에서 정의되어 지고 있으며 최근에는 통합적 관점으로 정신장애에 대하여 접근하고 있다. 생물학적 관점은 신경세포를 연결해 주는 뇌 안의 신경전달물질의 불균형으로 인해 정신장애가 발생하게 된다는 관점이며, 가족 중에 정신질환 환자가 있을 경우 형제나 자녀가 정신질환에 걸릴 확률이 높다고 보는 것이 유전적 관점이다. 그리고 정신장애의 원인을 개인과 사회적 환경 간의 부조화로 보고 과로, 긴장, 장애, 사망, 실연, 실직, 경제침체 등의 사건사고가 정신장애에 직접적인 영향을 주지는 않지만, 심리적으로 약한 사람은 스트레스가 지나칠 경우 정신장애의 원인이 된다는 시각이 심리사회적 관점이다. 마지막으로 통합적 관점은 정신장애는 생물학적 요소들과 더불어 심리, 사회적 요소들 간의 상호작용에 의한 복합적 요인으로 인해 발생하는 것으로 보는 시각이다. 따라서 정신장애는 심리·사회적, 생물학적 요소에 의해서 나타나는 임상적이고 중요한 개인의 행동 혹은 심리적 증후군 및 이로 인한 기능상의 저하로 요약할 수 있다. 따라서 그 개입방법은 의료적 약물치료와 개인에 대한 심리적 지원, 사회적 재활지원 및 지지 등의 포괄적 접근이 요구된다(조홍식외, 2008).

(2) 정신보건사회복지의 정의

정신보건사회복지는 정신·정서적 질환으로 전문적인 도움을 필요로 하는 사람에게 심리사회적 문제를 집중적으로 다루는 치료 및 예방사업의 일부로써 사회복지방법의 이론과 기술로 환자의 목적인 건강회복, 사회적응, 인간관계문제 등을 잘 처리할 수 있도록 정신보건기관에서 실시사하는 사회복지서비스이다. 정신보건사회복지는 정신보건사회사업, 정신의료사회사업과 동의어로 사용되고 있다.

현대사회에서 정신보건사회복지는 정신질환의 예방문제, 환자의 조기발견과 치료, 퇴원후의 후속치료, 환자의 처우개선, 가족에 대한 사회적 지원, 직업교육 등에 역점을 두고 개입이 이루어지고 있다. 특히 정신보건 분야에서 다루는 질환은 대체로 만성질환이 많기 때문에 병원에서 환자의 증상을 완화시키는 것뿐 아니라 환자가 성공적으로 사회에 적응할 수 있도록 원조하는 것이 필요하다.

Friedlander(1967)는 '정신의료사회사업은 정서적이고 정신적인 장애가 있는 환자들을 돕는 목적으로 정신의학과 직접적이고 책임성 있는 협력 하에 병원이나 진료소 또는 정신의학적인 후원 속에서 실시하는 개별사회사업'으로 정의하였다.

정신보건사회복지의 목적은 정신·정서적 장애로 고통 받는 사람들의 건강회복과 동시에 문제발생을 예방하여 국민정신건강을 증진시키는 것이며, 그 대상은 정신·정서적 장애가 있는 환자와 그 가족들이다. 복지를 실천하는 장소는 병원이나 진료소, 정신의료기관, 그리고 지역사회이다.

2) 정신보건사회복지의 기능

정신보건사회복지의 기능은 정신장애인의 정상화와 사회통합을 위한 회복과 재활 그리고 정신장애인들에게 보다 질 높고 포괄적이며 지역사회로의 통합적인 서비스를 제공하는데 있다고 할 수 있다. 정신보건사회복지는 정신장애인들의 사회통합과 삶의 질 향상이라는 목적을 달성하기 위하여 다음과 같은 기능을 수행해야 한다(박옥희, 2012).

첫째, 환자로 하여금 건설적인 방법으로 자신의 사회 환경을 이용하도록 개별적인 상담을 통하여 돕는다.

둘째, 가족들로 하여금 환자에게 고용, 주택, 재정적 지원 및 보호를 제공할 수 있는지에 대해 알 수 있도록 개별적인 상담을 통하여 돕는다.

셋째, 환자 자신과 그의 가족구성원들에 대한 의도적인 감정을 다루어 가도록 개별적으로 원조한다.

넷째, 이용 가능한 의료자원과 지역사회센터에 대한 이용방법과 목적 등을 환자와 가족에게 알려 준다.

다섯째, 환자와 가족이 거주하고 있는 지역사회 내의 사회기관을 안내한다.

여섯째, 환자가 입원 중인 기관에는 그의 가족 및 집단, 지역사회와의 관계를 유지하도록 돕는다.

일곱째, 환자에 대한 전반적인 프로그램에 중요한 기여를 하기 위하여 환자의 사회력, 가족력, 직업력 등에 대한 정보를 수집한다.

여덟째, 정신과 팀의 다른 요원과의 활동에 적극적으로 참여하여 조사, 진단, 계획, 치료 및 사후보호서비스에 있어 수평적 입장에서 상호 협동적으로 참여한다.

아홉째, 환자의 치료목표의 충실을 기하기 위하여 지역사회 내의 유력인사와 적극적인 친화관계를 형성한다.

3) 정신보건사회복지의 발달과정

정신건강운동은 인도주의적 의료개혁가였던 프랑스의 Pinel에 의해서 비롯되었다. 당시 정신장애인은 신에게 버림받은 사람 또는 악마에게 영혼이 사로잡힌 사람이라 하여 수용소에 강제로 가두어서 쇠사슬로 묶어 놓았는데 Pinel은 정신이상도 병의 한 종류라고 주장하여 쇠사슬을 풀어준 데서 1792년 정신건강운동이 시작된 것으로 보고 있다(정무성외 2010).

최초의 정신보건사회복지는 1890년 영국의 민간사회복지단체가 주축이 되어 정신장애인들에 대한 사후지도와 봉사활동을 한 데서 시작되었다고 볼 수 있다. 이후 1920년대에는 아동상담소가 정신보건운동의 중심이었고, 1929년에는 런던 경제대학에 정신보건사회사업훈련센터가 설치되었으며, 1930년대 이후에는 정신의학의 발달로 주로 정신병원을 중심으로 이루어졌다. 1959년 정신보건법이 제정되었고 1960년대부터는 정신보건정책에서 지역사회정신건강보호가 강조되었다.

미국에서 정신위생운동을 하나의 조직운동으로 활발하게 전개시킨 사람은 Beers였다. 그는 정신질환자로서 1900년대 초에 정신병원에 입원했다가 퇴원 후 그 당시 정신병원의 문제점을 지적하고 개선 방안을 시사했는데 그의 주장이 많은 호응을 얻자 코네티컷 주에 처음으로 정신위생협회를 조직하였다. 그리고 1904년 Mayer가 맨해튼 주립병원에서 환자의 생활에 영향을 미치는 사회적 환경에 대한 이해를 넓히고 정신질환의 환경적 원인을 이해하기 위하여 그의 부인으로 하여금 환자의 가족을 방문하게 하면서 정신보건사회복지사가 시작되었다.

미국에서 정신의료사회사업이라는 용어를 처음 사용한 곳은 1913년 보스턴 정신병원이다. 그 후 1918년 스미스대학에서 최초로 정신의료사회사업가 양성과정을 개설하였으며, 1926년에는 미국정신보건사회복지사협회가 발족되었고 1955년부터 전국사회사업가협회로 통합하여 오늘에 이루고 있다.

두 차례의 세계 대전을 겪으면서 1944년에는 군대 내 정신보건사회복지사를 채용하게 되었으며, 세계대전 이후 귀환병사의 37%가 정신질환이라는 진단 아래 이루어진 정책의 일환으로 1946년 정신보건법 제정과 함께 국립정신보건연구소가 설립되었다(김융일외, 2003). 1950년대 후반부터 탈시설화에 대한 경향이 증가하면서 1963년 케네디 대통령에 의해 지역사회정신보건법과 지역사회정신보건센터법이 제정됨으로써 지역사회가 공동 책임 하에 예방과 치료 및 사회복귀를 위해서 노력하는 지역사회 정신보건체계가 확립되었다.

우리나라는 1945년 대한신경정신의학회가 조직되어 심리학자와 사회사업가가 함께 청년문제를 연구하면서 정신보건사회복지가 시작되었다고 할 수 있다. 정신보건사회복지의 발달은 한국전쟁 당시 미8군 병원에서 우리나라의 정신과 의사들이 미국의 정신보건사회복지사에게 실습하고 견학할 기회를 준 것이 계기가 되었다.

1958년 서울시립아동상담소가 개설되면서 정신의학자, 정신보건사회복지사, 심리학자, 병리학자가 함께 팀 접근을 하였고, 1963년 가톨릭의대 성모병원, 1968년 중앙대학교 부속 필동 성심병원, 1969년 대구 동산기독병원, 1970년 세브란스병원, 1971년 한강성심병원, 용인정신병원, 혜동의원 등에서 정신의료사회복지사를 채용하였다. 이후 1973년 의료법 시행과 1977년 의료보험의 정신과 항목에서 정신의료사회사업에 대한 수가책정은 정신의료사회사업가의 채용이 증가하는 계기가 되었다. 1993년 한국정신의료사회사업학회가 설립되었고, 1995년에는 정신보건법이 제정됨으로서 정신보건전문요원의 자격제도가 마련되었으며, 1999년에는 모델형 정신보건센터를 운영하기 시작하였다. 2000년에는 알코올상담센터에 대한 시범사업이 시작되었고 2002년에는 아동청소년 정신보건사업이 시작되었으며, 2006년에는 정신질환실태에 대한 역학 조사를 하였으며 지방정신보건사업지원단을 구성하여 운영하기도 하였다. 최근에는 정신보건사회복지지가 병원 중심의 서비스에서 지역사회를 중심으로 한 서비스로 확대되면서 전문성과 지역사회정신보건사업의 중요성이 점차 강조 되고 있다.

4) 정신보건사회복지의 실천분야

현재 정신보건사회복지사가 실천하고 있는 분야로는 정신의료기관, 사회복귀시설, 정신보건센터, 알코올상담센터, 정신요양시설 등이 있다. 정신보건법이 시행되기 전에는 정신의료영역에서 소수의 사회복지사가 활동을 했다. 이후 1995년 정신보건법 제정된 후 지역사회 중심의 정신보건사업이 확충되면서 정신보건사회복지사의 전문적 활동분야도 점차 다양해지고 있다.

(1) 정신의료기관

의료법에 의한 의료기관 중 주로 정신 질환자의 진료를 행할 목적으로 설치된 것으로 정신병원과 의원 및 병원급 이상의 의료기관에 설치된 정신과 등이 있다.

(2) 사회복귀시설

정신질환자를 정신의료기관에 입원시키거나 정신요양시설에 입소시키지 아니하고 사회복귀를 위한 사회적응훈련, 재활훈련을 실시함을 목적으로 하는 시설이다. 주요 세부시설로는 정신질환자 생활훈련시설, 정신질환자 지역사회재활시설, 정신질환자 작업훈련시설 등이 있다.

(3) 정신보건센터

지역의 정신보건 관련 자원의 효율적인 연계·조정을 통해 지역사회 중심의 통합적인 정신장애인 관리체계를 구축함으로서 정신장애의 예방, 정신장애인의 조기발견·상담·치료·재활 및 사회복귀 도모를 목적으로 한다.

국가 또는 지방자치단체가 설치하여 아동청소년 정신보건사업, 정신건강 위기상담 전화운영, 직장인 정신건강증진사업, 자살예방사업 등의 사업을 한다.

(4) 알코올상담센터

알코올 의존자와 그 가족 등 지역주민에게 알코올 의존의 예방·치료 및 재활을 위한 상담과 훈련을 행하는 시설이다. 인구 20만 명 이상 지역에 설치·운영하도록 하고 있으며, 2009년 12월 현재 전국에 34 개소를 설치 운영 중이다.

(5) 정신요양시설

정신의료기관에서 의뢰된 정신 질환자와 만성 정신 질환자를 입소시켜 요양과 사회복귀 촉진을 위한 훈련을 행하는 시설이다.

<표 11-3> **정신보건사회복지 실천기관**

구분	주요기능
정신의료기관	급성정신질환자 대상 의료서비스 제공
사회복귀시설	치료·요양하여 증상이 호전된 정신질환자 일상생활·직업훈련, 주거
정신보건센터	정신질환 예방, 발견, 상담, 진료, 사회복귀훈련 및 사례관리, 정신보건시설 간 연계체계 구축 등 지역사회정신보건사업 기획·조정 및 수행
알코올상담센터	알코올중독 예방, 중독자 상담 및 재활훈련
정신요양시설	만성정신질환자 요양·보호

5) 정신보건전문요원 자격제도 및 직무내용

정신보건전문요원은 정신보건법에 의하여 보건복지수령으로 정하는 수련기관에서 1년(2급) 또는 3년(1급)을 수련을 받고 정신보건 분야에 관한 전문 지식과 기술을 갖춘 자로서 정신보건사회복지사, 정신보건간호사, 정신보건 임상심리사가 있다.

(1) 정신보건사회복지사의 자격기준

정신보건사회복지사는 환자를 둘러싸고 있는 가족, 친구, 학교, 지역사회들과의 관계 및 환경에 초점을 두고 사회조사를 통하여 진단한다. 환자의 입원기간을 통하여 개별 및 집단상담, 가족상담, 가족치료를 실시한다.

① 정신보건사회복지사 자격기준(정신보건법 시행령 제2조 제 1항)

가. 1급

- 고등교육법에 의한 대학원에서 사회복지학 또는 사회사업학을 전공한 석사학위 이상 소시자로서 보건복지부장관이 지정한 수련기관에서 3년 이상의 수련을 마친 자
- 2급 정신보건사회복지사 자격취득 후, 정신보건시설, 보건소, 또는 국가나 지방자치단체로부터 지역사회정신보건사업을 위탁받은 기관이나 단체에서 5년 이상 정신보건 분야의 임상실무 경력이 있는 자

나. 2급

- 사회복지사업법에 의한 사회복지사 1급 자격소지자로서 보건복지부장관이 지정한 전문요원 수련기관에서 1년 이상 수련을 마친 자

(2) 정신보건사회복지사의 직무내용 분류

정신보건사회복지사의 직무는 크게 정신보건사회사업 임상차원, 교육수련 및 기타 활동차원, 그리고 행정차원으로 구분되어지며 세부 직무내용은 다음과 같다.

〈표 11-4〉 정신보건사회복지사의 직무내용 분류

직무 차원	직무내용
정신보건 사회사업 임상	• 심리·사회·정신적 문제해결 • 집단을 통한 환자 문제 해결 • 사회복귀 및 재활문제 해결 • 경제적 문제해결 • 진단·치료·계획을 위한 조사 • 지역사회자원동원 및 활동업무
교육수련 및 기타 활동	• 정신보건사회복지사 수련 • 사회복지학 실습생 지도 • 자원봉사자 교육 및 관리지도 • 기타 활동업무
행정	• 대상자 치료과정기록 및 평가 • 집단 활동의 과정기록 및 치료계획 • 보고서 작성 및 업무일지 기록 • 실적에 관한 통계와 분석평가 및 계획 • 정신보건사회사업 부서의 운영에 관한 회의

(3) 정신보건전문요원 업무의 범위 및 한계

정신보건법에서는 정신보건전문요원의 공통 업무와 직업별 고유한 업무의 범위와 한계를 다음과 같이 규정하고 있다.

〈표 11-5〉 정신건강전문요원의 업무범위와 한계(개정 2008. 2. 29)

종별	업무의 범위와 한계
공통	• 사회복귀시설의 운영 • 정신질환자의 사회복귀 촉진을 위한 생활훈련 및 직업훈련 • 정신질환자와 그 가족에 대한 교육·지도 및 상담 • 법 제 25조 제1항의 규정에 의한 진단 및 보호의 신청 • 정신질환 예방활동 및 정신보건에 관한 조사·연구 • 기타 정신질환자의 사회적응 및 직업재활을 위하여 보건복지부장관이 정하는 활동

정신보건 사회복지사	• 정신질환자에 대한 개인력 조사 및 사회조사 • 정신질환자와 그 가족에 대한 사회사업지도 및 방문지도
정신보건 임상심리사	• 정신질환자에 대한 심리평가 • 정신질환자와 그 가족에 대한 심리상담
정신보건 간호사	• 정신질환자의 병력에 대한 자료수집, 병세에 대한 판단·분류 및 그에 따른 환자 관리 활동 • 정신질환자에 대한 간호

Introduction to Social Welfare and job practice

12
Chapter

다문화복지

Introduction to Social Welfare and job practice

최근 외국인의 유입이 급속히 증가하면서 단일 민족임을 자랑하며 전통 문화를 유지하고 계승, 발전시켜왔던 우리 사회가 다문화 사회와 다문화 복지라는 문제의 새로운 요구에 직면하게 되었다. 국내외적인 환경변화는 외국인의 대량 유입을 초래하고 있으나 아직 한국 국민의 의식과 관행은 전통적이고 폐쇄적인 "단일 혈통의 민족"의 시각에서 크게 벗어나지 못하고 있으며, 정부의 정책 또한 이러한 변화를 충분히 수용하면서 효율적으로 대응하지 못하고 있다. 그 결과 아직도 적지 않은 외국인노동자들이 제도적 보호에서 배제 당한 채 인권의 사각지대에 머물고 있다. 이제 한국은 외국인의 수는 점점 많아지고 있으며 외국인노동자와 결혼이민자 이외에도 외국국적 동포와 외국인 유학생 및 난민 등이 존재한다. 다문화사회란 다양한 문화를 가진 국가의 국민들이 다른 사회집단에 이동하여 살면서 그들의 문화를 바탕으로 한 정체성을 형성하면서, 사회통합을 이루며 사회질서를 유지해 나가는 사회라고 볼 수 있다.

본 장에서는 첫째, 다문화복지의 대상 둘째, 다문화가정 아동의 특성 셋째, 다문화가정과 교육 넷째, 다문화가정의 어려움 다섯째, 다문화가정 학생의 어려움 여섯째, 다문화복지의 지원과 정책 일곱째, 다문화복지의 전망에 대하여 살펴보고자 한다.

1. 다문화복지의 대상

우리나라 다문화복지의 접근 대상은 급격히 증가한 이주자인 외국인 근로자, 여성 결혼이주자, 입국재외동포라고 볼 수 있다.

1) 외국인 근로자

외국인근로자의 고용등에관한 법률에서 "외국인근로자"라 함은 대한민국의 국적을 가지지 아니한 자로서 국내에 소재하고 있는 사업 또는 사업장에서 임금을 목적으로 근로를 제공하고 있거나 제공하고자 하는 자를 말한다. 다만, 출입국관리법 제18조제1항의 규정에 의하여 취업활동을 할 수 있는 체류 자격을 받은 외국인중 취업분야 또는 체류기간 등을 고려하여 대통령령이 정하는 자를 제외한다. 이들 이주 근로자 대부분은 우리나라 사람들이 일하기 싫어하는 3D 업종에서 일한다. 또한 이들이 없으면 우리나라 상당수 제조업체는 문을 닫아야 할 지경이다.

2) 여성 결혼 이주자

한국은 저출산율이 지속되는 가운데 현재 세계 최저 수준을 기록하고 있다. 이를 극복하기 위한 중요한 정책 대상으로 부각된 것이 여성 결혼 이주자를 중심으로 한 국제결혼

이주자다. 국제결혼자의 대부분은 1990년대 중반에 지자체가 한국 남성과 동남아 여성의 결혼을 주선한 '농촌총각 장가보내기' 운동의 영향과 최근 수많은 국제결혼중개업이 성행하면서 증가한 국제결혼자로서 이들은 도시와 농촌 빈민계층에 집중되어 있다.

3) 입국재외동포

국적별 등록 외국인과 국제결혼자 체류현황을 보면, 중국 국적을 가진 조선족 동포가 대부분을 차지하고 있으며, 특히 여성 결혼 이주자 중 조선족 동포가 제일 많은 부분을 차지하고 있으며, 재입국한 재외동포들을 우리 사회 다문화복지의 새로운 접근 대상에 포함할 수 있다. 재외동포체류비자 조건도 엄격하여 개정법의 실질적인 혜택을 누리지 못하고 있다. 그들은 내국인도 외국인도 아닌 다중적 문화정체성을 강요받으며 우리 사회에 뿌리 내리고 있는 것이다.

2. 다문화가정 아동의 특성

1) 신체적 특성: 외모의 차이, 또래집단으로부터 집단 따돌림
2) 언어사용의 특성: 언어발달 지체 및 문화 부적응으로 인해 학교수업에 대한 이해도 낮으며, 소극적이거나 폭력성 또는 과잉 행동등 정서장애를 보임, 일반적 의사소통에는 문제가 없으나 독해와 어휘력 쓰기 등 현저하게 낮음
3) 정체성 혼돈: 부모의 서로 다른 가치관과 생활풍습으로부터 어떤 것을 따라야 할지 혼돈
4) 문화적 특성: 한국 사회경제체제에서 생활하면서 경험하는 언어, 생활습관, 사회적 관계 망의 변화와 함께 차별과 억압, 부모와의 관계 및 사회생활에서 문화적 이질성으로 인해 어려움을 경험함

3. 다문화가정과 교육

1) 다문화가정

다문화가정이란 우리와 다른 민족·문화적 배경을 가진 사람들로 구성된 가정을 통칭하는 말로서 2004년 건강가정시민연대가 가정 용어 개선을 권장한 용어이다. 국제결혼가정(한국인남성=이주여성, 한국인여성=이주남성), 이주민가정(이주노동자, 유학생, 북한이탈주민 등)을 포함하는 한 가족 내에 다양한 문화가 공존하고 있는 가정이다.

다문화가정	그 자녀
국제결혼가정	한국인 아버지와 외국인 어머니 사이에서 태어난 자녀
	한국인 어머니와 외국인 아버지 사이에서 태어난 자녀
외국인근로자가정	외국인 근로자가 한국에서 결혼하여 태어난 자녀
	본국에서 결혼하여 형성된 가족이 국내에 이주한 가정의 자녀
기타 이주민가정	유학생, 북한이탈주민(새터민)의 자녀

2) 다문화교육

다문화교육이란 각기 다른 인종과 성, 언어, 계층 등을 이해하고 존중하도록 유도하여 학생과 그 가족의 삶을 긍정적으로 변화시킴으로써 다양한 문화의 세계에서 공동의 목표를 향해 생활하고, 의사소통하는 지식, 태도, 기술을 가질 수 있도록 준비하는 교육이다.

3) 다문화가정의 권리

다문화가정 자녀는 차별없는 동등한 교육의 권리를 갖고 있다.

(1) 국제결혼가정 자녀

한국인과 결혼한 외국인 배우자(이하 "결혼이민자") 사이에서 출생한 아동으로, 국적법 제2조 제1항에 따라 출생과 동시에 한국 국민이 되므로 헌법 제31조에 의한 교육권을 보장받는다.

(2) 외국인 근로자 자녀

외국인 근로자 부부 사이에서 출생한 자녀는 헌법 제6조 제2항과 유엔아동권리협약, UN 아동권리위원회권고(2003.1)에 따라 한국인 자녀와 동등한 교육권을 보장받는다. 아울러 법적인 보호를 못받는 미등록 외국인근로자의 자녀도 유엔아동권리협약에 근거하여 동등한 교육권을 보장받는다.

(3) 외국인 근로자 아동의 권리

① 신체적 자유, 표현의 자유, 정보 접근의 권리

② 양육받을 권리, 가족 재결합의 권리(부모가 합법체류자인 경우), 유해환경으로부터 보호 받을 권리

③ 차별받지 않을 권리

④ 차별이나 처벌로부터 보호받을 권리

⑤ 국적 취득의 권리, 휴식·여가와 문화생활에 참여할 권리

⑥ 교육받을 권리, 노동 착취로부터 보호받을 권리

4) 다문화가정의 어려움

① 문화의 차이에서 오는 인식의 차이이다. 가족 공동체에서 이중문화의 존재로 인해 갈등이 빚어지게 되며 이러한 고통과 긴장 그리고 경제적 어려움 등으로 인해 발생하는 스트레스 등을 고스란히 떠안게 됨으로 인하여 가정 자체를 불안정하게 한다.

② 국제결혼가정에서는 언어의 소통이 자유롭지 못하기 때문에 부부간이나 부모자녀 간에 생각과 감정을 제대로 전할 수 없는 어려움이 있고, 이것이 친밀감 형성에 장벽이 된다.

③ 국제결혼가정의 부부 중에는 사랑으로 연애기간을 가지고 결혼을 결정한 것이 아니라 다른 목적과 경로로 만나서 결혼한 경우도 많아, 사랑에 기반을 둔 가정생활이 어려운 경우가 적지 않다. 이 경우 불안한 가정 분위기 때문에 자녀들이 좋지 않은 영향을 받게 된다.

④ 국제결혼가정자녀들은 부모의 서로 다른 가치관과 생활 풍습으로부터 어떤 것을 따라야 할 지 혼돈을 겪을 수 있다. 자녀 교육이 주로 어머니에 의해 이루어지는데 어머니가 한국말이 서툴고 한국의 풍습에 익숙하지 못할 경우 자녀교육을 하는 데 어려움을 겪는다.

5) 다문화가정 학생의 어려움

① 언어 소통 장애가 부적응의 원인이다. 국제결혼 가정 2세들은 말을 배우는 가장 중요한 시기인 유아기에 한국말이 서툰 외국인 어머니의 교육으로 성장하기 때문에 언어 발달이 늦어지고 의사소통에 제한을 받기 때문에 학습 부진이나 부적응 현상을 보일 수 있다.

② 부모의 가치관의 차이에서 오는 어려움이 있다. 어머니와 아버지로부터 배우는 가치관이 다르므로 가치관 혼돈으로 오는 부적응을 겪을 수 있다.

③ 혼혈인에 대한 편견이 부적응을 유발한다. 한국인은 역사적으로 단일 민족이라는 신화를 추구하면서 자부심을 강화하며 살아왔다. 이 때문에 타인종에 대한 편견이 많은 편으로 이것이 아동의 학교생활에서(특히 외모가 다를 경우) 차별을 경험하게 한다.

4. 다문화복지의 지원과 정책

다문화 복지의 지원이 구체적인 사회복지 정책으로 구현하기 위해서는 현재의 다문화 가정 대상으로 진행되고 있는 민관 지원 실태를 살펴보아야 한다. 여기서는 정부 각 부처의 이주자 대상별로 실시된 주요 현황, 추진 정책 및 향후 계획을 살펴보고, 민관 지원 단체의 현황과 추진 계획들을 살펴보고자 한다.

다문화가정에 대한 지원은 아래 그림과 같이 여성가족부, 교육과학기술부, 법무부 등 다양한 정부 부처와 민간단체에서 실시하고 있다. 정부 차원에서는 이러한 지원의 효율성을 높이기 위해 다문화가족정책위원회(위원장:국무총리)를 구성하여 운영하고 있다.

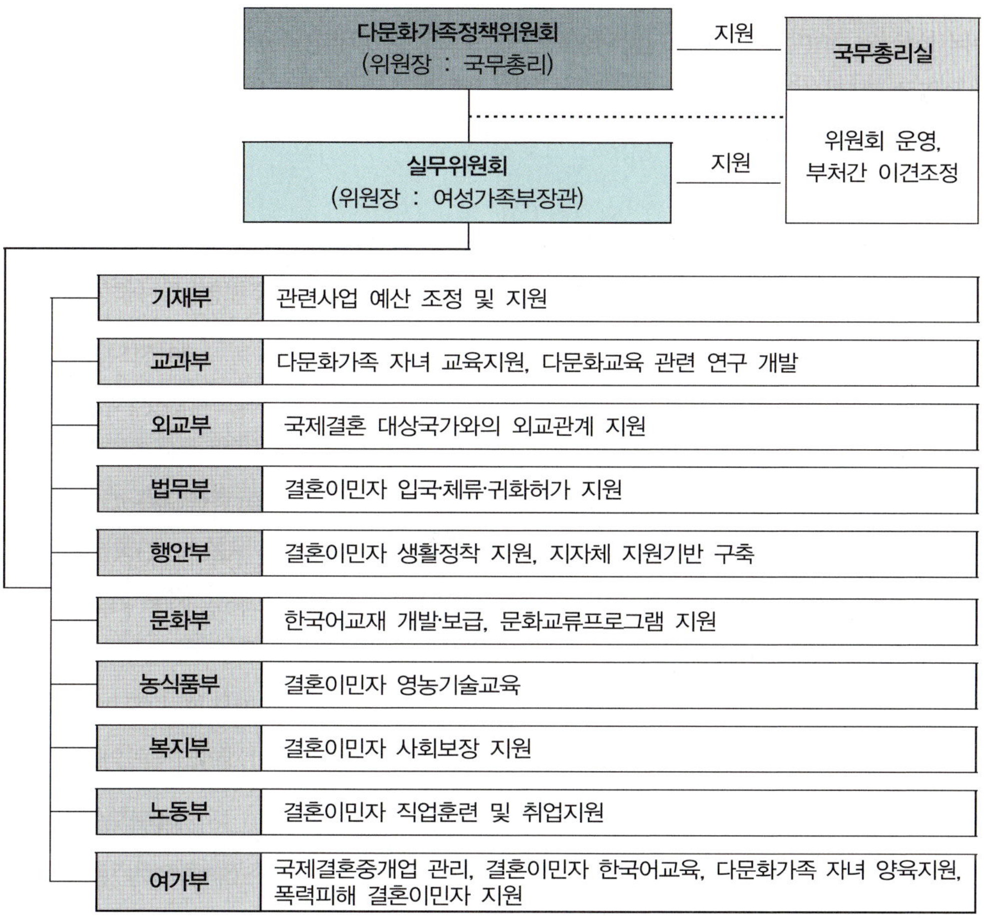

[그림] **다문화가족지원정책 추진체계도**

(출처)다문화가정 학생교육-교육과학기술부

1) 법무부 : 출입국 및 체류 관리

여성 결혼 이주자는 한국국적 취득 전까지 외국인 신분이므로 국적 취득 전에 이혼하면 본국으로 귀국하거나 불법 체류자로 전락할 수 있다. 또한 남편이 일반적으로 신원 보증을 해지할 수 있다는 점을 빌미로 여성 결혼 이주자를 억압할 수 있으며, 이혼에 의한 간이 귀화 신청시 전 배우자의 귀책사유를 입증하기가 어려워 불법 체류자로 전락하는 사례가 많다.

여성 결혼 이주자가 배우자의 귀책사유 등으로 인해 혼인을 지속하기 어려운 경우, 체류자격 변경으로 인해 불리한 입장에 처했던 점 등을 개선하기 위해 국적 취득 조건을 완화하게 되었다. 앞으로는 탈법적인 결혼중개 방지 및 국제결혼 당사자 보호를 위한 제도적 장치를 마련하고 가정폭력 피해자에 대한 안정적인 체류지원을 강화할 계획이다.

2) 고용노동부 : 취업, 고용 및 훈련

노동부에서는 여성 결혼 이주자 가족의 안정적인 생활환경 조성을 위하여 취업, 고용 및 훈련 관련 정책을 마련하며, 직업상담 및 고용서비스를 지원하여 취업희망자에 대한 상담 및 취업알선 서비스를 강화할 계획이다. 또한 여성 결혼 이주자가 공공서비스 부문으로 진출할 수 있도록 준비하고 있다.

3) 보건복지부 : 보건, 복지, 의료

다문화가정은 언어소통 문제, 생활 전반의 문화적 차이 때문에 불편을 겪거나 가족이 붕괴되는 경우가 발생하며, 각종 정보·자원·취업으로부터 소외되고 있다.

여성 결혼 이주자의 안정적인 생활을 지원하기 위해, 기초생활보장 수급 신청 시 여성 결혼 이주자의 소득과 재산을 제외하도록 하였고, 기초생활 보장을 위해 국민기초생활보장법을 개정하고, 긴급복지지원법의 지원 대상에 여성 결혼 이주자를 포함시키도록 하였다. 또한 실제 소득이 최저생계비의 120% 미만인 미성년 자녀를 양육하는 국적 미취득 이주자를 자활근로자 대상에 포함시켰고, 건강보험 미가입자를 위해 외국어 안내문을 제작하여 출입국관리사무소, 공단 지사 등에 배포하고 시·군·구 및 정신보건센터를 통해 정신건강 상담서비스를 제공하였다. 그리고 가정폭력 피해 여성 결혼 이주자 보호를 위하여 여성긴급전화를 통해 동시통역 상담서비스를 제공하고, 외국인 여성 전용 쉼터를 인천과 천안에 설치하여 운영하고 있다. 또한 피해자 치료와 회복 프로그램 참여시 통역비 등을 별도로 지원하고 있다.

보건복지가족부는 복지 및 상담서비스를 확대하고, 여성 결혼 이주자 가족에 대한 기초 생활을 보장하며, 자녀 출산 및 양육을 지원하고 건강증진 지원책들을 실시할 계획이다. 또한 사회복지, 보건의료 서비스 종사자 등에 대한 다문화교육 강화로 여러 문화권 출신의 다문화가정에게 적절하게 대응할 수 있도록 다문화에 대한 지식, 문화적 편견을 해소할 수 있는 교육훈련 기회를 제공하며, 농촌 복지사업 관계자를 대상으로도 비슷한 교육을 제공할 계획이다. 또한 결혼 당사자에게 국제결혼에 대한 정보를 제공하고 가정폭력 피해자 보호를 위한 지원체계를 구축하고 확대하려는 계획을 가지고 있다.

4) 여성가족부 : 결혼이민자 가족을 위한 정책

다문화가족을 위한 정책은 결혼이민자의 체류불안대책, 생활안정대책 및 사회통합대책, 사회참여 촉진정책 등이 수행되고 있으나 부처별로 정책이 중복되어 효율성이 떨어지며 결혼이민자의 개인특성이 고려되지 않으며, 다문화가족 자녀 및 배우자 등 가족전체를 대상으로 한 정책이 부족하고 보건·복지·가족영역간 연계가 미흡하여 정책의 효과성이 떨어지고 있다.

(1) 결혼이민자가족을 위한 지원정책

① 결혼이민자가족 지원 프로그램 운영

한국어 교육, 가족교육, 가족상담, 등 필수사업 외에 지역사회 특성 및 수요에 적절한 사업을 운영한다.

- 찾아가는 서비스 : 참여하기 어려운 결혼이민자를 위해 전문가나 도우미가 찾아가서 서비스를 제공하는 맞춤형 프로그램.
- 필수사업 : 한국어교육, 한국문화이해교육. 가족교육, 가족상담, 자조집단 운영
- 특화사업 : 정서지원, 결혼이민자 역량강화, 다문화인식개선, 자녀양육지원 등

② 결혼이민자가족을 위한 홍보 및 정보제공

결혼이민자들이 한국생활에 적응하기 위해 필요한 정보를 간단한 책자와 홍보물을 통해서 배포하기도 하고, 직접 교육이나 기관 연결에 의해 정보를 제공한다.

③ 결혼이민자 피해 구조·지원

가정폭력 등 긴급상황 발생 시 대응은 이주여성 긴급전화(1577－1366)를 통해 영어·중국어·베트남어·몽골어·러시아어·태국어 등 6개국 언어로 상담받을 수 있으며, 24시간 상담 및 기관·시설이 연계되어 있다.

④ 결혼이민자 피해 구조를 위한 지역 내 연계 체계망 구축

서비스 대상 인근지역 시·군·구까지 사업을 원활하게 수행할 수 있도록 지부 또는 관련단체, 관공서 등과 네트워크 형성 및 사업추진체계를 확립해야 한다.

⑤ 방문지도사 파견

경제적 어려움과 지리적 접근성의 문제로 집합교육에 참석하기 어려운 결혼이민자 및 가족을 대상으로 가족 간의 언어소통 어려움으로 한국생활 조기 정착 어려움을 해소하기 위하여 한글교육지도사를 파견한다.

(자녀의 발달 특성과 가정환경에 부합하는 맞춤형 찾아가는 서비스)

(2) 결혼이민자가족지원체계

여성가족부와 중앙건강가정지원센터, 거점센터, 시·군·구 센터의 체계를 가진다. 결혼이민자 가족지원 사업은 크게, 탈법적인 국제결혼 방지 및 국제결혼 당사자 보호(국제결혼중개업체 관리를 위한 법률 제정 및 결혼사증 발급심사 강화), 가정폭력피해자에 대한 안정적인 체류 지원 및 보호 강화(전용 핫라인 설치, 외국인 전용 쉼터 설치 등을 통한 가정폭력 피해자 보호), 한국사회조기 적응 및 정착 지원시스템 구축, 결혼이민자가족 아동의 학교생활 적응 지원(다문화교육시스템 구축 및 교육과정에 다문화 교육요소 반영), 결혼이민자가족의 안정적인 생활환경 조성(저소득층 생활지원, 건강검진서비스 시범 실시 및 방문 보건사업 적용 등), 여성결혼이민자에 대한 사회적 인식 개선 및 업무책임자 교육, 결혼이민자 정책추진체계 구축(결혼이민자가족지원센터 운영 및 전문인력 양성, 범정부차원의 총괄 추진체계 마련) 등으로 이루어진다.

5) 문화관광부 : 문화정책

단일민족, 단일문화라는 순혈주의 중시 풍토로 여성 결혼 이주자에 대한 편견 및 차별이 존재하며 그러한 편견과 차별이 지속될 경우 이로 인한 사회적 갈등이 표출될 우려가 있다. 현재 한국 생활에 필요한 기본 지식 및 생활정보 등의 제공과 문화적 차이점에 대한 이해 증진 노력이 이루어지고 있으며, 찾아가는 서비스를 위한 가정방문 한국어 교육, 출산 전후 가사도우미 지원, 한국어 교재 보급 및 한국 생활정보 제공, 국제결혼 부부교육 등을 추진 중이다.

향후 지역사회의 다문화 친화적인 분위기 조성을 위해 결혼 이주자 자녀 지원 협력 체제를 구축 및 지원하며, 우수 사례를 발굴하고 확산하며, 다양한 문화예술 프로그램을 통

하여 다문화가족 공동체 문화 형성 및 지역사회 적용 방안을 제시할 계획이다.

6) 교육과학기술부 : 다문화 자녀 교육

다문화가정 대부분이 소득이 낮고 주거 및 학습 환경이 열악하여 그 자녀들은 또래 아이들에 비해 기초학습능력이 낮은 것으로 나타났으며, 배타적인 한국사회의 특성과 외국인에 대한 지나친 편견으로 인해 일부 학교의 경우 외국인 자녀 입학을 기피하거나 통합교육을 거부하는 등 많은 어려움을 겪고 있다.

교육과학기술부는 "다문화가정 품어 안는 교육 지원 대책"을 마련하여 추진하고 있다. 이는 방과후학교 프로그램을 개설하고, 대학생을 다문화가정에 멘토링 제도에 참여시키며, 한국의 학교 제도에 익숙하지 않은 학부모들을 위한 취학 안내 및 학습지도 사항 등을 수록한 학교생활 안내문을 다양한 언어로 제작하여 배포하고 있다. 또한 다문화가정 자녀를 지도·상담하는 전담교사를 지정하고, 선배 또는 또래 친구와 1대1 결연을 활성화하여 이들의 학교 적응을 지원하고 있다. 그리고 교사의 관심을 제고하고 지도할 수 있는 역량을 강화시키고자 다양한 연수를 실시하고 있으며, 단일민족을 강조하는 교과서를 다문화·인권을 강조하는 교과서로 개정하고 있다. 교육과학기술부의 이러한 정책은 지역인적자원개발(RHRD) 사업을 통해 지자체를 중심으로 한 다문화가정 지원 프로그램으로 활성화되고 있다.

5. 다문화복지의 전망

사회복지는 사회 전체의 복지를 증진시키려는 모든 형태의 사회적 노력을 포함하며, 사회문제의 치료와 예방, 인적 자원의 개발, 인간생활의 향상에 직접적 관련을 갖는 일체의 시책과 과정을 포함하며, 개인이나 가정에 대한 사회적 서비스의 제공뿐만 아니라 사회제도를 강화시키거나 개선시키려는 노력을 포함하는 것이다. 거시적 다문화복지 또한 다문화를 형성하는 요인인 성, 민족, 인종, 계층, 거주지, 연령, 특수성, 종교와 언어 등 그 관련된 영역 전체가 사회복지의 전체에 비교 될 수 있다. 다문화 사회를 건설하기 위해서는 이주노동자·이민자와 한국인 양자가 함께 노력하여야 한다. 어느 한쪽이 일방적으로 적응하는 것이 아니라 쌍방이 각각 상대방에게 적응하여야 한다. 세계화의 산물인 다문화사회는 우리가 역행할 수 없는 역사적 큰 흐름이다. 단일민족과 단일문화를 오랫동안 고집하면서 살아온 우리는 민주주의와 자본주의라는 서구화의 과정에서 비롯된 시련과 혼란을 잘 이겨내고, 또 다른 다문화사회로의 장애물을 눈앞에 두고 있다. 이런 시점에서 우리 정부는 미시적인 접근 방법에서 벗어나 거시적인 방법으로 우리 사회의 구성원으로서의 이주민을 위한 정책적 배려를 해야 하며, 민간단체는 정부를 도와 다문화가정에 대한 미시적인 측면에서 협조를 해야 한다. 또한 다문화가정도 우리의 이웃이라고 생각하는 많은 사람들의 자발적인 자원봉사가 더해진다면 우리의 다문화복지도 이 땅에 아름답게 뿌리내릴 것으로 본다.

13
Chapter

사회복지현장실습

Introduction to Social Welfare and job practice

1. 사회복지 실습교육의 개념

사회복지 교육에서 실습교육은 사회복지 전문직의 초창기부터 사회복지교육의 중심에 있었다. 사회복지현장실습의 명칭은 현장실습(Field Work), 현장경험(Field Experience), 실습교육(Field Instruction), 현장지도와 배움(Field Teaching and Learning), 실습(Practicum), 현장실습(Field Education) 등으로 다양하게 불린다. 한국사회복지교육협의회(2000)에서는 실습을 "사회복지현장실습(Social Work Practicum)"이라는 명칭으로 사용하고 전공 필수과목으로 편성하고 있다. 과목구성은 크게 기관에서 이루어지는 현장실습과 학교에서 실시하는 실습 세미나로 구성되어 있다.

사회복지현장실습은 사회복지적 가치에 입각하여 학교에서 배운 지식과 기술을 실제 사회복지현장에서 적용하는 방법을 배우는 과정이다. 그러므로, 사회복지 교육에서 사회복지현장실습은 사회복지사를 준비시키는데 있어서 가장 중요한 구성 요소이다.

실습교육을 통해 학생들은 전문사회복지사로서의 다양한 유형의 능력을 경험한다. 사회복지 전문직에 필요한 능력으로 첫째, 개인, 집단, 지역사회와 관계하는 능력, 둘째, 욕구 및 문제를 사정하는 능력, 셋째, 계획수립과 적절한 개입을 적용하는 능력, 그리고 마지막으로 옹호자, 중재자, 교육자, 임상가, 지역사회 계획가 및 조직가, 행정가 등 다양한 도움의 역할들을 수행하는 능력을 한 단위의 실습기간 동안 습득하게 된다. 학생들은 실습기간 동안 다른 전문사회복지사들을 관찰하고 그들의 활동으로부터 어느 정도의 학습이 이루어지는 기회를 갖게 된다. 또한 학생들은 실습교육을 통해 주위의 기관 직원들 누구에게서든지 학습의 계기를 마련할 수 있고 다양한 역할들에 익숙해질 수 있는 계기가 된다.

실제로 실습교육을 통해 학생들은 실습교육 동안 클라이언트, 전문직 동료들, 지역사회와 만남을 통해 전문사회사업의 문화, 규범과 가치를 익힐 수 있는 기회가 된다. 이러한 경험은 학생들이 현장실습이 끝난 후에도 계속적으로 수동적인 학습자에서 능동적인 전문가로 자신을 이해하고 수용하며, 사회복지직이 자신에게 있어서 최적의 진로인가를 결정하는데 중요한 계기를 제공한다(김선희·조휘일, 2004). 사회복지현장실습이 정체성 확립, 전문적인 자질과 능력 파악을 하는데 큰 도움이 된다.

2. 실습교육의 목적

사회복지 교육의 일반적 목적은 학생들이 사회복지에 대한 이해와 지식을 함양시켜 전문직으로서의 사회복지에 대한 정체감과 자아인식을 갖게 해주며, 실무경험을 터득하게 함으로써 경험적 학습을 시켜 사회복지 지식과 태도, 기술을 통합시키는 것이다. 또한 학생들이 배운 전문직의 가치관, 지식 그리고 기술을 전문적 실천에 접목시키고 통합시키는 데 있다.

한국사회복지교육협의회(2004)에서는 사회복지 현장실습 과목의 목표를 다음과 같이 제시하고 있다. 첫째, 학교에서 습득한 사회복지에 관한 지식과 기술의 실천적 적용을 한다. 둘째, 사회복지 실습현장에서의 클라이언트 체계의 문제 확인, 정보 수집, 조직화, 분석, 개입 계획의 수립과 이해, 개입 노력에 대한 평가과정을 경험하여 새로운 지식과 기술을 습득한다. 셋째, 지역사회 대상 집단의 특성과 자원에 대한 지식을 활용할 수 있는 능력을 기른다. 넷째, 사회복지 시설 및 기관의 조직, 정책, 절차에 적용할 수 있는 경험적 이해 증진과 능력을 함양한다. 다섯째, 사회복지 실천에 대한 자신의 적성 테스트 기회를 제공한다. 여섯째, 실습생의 사회복지사로서의 자아인식 증진과 전문적 정체감을 형성한다.

한국사회복지사협회의 『2010년 사회복지현장실습 안내서』에서 제시한 사회복지현장실습 교육의 목적은 첫째, 실천현장의 문제해결 과정에 사회복지 가치 및 윤리강령의 내용, 지식 및 기술을 적용할 수 있는 능력을 키운다. 둘째, 클라이언트체계의 문제 확인, 정보수집, 사정평가, 개입계획 및 개입수행, 그리고 평가과정을 통해 문제해결에 대한 새로운 지식과 기술을 터득한다. 셋째, 지역사회 내 위험집단 및 표적 집단의 강점 및 특성과 자원에 대한 지식을 활용할 수 있는 능력을 기른다. 넷째, 사회복지시설, 기관 및 조직의 사명, 정책 및 행정을 연구하고 파악한다. 다섯째, 실천현장 관련 국가 및 지역의 사회복지 정책 및 전달체계를 분석하고 실천에 적용한다. 여섯째, 사회복지사로서의 자아인식을 증진시키고 전문직 정체감을 형성한다.

종합적으로 요약하면, 사회복지현장실습의 목적은 크게 두가지 측면으로 요약할 수 있다. 첫째, 학생이 교실에서 배운 전문적 지식, 기술, 가치를 실습경험을 통해서 적용해 볼 기회를 제공하여 자신의 지식으로 승화 시키는데 있다. 둘째, 미래의 사회복지사로서의 전문직의 사명감과 자아인식을 증진시키고 전문직 정체감을 형성하는데 그 목적이 있다.

사회복지현장실습 교육의 목적

○ 실천현장의 문제해결 과정에 사회복지 가치 및 윤리강령의 내용, 지식 및 기술을 적용할 수 있는 능력을 키운다.

○ 클라이언트체계의 문제 확인, 정보수집, 사정평가, 개입계획 및 개입수행, 그리고 평가과정을 통해 문제해결에 대한 새로운 지식과 기술을 터득한다.

○ 지역사회 내 위험집단 및 표적 집단의 강점 및 특성과 자원에 대한 지식을 활용할 수 있는 능력을 기른다.

○ 사회복지시설, 기관 및 조직의 사명, 정책 및 행정을 연구하고 파악한다.

○ 실천현장 관련 국가 및 지역(지방자치단체)의 사회복지정책 및 전달체계를 분석하고 실천에 적용한다.

○ 사회복지사로서의 자아인식을 증진시키고 전문직 정체감을 형성한다.

자료출처 : 한국사회복지사협회, 『2010 사회복지현장실습 안내서』

3. 사회복지현장실습의 주요 요소

실습교육의 목적이 달성되기 위해서는 학생들이 현장실습에서 경험하는 실습내용이 어떻게 이루어지고 있는지 살펴보는 것이 필요하다. 실습내용은 실습교육과정 속에 기관에서 학습하고 경험할 수 있는 것들이다(김선화, 2002). Fortune(1994)은 실습교육의 구체적인 내용으로 기본적인 전문적 책임감 및 사명감의 준비, 그리고 실습교육의 핵심적인 내용과 기술들을 포함하여 제시하고 있다. Fortune이 제시한 실습지도의 핵심적인 내용과 기술 모델은 <그림-1>과 같다.

실습교육의 핵심적 내용으로 첫째 요소인 전문적 발달은 전문사회사업가와 사회복지사를 규정하고 전문적 직업의 사명감을 특징짓는 내용이 포함된다. 이러한 교육의 구체적 내용은 사회복지의 가치 및 윤리적 사명감, 자신의 전문적 성장에 대해 책임감을 갖는 것, 자기 자신의 활동의 효과성을 평가할 수 있는 능력 등이 있다.

실습지도의 핵심적인 내용

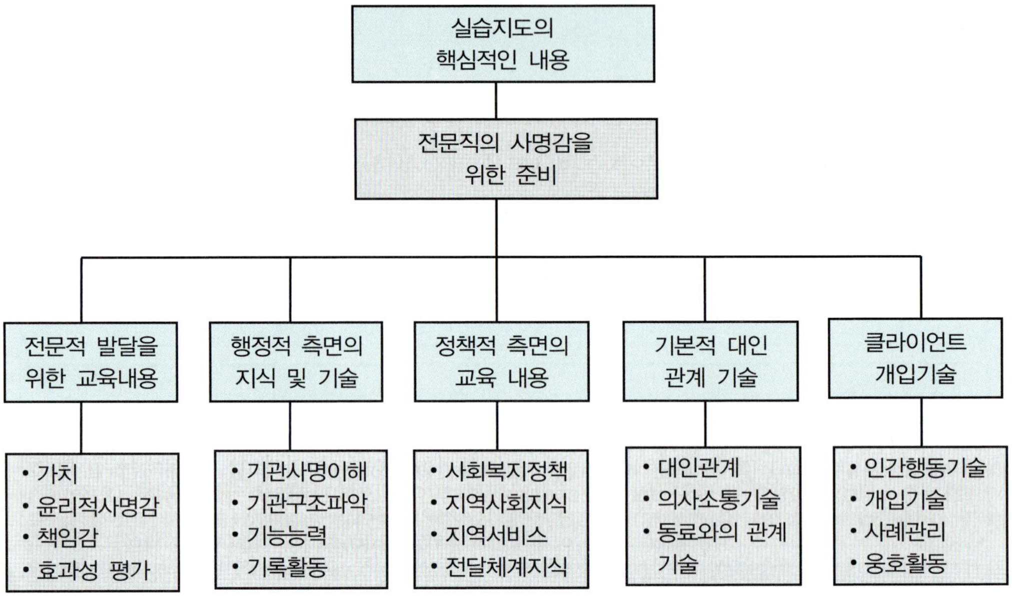

출처: Fortune, A. E., Field education. In F. G. Reamer(ed.), The Foundation of Social Work Knowledge, New York: Columbia University Press, p.230, 1994.

<그림 13-2> **실습지도의 핵심적인 내용(기술) 모델**

둘째, 행정적 측면의 지식 및 기술은 조직적 상황의 이해와 사회복지사가 조직내에서 생활하면서 효과적 서비스를 제공하는데 도움이 되는 지식과 기술이다. 여기에는 기관이 사명을 이해하고, 구조를 파악하며, 조직 내에서 기능하는 방법을 학습하는 능력, 지역사회에 대한 지식 등이 포함된다. 셋째, 정책적 측면의 교육내용은 기관에 직접적인 영향을 주는 국가와 지방의 사회복지 정책에 대한 내용과 기관의 의해 서비스를 받는 영역 및 지역의 경제적, 정치적, 사회적, 그리고 문화적 구조에 대한 지역사회 지식, 그리고 지역의 사회복지 서비스 연계망인 서비스 전달체계의 지식이 포함된다. 넷째, 기본적 대인관계 기술은 다른 사람과 협력적으로 일하거나 다른 사람들로부터 협력을 확보하는데 필요한 대인관계적 기술들이다. 여기에는 기본적인 대인관계적 의사소통 기술과 동료와의 관계 기술이 포함된다. 다섯째, 클라이언트 체계 개입 기술은 개인, 가족, 그리고 치료적 집단을 포함하는 클라이언트 체계에 대한 개입이다. 여기에는 인간행동과 다양성의 내용에 관한 지식의 적용, 클라이언트 체계와의 면접기술, 사례관리 기술, 옹호활동 등이 포함된다.

이러한 실습의 내용은 기관의 성격과 실습생의 업무수행 능력에 따라 차이가 나지만, 일반적으로 학생들은 사회복지현장실습을 통해 사회복지사로서의 전문적 발달을 위한 여러 가지 지식과 기술을 배우게 된다. 그리고 자신에 대한 평가와 함께 전문직으로서의 사회복지에 대한 가치관을 수용하며, 이러한 가치관을 서비스 제공과정 중 각 단계에 적용하고 통합하는 것의 중요성을 이해하게 된다(김효선, 2004).

Fortune의 실습지도의 핵심적인 내용 모델을 근거로 사회복지현장실습의 주요 구성 요인으로는 개인요인, 슈퍼비전요인, 실습기관요인, 학교 요인이 있으며, 이러한 요인들은 학생들이 전문직의 정체성을 확립하는데 영향을 미치는 요인으로 제시하였다.

1) 개인요인

실습에 있어서의 학생들의 참여 자세는 실습 전반에 커다란 영향을 미친다. 따라서 실습생으로서 자신들의 역할을 구체적으로 점검하고 실습기간 동안 실습생의 역할을 적극적으로 수행하려는 실습에 임하는 태도가 필요하다. 즉, 사회복지현장실습은 참여하는 실습생들이 스스로 동기가 부여 되고 능동적이고 적극적인 참여자세가 뒷받침되지 않는다면 성공적인 실습을 통한 역량 강화를 기대하기 힘들다고 볼 수 있다.

2) 수퍼비전 요인

(1) 수퍼비전의 개념 및 목적

수퍼비전은 사회복지의 전문적 지식과 기술을 습득하고 실천하는데 가장 중요한 도구로서 활용되고 있다. 실습 수퍼비전이란 사회복지에 있어서 많은 전문적 지식과 기술을 소유한 경험 있는 기관의 실무자가 전문적 훈련과 경험 내지는 전문적 지식과 기술이 부족한 학생들에게 실습 업무를 수행하는데 있어서 요구되는 사회복지의 전문적 지식과 기술을 전달해 주는 훈련방법으로 정의하고 있다. 실습 수퍼비전은 사회복지 대한 전문적 실천 지식과 경험이 풍부한 현장의 실습지도자가 실습생을 훈련하는 방법으로 기관에서 제시한 실습의 내용을 잘 수행하고 실습의 목적을 달성하도록 돕는 과정이다. 그러므로 수퍼바이저는 실습생이 미래의 전문사회복지 실천가로서 성장하기 위해 필요한 지식과 기술을 개발할 수 있도록 도우며, 학교에서 배운 이론을 실천에 적용할 수 있도록 기회를 마련해 주고, 긍정적인 학습자극을 제공해 주어야한다.

이처럼, 실습생이 기관에서 생동감 있는 현장의 활동을 보고 배우는데 있어서 보다 전문적인 기술과 방법은 실습지도자의 수퍼비전을 통해 이루어지기 때문에 수퍼비전은 매우 중요하다고 볼 수 있다.

(2) 수퍼비전의 기능

Kadushin(1992)은 수퍼비전을 행정적(administrative), 지지적(supportive), 교육적(educational) 수퍼비전 등 3가지 면에서 사회복지현장교육자로서의 역할로 정의하였다. Kadushin (1992)에 의하면 수퍼비전은 사회복지사들이 그들의 업무와 관련된 좌절이나 불만족을 경험할 때에 그들에게 정서적 지지나 도움의 지원을 제공함으로써 문제해결을 도와주는데 초점을 두었다.

① 행정적 수퍼비전(Administrative Supervision)

Kadushin(1991)에 의하면, 행정적 수퍼비전이란 기관 또는 조직에서 수행해야할 업무에서 필요한 전문적 기술의 능력을 연결해 주는 것으로 과제중심적 이고, 수단적인 자원의 모든 요소를 포함한다. 즉, 행정적 수퍼비전은 수퍼바이지의 행정적 성장을 꾀하는데 목적을 두고 기관의 절차를 적절하게 수용하지 못하는 수퍼바이지에게 작업환경의 구조와 업무 수행에 필요한 접근법과 직무를 효과적으로 수행할 수 있는 자원을 제공해줌으로써 기관의 구조와 자원을 효율적으로 이용할 수 있도록 돕는 과정이다(정명숙, 2000).

Kadushin(1992)에 의하면, 행정적 수퍼비전의 책임을 수행하는데 있어서 수퍼바이저 역할은 직원모집 및 선발, 사회사업가의 직무배정 및 배치, 업무계획, 업무활동 및 부여, 업무위임, 업무에 대한 모니터링과 검토 및 평가, 업무조정, 의사소통 기능의 역할 등이며, 대변자, 행정적 완충자, 변화 매개자로서의 수퍼바이저 등으로 구분하였다.

② 교육적 수퍼비전(Educational Supervision)

교육적 수퍼비전이란 지식, 기술, 개인적 유효성을 발전시키는 것으로 설명하고 있다. 이것은 전문사회복지사가 되기 위해서 필요한 발달과 성장의 기본적 영역이다 (Kadushin, 1992). 교육적 수퍼비전은 지식, 태도와 기술을 가르치는 것으로 주된 교육내용은 연구방법론, 실천기술, 인간행동, 정책, 가치와 현장지도 등을 포함한다 (Fortune, 1994; Reamer, 1994). 교육적 수퍼비전은 워커나 수퍼바이지에게 업무 수행을 위해 무엇이 필요한지를 알게 하고 이것을 배우고 돕는 것이다. 교육적 수퍼비전은 사회복지 전문적 실천을 위해 실습생을 개별화하여 지식과 기술 등의 능력을 키워준다는 의미에서 중요하다(최민영, 2008).

교육적 수퍼비전의 목표는 수퍼바이지의 업무를 더욱 효과적으로 실행하기위하여 수퍼바이지의 능력을 향상시키는 것이다. 이것은 수퍼바이지가 자신의 임상적 지식과 기술을 최대화하여 전문적으로 성장하고 발달하도록 돕는 것이다(태화기독교복지관, 2005). 교육적 활동으로서는 교수활동, 학습을 촉진시키는 일, 훈련, 경험과 지식의 나눔, 정보제공, 명확화, 안내, 문제해결책을 찾도록 수퍼바이지를 돕는 일, 전문적 성장을 강화시키는 일, 조언, 제안, 문제해결과정을 돕는 일 등을 포함하고 있다(조휘일 역, 2000).

③ 지지적 수퍼비전(Supportive Supervision)

지지적 수퍼비전은 대인관계, 표현력, 스트레스를 감소, 동기부여, 효과적인 업무수행 등이 포함되며, 조직 구성원들이 심리적으로 좋은 상태를 전반적으로 확장시키기 위한 대인관계기술과 관련이 있다(Kadushin, 1992). 지지적 수퍼비전의 기능은 수퍼바이저와 학생들의 분노, 죄책감을 완화하고, 확신, 자존감, 그리고 강점을 증진시키며, 업무와 실습현장에서 스트레스와 긴장을 감소시킴으로써 만족감을 증가시킨다.

이처럼, 지지적 수퍼비전은 실습생들에게 불안이나 긴장을 완화하고, 회복, 편안함, 지지뿐 만 아니라 그들의 자질을 강화하고 적극적으로 노력하기 위한 재충전, 동기부여를 해주는 것이다. 이는 실습기간동안 실습생 스스로가 결정하고 기관에서 부여하는 실습의 목적과 목표를 달성하기 위해 다양한 과업을 수행함으로써, 긴장과 피로감을 경험하고 또 낯선 상황들과 사회사업 실천의 경험이 없어 시행착오를 경험하는 학생들에게 필요하다(최민영, 2008).

3) 실습기관

학생의 입장에서 만족스러운 실습을 좌우하는 것은 어떤 실습기관을 선택하는가에 달려 있다. 실습기관은 실습교육의 중요한 역할을 하며, 기관에서의 경험은 문제를 가진 사람들과 조직적 구조 내에서 어떻게 일할 수 있는가를 학습할 수 있다. 그러므로 실습기관은 실습생들에게 맡겨진 새로운 역할을 수행하기 위해 실습생 자신의 개인적 자원을 창조적으로 활용하는 방법을 학습시켜야 한다(김영호외, 2006).

실습기관은 실습교육의 극대화를 위해, 첫째, 실습기관은 계속적으로 전문적 사회복지영역에 포함되는 서비스 프로그램을 발전시켜야 한다. 둘째, 실습생은 사회복지 서비스를 제공하고 클라이언트의 문제와 욕구에 따라 다양한 도움의 역할을 활용할 수 있는 기회를 가져야 한다. 셋째, 실습생의 서비스 제공 활동에 대한 직접적인 수퍼비전을 줄 수 있도록 기관은 경험있는 실무자를 선정해야 한다. 넷째, 실습기관은 실습생이 본인들에게 주어진 임무와 활동을 수행하는데 적절한 보충적 자원을 제공해야 한다. 다섯째, 실습생은 직원회의 혹은 다른 모임과 활동에서 기관의 한 일원으로서 참석할 수 있는 기회를 가져야 한다. 여섯째, 실습생은 기관의 정책, 서비스, 구조, 의사결정구조, 다른 지역사회 자원과의 관계에 대한 지식을 얻을 수 있는 기회를 가져야 한다(조수민, 2006).

하지만, 실습기관의 문제를 살펴보면, 과거보다는 실습지도 경험과 자질을 갖춘 실습지도자와 실습기관이 부족하지는 않지만 체계적인 실습지도 계획을 가지고 실습계획에 따라 실습생을 지도하는 전담 수퍼바이저가 있는 기관이 적으며 전담 수퍼바이저의 업무 과중으로 실습에 대한 지도감독이 소홀하여 실습 지도를 위한 재충전의 기회가 거의 없는 상태이다(성민선, 1991). 실습 기관이 실습 지도의 중요성을 인식하고 학생들에게 적절한 교육적 경험을 제공하지 않는다면 다른 교과목에 비하여 가장 긴 시간을 투자하고 실습을 통하여 자신의 효과적이고 전문적인 사회복지사로 성장해야 하는 학생들에게 실습의 목표 달성이 어렵게 된다(김주리, 1992). 그러므로 실습기관은 실습지도자의 선발 및 여건조성, 실습공간의 확보 및 시설의 제공, 학교와의 긴밀한 연락유지, 학습 환경의 조성 및 유지 등의 역할을 담당해야 한다. 또한 실습생의 지도방침 및 프로그램을 정해놓고 직원 전원이 협조하고 통일된 기본적 자세를 결정해 두는 것이 중요하다(김효선, 2004). 이처럼 학생들이 어떤 실습기관에서 실습을 경험 하느냐에 따라 실습 성과에 차이가 있으며 이는 학생들이 사회복지 전문직 정체성을 형성하는데 중요한 요인이 될 수 있다. 따라서 학생의 효과적인 실습을 위한 기본 전제로서 사회복지기관은 위계적 구조에서 유기적 구조로 변화 되어야 하고, 자율성 확보는 조직의 혁신과 성장에도 기여한다. 즉 사회복지기관은 기본적인 위계는 있지만 통제 수준은 약화되어야 하며 자율성은 좀 더 강화되고 부서나 전문가들 사이의 유기적 관계를 맺는 것이 중요하다.

4) 학교 요인

학교 실습 세미나는 학교 정규 교육 과정으로 기관 실습과 병행하여 학생들이 학교 수퍼비전으로 활용할 수 있는 시간이자 실습 교육의 중요한 부분이다. 또한 실습기관에서 충분히 달성되지 못한 실습생의 욕구를 보완해 주고 더욱 효과적인 실습교육이 이루어질 수 있도록 실습생을 돕기 위한 것이다(한인영외, 2002). 실습 세미나는 실습 기관과 학교의 연계 및 학습의 통합 교육으로써 의미가 크며, 실습 기관에서 이루어지고 있는 실습 경험을 공유하고 실습 지도교수와 실습생 상호간의 피드백 및 조언을 통하여 실습 과제 수행의 발전 방향을 모색해야 한다(조수민, 2006). 실습생들은 실습세미나를 통해 실습 경험에 대해 비판적으로 사고하고 실습 기관에서 발생하는 문제점을 해결할 수 있도록 하며 구체적인 사회복지 지식을 서비스 대상자의 문제해결에 적용할 수 있도록 원조하는 역할을 하여 학습의 기회를 더욱 확장시킬 수 있다(서진환, 2001).

성민선(1995)의 연구에서는 학교 실습교육의 문제점으로 실습지도교수가 일관되지 않아 책임성이 약하고, 실습수업이 있지만 실습내용에 대한 사전 사후의 개별지도는 잘 이루어지지 않으며, 교수들이 실무적인 부분을 경시하는 등의 실습교육에 대한 인식과 태도의 문제, 학교에서 임상경험이 있는 교수들을 확보하지 못함에 따른 이론 중심의 수업이 이루어지고 있다고 지적하였다. 또한 박미정(2000)은 학교요인의 문제점으로 학부제의 도입에 따른 교육환경 변화를 제시하였다. 학부제 도입 후 학생들은 전공에 대한 오리엔테이션이나 정체성을 갖게 되는 시기가 늦어지고, 자원봉사 경험도 부족하게 되었으며, 실습하기 전에 이수하는 전공과목의 수도 적다. 그러므로 학생들이 전공에 대한 정체성이 부족하여 실습에 필요한 부분을 준비시키기 어려워 학교보다는 기관중심으로 실습이 이루어지고 있다고 지적하였다.

4. 현장실습과 사회복지 전문직 정체성

1) 사회복지 전문직 정체성 정립

실습생들은 사회복지현장실습을 통하여 사회복지 전문직 정체성을 형성한다. 실습생들에게 얼마나 질적인 실습을 제공하느냐에 따라 학생들의 전문성을 향상시킨다.

사회복지현장실습에서 실습생들이 전문직 정체성을 정립하는데 있어서 개별과 집단 수퍼비전을 동시에 제공받았을 때 가장 좋은 효과가 있다. 또한, 실습은 단순히 기관 위주에서 벗어나 지역사회라는 거시적 측면에서 실습교육이 강화되어야 한다.

그러므로 실습생의 전문직업적 정체성 정립과 수퍼바이저의 수퍼비전을 활성화시키기 위해서는 정기적이고 구조화된 교육적 수퍼비전 체계 마련과 기관의 제도적인 노력이 필요하다.

2) 실습기관의 문제점

첫째, 실습생 개인들의 실습준비 부족이다. 학생들의 실습에 대한 명확한 목표의 부재, 실습기관에 대한 이해 부족, 실습에 임하는 자세 부족하다. 실습생들은 실습을 통해 학습되어져야 하는 부분이 충족되지 못하거나, 학생의 구체적인 목표와 맞지 않는 경우에 실습에 불만족이 심하였다.

둘째, 적절한 실습지도자의 부재이다. 실습기관의 실습지도자는 실습생의 교육을 일정 기간 책임지고 이들의 중요한 학습경험을 할 수 있는 기회를 제공해야 하지만, 실습지도자는 기관에서 실습지도외에 다양한 업무를 담당하고 있어 실습지도에 전념할 수 없는 현실이다. 그리고 실습에 대한 책임성의 부족, 실습의 중요성에 대한 인식의 부족, 실습을 위한 준비 부족 하였다.

셋째, 실습지도 내용의 부재이다. 실습생에게 기본적으로 가르쳐야 할 핵심적인 내용 및 기술과 그리고 이를 전달하는데 필요한 방법과 기법, 즉 실습지도의 과정 및 단계에 대한 규정된 모델이 없다

넷째, 학교에서의 문제점이다. 학교요인 중에 가장 중요한 요인은 실습지도교수이다. 대부분 학교에 실습전담 지도교수가 있으나 교수가 담당하는 학생 수가 너무 많아 개별적이고 적절한 지도가 이루어지지 않고 있다. 이 밖에도 주요 문제점으로는 사회복지현장실습 수업시간에 실습에 관한 오리엔테이션 부족, 실습기관에 대한 정보 부족에 따른 실습기관 선정의 어려움이 있다.

이처럼 실습교육에 대한 문제점을 종합해 보면, 실습교육문제는 단편적인 문제가 아니라 학생과 실습지도자, 기관과 학교 간의 복합적인 문제 때문이라고 볼 수 있다.

5. 실습요건

1) 실습교육기관 자격기준

사회복지실습교육의 자격기준은 사회복지사업법 제2조 1호에 의해 사회복지사업을 행하는 시설 및 법인 등의 기관으로 명시하고 있다.

사회복지사업법 제2조 1항은 다음과 같다.

"사회복지사업"이란 다음 각 목의 법률에 따른 보호·선도(善導) 또는 복지에 관한 사업과 사회복지상담, 직업지원, 무료 숙박, 지역사회복지, 의료복지, 재가복지(在家福祉), 사회복지관 운영, 정신질환자 및 한센병력자의 사회복귀에 관한 사업 등 각종 복지사업과 이와 관련된 자원봉사활동 및 복지시설의 운영 또는 지원을 목적으로 하는 사업을 말한다.

가. 「국민기초생활 보장법」

나. 「아동복지법」

다. 「노인복지법」

라. 「장애인복지법」

마. 「한부모가족지원법」

바. 「영유아보육법」

사. 「성매매방지 및 피해자보호 등에 관한 법률」

아. 「정신보건법」

자. 「성폭력방지 및 피해자보호 등에 관한 법률」

차. 「입양특례법」

카. 「일제하 일본군위안부 피해자에 대한 생활안정지원 및 기념사업 등에 관한 법률」

타. 「사회복지공동모금회법」

파. 「장애인·노인·임산부 등의 편의증진 보장에 관한 법률」

하. 「가정폭력방지 및 피해자보호 등에 관한 법률」

거. 「농어촌주민의 보건복지증진을 위한 특별법」

너. 「식품기부 활성화에 관한 법률」

더. 「의료급여법」

러. 「기초노령연금법」

머. 「긴급복지지원법」

버. 「다문화가족지원법」

서. 「장애인연금법」

어. 「장애인활동 지원에 관한 법률」

저. 「노숙인 등의 복지 및 자립지원에 관한 법률」

처. 「보호관찰 등에 관한 법률」

커. 「장애아동 복지지원법」

위의 내용을 정리하면 다음과 같이 요약할 수 있다.

분류	내용
기관실습(이용시설)	종합사회복지관, 단종복지관(노인,아동,청소년), 자활후견기관, 정신보건센터, 병원, 자원봉사센터 등
생활시설	아동복지시설(아동양육시설, 일시보호시설), 장애인생활시설, 노인생활시설(요양원) 등
복지행정실습	주민자치센터, 구청 등
사단법인·재단법인	관청의 허가를 받은 단체로 사회복지사업을 목적으로 하는 비영리 단체

2) 실습교육기관의 실습지도자 자격기준

실습교육기관과 실습지도자에게 자격기준은 사업복지사업법 시행규칙 <별표1>에서 규정하고 있다.

(1) 실습지도자 조건

① 사회복지사 1급 자격증 소지자 : 해당분야의 실무경력 최소 3년 이상인 자

② 사회복지사 2급 자격증 소지자 : 해당분야의 실무경력 최소 5년 이상인 자

③ 당해 기관의 근무경력 최소 1년 이상인 자

(2) 실습지도자 윤리

① 실습지도자는 개인적인 이익 추구를 위해 자신의 지위를 이용해서는 안된다.

② 실습지도자는 전문적 기준에 의해 공정하게 책임을 수행하며, 실습생에 대한 평가는 실습생과 공유해야 한다.

③ 실습지도자는 실습생에 대해 인격적, 성적으로 수치심을 주는 행위를 해서는 안된다.

④ 실습지도자는 보다 내실있고 전문적인 실습지도를 위해 한국사회복지사협회 등 관련단체에서 진행하는 실습지도자를 위한 교육을 통해 실습지도자로서의 전문지식과 기술, 능력을 향상시킬 수 있도록 노력해야 한다.

3) 실습시간 : 총 120 시간 이상

① 1일 8시간 실습할 경우 실습일지는 15회 기록

② 1일 4시간으로 실습할 경우 실습일지는 30회로 기록

③ 주 1~7일 중 선택 가능 : 매일 연속적으로 실시해도 되며, 주 1회 또는 주 2회 이상 실습도 가능함.

④ 생활시설에서의 숙식실습 : 생활시설에서 24시간 숙식을 할 경우에도 1일 실습 인정시간은 8시간 임.

⑤ 실습기관 및 실습생의 상황에 따라 공휴일, 주말 등을 이용하여 실습 가능.

⑥ 점심시간은 실습시간으로 인정됨 : 점심시간 포함하여 1일 8시간
(단, 8시간 미만으로 실습할 경우 점심시간은 포함되지 않음)

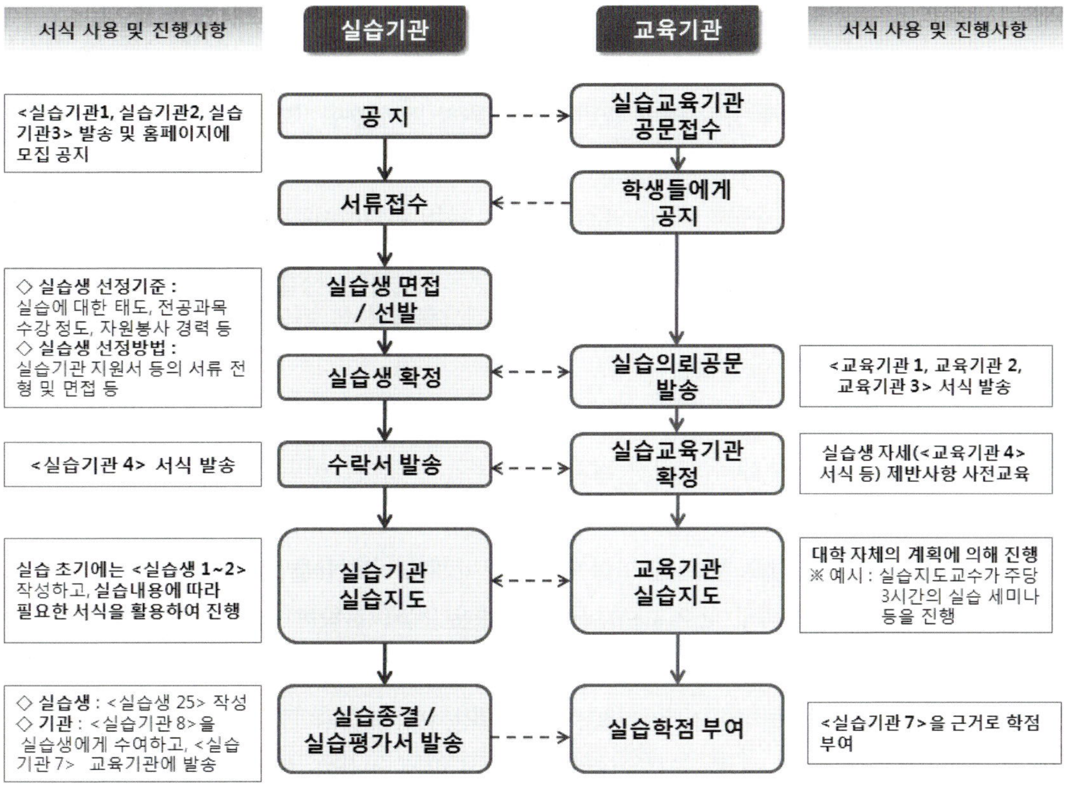

6. 사회복지현장실습생의 자세

실습생으로서 가장 중요한 자세는 학교를 대표한다는 마음가짐으로 실습에 임해야 한다. 또한 우리는 사회복지 실습생으로서 사회복지사 윤리강령과 다음 사항을 준수한다.

① 실습의 목적과 중요성을 충분히 이해하고 실습계약 사항을 이행하기 위하여 최선의 자세로 실습에 임한다.

② 실습은 대학에서 학습된 이론을 구체적으로 적용하는 과정임을 인식하여 이에 최선을 다한다.

③ 실습교육기관의 구성원이라는 생각으로 타 구성원과 협력하며 친화적인 태도를 취한다.

④ 기관의 정책을 이해하고 수용하며 실습과정에서 준수하도록 한다.

⑤ 근무시간은 기관의 규정에 준하며 직원과 동일한 자세로 근무시간에 임하도록 한다.

⑥ 실습시작 최소 10분전에 출근하여 출근을 확인하며, 업무에 관계된 사항을 사전에 준비하도록 한다.

⑦ 결근, 조퇴, 지각 등 근태와 관련된 사항은 반드시 실습지도자에게 사전에 보고하여 허락을 받도록 한다.

⑧ 실습지도자의 지시뿐 아니라 타직원의 지도를 잘 이행하므로 실습효과를 최대화 하도록 한다.

⑨ 직무에 강한 책임감과 열의를 갖고 적극적으로 임하며 타인에게 책임을 전가하거나 태만하게 행동하지 않는다.

⑩ 실습으로 인하여 알게 된 클라이언트의 사적인 정보를 교육적 목적(대학실습지도 등) 이외에는 절대 발설하지 않으며, 교육적 목적이라 하더라도 가명을 사용하여 개인의 비밀이 침해되지 않도록 한다. 실습종료 후, 실습관련 내용을 학회지 등에 게재하고자 할 때는 반드시 실습지도자와 상의하여 허락을 받아야 한다.

⑪ 실습지도자의 지도 혹은 타실습생의 실습을 견학, 관찰할 경우 배우는 자세로 진지한 태도를 취한다.

⑫ 기관의 직원, 클라이언트 등에 대해 예의를 지킨다.

⑬ 복장, 소지품은 실습 기관의 특성과 상황에 맞게 취하되 가능한 화려한 것을 피하고 검소하며 단정한 것으로 착용하도록 한다.

⑭ 안전사고에 만반을 기하도록 하며 안전사고와 관련된 기관의 규정을 사전에 숙지하여 그에 준해 처리하도록 한다.

⑮ 실습일지를 비롯한 각종 실습기록은 사실에 근거하여 정확하고 구체적으로 정리하여 실습 시 실습지도자와 실습지도교수의 강평을 받는다.

과제에 관하여 연구하고 그 결과물에 대해 실습지도자의 강평을 받는다.

실습과정 중 어떤 경우라도 사례금 등의 금품을 절대 주거나 받지 않는다.

과제물은 정해진 기일에 제출하고 출근 전에 작성을 마친다.

기관의 명칭을 사적으로 활용하지 않으며 실습생의 신분을 지킨다.

14
Chapter

취업실무

Introduction to Social Welfare and job practice

본장은 사회복지취업실무 전반에 대한 이해 도모 및 사회복지현장의 취업실무 및 구체적 실천방법 등에 대하여 살펴보고, 사회복지사로서의 전문성과 종합적이며 현장 중심적 실무능력과 체계적이고 구체적인 실행 방법 등에 대하여 소개 하였다. 또한 효율적이고 효과적인 취업준비를 위해 사회복지조직 환경과 조직구조 및 복지실천 현장에 관한 중요 실무와 기술들을 살펴보며, 취업에 필요한 다양한 실천기술과 내용에 대하여 개괄적으로 서술하였다.

1. 사회복지취업의 이해

통계청에 따르면 사실상 실업자로 불리는 취업애로계층은 약200만 명인 것으로 파악되었다(이상덕, 2012). 그 가운데 청년층이 약43만 명인 것으로 파악됐다. 약 2백5십만 명 취업연령대 청년인구 6명중 1명이 취업에 어려움을 겪고 있는 셈이다.

사회복지사는 대략 50만 명으로 추산되고 있다(한국사회복지사협회, 2013). 현재 우리나라의 사회복지현장에서 종사하는 종사자수가 약10만 명 정도로 추산되고 있는 가운데 약 10% 정도를 신규일자리로 추정해 볼 경우, 매년 1만 명 정도가 사회복지현장에 취업하여 일을 할 수 있는 기회가 주어진다. 매년 5만여 명 정도가 신규사회복지사로 배출되고 있는 현실에서 사회복지현장 취업은 취업준비생들에게는 험난한 과정이라 할 수 있을 것이다.

하지만 진정으로 사회복지 취업을 원하고 최선을 다한다면 사회복지취업이 큰 어려움으로 다가오지 않고 즐겁고 가슴 뛰는 과정으로 다가올 것이라 확신한다.

1) 사회복지 & 사회복지사

사회복지취업에 대하여 알아보기 전에 우선 사회복지와 사회복지사에 대하여 명확한 개념과 정체성에 대하여 다시 한번 확인해 보고 들어가고자 한다.

앞장에서 충분히 설명되었으리라 여기나 본 장에서는 좀 더 현장 중심적이고 취업실무 중심에서 이해될 수 있는 차원에서 사회복지와 사회복지사에 대하여 간략하게 정리해 보고자 한다.

먼저 사회복지란 무엇일까? 많은 사람들이 사회복지에 대한 정의에 대하여 다양하게 바라보고, 이해하고 있다. 사회복지에 대하여 윌렌스키와 르보(Wilensky & Lebeaux)는 제도적 개념에서 사회적 권리로서 전 국민을 대상으로 하는 보편적 권리라고 정의하고 있다. 사회복지를 쉽고 간략하게 정의 하자면 “사람이 사람답게 잘 사는 것(well-being)”이라 할 수 있다.

한편, 많은 예비사회복지사들이 갖는 궁금증 가운데 하나인 "사회복지와 사회사업의 차이는 무엇일까?"에 대한 질문에 다음과 같이 정리해 설명해 볼 수 있다.

우선 프래들랜더(W. A. Friedlander)는 "사회복지는 사회적 서비스와 제도의 조직적 체계이며, 사회사업은 전문적 서비스를 말한다"라고 하였으며, 던햄(Dunham)은 "사회복지는 사회적 행복을 추구하려는 민간, 정부의 조직적 활동이다. 그리고 사회사업은 그러한 분야에 있어서 하나의 전문적 서비스를 말한다"라고 말하였다(이종복 외 2012, 사회복지개론).

〈표 14-1〉 **사회복지와 사회사업의 비교**

사회복지	이상적인 면 강조	바람직한 사회	일반적, 보편적 대상	제도와 정책기능	예방적
사회사업	실천적인 면 강조	바람직한 인간	개별적 구체적 대상	지식과 기술기능	치료적

사회복지사로서 취업을 한다는 것은, 다른 직업들과 비교해 보다 윤리적이고 명예로운 마음가짐과 자세로, 나름 휴먼서비스 실천가로서 활동하는 사명감을 지니게 된다. 조금은 색다르고 전문적이며 공익적이고 사회적 가치 창출을 위한 소명의식을 보다 더 동반하며 접근하는 직업인으로서 인식하게 된다.

예비사회복지사들 가운데 "사회복지 취업준비는 어떻게 해야 하는가?", "사회복지사로서 취업을 해서는 무엇을 어떻게 해야 하는가?" "사회복지사는 어떤 직업인가?" 등의 기초적이면서도 기본적 차원의 의문을 가지고 있는 이들이 많이 있을 것이라 짐작된다.

사회복지취업을 다루는 본서에서 그 기본주체이며 당사자인 "사회복지사"에 대하여, 사회복지현장에서 경험한 현장실천가로서의 본 저자가 배우고 느낀 노하우를 바탕으로 나름대로 사회복지사에 대한 정의를 해 본다.

우선 크게 '4대 유형' 즉, "General Specialist", "Social Actionist", "Healing Mentor", "Life Designer" 라고 의미를 부여해 보았다.

사회복지는 종합학문으로 이를 실천하는 사회복지사는 지식과 노하우의 General한 토대 위에서 복지사업을 Special하게 수행하는 "General Specialist"가 되어야 한다고 본다.

또한 Social Actionist로서, 삶의 현장에서 낙오되고 소외된 이들을 위해 행동하는 사람이어야 한다고 생각한다.

그리고 세상의 고통과 힘겨움, 소외와 외로움을 그저 바라만 보지 않고 적극 개입하여 그를 통해 나타나는 긍정적 변화를 즐길 줄 아는 사람으로서 개인과 사회의 고통과 문제를 치유하는 "Healing Mentor"가 사회복지사라 생각한다.

마지막으로 사회복지사는 누가 뭐래도 "Life Designer"라고 생각한다. 이 세상을 살아가는 모든 사람들의 삶과 인생에 보다 나은 사회서비스 제공과 지지를 통해 희망과 비전을 제시하며 삶을 보다 행복하고 아름답게 디자인 해나가는 사람이라 생각한다.

이처럼 우리사회에 소중하고 절대적으로 필요한 존재가 "사회복지사"임을 다시한번 강조해 본다. 따라서 이렇게 위대하고도 명예로운 사회복지사로서의 역할을 자임하고자 하는 예비사회복지사들에게 사회복지취업은 그 무엇보다도 중요하고 필요한 내용이며 실천과제임을 말하고 싶다.

2) 직업의 가치와 직업적 윤리관

(1) 직업의 가치

직업은 흔히 4가지의 의미로 정의하고 있다. 첫째, 일에 대한 노력의 대가로 경제적 보수를 받는 것이고 둘째, 일터에서 일어나는 모든 행위가 자신이 생활하고 살아가기 위한 생업 그자체가 되어야 한다는 것이다. 셋째는 상당기간 지속성을 갖고 일하는 경우를 직업이라 말 할 수 있다. 마지막 네 번째는 직업에는 반드시 노동행위가 수반되어야 한다는 것이다(장상훈, 1997).

사람에 따라서 자신의 직업에 만족하며 보람을 갖고 살아가는 사람이 있는 반면 늘 불평하며 불만족하게 살아가는 사람도 있기 마련이다. 이는 자신이 현재 가지고 있는 직업에 대한 만족도나 가치기준이 다르기 때문이다.

각자 자신이 마음먹기에 따라 직업의 종류나 귀천에 상관없이 행복할 수도 있고 불행할 수도 있다. 또한 발전할 수도 있고 퇴보할 수도 있다. 이런 차원에서 보면 직업적 가치관은 매우 커다란 의미를 지니고 있다.

직업을 단순히 일하고 그 대가를 받는 것이라고 규정하는 것은 매우 시대착오적 생각이라 할 수 있다. 직업은 단순히 노동의 대가가 아닌 꿈과 비전을 담은 인생 그 자체라고 보는 것이 현실적 인식으로 합당할 것이다.

직업은 생계유지라는 단순한 차원을 넘어 다양한 가치를 추구하는 중요매체이다. 직업은 우선, 경제적 가치를 가진다. 직업의 일차적 목표가 경제적 가치인 것이다. 또한 직업은 사회적 가치를 가진다. 인간은 사회적 동물이기에 집단 속에서 공생하며 자신의 욕구를 충족시켜 나간다. 그리고 직업은 자아실현의 가치를 추구한다. 인간은 다양한 목표와 꿈을 가지고 있다. 그리고 각자가 생각하는 목표와 결과를 성취함으로 만족감을 얻는다. 이와 같은 직업인으로서의 자기실현은 인생최고의 가치라 할 수 있다.

(2) 직업적 윤리

사회복지취업을 준비하는 예비사회복지사들은 학교에서 사회복지윤리강령에 대하여 교육받는다. 사회복지사 윤리강령의 전문을 살펴보면 『사회복지사는 인본주의·평등주의 사상에 기초하여, 모든 인간의 존엄성과 가치를 존중하고 천부의 자유권과 생존권의 보장활동에 헌신한다. 특히 사회적·경제적 약자들의 편에 서서 사회정의와 평등·자유와 민주주의 가치를 실현하는 데 앞장선다. 또한 도움을 필요로 하는 사람들의 사회적 지위와 기능을 향상시키기 위해 저들과 함께 일하며, 사회제도 개선과 관련된 제반 활동에 주도적으로 참여한다. 사회복지사는 개인의 주체성과 자기결정권을 보장하는 데 최선을 다하고, 어떠한 여건에서도 개인이 부당하게 희생되는 일이 없도록 한다. 이러한 사명을 실천하기 위하여 전문적 지식과 기술을 개발하고, 사회적 가치를 실현하는 전문가로서의 능력과 품위를 유지하기 위해 노력한다.』라고 나와 있다.

이처럼 직업에는 윤리관을 가지고 있다. 사회복지를 포함한 넓은 의미에서의 직업, 즉 직업인의 윤리 차원에서 크게 3가지 측면으로 살펴볼 수 있다(장상훈, 1997, pp57-58).

첫째, 소명의식과 천직의식이 있어야 한다. 직업은 개개인이 갖는 단순의미 보다는 사회 전체나 조직에서 갖는 의미가 더 중요하다. 개개인의 역할이 사회나 국가에 지대한 영향을 미치고 국운을 가늠할 정도로 크게 작용하기도 한다. 이런 차원에서 소명의식은 직업관에서 매우 중요한 가치이다. 이처럼 자신의 직업에 긍지를 느끼고 열성을 갖고 최선을 다하는 자세가 천직의식이다.

둘째, 직분의식과 봉사정신이 있어야 한다. 어느 시대를 막론하고 사람이 사회에 참여하는 것은 특정한 일을 수행하는 직업을 통해서이다. 사람은 각자의 직업을 통해 사회적 기능을 발휘하게 된다. 사회복지사는 사회복지의 직분을 통해서 공무원은 공복의 직분을 통해서 사회적으로 기능한다. 이러한 일정한 직업을 가지고 맡은 바 직분을 다하는 것은 한 사회가 유지되고 발전하는데 필요한 요소이자 중요한 기능이기 때문이다. 직장에서 상사와 동료 간의 협력은 특정 직무를 수행하는데 빼놓을 수 없는 중요한 요소이다. 또한 고객을 대상으로 하는 서비스정신 즉, 봉사정신은 절대적으로 필요하다. 어떤 직업이건 그 직업에 대한 직분의식과 봉사정신은 직업인이 갖추어야할 기본적인 마음 자세이다.

셋째, 책임의식과 전문의식이다. 모든 직업에서 조직 내 직분에 따르는 역할과 직무를 충실히 수행해야 할 의무와 책무가 따른다. 또한 효과적인 책임을 완수하기 위해서는 자신의 직분을 정확히 인식하고 그 일에 대한 전문적 지식을 가져야 한다. 그리고 끊임없이 자신의 분야를 연구 개발해 나가는 전문적 의식의 확대도 가져가야 할 것이다.

3) 취업준비 및 준비활동

취업은 국어사전에서 보면 "일정한 직업을 잡아 직장에 나감"이라는 사전적 의미가 있고, 어원적 의미로는 "직업·학문·가계·사업·생계 따위를 이룬다는 의미를 가지고 있다." "우리의 인생에서 취업이라는 것은 행복한 삶을 살기 위한 수단이지 목적이 아니다."라는 말이 있다. 즉, 행복한 삶을 만들기 위한 수단이 취업이다.

삶을 떠나 취업을 생각할 수 없고, 나를 버리고 나의 삶을 생각할 수 없다. 취업을 하기 위해서는 제일먼저 나를 볼 줄 아는 훈련과 노력을 해야 한다.

나에 대하여 깊이 고민하고 나부터 충분한 탐색과 분석이 필요한 것이다. 그것이 취업하기 위한 기관이나 시설에 내가 어떤 사람인지 자신 있게 말할 수 있기 때문이다. 나의 문제는 결국 '어떻게 살까'의 문제이다. 삶의 문제가 쉽게 풀리지 않는 지원자는 취업의 문제도 풀리지 않는 이유가 바로 여기에 있는 것이다.

자기를 분석하기 위해서 과거와 현재 그리고 미래에 대한 자기자신의 모습(像)으로 구분해서 분석해 볼 수 있다.

지난 과거 모습에서 관심을 가졌던 분야나 학업, 동아리, 여가활동, 이성교재, 대인관계 등을 중심으로 정리하여 분석해 볼 수 있다. 그리고 지금 현재를 중심으로는 자신의 성격, 장.단점, 취미 및 특기, 생활 속의 좌우명을 분석하는 것이다. 또한 미래의 목표와 이상, 미래 목표 추진을 위한 생활계획과 추진방안, 목표달성을 위해 예상되는 어려운 점 등을 세밀하게 분석하는 과정이 필요하다. 보다 세부적인 취업준비에 대한 내용은 다음 절에서 다루기로 하겠다.

취업을 위한 정신력과 사고정립, 의식강화 훈련과 더불어 취업을 어떻게 준비하고 취업을 위해 어떤 행동들을 할 것인가를 결정하는데 올바른 취업활동의 대비와 준비가 있어야 한다. 그러기 위한 방법 가운데 하나가 자기자신의 취업활동 준비 점검을 해보는 것이다.

점검내용은 다음과 같다. 각각의 질문에 명확한 답을 할 수 있어야 취업에 성공하는 지름길로 갈 수 있는 것이다.

- 인생을 어떻게 살아갈 것인가에 대한 가치관을 확립하였는가?
- 인생의 목표와 계획을 분명히 설정하였는가?
- 최선을 다할 수 있는 보람 있는 일(분야)을 정하였는가?
- 목표나 희망하는 사회복지 현장이나 취업기관은 분명한가?
- 자신의 장점과 단점에 대하여 정확히 파악하고 있는가?
- 취업활동 목적은 확실한가?

- 대학생활에 자부심을 갖고 있는가?
- 특기과목이나 IT 능력은 갖추었는가?
- 자신 있게 구사할 수 있는 외국어는 있는가?
- 이력서를 작성해본 경험이 있는가?
- 신문이나 취업에 도움이 되는 책을 꾸준히 읽고 있는가?
- 운동을 꾸준히 하며 건강한 체력을 유지하고 있는가?
- 규칙적인 생활을 하고 있는가?
- 취업정보 수집의 방법을 제대로 알고 구체적으로 수집하고 있는가?
- 필기시험이나 직무적성검사의 내용을 이해하고 있는가?
- 면접질문에 대한 정보수집과 이해 및 실습을 해 보았는가?
- 선배를 만나 취업과 관련한 체험담이나 정보를 들어 보았는가?
- 취업과 관련된 시설이나 기관에서의 자원봉사활동을 하고 있는가?
- 취업준비 노트를 작성하고 있는가? (<표 14-2> 참조)

4) 사회복지관련 취업분야 및 취업현장

사회복지와 관련된 취업분야는 매우 다양하고 그 시장이 광대하다. 사회복지는 휴먼서비스이며 종합적인 분야를 다루는 관계로 그 취업분야와 취업현장이 다른 직종들 보다 넓은 시장을 지니고 있다.

사회복지 취업분야와 현장을 알아보기 위해서 우선 사회복지와 관련하여 취득할 수 있는 자격제도와 자격증을 살펴볼 필요가 있다. 또한 법에 의한 사회복지시설들을 살펴보면서 취업과 관련한 내용들을 살펴보는 것이 가장 효과적일 것이다.

(1) 사회복지 취업분야

사회복지와 관련하여 취득 가능하거나 취득이 필요한 자격증과 자격시험은 사회복지사 1급, 사회복지전담공무원, 청소년지도사, 정신보건사회복지사, 노인복지사, 직업상담사, 취업설계사, 평생교육사, 건강가정사, 보육(유아)교사, 다문화가정상담사, 노인심리상담사, 의료사회복지사, 심리상담사, 간호(조무)사, 침구사 등이 있을 수 있으나 간략히 정리해 보면 <표 14-3>과 같이 정리해 볼 수 있다.

<표 14-2> **취업노트(학생용)**

취업활동 관련 목표와 계획표	
구 분	내 용
나의 적성	
관심분야	
희망사항	
조사 및 정보수집계획	방법: 시기: 연락처:
지망분야와 관련된 일정	채용공고일: 시험(접수) 일시: 면접 및 설명회: 기타내용:
기관(시설)분석	방문일정: 방법: 만날 사람: 연락처: 분석내용:
수험준비 계획표	
각종 준비해야 할 서류목록	
학교생활 관련 목표와 계획표	
수업/시험	
연구모임/동아리/ 동호회 등	
자기개발 (자격취득, 봉사활동 등)	
아르바이트	
여가생활 등	
취업활동 및 학교생활 관리	
실천결과/반성할 점/발전방안	

<표 14-3> 사회복지 취업분야

사회복지 관련하여 할 수 있는 69가지 일들
1.사회복지사 2.학교사회복지사 3.군사회복지사 4.교정사회복지사 5.특수교사 6.노인복지상담원 7.사회적기업가 8.레크리에이션지도자 9.모자복지상담원 10.맹인적응교육교사 11.물리치료사 12.미용사(일반, 피부) 13.방과후아동지도사 14.베이비시터(baby-sitter) 15. 보육교사 및 보육사 16.사회조사분석사(Survey Analyst) 17.수화통역사(Sign Language Interpreter) 18.심리학자 19.소자본창업지도사 20.사회보장공무원 21.사회복지시설 관리자 22.사회체육지도자 23.생활체육지도자 24.사회교육전문요원 25.사회복지상담원 26.심리상담사 27.사회보험관리사 28.국제회의기획사 29.요양보호사 30.여성복지상담원 31.지역사회협의회 프로그램강사 32.알콜중독자치료사 33.언어청각사 34.영유아관리사 35.아동카운슬러 36.아동놀이지도강사 37.의료사회사업가 38.유치원교사 39.아동복지지도원 40.언어치료사 41.임상병리사 42.장애인복지상담원 43.조리사 44.직업상담사 45.직업상담원(Vocational Counselor) 46.전문상담교사 47.전자상거래관리사 48.직업상담사 49.직업훈련교사 50.작업치료사 51.정신보건간호사 52.정신간호조무사 53.정신보건임상심리사 54.정신보건임상병리사 55.정신보건사회복지사(Mental Health Social Workers) 56.청소년지도사 57청소년상담사(youth counselor) 58.케어메니저(care manager) 59.케어복지사(care social worker, care worker) 60.간호조무사 61.특수학교교사 62.행동치료사 63.예술(Art)치료사 64.인지치료사 65.놀이치료사 66.음악치료사 67.노후설계사 68.힐링상담사 69.경기지도자

* 참고자료: 사회복지직업백과 bokji.net

(2) 사회복지 취업현장

사회복지사 자격증을 소지하고 취업 가능한 현장을 살펴보고자 한다면, 사회복지사업법에 의거하여 설치·운영되고 있는 사회복지시설을 살펴보면 그 내용을 짐작할 수 있을 것이다. 사회복지시설의 종류와 내용은 <표 14-4>과 같다.

<표 14-4> 사회복지시설의 종류와 내용

관련법	시설종류	세부종류		소관부처
		생활시설	이용시설	
사회복지사업법	사회복지관 부랑인·노숙인시설 결핵·한센시설	○ 부랑인시설 ○ 결핵·한센시설	○ 사회복지관 ○ 노숙인쉼터 ○ 상담보호센터	보건복지부
노인복지법	노인복지시설	○ 노인주거복지시설 ○ 노인의료복지시설	○ 재가노인복지시설 ○ 노인여가복지시설 ○ 노인보호전문기관	
농어촌주민의 보건복지증진을 위한특별법	복합노인복지시설	○ 농어촌에 지역에 한해 노인복지법 제31조 노인복지시설을 종합적으로 배치한 복합노인복지시설을 설치·운영 가능		

아동복지법	아동복지시설	○ 아동양육시설 ○ 아동일시보호시설 ○ 아동보호치료시설 ○ 아동직업훈련시설 ○ 자립지원시설 ○ 아동단기보호시설 ○ 공동생활가정	○ 아동상담소 ○ 아동전용시설 ○ 아동복지관 ○ 지역아동센터	
장애인복지법	장애인복지시설	○ 장애인생활시설 ○ 장애인유료복지시설	○ 장애인지역사회재활시설 ○ 장애인직업재활시설 ○ 장애인생산품판매시설	
정신보건법	정신보건시설	○ 정신요양시설 ○ 사회복귀시설 중 생활(주거)시설	○ 사회복귀시설 중 이용시설	
국민기초 생활보장법	지역자활센터		○ 지역자활센터	
영유아보육법	보육시설		○ 보육시설	
성매매방지및피해자 보호등에관한법률	성매매피해지원시설	○ 일반지원시설 ○ 청소년지원시설 ○ 외국인여성지원시설	○ 자활지원센터	
성폭력범죄의처벌및 피해자보호등에관한 법률	성폭력피해보호시설	○ 성폭력피해자보호시설	○ 성폭력피해상담소	
가정폭력방지및 피해자보호등에 관한법률	가정폭력보호시설	○ 가정폭력피해자보호시설	○ 가정폭력상담소	여성 가족부
한부모가족지원법	한부모자복지시설	○ 모(부)자보호시설 ○ 모(부)자자립시설 ○ 미혼모(자)시설 ○ 공동생활가정 ○ 일시보호시설	○ 여성복지관 ○ 한부모가족복지상담소	
다문화가족지원법	다문화가족지원센터		○ 다문화가족지원센터	

* 사회복지사업법 제2조 제1호(2012.1.26. 공포, 2012.8.5 시행)에 따른 시설내용.

한편, 취업현장에는 다양한 직급과 직책에 따른 인력이 존재하기에 자신에 목표하고 계획하는 구체적인 내용을 인지하고 취업준비를 하는 것이 바람직하다.

<표 14-5>는 시설관련 개별법령이 정한 종사자 배치기준에 의해 사회복지시설에 근무하고 있는 자의 인건비를 보조하기 위한 기준으로 종사자 직위를 다음과 같이 분류하고 있다.

<표 14-5> **사회복지시설의 종류와 내용**

직위	노인	장애인	아동	정신
원장	시설장	시설장	시설장	시설장
사무국장	총무	총무	총무	총무 정신보건 전문요원
과장 및 생활복지사	과장 생활복지사 상담지도원 간호사 영양사 물리치료사	과장 간호사 영양사 사회재활교사 직업훈련교사	과장 생활복지사 상담지도원 간호사, 영양사 직업훈련교사 임상심리상담원	과장 간호사 영양사 작업지도원
생활지도원	생활지도원 사무원	생활지도원 사무원	생활지도원 보육사, 사무원	생활지도원 사무원
기능직	조리원 위생원	조리원 위생원	조리원 위생원	조리원 위생원
관리인	관리인 경비원	관리인 경비원	관리인 경비원	관리인 경비원

2. 사전 취업준비와 사회복지현장 방문

1) 자기발견 작업

취업을 하기 위한 첫 번째 단계는 바로 자기를 발견하는 일이다. 내가 행복하지 않으면 그 무엇도 행복으로 다가오지 않는다. 자기를 발견하기 위한 작업으로 '자기성찰'과 '자기분석'이 있다.

(1) 자기성찰

취업을 하려는 궁극적인 목적은 내가 행복해지려 하는 것이다. 내가 행복해지기 위해서 무엇보다 우선해야 할 것은 내가 즐거워야 하고 내가 즐겁게 생활하고 즐겁게 일해야 한다는 것이다. 이런 맥락에서 취업 또한 즐겁게 취업해야 하는 것은 당연한 일일 것이다.

사회복지취업을 계획하고 준비하는 이들에게 '당신은 무엇을 할 때 가장 즐겁습니까?' '무슨 일을 할 때 가장 즐겁습니까?'라는 질문을 던지고 싶다.

요즘 젊은이들을 보면 갖고 싶은 것, 놀고 싶은 것이 무엇인지는 잘 알지만 자신이 어떤 사람이 되고, 무엇을 위해 살아야 하는지 물으면 확신에 차서 바로 대답하는 사람이 흔치 않은 것 같다.

여기서 핵심은 가치이다. 삶의 올바른 방향을 설정하면 아무리 어려운 일이나 환경이 앞을 가로막아도 이겨 낼 힘이 생긴다. 삶의 방향은 자신이 살아가면서 가장 중요하게 여기는 것이 무엇인지를 아는 데서 시작된다.

사람은 누구나 가치 있는 삶을 살아가고 싶어 한다. 즉, 가치 있는 삶을 살아야 행복하기 때문이다. 그런데 그 가치 있는 삶은 누가 부여해 주는 것일까? 부모님? 친구? 애인? 교수님? 우리사회에 많은 사람들이 부러워할 정도의 부와 권력, 인기를 가졌으면서도 스스로 삶의 가치를 찾지 못하고 만족하지 못해서 스스로 목숨을 끊는 사람들을 접하고 있다.

가치부여는 아무도 대신해 주지 못한다. 스스로 해야만 한다.

이 세상에 매우 중요한 지혜의 한 마디는 "좋은 것과 중요한 것과 먼저 해야 할 것을 알고 준비하고 계획하고 실천하는 것이다"라는 말이 있다. 레싱(G. E. Lessing)은 '인간의 가치는 그 사람이 가지고 있는 진리로는 잴 수 없다. 그 사람이 진리를 발견하기까지는 겪은 곤란에 의해 재어지는 것이다'라고 말하고 있다. 즉, 가장 좋은 지혜나 최고의 가치를 발견하기까지는 수많은 실천과 경험, 노력이 수반되어야 하는 것이다.

사회복지현장에서 관리자로 지내오면서 수많은 지원자들의 이력서나 자기소개서를 보아왔고 어떻게들 작성하는지 저절로 알게 되었다. 대부분의 취업자들에게서 제시되는 이력서는 대동소이 할 때가 많다. 상당부분이 중복되고 짜깁기와 카피가 이루어지는 것들을 보아왔다. 심지어 이력서에 다른 이름이 기재되어 제출된 경우도 본 적이 있다. 자기소개서의 경우는 참고정도가 아니라 거의 베끼기 수준으로 변질되어 버린 느낌도 받는다.

문제는 자기 자신에 대해서 알아야 한다는 것이다. 자기 자신에 대하여 몰라도 너무 모르고 사회에 뛰어드는 무모한 어린이 같은 취업준비생들이 많다는 것이다. 자기를 명확하게 분석할 줄 알고 자기 자신에 대하여 분명히 인식하는 것이 필요하다. 즉, 자기가치관을 확립하는 것이 중요하다. 가치관은 가치부여에서 비롯된다. 일상의 사소한 경험에서도 그것에 담긴 가치와 의미를 끊임없이 찾고 되묻는 습관이 필요하다. 그것이 자신의 삶을 이끄는 가치관이 된다. 체험을 통해 얻은 가치관이 분명하고 건강하면 개성 있고, 설득력 있는 자기소개서도 쓸 수 있게 되는 것이다.

자신이 품은 가치에 따라 삶의 방향과 행복이 결정된다. 추구해야 할 진정한 가치를 모르면 꿈을 설계할 때도 돈을 얼마나 많이 벌 수 있는가?, 내가 하려는 일이 안정성이 있는가? 등을 먼저 고려하게 된다.

이어령 박사는 '젊음의 탄생'에서 젊은이들에게 '뜨는 인생'을 넘어 '나는 인생'을 살라고 조언하고 있다. 하루아침에 일확천금이나 명성이 높아지길 바라며 대박을 꿈꾸는 이들이 많다. 하루아침에 스타가 된 사람을 일컬어 '떴다'라고 말한다. 일명 '뜨는 인생'이다.

뜨는 것은 힘이 밖에서부터 작용된다. 따라서 그 힘의 작용이 없어지면 다시 가라앉아 버리고 만다. 하지만 나는 것은 다르다. 나는 것은 자신의 힘과 의지에 의해서 움직인다.

이런 '나는 인생'의 밑거름이 바로 삶의 가치관이다. 내가 꼭 이루고 싶은 일, 내가 사회나 국가 더 크게는 인류를 위해 무엇을 위해 어떻게 살아가야 하는지 생각하는 기준이 되는 것, 이런 것들이 내 안에 올바르게 가치관으로 정립되었을 때 비로소 '나는 인생'을 살 수 있는 것이다.

항상 하루하루 세상을 살아가면서 '나는 누구인가?' '나는 무엇을 하려는가?' '나는 어떤 인생을 살 것인가?'라는 자기성찰의 질문을 던지면서 자신이 행복하고 즐겁게 살아가야할 방법과 내용을 찾고, 삶의 가치관을 명확히 발견하면서 '나는 인생', '자기성찰'하는 자세와 노력이 필요하다.

(2) 자기분석

아널드(M. Arnold)는 "자신을 발견하는 사람은 비참함에서 벗어난다는 것을 알라"라고 말하였다. 자신의 비참함에서 벗어나는 가장 좋은 방법이 자신을 발견하는 것이다. 그렇다면 자신을 발견하기 위해서는 어떻게 해야할까? 그것은 바로 자기를 분석해야 하는 것이다. 취업전략에 있어서 3개지의 커다란 요소가 있다. 자기분석, 대상분석, 환경분석이 그것이다.

환경분석이란, 채용동향, 취업 트렌드, 경기변화, 국제경제상황 등의 직접적 변수는 물론 사회 전반에 일어나는 사건, 사고까지를 모두 포함하는 것이다.

대상분석은 내가 지원할 기관(시설)에 대한 분석이다. 더 정확히 말하면 기관이 아니라 내가 일할 직무이다. 기관과 직무를 정확이 파악할 줄 알아야 한다. 그리고 무엇보다도 중요한 것이 바로 '자기분석'이다.

자기를 분석하는 방법은 다양하다. 명상과 생각, 고민 등을 통해 자기를 분석하기도 하고 주위사람들의 평가나 조언, 이야기 등을 종합하여 분석하기도 하고, 책이나 역사를 통해 간접적 경험으로 자기를 분석할 수도 있을 것이다.

하지만 보다 객관적이고 실용적으로 자기 자신에 대한 구체적이고 현실적으로 와 닿을 수 있는 자기분석 방법들이 있다. 자기분석을 위한 분석도구들 가운데에는 사회복지학과 매우 밀접한 도구로서 Genogram(가계도), Sociogram(사회도)분석이 있으며, 자신의 강점과 약점을 알 수 있는 SWOT 분석과 자신의 성격을 보다 세밀히 알아볼 수 있는 MBTI 성격유형검사와 비전(Vision) 만들기 작업 등이 있다. 각 도구들을 사용해보는 체험을 통하여 자기 자신을 보다 정확하게 분석하는 유용한 도구로 활용해 보기 바란다.

참고자료 분석도구 샘플들

■ Genogram(가계도) 사례 및 상징과 해석

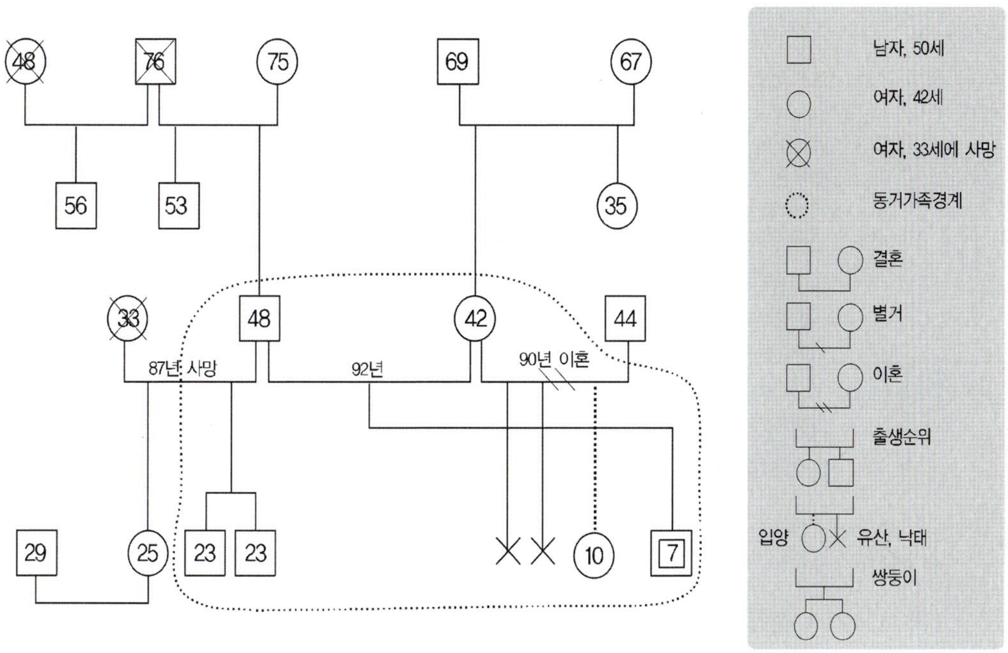

■ Sociogram(사회도) 사례 및 상징해석

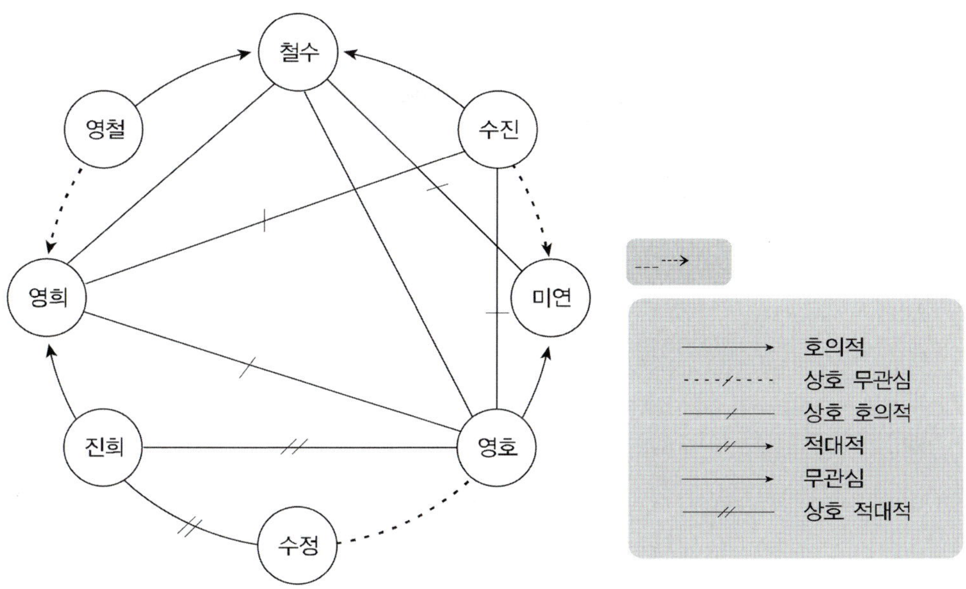

■ SWOT 분석 개요 및 매트릭스 표

구분	내 용
정의	SWOT는 Strength(강점), Weakness(약점), Opportunities(기회), Threats(위협)의 합성어이다. SWOT 분석이란 SWOT를 이용하여 문제를 분석하는 것이다.
개념	내부환경 분석: 나의 상황(경쟁자와 비교하여) Strength(강점) Weakness(약점) 외부환경 분석: 자신을 제외한 모든 것 Opportunities(기회) Threats(위협)
활용	SWOT 분석으로 전략을 도출할 수 있다(전략수립의 필수기법). ex) 지천지지 승내가전 지피지기 백전불태(손자) 지천지지 승내가전 知天知地 勝乃可全 : 하늘과 땅을 알면 승리하거나 몸을 온전하게 보존할 수 있다. 지피지기 백전불태 知彼知己百戰不殆 : 상대와 자신을 알면 백번 싸워도 결코 위태롭지 않다.
순서	외부환경(목적을 결정하는데 가치있는 intelligence information을 기술) → 나의 상황

■ MBTI 검사

MBTI 4가지 성격 척도

Strength	Weakness
Opportunities	Threats

지표		설명
외향 (Extroversion)	내향 (Introversion)	주의초점: 에너지의 방향은 어느 쪽인가?
감각 (Sensing)	직관 (iNtuition)	인식기능: 무엇을 인식하는가?
사고 (Thinking)	감정 (Feeling)	판단기능: 어떻게 결정하는가?
판단 (Judging)	인식 (Perceiving)	생활양식: 어떤 생활양식을 채택하는가?

16가지 유형별 성격 분포도

ISTJ 세상의 소금형	ISFJ 임금뒤편의 권력형	INFJ 예언자형	INTJ 과학자형
ISTP 백과사전형	ISFP 성인군자형	INFP 잔다르크형	INTP 아이디어 뱅크형
ESTP 수완 좋은 활동가형	ESFP 사교적인 유형	ENFP 스파크형	ENTP 발명가형
ESTJ 사업가형	ESFJ 친선도모형	ENFJ 언변능숙형	ENTJ 지도자형

■ Vision 만들기

<비전(Vision)을 만들어 가는 순서와 방법>

1. 인생의 방향을 설정할 수 있는 가슴 뛰는 꿈과 비전을 설계하고 그 꿈을 적어라.
2. 꿈의 목록을 세분화 하여라.
3. 재미있게 즐기며 잘 할 수 있는 일을 찾아라.
4. 나만의 '롤모델(Role Model)'을 찾고 다독(多讀)하며 책에서 길을 찾아라.
5. '나에겐 꿈이 있습니다'를 작성해 보아라.
6. 미래의 이력서로 꿈을 시각화(Visualization) 하여라.
7. 미래자서전을 작성해 보아라.
8. 나만의 "Vision Map"을 만들어 보아라.

"Vision Map" 예시

《세상에서 가장 아름다운 Life Designer》

20대: 대학수석졸업, 00사회복지관 00담당 취업.....
30대: 박사학위 취득, 00대학 교수, ...
40대: 00복지기관장, 시설운영
50대: 00복지재단 설립, ...
60대: 자원봉사활동,...
70대: 재능기부, ...
80대이후: 명상, 행복한 노후...

1	2	3	4	5	6	7	8	9	10	11	12	13	14	15	16	17	18	19	20	21

2) 성공취업 실전 기초준비

(1) 이력서

이력서(履歷書)는 자신이 경험하고 지내온 일 들에 대해서 취직이나 기타의 보직을 수행하기 위해 검증 받으려 복지기관이나 조직에 제출하는 개인의 신상정보, 학력, 경력 등을 시간 순으로 요약 혹은 나열한 문서이다. 영어로는 "resume"이라고도 하고 "CV(curriculum vitae)"라고 부르기도 한다.

채용기관이 어떤 사람을 채용하기 위해서 처음으로 접하는 문서가 바로 이력서이다. 많은 기관이나 회사의 인사담당자나 책임자들의 이야기를 들어보면 이력서가 채용 여부에 큰 영향을 미치고 있음을 알 수 있다. 이력서를 가지고 앞으로 면접을 더 볼 것인지를 결정하게 되는 것이다.

일반 목적의 이력서에는 신상정보, 학력, 경력 등 간단한 정보만이 들어가지만 목적에 맞게 작성하는 이력서도 있다. 이러한 이력서에는 자신의 직무 적합성을 위한 경력 기술, 직무 경험 등을 상세히 기록하기도 한다.

이력서는 취업을 위한 첫 단추를 끼우는 작업과도 같아 매우 중요한 취업과정 가운데 하나이므로 이력서의 작성에 각별한 신경을 써야 할 것이다. 이력서를 작성하는 방법으로 다음과 같은 구체적 방법을 활용하고 습득하여 취업하고자 하는 기관이나 직장에서 반드시 채용 하고픈 욕구가 생기게 만들 필요가 있다.

① 이력서를 작성하는데 있어 가장 우선되어야 하는 것은, 진심을 담아 솔직하게 작성해야 한다는 것이다. 이력서는 거짓이나 꾸밈이 없어야 한다. 사실을 있는 그대로 진실되게 기술하여야한다. 거짓으로 꾸며진 사실은 면접과정이나 입사 후에 자신의 발목을 잡는 우(愚)로 이어지게 마련이기 때문이다.

② 지원하고자 하는 사회복지 현장시설에서 원하는 기준에 맞추어 작성한다. 지원하고자 하는 분야를 잘 살펴보고 이해한 후 내용을 작성한다. 작성 시, 채용기관에서 자필을 원할 때는 글씨는 깨끗하고 단정하게 써서 제출해야 한다. 컴퓨터로 작성을 해도 무관할 경우는 가능한 단정하고 깔끔한 서체로 정확하게 작성해야 한다. 오자나 탈자가 없도록 각별히 주의해야 한다.

③ 구체적이면서도 명료하고 깔끔한 내용으로 작성한다. 어려운 수식어구나 자서전과 같이 이야기조로 장황하게 작성하면 안 된다. 채용자가 짧은 시간에 작성자의 인적사항에 대해 명확히 알 수 있도록 기재해야 한다. 또한 정정하거나 수정한 흔적이 없고 지저분하지 않게 깔끔한 이력서가 되도록 작성해야 한다.

④ 이력서는 절대 타인의 도움이나 협조를 받아 작성하지 말아야 한다. 반드시 본인이 직접 작성해야 한다. 그것이 나중에 면접과 이후 취업 후에도 뒤탈이 없이 진행될 수 있다.

⑤ 기본적인 이력서 양식에 맞추어 작성하되 특별히 채용기관에서 주어진 양식이 있으면 거기에 맞추어 성심성의껏 작성하면 된다.

⑥ 시간적 여유를 가지고 작성하고 연대순으로 기록하라. 이력서를 작성할 때 절대 시간에 쫓기어 급하게 작성하는 것은 삼가라. 항상 사전에 이력서를 준비해 놓은 습관을 들이는 것이 취업성공을 위한 현명한 방법이다.

⑦ 사진은 최신 것으로 부착하고 연락처는 반드시 명기해야 한다. 이력서에서 중요한 점 가운데 하나가 사진이다. 사진은 최근 것으로 선명하고 밝은 모습으로 촬영된

단정한 모습의 사진을 부착하는 것이 좋다. 지난 오래된 사진을 부착하는 것은 이미 취업에 성공을 포기한 자세로 비쳐질 수 있다. 또한 이력서에는 긴급연락처나 상시 연락 가능한 전화번호나 연락처 표기하는 것을 잊지 말아야 한다.

⑧ 자격증이나 실습경험, 봉사활동 등 지원기관에 흥미나 관심이 될 수 있는 실적을 기록해라. 취업을 희망하는 곳에서 필요로 하는 전문자격증이나 면허증, 수상실적, 기타 업적 등을 적극 알리는 것이 취업에 긍정적으로 작용할 것이다.

취업지원 시 제일 우선해서 통과되어야 하는 절차가 바로 이력서 검증이다. 따라서 이력서는 취업성공의 승패를 가름 짓는 매우 중요한 판단 기준이다. 자신감과 진솔함을 가지고 최대한 성의껏 정성들여 작성한 이력서는 인사담당자나 채용기관에 긍정적인 작용을 할 것임은 분명한 사실이다.

〈이력서〉 예시

[이 력 서]

<table>
<tr><td>성 명</td><td>안 성 기(安 成 基)</td><td>주민등록번호(나이)</td><td>9021089 – (만 23세)</td><td rowspan="4"></td></tr>
<tr><td>주 소</td><td>서울 00구 000동 00번지</td><td>전자우편</td><td>love@welfare..kr</td></tr>
<tr><td>호주와의 관계</td><td>안 철수의 장남</td><td>세대주와의 관계</td><td>안철수의 1남 2녀 중 첫째</td></tr>
<tr><td>SNS 주소</td><td>facebook twitter, nate on...</td><td>연락처</td><td>010–0000–8888(H/P)
02–666–9999(Home)</td></tr>
</table>

<table>
<tr><td colspan="2">기 간</td><td>내 용</td></tr>
<tr><td rowspan="4">학 력</td><td>2006.3.4~2009.2.10</td><td>00고등학교 입학 및 졸업</td></tr>
<tr><td>2009.3.4~2011.1.10</td><td>육군만기 제대(보병)</td></tr>
<tr><td>2011.3.4~2016.2</td><td>00대학교 사회복지학과 입학 및 졸업예정</td></tr>
<tr><td></td><td></td></tr>
<tr><td rowspan="5">경 력</td><td>2006.2~2009. 2.</td><td>한국사회복지관 자원봉사 활동</td></tr>
<tr><td>2011.2~현재</td><td>복지를 생각하는 모임 간사</td></tr>
<tr><td>2011.3~현재</td><td>학교 00동아리 회장</td></tr>
<tr><td>2012.1~현재</td><td>요양원, 복지관 자원봉사 지속 활동 중</td></tr>
<tr><td></td><td></td></tr>
<tr><td rowspan="4">자 격 증
및
상벌사항</td><td>2011. 3. 10</td><td>자동차 운전면허증 1종보통 취득(서울경찰청장) – 실제 운행 가능</td></tr>
<tr><td>2013. 2. 7</td><td>레크리에이션 지도사 2급 자격증 취득(YMCA)</td></tr>
<tr><td></td><td></td></tr>
<tr><td></td><td>이 하 여 백</td></tr>
<tr><td colspan="3">위 사실이 틀림없음을 확인함.

2013년 1월 10일

지 원 자 성 명 : 안 성 기 (인)

사회복지법인 한국사회복지 귀중</td></tr>
</table>

(2) 자기소개서

이력서와 마찬가지로 자기소개서는 취업 시 합격 여부의 결정적 요소로 작용하는 또 하나의 핵심열쇠이다.

일반적으로 대부분 사회복지시설들의 신입사원 모집요강을 보면, 자기소개서를 필수적으로 요구하고 있다. 자기소개서의 작성은 형식적인 것을 떠나 합격 여부를 판가름하는 중요한 요소가 될 수 있기 때문에 대단히 중요하다. 특히, 서류전형을 중점으로 보면서 직원을 채용하는 기관에 있어서는 합격여부의 결정과정에서 굉장히 중요한 역할을 하게 된다.

학교성적이나 봉사활동도 우수하고 필기시험도 만족하게 치렀는데도 불구하고 합격하지 못한 사람이라면 자기소개서를 재검토해 볼 필요가 있다.

면접시간은 짧게는 1~2분, 길면 30분 이상도 이루어지지만 대부분 10~30분 사이에 이루어진다. 따라서 인사위원이 사전에 개인에 대한 정보를 얻고 질문할 사항을 미리 정하는 중요한 근거자료가 바로 자기소개서이다.

자기소개서에 일정한 형식이 있는 것은 아니지만, 지면으로 자기를 소개하는 것이므로 자신의 자질을 알리는 데 효과적인 내용을 가지고, 보는 이로 하여금 개성 있는 인상과 인간적인 공감을 줄 수 있도록 하는 것이 중요하다.

자기소개서를 작성할 때 반드시 숙지해야 할 3가지 지침이 있다. 첫째는 “저는 이런 사람입니다”라는 자기소개를 생각하고 작성해야 한다. 두 번째는 “저는 이런 이유로 지원했습니다”라는 지원동기를 분명히 작성해야 한다는 것이다. 마지막 세 번째는 “저는 입사한다면 이렇게 일하고 싶습니다”라고 입사 후의 포부와 비젼을 반드시 작성해야 한다는 것이다. 이상의 세가지에 충실하여 자기소개서를 작성해 보는 실습도 자주 해 보는 것이 취업을 준비하는 이들에게 커다란 자신감과 힘이 될 것이라 생각한다.

자기소개서를 작성하는데 있어서 알아두면 좋은 내용에 대하여 간략하게 정리한 내용을 참조하기 바란다.

자기소개서 쓰는 법과 마음가짐

1. 치밀하고 전략적으로 접근하자.
   최근 사회복지현장 채용 시에 내용의 유, 무를 파악하고 싶어 하는 것이 아니라 그를 통해 어떤 경험이 있었고 어떤 자세, 도전정신을 가지고 있는 가를 보려고 하는 구체적인 질문을 하는 추세이다. 따라서 순수하게 작성하는것 보다는 보다 치밀하고 전략적으로 작성하는 것이 바람직하다.

예를 들어, 질문 중 실패 경험을 묻는 경우, 학생들은 실패의 유, 무에 집착하는 경향이 있는데 그것이 아니라 그를 통한 경험을 이끌어 내야한다.

2. 초점을 잘 맞춰라.

자기 자신의 기준으로가 아닌 즉, "내가 어떤 사람이다"라는 것을 쓰는 것이 아니라 내가 그 직무를 잘 해낼 수 있는 가를 보여주는 것이 관건이다.
질문의도가 무엇인지를 잘 파악해야 하고 결국 결론은 "나는 이런 역량이 있는 사람이다." 라는 점을 잘 보여주어야 한다.

3. 자기소개서는 정보전달이 가장 중요하므로 실용적으로 작성해야 한다.

취업준비생들이 흔히 하는 실수 중 하나는 자신의 삶, 경험을 연대기적 형식으로 늘어놓는 경우가 많은데 이런 자기소개서를 자세히 흥미 있게 읽어 줄 사람은 없다. 빠른 시간 내에 자신의 역량이 전달되는 것이 중요하다. 하고 싶은 이야기가 무엇인지 명확하게 전달하는 것이 중요하다. 비유나 은유법은 사용을 자제하는 것이 좋다.

4. 과정보다는 결과를 신경 쓰자.

채용기관이 원하는 것은 현재 나타난 결과에 관심을 갖는다. 따라서 과정에 집착하지 말아야 한다. 지금의 상황에서 만들어진 결과를 보여주면 되는 것이다. 과정에 대해 줄줄이 나열하는 것보다 그 일로 나는 이런 성과를 이뤘다가 중요한 사항이다. 그러므로 검증할 수 있는 사례, 경험, 결과위주로 작성하는 것이 중요하다.

5. 자신감과 긍정적인 마인드

현장에서 많은 취업을 도전하는 학생들을 경험해 보면서 자기소개서, 이력서 자체도 중요하지만 그 안에 담긴 태도가 중요함을 느낀다. 00노인복지관을 지원하는 한 지원자를 보았다. 당시 M 복지관 한 군데를 빼고는 모두 떨어진 상태였다. 실망이 크고 많이 참참한 심경에 빠질 법도 한데, 의외로 웃으면서 "제가 자기소개서를 조금만 고치면 붙을 것 같아요"라고 밝고 자신감 있는 어조로 말 하였다. 그 지원자에게서 엄청난 긍정적인 에너지를 느꼈고 그런 밝은 태도를 통해 취업준비생들에게 스펙과 스킬의 강조를 둔 조언에서 마인드를 강조하는 계기가 되었다. 결국 이 학생은 M 복지관에 당당히 합격했다.
글 자체도 중요하지만 그 글을 담는 건 결국 자기 자신이다. 글에는 자신의 모습이 투영될 수밖에 없다. 자신감 있고 긍정적인 마음가짐, 도전의 자세가 중요한 것 같다. 긍정적인 마인드는 실패 속에서도 좌절하지 않고 도전하게 하는 밑거름이 되기도 하기 때문에 매우 중요한 요소라 할 수 있다.

6. 경험

최근 자기소개서의 추세는 구체적인 질문을 통한 경험과 행적을 중점적으로 보는데, '무엇을 했는가?'에 대하여 구체적으로 증명해야 한다.
결국 이야기 거리가 문제인데, 경험을 많이 할수록 그를 바탕으로 한 다양한 이야기 거리들이 나올 수밖에 없게 된다. 그러다보니 기관에서는 경험을 많이 한 사람을 선호할 수밖에 없다.

따라서, 대학시절 동안 학업을 게을리 하지 않는 것도 중요하지만 다양한 경험을 쌓는 것이 중요하다. 취업 때문만이 아니라 자기탐구와 알찬 대학생활을 위해서도 경험 쌓기는 매우 필요한 것이다.

졸업반 학생들에게는 조금 무리가 따를 수 있지만 나머지 학년 학생들은 이야기 거리 만들기에 주력하는 것이 좋다. 짧은 자원봉사활동이나 기관실습, 아르바이트일지라도 경력은 경력이다.

이러한 다양한 경험은 그 경험을 토대로 그 사람이 채용하고자 하는 직무에 적합한지, 또 활동을 통해 해당 기업에서 원하는 인재 상에 부합하는지 등을 파악할 수 있는 척도라 할 수 있다. 자신의 경험과 능력을 조명하여 자기소개서를 쓰는 것은 당락을 좌지우지하는 중요한 요소임에 틀림이 없다.

7. 자신에 대한 탐구

무엇보다도 우선해야 되는 것은, 자기소개서는 자기 자신을 한 장의 종이에 적어 PR하는 것이니만큼 자신에 대한 탐구가 우선시 되어져야 한다. 자신에 대한 탐구와 함께 자기소개서를 어떻게 적어내려 갈 것인지에 대한 방향성을 잡는 것이 핵심이다.

내가 어떤 강/단점이 있는지를 명확하게 파악하고 정리 된 상태에서 자기소개서에 작성해야 한다. 경험을 통해 보여줄 수 있는 나의 역량들을 정리하고, 방향성을 맞추어 이 역량이 자신이 지원한 직무에 어떻게 도움이 되는지를 피력해야 한다. 그러므로 이 역량을 가지고 어떤 자세로 직무에 임할지가 정리 된 상태에서 작성 되어야 한다.

지원 직무에 관해 제대로 알고 그것을 간략하게 표현해내도록 준비해야 하는데, 어떤 취업 준비생들의 경우에는 너무 어렵게 작성하는 경향이 있다. 전달면과 이해도가 떨어지게 되므로 감점 요인이 된다. 간략하고 쉽게 표현하는 것이 중요하다.

(3) 면접

『사회복지실천을 위한 기본적인 기술 중의 하나가 바로 면접기술(Interviewing skill)이다. 면접은 사회복지실천의 중요한 수단이며, 클라이언트와의 대화 그 이상의 것이며, 문제가 있는 클라이언트를 돕기 위해 사용되는 목표 지향적인 활동이다.

사회복지실천에서 면접은 전문적 관계에 바탕을 두고 정보수집, 과업수행, 클라이언트의 문제나 욕구 해결 등과 같은 목적을 수행하는 시간제한적 대화이다(L. C. Johnson, 1989). 면접이란 면접에 참여하는 사람들이 서로 수용한 의도적인 목적을 가진 대화이며 일반적으로 그 목적은 클라이언트의 욕구를 충족시키거나 문제를 해결하기 위해 정보를 수집하는 것이다』.

위 내용들은 대부분 '사회복지실천론' 과목에 나오는 면접에 대한 개념정의이다. 이처럼 사회복지사는 클라이언트를 상대로 면접을 실천해야하는 막중한 역할과 전문적인 활동을 수행해야하는 직업이다.

취업현장의 면접이라는 측면에서 앞서 나온 내용을 접목하여 살펴보면, 사회복지실천의 기본기술 중에 하나인 면접은 사회복지현장에 취업을 준비하는 예비사회복지사나 취업준비생들에게는 너무나 기본적으로 당연히 갖추고, 인지하고, 체득하고, 프로답게 터득하고 있어야 할 기초적 지식과 내용이라 할 수 있을 것이다. 그럼에도 불구하고 많은 사회복지 취업준비생들은 그 준비에 소홀한 것이 사실이다.

면접을 준비하는데 있어서 알아두면 도움이 되는 내용을 다음에 간략히 정리해 보았다. 내용을 참조하며 면접에 도움이 되기를 바래본다.

사회복지현장 취업 시 면접에 대한 요령과 지식들

(1) 사전준비에 만전을 기하라.

지원한 사회복지현장 기관의 홈페이지 방문은 기본이다. 홈페이지에서 현재 기관에서 진행하고 있는 사업 분야, 기관의 이미지 등을 살펴 둔다. 또한 뉴스 등의 매체로 해당 기관의 뉴스를 접할 수 있다면 이 역시 숙지해 둔다. 칭찬과 관심은 상대의 마음을 여는 열쇠이기 때문이다.

면접관들도 일상생활에서 만날 수 있는 사람들이며 감정을 100% 배제한 평가는 인간으로서 불가능하다. 자신의 지원서를 다시한번 확인하고 예상되는 질문 내용은 미리 답변을 준비해 두기 바란다.

(2) 면접 시 복장

면접은 일종의 맞선이다. 상대에게 호감이 가고 신뢰성을 줄 수 있는 복장을 준비해야 한다. 복장은 때로 지원하게 될 기관과 업무에 따라 바뀌기도 한다. 청소년단체나 레크레이션 등의 기관에서는 청소년복지에 맞는 복장이나 차림을 원하기도 한다. 그러나 대부분의 기관에서는 신뢰감에서 돋보이는 차림인 정장차림을 선호한다.

면접 시 복장상태는 상대에 대한 예의이기도 하다. 맞선자리에 정장을 하지 않고 청바지나 점퍼를 입고 나온다면 상대를 한번에 불만스럽게 만들 것이다. 정장 차림에서는 쟈켓에 단추까지 잠그는 것이 예의다. 너무 불편해 보인다면 단추정도는 자리에서 풀어도 무방하다. 여성의 경우에도 정장이 기본이지만 지원하게 될 분야에 따라 융통성을 발휘해도 무방하다. 대부분 밝은 이미지가 좋으나, 너무 튀는 의상은 곤란하다.

(3) 면접 시 질문들

요즘은 개방된 체육관에서 단체로 면접을 보기도 하고 체력테스트를 하기도 하며, 일명 압박면접이라 하여 당혹스러운 질문을 던지기도 한다. 또한 몇 일간 숙박하면서 면접을 보기도 한다.

이런 모든 경우들을 미리 대처하기는 현실적으로 어렵다. 따라서 가장 기본적인 차원에서 알아야 하는 것은 그 질문이나 미션 등의 내용 보다는 그에 따른 반응을 살펴보기 위한 의도들이 많다는 것이다.

면접 초반에는 대부분 간단한 자기소개와 관련분야의 전문적인 질의응답들이 오고가게 됩니다. 전문용어를 섞어가며 관련지식을 자랑 할 수도 있겠지만, 정작 중요한 것은 어느 정도 관심과 열정을 지녔는지를 보여 주는 것이 중요하다.

〈공통적으로 자주하는 질문들〉

- 기관에 대한 이미지를 묻는 질문
- 해당분야의 접해본 뉴스나 정보를 묻는 질문
- 지원하게 된 이유를 묻는 질문
- 희망하는 업무에 대해 묻는 질문
- 독서량이나 읽었던 책들에 대한 질문,
- 이력서상에 기재된 경험/경력에 대한 질문
- 인생철학이나 생활신조를 묻는 질문
- 인간관계나 사교성에 대해 묻는 질문

이런 정형화된 질문들은 그 의도가 분명하다. 살면서 신조를 가지고 자기만의 기준을 갖는 것은 중요하지만 면접단계에선 어느 정도 타협하여 상대가 원하는 답변을 해줄 필요도 있다. 간혹 지원서 스펙이 맘에 들어 개인적인 질문들이 오고갈 수도 있다.

(4) 면접 시 자세

면접에서 중요한 자세는 최대한의 예의를 갖추고 당당하며 적극적인 모습이다. 혹시나 받게 될 모르는 내용의 질문에도 당당히 모른다고 하는 것이 낫다. 더욱이 이에 그치지 않고 관심을 가지며 적극적인 모습을 보인다. "몰랐으나 공부할 의도가 있다"던지의 자세. 이런 것들이 좀더 신입답고 진취적인 모습으로 비쳐질 것이다. 절대 고개를 떨구거나 너무 오래 망설임이 없도록 해야 한다.

정해진 면접시간은 정확하게 지킨다. 너무 일찍 가는 것도 좋지 않고 약속시간에 늦는 것은 당연히 금물이다. 면접시간은 지원기관과의 첫번째 약속이다. 미쳐 면접준비를 하지 않은 업무 중에 방문하는 것도 좋지 않고 부득이한 사정으로 늦게된다면 전화로 이를 미리 인식시켜서 양해를 구하는 것이 좋다. 기관을 찾기에 수월하지 않아 늦을 듯 하면전화로 정확한 위치를 묻는 것도 예의에 어긋나지 않는다.

(5) 면접 시 주의사항

전화기는 반드시 꺼놓고 자신의 이야기를 하는데 '…같습니다' '…라고 생각합니다'라는 표현은 좋지 않다. '…입니다' '…라고 믿습니다'의 표현이 좀 더 긍정적이고 적극적으로 비추어 질 수 있다.

면접 시 너무 겸손을 내세우는 것은 지양해야 한다. '뭐 별거 아니지만.' '보잘 것 없지만.' 등의 표현은 불필요하다. 스스로를 평가절하 할 필요는 없다.

한편, 면접 시는 긴장과 여유의 중간을 유지 하는 것이 좋다 자세는 어느 정도의 긴장상태. 그리고 답변은 당당하고 여유롭게 해야 한다. 아주 전문적인 질문을 제외하고는 모든 질문이 그 내용보다는 답변을 하는 태도에서 더 크게 평가된다.

(6) 면접결과

연락을 기다리라는 말에 너무 큰 의미를 두지 말라. 좋은 징조도 나쁜 징조도 아니다. 의례 건네는 인사치레일 경우가 대부분이다.

경력자의 경우 이력서 스펙이 마음에 들고 경력이 제격인 사람과의 면접은 그 자리에서 함께 일하자는 결과가 바로 나올 수 있다. 그러나 그 어떤 것도 증명되지 않은 신입을 그 자리에서 결정한다는 것은 채용기관 측에서 보면 모험이며 위험성이 있다.

결과 예상에 너무 많은 의식을 하지 않으면서 다른 구직활동도 중단하지 말라. 대개의 기관이 채용에 합격되고 첫 출근 날짜를 협의할 수 있다.

무엇이든 해본 사람이 잘 하게 된다. 면접역시 마찬가지이며 비록 면접에 떨어지더라도 그 자체로 좋은 경험이 될 수 있다.

(7) 면접결과가 나쁠 때 상기해 볼 일

만약 낙방으로 좌절하게 될 때나 취업으로 힘들고 지칠 때 반드시 상기해보면 좋은 말로, "정말 심각한 취업난이다. 그러나 절대 잘난 순서대로 취업하지 않는다. 다만 열심히 구직하는 순서대로 취업 할 것이다", "100군데 지원하면 그 중 10곳에서 면접을 볼 것이고 다시 그중 1곳에서 연락이 올 것이라는 각오로 임해라" 등이 있다.

절대 절망하거나 실망하지 말고 늘 최선을 다해 포기하지 않으며 꿋꿋하게 취업에 도전하는 자 만이 취업성공의 단 열매를 맛보게 될 것임은 분명한 사실이다.

3) 사회복지 현장 방문

사회복지취업실무를 공부하고 취업을 준비하는 학생이나 취업준비생들에게 사회복지현장인 시설이나 기관을 탐방하여 무언가 질문하고 본인이 원하는 답을 얻기에는 다소 낯설고 당황스럽기도 하고 심지어, 두려움마저 느끼는 학생들이 적지 않다고 보여 진다.

따라서 여기에 몇 가지 현장기관 방문을 위한 사전준비 내용과 방문 시 알아야 할 내용들에 대해서 제시하고자 한다.

다음에 나오는 7가지 순서에 따라 진행하면 커다란 무리 없이 사회복지 현장 방문을 수행해 낼 수 있을 것이다.

사회복지 현장방문 시 진행해야 할 7가지 순서

1. 자신의 취업희망 분야와 시설기관 결정한다.
2. 자신이 취업하고자 희망하는 관련시설(기관) 리스트를 정리해 본다.
   - 리스트는 해당 지역 관할 시·군·구청이나 지역 사회복지협의회 등의 홈페이지를 참고하여 활용한다.
3. 방문이 가능하거나 보다 용이한 기관이나 시설을 골라 최종 선정한다.
4. 선정한 기관에 사전 방문 협조 연락을 취한다.

- 전화나 메일, 사전방문, 선후배 인맥 등을 살펴보고 사전에 약속 정하기
- 주소, 담당자(이름, 직함, 근무 장소나 위치 등 파악), 기타 준비해야 할 사항 파악

5. 현장방문 당시 - 복장, 용모, 메모지, 필기도구, 사진기, 명함(연락처, 자기 소개)제작, 사전질문지 등을 점검하고 지참 여부를 최종점검한 후 방문한다.
6. 해당 기관에서의 채용방법과 채용내용, 기타 취업에 필요한 정보파악과 자료를 수집한다.
7. 향후 도전의지 피력과 미래의 취업인으로서 포부와 협조를 당부한 후 귀가한다.
   - 향후 입사를 위한 도전의지 피력
   - 미래의 취업인으로서 자기이미지 각인을 위한 특별 아이디어 구상노력
   - 미래의 훌륭한 인재임을 보여주는 기회로 삼는다.

한편 취업현장을 탐방하기 전에는 어떤 사람을 만나고, 어떤 이야기를 나누고, 내가 무엇을 알고 싶어하는지 등에 대한 사전 준비와 질문 목록을 만들 필요가 있다. 이에 다음과 같은 인터뷰 목록을 작성하여 연습해 보는 것이 실제 현장방문 시 많은 도움이 될 수 있을 것이다.

기관 취업현장 탐방 시 인터뷰 목록 및 사전 질문지 내용 예시

1. 인사말(구체적이고 확신에 찬 표정으로...)
   - 이 지역에서 가장 우수한 시설인 00복지관을 이렇게 방문하게 되어 정말 영광입니다. 많은 도움과 좋으신 말씀주시면 열심히 배워가겠습니다.
2. 방문목적 설명(사전주지 되었음을 알리고, 구체적으로 제시)
   - 제가 오늘 00복지관을 방문한 것은, 사전에 말씀드렸지만 00복지관에 정말 관심이 많았고, 자원봉사나 실습을 하기 전에 00복지관에 대해서 직 접 방문해 이 기관에 근무하시는 사회복지사 선생님도 직접 만나 뵙고 보다 많은 것을 알아보기 위해 방문 했습니다. 그리고 사실 제 꿈이 이곳 복지관에 취업하는 것입니다.^^
3. 질문과 경청
   - 선생님은 어떻게 이 기관과 현재의 직무를 선택하게 되었나요?
   - 선생님께서는 이 기관에서 향후 5년 이후의 진로를 생각해 보셨나요?
   - 선생님의 최종 꿈은 무엇인가요?
   - 꿈과 견주어 볼 때 이 기관에 입사한 것에 만족 하시나요?
   - 만족하지 못한다면 그것은 무엇 때문인가요?
   - 이 기관에 입사하기 위해 갖추어야 할 마인드에는 어떤 것이 있을까요?
   - 이 기관에서 추구하는 비전은 무엇인가요?
   - 이 기관에 입사할 때 어려운 점은 무엇이었나요?
   - 이 기관에 입사하기 위해 특별히 신경 써야 할 부분이나 준비해야 하는 것, 조언해 주고 싶은 것은 무엇인가요?

- 제가 이곳에 취업하기 위해서 준비해야 하는 것이 무엇일까요?
- 특별히 이곳에 취업하기 위해서 갖춰야 할 것이 무엇이 있나요?
- 제가 이곳에 취업하기 위해 반드시 알아야 할 내용이 있다면 무엇이 있을 까요?
- 이 기관에 입사하면 선생님을 이 자리에서 만나고 싶은데 그때 만나 줄 수 있나요? <가능한 약속을 정하면 더욱 좋다.>

취업현장을 탐방하기 전에 준비할 인터뷰에 대해 살펴보고 나서는 방문 전에 점검해야 할 사항들을 꼼꼼히 숙지해 보는 것이 필요하다.

먼저, 방문기관(시설)의 기초데이터 및 사전 수집내용 한차례 복습 해보는 것이 필요하다. 그리고 방문목적 설명내용에 대하여 사전에 역할극(Roal play)을 해보는 것도 좋은 방법이다. 막상 방문 당시에 긴장하거나 당황해서 생각했던 모든 것을 망칠 수 있기 때문에 충분한 사전연습이 필요하다.

또한 방문해서 질문할 내용들을 메모한 노트를 보며 사전에 확인해 두는 것이 필요하다. 보고 질문하기 보다는 충분히 암기하고 익숙하게 습득하여 자연스럽게 질문할 수 있는 확실한 자기 것으로의 습득이 필요할 것이다.

방문할 기관의 위치를 확실히 확인하고 전철이나 버스 등을 다시 한번 조사하고, 지나가는 시간 등을 확인해 보아야 한다. 통근시간대에 혹시나 맞물려 약속시간에 늦거나 지각하는 불상사를 최소화하는 사전작업이 필요하다.

그리고 복장(양복, 양장 등)과 소지품 등을 세밀하게 살펴서 사전에 갖춰 두도록 한다. 잔돈이나 교통카드 등을 미리 준비해 두는 것도 필수적인 사전준비 내용이다.

사회복지현장을 방문하기에 앞서 기본적인 예의범절을 익혀두기 바란다. 자기자신을 기관에 알리는 첫 번째 만남의 시간에서 자기자신을 잘 보이게 하기 위한 최소한의 노력인 것이다. 다음의 기본적인 예의내용을 잘 숙지하고 체득(體得)화 하는 것이 중요하다.

사회복지 현장 기관방문 시 기본예의

1. '에티켓(Ethquette)'있는 행동(상대를 존중하고 배려하는 마음)
2. 단정한 몸가짐(7초의 결정)
3. 인사부터 시작이다.(마음을 열어 다가가다)
4. 마음을 담아 웃는 얼굴로, 밝고, 건강하고, 똑바르게, 큰목소리로, 마주보고, 상대의 눈을 보고, 일어서서, 멈추어서, 상대방과 상황에 맞는 내용과 언어사용으로 인사
5. 다리를 가지런히 모으고, 허리를 펴고, 무릎을 편다

3. 사회복지 현장 실무

사회복지 현장에서는 매우 다양하고 전문적이며 복잡한 많은 일들이 벌어지고 사업들이 펼쳐지고 있다. 그 모든 것을 살펴보고 알아 가기엔 현실적인 한계가 있기에 사회복지 취업을 준비하는 취업준비생과 예비사회복지사들에게 적합한 내용을 중심으로 작성하였다.

사회복지 현장의 실무 가운데에서 가장 많이 사용되고 실무에서 필요로 하는 내용을 현장중심적 차원에서 정리해 보았는데, 그 대표적 현장실무 내용으로 사례관리, program, 재무회계, 자원개발 등의 내용으로 서술하였다.

1) 사례관리 실무

사례관리란 복잡하고 다양한 문제나 욕구를 가진 클라이언트가 개별적인 기관이나 전문가 등의 지역사회내의 서비스 제공자들을 일일이 찾아다니지 않으며, 사례관리자로부터 필요한 서비스를 보다 용이하고 효과적으로 받아들일 수 있도록 필요한 자원을 활용하여 클라이언트로 하여금 지역사회 내에서 독립적인 생활을 할 수 있게 도와주는 통합적인 서비스 전달방법이다.

사례관리는 영역별, 대상별, 기관별, 지역별 등에 따라 다양한 사례관리 실무가 행해지고 있다. 현재 사회복지관 중심으로 사례관리의 통합화, 통일화 움직임도 있으나 아직까지 총괄적인 통일화와 통합관리가 이루어지지 않고 있는 것이 현실이다.

사례관리는 보통 6단계의 사례관리 과정을 통해 이루어지는데 초기접촉(Intake) → 사정(Assesment) → 계획(Plan) → 개입(Intervention) → 점검(Check) → 평가(Valuation)의 과정이 그것이다.

현장에서 사례관리를 하게 될 경우, 사회복지관, 장애인복지관, 노인복지관 등 유형과 대상에 따라 상이한 사례관리 양식을 사용하게 된다. 또한 모델별, 예를들어 과제중심모델, 권한부여모델, 심리사회모델, 인지행동모델, 정신분석모델, 클라이언트 중심모델, 행동주의 모델 등 다양한 사례에 따라 사례관리가 이루어지게 된다. 자신이 취업을 희망하는 기관이나 담당에 따라 사례관리의 유형과 내용이 달라질 수 있으니 가능한 다양한 내용의 사례관리를 익혀두는 것이 현장에 취업해서 일을 해나가는데 유리할 수 있을 것이다.

참고자료 **사례관리 예시(sample)**

■ 과제중심모델 사례관리 예시(sample)

사례관리 계획서

담당 사회복지사 : 홍길동

클라이언트명	모 ○ ○	성 별	남	조사일	00년 0월 0일~00일
주 소	00도 00시 00구 00동	전화번호		작성일	00년 0월 0일~00일
직 업	이용자	학력	고 졸	연령	00세
의뢰경위	동사무소	경제상태	□ 일반 ☑ 저소득 □ 수급자		

1. 일반적인 사항

가족사항: CT는 아버지, 어머니, 여동생, 남동생과 함께 거주하고 있음

여동생은 00세 이며, 남동생은 늦둥이로 0세임.

경제상황: CT의 아버지가 전적으로 집안경제를 책임지시고 계시며 CT의 아버지는 현재 일용직에 종사하시고 있음

일상생활 및 주거상황: CT의 가정형편은 좋지 못하며 주거상황은 5명이 살기에는 비 좁은 공간에 살고 있으며 월세에 살고 있음

사회심리적 상황: CT의 사회심리적인 문제를 가지고 있음

먼저, 사회적으로 위축된 경향이 많으며 서로 친하게 지내거나 연락하는 친구가 없음. 또한 복지관 내 동아리 활동 시에도 소극적인 모습을 많이 나타내었음

2. 클라이언트에 관한 사항

▶ 신체, 인지, 정서, 행동기능면

구분	내용	Yes	No	가능정도
신변처리	- 식사하기 - 화장실사용 - 착탈의 - 몸관리(이닦기, 세수, 머리감기, 목욕)	○ ○ ○ ○		
이동	- 이동여부	○		
의사소통	- 언어로 자신의 의사를 표현 - 발음의 정확도	○ ○		의사소통은 가능하나 말을 잘 하지 않음

인지	- 한글을 읽고 쓸 수 있는지 - 수셈을 할 수 있는지 - 집주소/전화번호를 외우고 있는지	○ ○ △		한자리 수셈 가능 집주소, 전화번호 관련하여 교육한 적이 없어서 잘 모른다고 함
사회성	- 서로 연락하는 친구가 있는지 - 특별하게 참석하는 모임이 있는지		× ×	

▶ 클라이언트의 강점,

1) 의사소통이 가능하고 인지적으로 큰 문제가 없음
2) 체력적인 면이 강함
3) 자신이 관심있는 분야에서는 모든지 잘하는 편임
4) 가족이 장애에 대해 적극적으로 수용하는 편임

▶ 클라이언트의 약점

1) 혼자다니는 것을 좋아함
2) 의사소통이 되고 인지도 어느 정도는 있지만 계속 반복적으로 이야기를 하더라도 꾸준히 변화되지는 않음
3) 복지관 내 규칙 준수에 약한 편임

3. 욕구진술

- CT의 욕구는 파악할 수 없었음 → 언어적 상동행동이 있으므로
- 복지관 선생님의 욕구는 CT가 복지관 내 규칙을 준수할 수 있도록 유도하는 것임

4. 개입계획

① 초기단계 목표에 의한 개입회수 계획

단계	목표	횟수	계획
초기단계	클라이언트의 문제 행동을 파악	2일	클라이언트의 문제행동을 파악하기 위해 클라이언트 곁에서 약간은 떨어져서 관찰한다.
	클라이언트와 라포를 형성		자기 소개 및 대화를 통해 라포를 형성시킴

② 중간단계 목표에 의한 개입회수 계획

단계	목표	개입횟수	구체적 계획
중기단계	클라이언트 스스로 규칙 준수에 대해 알도록 한다.	4일	클라이언트에게 규칙 준수에 관한 설명을 한다.
	클라이언트 스스로 집에 귀가 할 수 있도록 한다.		셔틀버스 귀가 시 일정기간 동안은 지도를 한다.
	체크리스트 표를 이용한다.		체크리스트 표를 만들어 클라이언트에게 설명하고 이것을 활용할 수 있도록 한다.

③ 종결단계 목표에 의한 개입회수 계획

단계	목표	개입횟수	구체적 계획
종결 단계	복지관 내의 규칙을 스스로 준수하도록 한다.	2일	체크리스트 표를 작성하여 스스로 체크해 보도록 한다.

▶ 목표에 의한 구체적 계획내용들

① 초기단계목표에 의한 구체적 계획내용들

클라이언트의 문제 행동을 파악하기 위해 클라이언트를 관찰한다/ 자기소개와 대화를 통해서 라포를 형성한다.

② 중간단계목표에 의한 구체적 계획내용들

클라이언트가 스스로 규칙을 준수할 수 있게끔 유도하며 규칙 준수의 필요성에 대해 설명하고 지금까지 했던 행동이 잘못되었음을 이야기 한다.

③ 종결단계목표에 의한 구체적 계획내용들

체크리스트 표를 작성하여 스스로 체크해 보도록 한다.

■ 노인복지관 사례관리 예시(sample)

사례관리

1. 사례개요

1) 인적사항

이 름	홍길동(여, 00세)
주 소	00시 00구 00동
보 호 형 태	기초생활수급자
세 대 유 형	독거노인
의 뢰 경 위	타 기관으로부터 의뢰
기관 및 담당	○○노인복지관 – 000 사회복지사

2) 가족배경

① 가계도 및 생태도

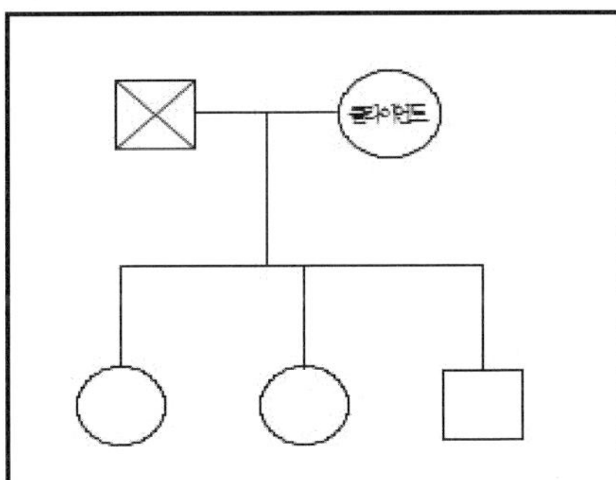

가계도

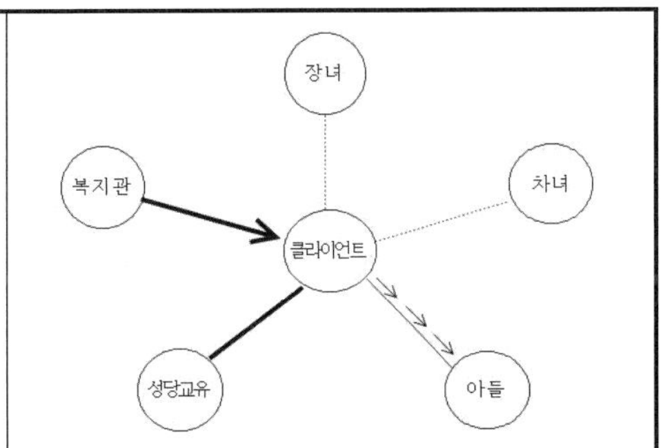

생태도

② 심리사회적 가족력(교통사고-합의금, 치료/ 월세/ 수급비 없어짐)

Ct는 기초생활수급자로 현재 혼자 살고 있다. Ct는 슬하의 2남 1녀를 두었으나 00년도에 홍역과 설사병으로 자녀들을 잃었다고 한다. 6.25 전쟁 이후 부모를 잃은 3남매(1남 2녀)를 거둬 친자식처럼 키웠으나 현재 3남매와는 소원한 관계에 놓여있다. Ct는 0월 00일 교통사고로 입원하여 오른쪽 발목 수술 후 0월 00일에 퇴원하였으나 교통사고 이후부터 치매증상이 보이고 있다. Ct는 성당 교우들과 복지관의 도움으로 기본적인 생활을 유지하고 있다.

Ct는 현재 수급자 탈락의 불안으로 가족 외의 사람들에게 아들을 조카라고 말하고 있으며 아들에 대한 무조적인 신뢰감을 보이고 있다. 아들은 현재 귀가 잘 들리지 않은 상황이며 일용직으로 생활을 이어가고 있다. 가끔 Ct의 수급비를 가로챌 때도 있으나 Ct는 아들이 했다는 것을 인정하지 않으려고 한다.

Ct의 배우자는 젊은 시절 2층짜리의 집을 소유하였는데 장녀의 배우자 사업자금을 보태기 위해 집을 담보로 대출을 받고 딸이 갚지 않아 집을 잃게 되었다. 이 일을 계기로 Ct는 장녀와 장녀의 가족 모두에게 좋지 않은 감정을 갖게 되었으며 장녀가 자신의 수급비 및 통장에 대해 언급할 때마다 예민한 반응을 보이고 있다.

Ct의 차녀는 Ct에 대해서는 방관하는 자세를 보이고 있으며 모든 일을 언니에게 미루려고 한다.

③ 물리적 환경

가. 경제활동 : 현재 Ct는 기초생활수급비(○개월 ○○만 ○천원)와 기초노령연금(○개월 ○만 ○천 ○백원)으로 생활하고 있다.

나. 주거상황 : 방 1칸과 부엌이 있는 다가구주택에서 생활하고 있다. 방에는 한 개의 창문이 있으나 채광 및 환풍 상태가 좋지 않다. 또한 화장실이 공동화장실로 소변은 부엌에서 해결하여 위생 상 좋지 않은 환경에 놓여있다. 현재 도시가스비가 5개월 연체 되어있다.

Ⅰ. 접촉단계

A. 문제규명

1. Ct 체계가 보는 문제
   1) 교통사고 합의금 : 교통사고 이 후 합의 절차가 늦어짐에 따라 합의금을 받을 수 없게 될까 불안해하고 있으며 합의금을 받게 되더라고 장녀가 가로챌까봐 걱정하고 있다.
   2) 장녀에 대한 미움과 불신 : 클라이언트는 자신이 이토록 가난하게 된 것은 장녀가 클라이언트와 배우자의 집을 담보로 대출을 받아 갚지 않아서라고 생각한다.
   3) 건강상태에 따른 불안 : 기억력 감소 등 집을 앞에 두고도 알아보지 못하는 증상이 나타나 몹시 불안해한다. 건강이 점점 좋지 않을 시 돌보아 줄 가족이 없다며 걱정하고 있다.

2. Ct 체계와 상호작용하는 다른 주요한 체계가 보는 문제
   1) 복지관 친구들이 보는 문제
      - 치매증상이 발생된 후부터 씻지를 않아 냄새가 난다.

2) 자녀들이 보는 문제
- Ct를 돌보는 것이 힘에 부친다.
- Ct는 아들에게는 무조건적인 신뢰를 보이나 장녀와 차녀에게는 의심과 불신감을 갖고 있다.

3. 사회복지사가 본 문제

1) 심리정서적 측면 : 교통사고 이 후 기억력 감퇴와 치매증상 발생으로 인해 Ct는 다른 누군가에게 돌봄을 받고 싶은 욕구를 강하게 나타냈으며 이로 인해 불안감을 보이고 있다.

2) 가족 내 관계적 측면 : 과거 장녀가 Ct와 배우자의 집을 담보로 대출을 받고 이를 갚지 않아 전 재산이었던 집을 잃게 되어 그 이후부터 장녀와 갈등관계를 갖게 되었다. 장녀가 수급비에 대해 언급을 하면 예민한 반응을 보이며 수급비의 행방이 불확실하면 우선적으로 장녀를 의심 한다. 귀가 잘 들리지 않는 아들에게는 무조건 적인 믿음이 있으며 Ct에게 무관심한 차녀에게는 서운한 감정을 갖고 있다.

3) 건강문제 : 교통사고 이 후부터 기억력 감퇴 및 같은 물음에 5분 전과 다른 대답을 하는 등의 치매증상이 발생하였다. 또한 교통사고로 인한 오른쪽 발목 수술 부위의 붓기와 통증이 심하여 이동상의 어려움이 나타났다.

4) 결식우려의 문제 : 복지관에서 제공하는 주 1회 밑반찬지원과 주 5회 경로식당 중식 제공 외에는 식사를 자주 거르는 상황이며 치매 증상 발생 후부터는 식사 준비(조리)에 어려움을 보였다.

4. Ct와 함께 다룰 문제

1) 심리정서적 불안
2) 자녀들과의 관계 개선
3) 건강문제
4) 결식우려의 문제

B. 목표규명

1. Ct체계가 문제를 해결하기 원하는 방법

1) 적절한 돌봄이 있는 요양시설 입소
2) 자녀들이 아닌 Ct 당사자에게 교통사고 합의금 지급
3) 치매증상에 따른 불안감소

2. Ct체계가 문제해결을 위해 필요하다고 생각하는 것

1) 지속적 면담
2) 정확한 치매 검사와 그에 따른 프로그램 개입

3. 문제결과에 대한 사회복지사의 목표

1) 장기목표
- 정서적·심리적 안정 추구
- 치매 증상 개선

2) 중·단기목표
- 치매검사
- 장기요양등급 판정(요양시설 입소)
- 자녀들과의 관계 개선
- 영양상태 개선

4. 목표의 상세화

1) 장기요양등급 신청

장기요양등급 3등급 이상 판정을 받게 되면 요양보호시설로 입소하여 돌봄을 받을 수 있도록 할 예정이다.

2) 지역 내 치매주간보호센터 및 의료기관 연계

교통사고 이후로 치매증상이 나타난 Ct에게 정확한 치매 검사를 진행하기 위해 치매검사를 하였다. 사고 후유증으로 거동이 불편한 Ct의 건강 상황을 고려해 방문치매검사가 가능한 치매주간보호센터와 연계하여 1차적으로 치매검사를 진행하고 의료장비를 이용할 수 있는 의료기관과 연계하여 2차적으로 치매검사를 진행할 예정이다. 검사 결과에 따라 Ct 상황에 맞는 적절한 프로그램을 개입할 예정이며 장기요양등급 판정이 불가피할 시 치매주간보호센터와 연계하여 입소를 결정할 예정이다.

3) 후원자 섭외

Ct에게 가사서비스 및 밑반찬지원이 가능한 후원자를 연결하여 건강한 식생활 및 정서적 안정을 지원할 예정이다.

4) 정서·심리적 측면

단절되어버린 자녀들과의 관계회복을 위해 정기적인 전화 안부 및 가정방문과 Ct에 대한 지속적인 관심을 제공함으로써 자녀들과의 관계를 개선하고 이로 인해 정서적 불안감을 해소시킬 예정이다.

5. 사회복지사의 입장에서 목표달성을 위해 서비스 체계가 Ct에게 제공할 수 있거나 제공해야 한다고 생각되는 것

① 원조 및 자원 : 장기요양등급 신청과 치매검사를 진행하고 가사서비스와 밑반찬지원이 가능한 후원자를 섭외 한다.

② 지지 또는 확신 : 불안감을 갖고 있는 Ct에게 장기요양등급 신청과 치매검사 절차에 대해 안내하고 지속적인 관심과 면담을 통해 안정감을 줄 수 있도록 지지한다.

C. 예비계약

1. 장기요양등급 신청에 따른 구비서류에 대한 설명 : 장기요양등급 신청 시 도장과 주민등록증이 필요함
2. 치매검사 진행 시 가정방문 검사와 의료기관 방문 등 검사 절차에 대해 밀리 알림
3. 신상의 어려움이나 긴급 상황 발생 시 복지관에 알려야 함

Ⅱ. 계약단계

A. 사정과 평가

1. 규명된 문제와 클라이언트체계의 욕구 간의 관련 여부

Ct와 자녀들과의 상담을 통해 도출된 문제이고 이에 대한 해결방안이다.

2. 문제에 주요한 영향을 주는 요인을 규명하기 위한 상황분석

Ct는 과거 장녀가 Ct와 배우자의 집을 담보로 대출을 받아 집을 잃게 되는 과정에서 장녀에 대한 실망감과 불신감이 생겼으며 남은 재산마저 노리고 Ct 배우자에게 약을 탄 음식을 장녀가 주어 사망하였다는 추측에 불신감을 더욱 깊어졌다고 한다. 또한 교통사고로 입원했을 당시 거의 매일 장녀가 Ct를 돌보고 있는 와중에 Ct는 주위 사람들에게 장녀가 자신을 폭행하고 수급비도 가로챘다고 말하여 노인학대로 ○○노인보호전문기관에 장녀를 신고한 적이 있다. 이로 인해 장녀는 Ct에 대한 서운함과 답답한 심경을 토로하였다.

Ct는 교통사고 이 후 기억력 감퇴 및 자신의 집을 앞에 두고도 알아보지 못하는 치매증상이 나타났다.

3. 가장 주요한 요인을 규명하고 그들의 상호관계를 정의하고 함께 일할 사람 선정

Ct는 장녀와의 관계 속에서 오해가 있을 때마다 풀지 않고 마음에 담아두면서 장녀에 대한 불신과 실망을 지니게 되었다. 장녀와의 관계와 상실한 신뢰감 회복을 위해 장녀에게 안부 전화 및 가정방문을 의무적으로 할 수 있도록 기회를 마련하여 Ct와의 심리적 거리를 좁히고 친밀하고 긍정적인 관계로 회복 될 수 있도록 한다. 또한 치매검사를 진행하여 Ct의 건강 상황을 정확히 판단하고 치매 증상을 완화하고 개선할 수 있는 프로그램을 연결시켜 제공하도록 한다. 치매검사 결과 증상이 심하여 돌봄이 필요할 경우, 요양보호시설 및 치매주간보호센터와 연계하여 돌봄을 받을 수 있도록 한다.

4. 계속적 욕구, 결핍 혹은 어려움에 영향을 주는 요인 고려

자녀들의 낮은 경제력과 방관하는 자세, 클라이언트의 수급비를 가로채는 아들의 문제행동, 진행되고 있는 Ct의 치매상태, 유용한 자원

5. 유용한 자원, 강점 및 동기를 규명

1) 강점

(1) 개인적 강점

① 자원연계 및 서비스 제공 시 적극적으로 참여한다.

② 적극적인 성격으로 자신의 상황을 자발적으로 이야기 하려고 한다.

③ 사람에 대해 거리낌이 없다.

(2) 가족과 다른 자원의 강점

① 성당 교우 등 Ct에게 관심을 가지는 자원이 있다.

② G복지관 : Ct는 기관에서 사례관리 대상자로 서비스를 받고 있으며 기관 내의 정기적 사례회의와 문제 상황과 관련된 유관기관들의 사례회의를 통해 문제를 해결하려고 한다.

2) 약점

(1) 개인적 약점

① 수용성 부족 : 자신이 듣고 싶은 이야기만 들으려고 하며 그 외 이야기는 받아들이려고 하지 않는다.

② 노환으로 귀가 잘 들리지 않으며 인지능력이 부족하다.

③ 새로운 상황 발생 시 상황파악에 필요한 시간이 오래 걸린다.

(2) 가족과 다른 자원의 약점

① 자녀들과 소원한 관계에 있고 Ct에 대해 자녀들은 방관하는 자세를 보인다.(무관심)

③ 자녀들은 낮은 경제력으로 Ct를 돌볼 수 있는 형편에 놓여있지 않다.

6. 문제해결목표에 대한 전문적 판단에 의해 사실 체계화

1) 보험회사를 통한 교통사고 합의금 지급

2) 자녀들과의 관계개선

3) 치매검사 및 관련 프로그램을 통해 치매증상 완화

4) 요양보호시설 및 치매주간보호센터 입소 통해 불안감소

5) 가사서비스 및 밑반찬지원이 가능한 후원자 섭외

B. 행동계획 설정

1. 실행 가능한 목표를 고려하여 목표설정 및 적합한 서비스 양식 결정

1) 교통사고 합의금 해결

보험회사를 통하여 교통사고 합의금을 받을 수 있도록 하고 합의금이 지급 될 시 Ct명의의 통장으로 지급 될 수 있도록 요청한다.

2) 자녀들과의 관계개선

Ct가 느끼고 있는 갈등과 불만사항에 대해 자녀들이 이해 할 수 있도록 지속적인상담을 진행하고 갈등관계에 놓인 장녀와의 관계 회복을 위해 의무적인 안부 전화 및 가정방문의 기회를 마련한다.

3) 치매검사 진행

1차 방문 검사와 2차 의료기관 검사를 통하여 클라이언트의 정확한 건강 상황을 파악할 수 있도록 한다.

4) 요양보호시설 및 주간보호센터 입소여부 확인

요양보호시설 입소를 위해 장기요양등급신청을 하고 불판정의 결과가 있을 시 지역사회 내의 자원을 연계하여 치매주간보호센터에 입소 할 수 있도록 한다.

5) Ct 상황에 맞는 후원자 섭외

교통사고 후유증과 치매 증상으로 인해 가사 및 식사준비에 어려움이 있는 Ct를 위해 가사서비스와 밑반찬지원이 가능한 후원자를 섭외하여 연결한다.

2. 사회복지사의 역할결정

① 중계자 : 보험회사의 합의금 절차과정 안내 및 치매검사 의료기관과 후원자를 연결시킨다.

② 조정자 : Ct와 장녀의 갈등을 해결하여 긍정적인 관계로 나아갈 수 있도록 도와준다.
③ 지지자 : Ct의 입장을 정서적, 심리적으로 지지한다.

3. 계획을 방해할 수 있는 체계 내외의 영향 고려
   1) 문제해결에 장애가 되는 요인
      ① 아들과 Ct의 관계 : 가끔이지만 반복적으로 발생하는 아들의 Ct 수급비를 가로채는 것에 대해 Ct는 인정하려 하지 않고 아들은 그럴 사람이 아니라고 한다.
      ② 자녀들의 무관심 : 경제적으로 넉넉하지 않은 자녀들은 Ct를 돌보는 것에 지쳐있으며 이로 인해 무관심한 태도를 보인다.
   2) 문제해결에 지지가 되는 요인
      ① 성동자원 : 오래된 성당 교우들을 통하여 정서적 지지를 얻을 수 있다.
      ② 후원자 연결 : 후원자 연결로 하여금 결식 우려를 예방할 수 있다.

C. 예후

Ct의 문제는 동시다발적이고 복합적으로 발생하였으며 문제 해결에 있어서도 다양한 자원을 활용하여 접근해야 할 것으로 보인다. 또한 Ct의 문제는 단기간에 이루어지기는 힘들 것으로 보이나 문제해결에 있어 적극적으로 참여하려는 입장을 취하고 있다. 이는 곧 문제를 해결할 수 있는 능력과 자원을 Ct가 갖고 있다고 보인다. 지속적인 관심과 지지를 통해 Ct의 문제해결 능력과 자원을 표출할 수 있도록 도와주면 자녀들과의 관계 회복과 치매증상 완화에도 긍정적인 영향이 있을 것으로 보인다.

Ⅲ. 행동단계

A. 계획수행

00. 0. 00부터 현재까지(00. 0. 0) 12회 개입했다. Ct와 자녀들에게 서비스 목표 및 개입 내용에 대해 설명하고 관련 서비스를 제공하였다.

1. 개입내용
   ① 교통사고 합의금 : 보험회사와 교통사고 합의 절차에 대해 문의를 하였으며 이를 수시로 Ct에게 안내하였다.
   ② 치매검사 진행 : 1차적으로 MMSE-KC(치매선별검사지)를 이용한 방문검사를 진행하였으며 2차적으로 의료기관의 치매검사를 진행하였다.
   ③ 요양시설 및 치매주간보호센터 입소여부 : 장기요양등급 신청을 한 상태로 판정결과를 기다리고 있으며 Ct의 상황을 고려하여 입소가 가능한 치매주간보호센터를 선정 중에 있다.
   ④ 후원자 섭외 : 가사서비스와 밑반찬지원이 가능한 후원자를 섭외하였다.
   ⑤ 청결상태 점검 : Ct의 청결과 의복착의에 대해 지도를 하였다.
   ⑥ 개별상담 : 시시때때로 발생되는 문제 상황에 대해 Ct와 상담을 하였고 지지적인 자세를 유지하였다.

⑦ Ct 자녀들과의 상담 : 교통사고 합의금 및 치매검사 진행과 Ct의 심리상황에 대해 자녀들에게 수시로 전화통화 하였다.

2. 현재까지의 개입상황

날짜	회차	진행과정
00.00.00	1-1차	• Ct에게 치매검사, 후원자 연계, 교통사고 합의금과 관련해서 복지관 측의 개입이 들어갈 것을 알리고 동의를 구함. • 장녀와 차녀에게 전화통화로 요양보호시설 입소를 위한 장기요양등급 신청과 교통사고 합의금 관련해서 복지관 측이 개입할 것을 알리고 Ct와의 관계개선을 위해 의무적인 안부전화 및 가정방문을 할 것을 요청하고 동의를 얻음. • Ct 아들과는 연락이 되지 않음.
00.00.00	1-2차	• 1차 MMSE-KC(치매선별검사지)를 이용한 방문검사 일정에 대해 Ct에게 안내함.
00.00.00	2차	• Ct의 치매검사를 위해 방문검사가 가능한 치매주간보호센터와 연계하여 MMSE-KC(치매선별검사지)를 이용한 방문검사가 약 30분가량 진행 됨.
00.00.00	3차	• Ct는 ○○경찰서로부터 받은 교통사고 사건처리결과통지서를 갖고 복지관으로 내방함. 합의금을 받지 못한 상황에서 합의처리가 된 것인지에 대해 복지관 측에 확인을 요청함. • ○○보험회사에 확인 결과, 사건처리결과통지서는 치료비 지급에 대한 종결처리를 의미한 것이고 합의금 지급에 대해서는 향후 진행 할 계획이라고 함. • 장녀에게 사건처리결과통지서에 대해 전화 안내함. • 장녀는 사건처리결과통지서를 받고 놀란 Ct를 안정시키기 위해 전화통화를 하였음.
00.00.00	4차	• 치매단기보호센터로부터 1차 방문치매검사에 대한 결과와 의료기관의 치매검사를 할 수 있는 치매조기검진의뢰서를 팩스로 받았음. ○○병원 신경정신과에 전화 연락하여 치매검사를 예약함. 예약시간은 2011.07.01(금) 오전 9시 40분임. • 1차 방문치매검사 결과에 대해 Ct와 자녀에게 안내하고 다음 절차에 대해 설명함. 이 때 장녀는 차라리 치매가 확정적으로 나타나 요양보호시설이든, 치매주간보호센터든 입소가 가능하였으면 좋겠다고 함. Ct에게 서운한 감정은 있지만 자신이 장녀임에도 불구하고 돌볼 수 없는 상황에 불안감이 크다고 함.
00.00.00	5차	• Ct 집주인의 방문으로 1월부터 5월까지 밀린 도시가스미납요금과 5월달 월세 입금을 요청하여 이를 차녀에게 전화연락으로 안내하였으나 "모르겠다. 지금은 너무 바빠서 끊어야겠다."라고 하며 전화를 끊었음. • 장녀에게 전화하여 이를 알렸고 도시가스미납요금은 장녀가 해결하기로 함. 또한 장기요양등급신청에 대해 안내하고 분실한 Ct의 도장과 주민등록증을 재발급 후 신청하기로 함. 도장은 장녀가, 주민등록증은 복지관 측이 재발급하기로 함.

날짜	회차	진행과정
00.00.00	6차	• Ct의 밑반찬배달과 말벗서비스 담당인 독거노인방문도우미 ○○○에게 Ct의 전반적인 상황에 대해 안내하고 간단한 가사서비스를 요청함. ○○○는 간단한 가사서비스 및 개별적으로 밑반찬 지원을 후원하기로 동의함. • Ct의 주민등록증을 재발급 신청하였으며 3주 뒤 주민센터에 방문하여 수령하기로 함.
00.00.00	7차	• Ct의 요양보호시설 입소와 관련해 해당 주민센터 직원과 ○○구 주사에게 전화 연락함. Ct는 현재 장기요양등급 신청을 하면 4등급으로 나올 가능성이 큰 편이라고 함. 장기요양등급 불판정 시 Ct를 보호할 수 있는 시설을 미리 알아보는 것이 필요함. • 지역 내 치매주간보호센터에 전화 연락하여 Ct의 상황에 대해 안내하고 입소 가능성에 대해 문의한 결과, 단기보호시설로 낮시간 동안 이용이 가능하나 송영 시 보호자 인계가 되지 않으면 입소가 불가능하다고 함. 현재 Ct는 홀로 거주하고 있음.
00.00.00	8차	• ○○도시가스주식회사에 전화하여 Ct의 도시가스미납금액이 처리 되었는지 확인하였으나 미입금 상태로 이를 장녀에게 알림. 장녀는 사실 도시가스미납금액이 부담스러웠으며 교통사고 합의금 지급이 될 경우 이를 해결한다고 함.
00.00.00	9차	• Ct의 집으로 현재 아들이 와 있는 상태.(약 4~5일 전부터 와 있는 것으로 추정) 아들은 Ct와의 관계를 부인하였으며 복지관 측과 상담하기를 꺼려하였음. • Ct는 복지관으로 내방하여 통장에 있던 40만원이 인출되었다고 알림. 하지만 무조건적으로 장녀를 의심하지는 않음.
00.00.00	10차	• 새로 만든 도장을 장녀로부터 전달받아 장기요양등급을 신청함. • 장녀와 상담 중, 아들이 가끔 Ct의 수급비를 인출하여 사용하나 Ct는 이를 말해도 인정하려 않으려고 함. 교통사고 합의금이 7월 4일에 들어올 예정이며 Ct의 새로운 통장을 발급 받아 장녀가 관리하기로 했다고 함. 현재 도장과 주민등록증, 신규 통장은 장녀에게 있음. • Ct의 합의금은 총 ○백○십만원으로 합의금으로 밀린 두 달치 월세와 도시가스미납금, 의치와 치과치료비로 사용 될 예정임.
00.00.00	11차	• 의료기관을 이용한 2차 치매검사가 ○○병원 신경정신과에서 2시간 30분가량 진행 됨. 결과 및 추가검사(CT·소변검사)는 7월 8일에 진행 될 예정. • ○○보험회사 측으로 7월 1일 입금 될 합의금이 7월 4일로 변경되었다고 연락을 받음.

날짜	회차	진행과정
00.00.00	12차	• Ct의 치과지정병원을 장녀에게 안내하였으며 7월 11일 Ct와 장녀, 담당자가 함께 치과를 방문하여 의치 및 치과치료와 비용에 대해 논의 할 예정. • 교통사고 합의금에 대해서는 밀린 월세와 도시가스미납금은 장녀가 계좌이체를 통하여 납부하기로 하였으며 의치 및 치과치료에 대해서는 계좌이체를 통하여 병원 측에 선결제하기로 하였음. 남은 합의금은 Ct에게 전달하기로 하였음. • 자녀들은 Ct 재산사용금지에 관한 동의서를 작성하기로 함.

B. 평가(12회 개입까지)

① 장녀 외의 다른 자녀들과의 직접적인 접촉을 하지 못했다. Ct의 상황에 대해 장녀와 만나 상담을 하여 장녀와 Ct간의 관계 개선에 긍정적인 영향을 끼쳤으나 아들과 차녀와는 만나 보지 못하여 아들과 차녀와 Ct 간의 관계 개선에는 긍정적인 영향을 끼치지 못하였다.

② 3명의 자녀가 있음에도 불구하고 Ct에 대해 방관하는 태도를 보였으며 대체적으로 복지관에 의지하려는 부분이 보였다. Ct를 향한 자녀들의 관심을 높이기 위해 지속적인 연락을 취하였으며 Ct의 상황과 자녀들이 할 수 있을 일에 대해서 안내·지도 하였다.

③ 가사서비스와 밑반찬지원이 가능한 후원자를 섭외하여 연계함으로써 Ct의 위생 및 건강상태를 향상 시킬 수 있었다. 더불어 자신에게 관심을 갖는 새로운 자원이 나타남으로 삶의 의욕과 서비스 참여에 있어 적극적인 모습을 보였다.

3. 결언

현재 Ct에게는 동시다발적이고 복합적인 문제들이 발생하였고 아직 그 문제들이 해결되지는 않았다. 하지만 Ct가 속해있는 가까운 자원(가족, 성당교우, 복지관 친구들, 사회복지사)에서부터 먼 자원(병원, 치매주간보호센터, 보험회사 등)까지 Ct에게 긍정적인 강한 신뢰감과 관심을 기울인다면 클라이언트는 문제 상황 속에서 곧 개선이 되리라 생각한다. 또한 Ct의 향상을 위해 사회복지사는 Ct와 상호적인 관계, 우호적인 관계, 신뢰적인 관계를 유지하면서 Ct를 지지할 수 있도록 해야 할 것이다. 자원의 중계자, 연결자, 조정자 역할을 수행하면서 궁극적으로 Ct의 향상을 위해 이들 자원이 연결, 유지되도록 노력해야 할 것이다.

2) Program 실무

사회복지 현장에서 다루어지는 여러 가지 일들 가운데 가장 많이 그리고 자주 수행되는 작업이 바로 프로그램 실무일 것이다.

학교에서는 접하는 기회가 적으며 그 내용 또한 충분치 못한 상태로 현장에 취업해서 가장 우선하여 흔히 접하는 것이 바로 프로그램 실무이다. 프로그램 실무 가운데에는 현장에서 사용되는 기안서와 각종 프로그램 계획서와 제안서(proposal), 그에 수반되는 예산서 등이 있다.

각 내용을 전체 설명하고 다루기에는 내용이 방대하고 세부적으로 제시하는데 한계가 있어 이 책에는 각 내용별 샘플을 소개하는 정도로 하였다. 각 샘플을 참고하며 프로그램 실무를 익히는데 도움이 되길 바란다.

참고자료 프로그램실무 예시(sample)

■ 전자결재 기안양식 예시(sample)

"어르신이 행복한 복지관"

0 0 0 노인복지관

Welfare Center for the Seniors

수신자 0 0 구청

(경유)

제 목 0 0 0 0 0 --------의 건

1. 구 발전을 위해 노력하시는 귀청의 노고에 감사드립니다.
2. 붙임과 같이 0000사업 단위사업계획서를 제출하는 바입니다.

붙임 : 00 사업계획서 1부 . 끝.

0 0 0 노인복지관장

수신처

담 당 김 0 0　　복지팀장 0 0 0　　부 장 0 0 0　　관 장 0 0 0

협조자 0 0 0

시행 노인복지관- (2013. 3. 1.) 접수 ( )

(우) 400-060 서울특별시 00구 00동 926-6 / http://www.siseol.or.kr

전화 (02) 555-4444 / 전송 (032) 555-4321 / 웹메일 welfare@hanmail.net / 공개

■ 공문기안서 예시(sample)

대한사회복지협회

수신자 사회복지법인·시설·단체장(참조 : 사무국장)

제목 '2013년 2/4분기 사회복지분야 종사자 직무능력향상 교육과정 참여 협조

1. 사회복지증진을 위하여 진력하시는 귀법인·시설·단체의 무궁한 발전을 기원합니다.

2. 우리협회 00개발팀102-874('12.12.8)호 '12년도 사회복지시설 종사자 교육훈련 수요조사 결과와 관련됩니다.

3. 위 관련, '00년도 2/4분기 사회복지분야 임직원의 직무능력향상 교육과정을 아래와 같이 운영하고자 하오니 귀 기관 소속 실무자들과 사회복지조직의 역량강화를 위하여 교육과정에 적극 참여할 수 있도록 협조하여 주시기 바랍니다.

<table>
<tr><th colspan="2">교육과정명</th><th>교육일정</th><th>대상 및 인원</th><th>교육비용</th><th>신청기간</th><th>교육
내용</th><th>교육
장소</th><th>비고</th></tr>
<tr><td>제1
과정</td><td>행정실무</td><td>8.23(화)
~25(목)</td><td>법인·시설·단체
1년 이상 실무자(60명)</td><td>120,000원</td><td>7.20(목)
~
7.17(수)</td><td rowspan="4">붙임
교육
과목
참조</td><td rowspan="4">협회
교육
장
(2층)</td><td rowspan="4">※비숙박
※교육
신청
선착순
마감
(교육인원
50명)</td></tr>
<tr><td>제2
과정</td><td>기획력
개발</td><td>9.1(목)
~2(금)</td><td>법인·시설·단체
3년이상 실무자(60명)</td><td>100,000원</td><td rowspan="3">8.20(목)
~
8.22(월)</td></tr>
<tr><td>제3
과정</td><td>법인설립
및
설치운영
절차</td><td>9.15(목)
~16(금)</td><td>사회복지사업에 참여하고자 하는 기업·단체와 개인 등(70명)</td><td>100,000원</td></tr>
<tr><td>제4
과정</td><td>사회복지
조직
핵심역량
강화</td><td>9.27(화)
~29(목)</td><td>법인·시설·단체 사무국장 및 부(팀)장
(60명)</td><td>120,000원</td></tr>
</table>

붙임 : 1. 교육과목 및 일정표 4부.

2. 참가신청서 서식 1부. 끝

대한사회복지협회장

〈직인생략〉

담 당 이담당　　　복지부장 김부장　　　회 장 홍길동

협 조

시행 인력개발 102-227 (2013. 4. 20) 접수 - (　　　　)

(우) 서울시 00구 00동 00번지 복지회관 1층 / www.social.net

전화 (02) 777-6655 / 전송 (02) 777-5555 / damdang@han.net / 공개

"붙임 1"
사회복지「행정실무」교육과목

일정	시간	교육과목	주요 교육내용	비고
8. 23 (월)	09:30~10:00	교육교재 배부 및 일정안내		
	10:00~12:00 (2h)	〈특강〉 사회복지발전전략 및 지방분권 이해	○ 참여정부의 지방분권추진전략 및 미래상 ○ 사회복지행정환경변화 및 현실진단	
	13:10~18:00 (5h)	사회복지프로그램 기획실무	○ 프로그램 기획의 의의, 특성, 유형 ○ 프로그램 기획을 위한 정보수집 방법 ○ 프로그램 기획의 수립절차 ○ 분야별 프로그램 기획서 작성 실습	
8. 24 (화)	10:00~12:00 13:00~14:20 (3.5h)	사회복지법인(시설) 예·결산 구조 및 구매계약실무	○ 예산의 개념과 기능 ○ 예산의 구조와 편성방법 및 성립절차와 과정 ○ 사회복지법인 재무회계규칙 해설 ○ 예산의 집행과 결산 ○ 계약체결 절차와 방법	
	14:30~18:00 (3.5h)	문서관리실무	○ 문서기안, 결재, 등록, 시행, 접수 등 ○ 문서의 관리 및 실명제 등 ○ 타기관 기안, 시행문 사례소개, 평가	
8. 25 (수)	10:00~12:00 13:10~15:00 (4h)	회무(會務)관리	○ 변화를 위한 토론 및 회의진행기법 ○ 사회복지법인 회무실제	
	15:10~17:10 (2h)	대인관계의 중요성	○ 조직생활과 인간관계 ○ 좋은 대인관계를 위한 커뮤니케이션 스킬	

이하 붙임 내용은 생략함(제목만 기입하였음.)
"붙임 2" 기획력개발 교육과목
"붙임 3" 법인(시설)설립 및 설치 운영절차와 방법실무 교육과목
"붙임 4" 사회복지조직 핵심역량강화 교육과목
"붙임 5" '13년 사회복지분야 교육프로그램 참가 신청서

■ 프로그램 기획 제안서 예시(sample) – 참고: 사회복지공동모금회

사업개요

※ 필히 One Page로 작성

<table>
<tr><td>기부자명</td><td colspan="6">○○기업</td></tr>
<tr><td>기 관 명
(신청기관명)</td><td colspan="6">열매종합사회복지관</td></tr>
<tr><td>사 업 명</td><td colspan="6">저소득층 방임아동의 보호·학습지원을 위한 야간보호사업</td></tr>
<tr><td>사업기간</td><td colspan="3">2012. 1. 1 – 2012. 12. 31 (1년)</td><td colspan="2">서비스지역</td><td>서울 마포구</td></tr>
<tr><td>서비스대상</td><td colspan="3">저녁 10시까지 보호자가 가정에 없는 아동</td><td colspan="2">클라이언트수</td><td>20명</td></tr>
<tr><td>서비스 단가</td><td colspan="3">800,000원
(산출식 = 총사업비 ÷ 클라이언트수)</td><td colspan="2">투입인력</td><td>2 명</td></tr>
<tr><td>사업목적</td><td colspan="6">1. 저소득층 야간 방임 아동의 안전증대 및 정상적인 성장 지원
2. 저소득층 야간 방 임 아동 가정의 가 족 관계강화를 통 한 가족유대감 증대</td></tr>
<tr><td>성과목표</td><td colspan="6">① 야간 방임 저소득 아동에 대한 야간 돌봄 서비스 강화
② 야간 방임 저소득 아동에 대한 기초학습능력 향상
③ 야간 방임 저소득 아동 가족에 대한 가족관계 강화</td></tr>
<tr><td rowspan="4">주요 사업
내용 요약
(프로그램명 및
주요 시행내용)

※성과목표별
주요한
프로그램
1개씩 기재</td><td>세부프로
그램명</td><td colspan="5">주요내용</td></tr>
<tr><td>야간아동
보호 및
안전귀가
동행서비스</td><td colspan="5">복지관 방과후교실 운영, 아동보호자 귀가 시간 따라 귀가일정 조정 보호자가 동행귀가를 하지 못하는 경우, 복지관 차량을 통한 귀가 서비스 제공</td></tr>
<tr><td>기초
학습
지도</td><td colspan="5">자체 자원봉사대학생을 활용한 기초학습(국어, 영어, 수학) 지도, 자체 자원봉사대학생을 활용한 숙제지도,
매일 숙제 알림장 점검</td></tr>
<tr><td>가족관계
개선
프로그램</td><td colspan="5">가족관계개선프로그램시행(가족음식 만들기, 가족나들이, 가족 체육대회, 영화보기 등)</td></tr>
<tr><td>예 산</td><td>총사업비</td><td>16,000,000원</td><td>신청금액</td><td>13,100,000원</td><td>자부담</td><td>2,900,000원</td></tr>
<tr><td rowspan="2">신청금액의
세부내역</td><td rowspan="2">인건비</td><td>4,800,000원</td><td rowspan="2">사업비</td><td>7,400,000원</td><td rowspan="2">관리
운영비</td><td>900,000원</td></tr>
<tr><td>36.6%</td><td>56.5%</td><td>6.9%</td></tr>
</table>

〈사업개요서 작성방법〉

※ 사업개요는 사업계획서 작성 후 해당하는 내용을 요약하여 1page 작성하여 주십시오.

1) 기관명 : 신청기관명 기입

2) 서비스 대상 : 클라이언트에 해당하는 서비스 대상자 기입
- 서비스 대상(일반대상/위기대상/표적대상/클라이언트수) 중 클라이언트 수에 해당하는 직접 서비스 대상자를 기입

3) 클라이언트수: 프로그램에 참여하는 실제 인원수, 중복되지 않은 순수 인원 의미
- 무료 급식, 행사 등과 같이 주서비스 대상자가 불규칙하거나 불특정 다수를 대상으로 하는 프로그램은 1일 평균이용자를 클라이언트수로 계산
- 매달 중복되는 서비스 대상자일 경우 '1'인으로 기재

ex) 클라이언트 'A'씨가 매달 주 1회씩 3개월 프로그램 12회 참석시, 클라이언트 수는 12명이 아니라 A씨 '1명'으로 기재

4) 서비스 단가 : 서비스단가는 사업기간동안 클라이언트 한 명당 투입되는 사업비의 수준을 가늠하기 위한 것으로'총사업비 ÷ 클라이언트수'로 산출

5) 투입인력 : 본 사업을 실질적으로 수행하는 실무자의 수 기입
(기관장, 수퍼바이져는 제외)

6) 사업목적 : 본 사업의 목적을 간략하게 기입

7) 성과목표 : 사업의 결과로 나타나는 효과 또는 변화를 기입. 우선순위를 정하여 주요한 성과목표 3가지만 간략하게 기입, 3개 미만일 경우 모두 기입

8) 주요사업내용 요약
- 성과목표별 주요한 프로그램 '1'개씩만 기입, 최대'3'개 기입, 3개 미만일 경우 모두 기입

9) 예산 : 표지부분과 동일하게 기입

10) 신청금액의 세부내역 : 신청금액 중 인건비, 사업비, 관리운영비에 해당하는 금액과 비율을 기입

예산계획

(단위: 원)

관	사업비							
항	공동모금회 "<u>저소득층 아동 야간보호</u>" 사업비[1]							
목[2]	세목[3]	계	산출근거[4]	예산조달 계획[5]				
				신청금액	비율(%)[6]	자부담	비율(%)[6]	자부담 재원[7]
총 계		**16,000,000**		**13,100,000**	**100**	**2,900,000**	**100**	
인건비	담당인력 야근수당	**4,800,000**	담당인력 2명×1시간 5,000원×1일 4시간×월 10일×12개월	4,800,000				
	소 계	4,800,000		13,100,000				
사업비	야간귀가 차량운행	**2,000,000**	주5회×10,000원×40주			2,000,000		자체 예산
	기초 학습지도 프로그램	**2,600,000**	**학습교재비** 국/영/수×연간6권×5,000원×20명	600,000				
			자원봉사자 교통비 대학생 2인×주5회×5,000원×40주	2,000,000				
	가족관계 개선 프로그램	**4,800,000**	**상담 및 특별활동 프로그램** (나들이, 체육대회, 요리, 영화보기) 20가족×가족당 20,000원×12개월	4,800,000				
	소 계	**9,400,000**		7,400,000		2,000,000		
관리운영비	야간 난방비	**900,000**	월150,000원×6개월 (1～3월, 10～12월)			900,000		자체 예산
	전기료	**900,000**	**야간전기 사용료** 월평균 50,000원×12개월 **냉방비(에어컨)** 월평균 100,000원×3개월	900,000				
	소 계	**1,800,000**		900,000		900,000		

〈예산계획서 작성방법〉

※ 사업에 직접 투입되는 비용만 예산계획에 기입
※ 예산 수립시 42p 별첨2의 단가표 활용하여 기입

1) “ ” 부분에 사업명 요약하여 작성
2) 목은 인건비, 사업비, 관리운영비로만 구분. 해당 목이 없을 경우 삭제 후 작성
3) 세목에는 해당 사업에 필요한 프로그램 편성. 각각의 세목에 포함되는 항목은 내용을 참고하여 작성

목	설명	해당항목
인건비	해당 사업을 직접적으로 수행하는 인력에 투입되는 비용	프로그램담당자/보조담당자 인건비
사업비	프로그램의 수행에 필요한 직접비용 (클라이언트에게 제공되는 서비스에 필요한 비용)	강사비, 자원봉사자 관리비, 자문비, 회의비, 행사진행비, 홍보물품 구입, 프로그램 준비물 구입 사업결과보고서/결과물 제작 등
관리운영비	프로그램의 수행에 필요한 간접비용 (사업관리에 필요한 비용)	사무용품, 냉난방비, 우편료, 사업담당자 교통비 등

※ 비품/장비 구입시 예산 편성 방법
- 프로그램 수행을 위해 직접적으로 필요한 비품/장비, 서비스 대상이 클라이언트인 경우 (장애인작업장 생산장비 구입, 컴퓨터 교실 운영을 위한 컴퓨터 구입 등) 사업비에 편성.
- 프로그램 사업에서는 간접적으로 필요한 비품/장비 지원은 지양. 그럼에도 불구하고 간접적으로 사업 운영에 도움이 되는 비품/장비는 관리운영비에 편성 가능
- 단, 비품/장비 구입비의 신청금액의 50%를 초과 할 경우에는 프로그램 사업으로 신청할 수 없고, 신청사업의 기능보강사업으로 신청하여야 함

※ 세목은 너무 구체적으로 작성하거나 포괄적으로 작성하기보다는 프로그램 단위별로 작성하는 것이 추후 예산변경 등의 업무 처리에 있어 효율적임

예시)

<정사례>

프로그램 단위로 세목을 설정한 경우		
세 목	계	산출근거
나들이 프로그램	300,000	버스 1대 대여 (25인승)
	165,000	도시락/다과 5,500원×30개
	60,000	입장료 2,000원×30명
계	525,000	·

<오사례>

개별 활동별로 세목을 설정한 경우		
세 목	계	산출근거
나들이 버스대여	300,000	버스대여비 (25인승)
도시락/다과	165,000	5,500원×30개
입장료	60,000	2,000원×30명
계	525,000	

4) 산출근거는 구체적으로 어떠한 내역으로 예산이 지출되었는지 실제 단가, 수량, 인원수, 건수, 횟수 등을 구체적으로 기록
5) 예산조달계획에는 신청금액 및 자부담 금액을 기입. 프로그램 사업의 경우 자부담이 없어도 신청 가능함
6) 신청금액에 대한 비율은 신청금액 대비 각 항목이 차지하는 비율을, 자부담의 경우, 전체 자부담 대비 해당 자부담의 비율을 산출하여 기입
7) 자부담 재원은 자체예산/외부지원(지원처)/수익금(참가비 등) 등으로 구분하여 기입

3) 재무·회계 실무

재무·회계에 대한 내용은 대부분의 사회복지취업을 준비하는 이들에게는 생소하고 어려운 영역으로 다가온다. 하지만 사회복지 현장에서 반드시 알아야하고 익혀야 할 내용이 재무·회계 부분이다. 이 또한 학교에서는 접하기 힘들고 경험이 부족한 상태로 현장에 취업해서 업무로 수행하기에 어려움으로 다가오는 것 중에 하나이다. 대부분의 사회복지사들이 현장에 취업하여 다년간의 시간 속에 경험을 쌓으면서 익히고 알아 가는 것이 바로 재무·회계를 배워가는 대다수 방법일 것이다.

취업 전에 재무·회계에 대하여 미리 학습하고 기본적인 내용에 대하여 알아 두면 사회복지 재무·회계에 대한 두려움도 없어지고 자신감도 생기게 될 것이다. 따라서 여기에 재무·회계에 대하여 기초적이지만 필수적인 내용 위주로 간략하고 개괄적으로 작성하여 소개하고자 한다. 보다 세부적인 내용은 별도의 노력으로 찾기 바라며 조금이라도 사회복지 재무·회계 실무를 익히는데 도움이 되길 바래본다.

우선 재무·회계 실무에 있어서 가장 기본적인 것은 "사회복지법인 재무·회계규칙"을 이해해야 한다. 모든 사회복지현장에서 재무·회계를 수행할 때 근간이 되는 기본규칙이 바로 "사회복지법인 재무·회계규칙"이기 때문이다. 따라서 "사회복지법인 재무·회계규칙"을 중심으로 한 "사회복지법인 재무·회계규칙 총칙", "예산", "결산", "회계", "수입", "지출", "후원금의 관리", "감사", "보칙"으로 구분하여 요약 정리해 실어본다.

〈 사회복지법인 재무회계 규칙 〉

Ⅰ. 총 칙

1 목적(재무회계규칙 제1조)

○ 사회복지법인 재무·회계규칙은 사회복지법인의 재무·회계 및 후원금 관리의 명확성·공명성 투명성을 기함으로써 법인 운영의 합리적인 운영에 기여

2 적용범위

○ 사회복지법인 및 사회복지시설

3 기본원칙(재무회계규칙 제2조)

○ 설립목적에 따라 건전하게 운영되어야 함

4 회계연도(재무회계규칙 제4조, 제5조)

○ 정부의 회계연도에 의함

- 관련근거 : 사회복지법인 재무·회계 규칙 제3조

1) 회계연도는 매년 1월1일부터 12월 31일까지의 기간으로 하며 출납기한은 다음연도 2월말까지 완료하여야 함(지방재정법 제116조, 재무회계규칙 제5조)

2) 회계연도 독립의 원칙을 준수하여야 함(지방재정법 제7조)

예산은 당해연도 개시전에는 물론 회계연도를 경과한 후에도 집행할 수 없으며 회계연도의 경비는 당해연도 세입으로 지출하여야 함. 단, 계속비, 세출예산이월(명시이월, 사고이월), 세계잉여금의 세입이입, 과년도 수입·지출, 기타 채무부담 행위는 예외로 한다.

5 회계의 구분(재무회계규칙 제6조)

○ 회계는 다음과 같이 구분하여 관리할 것

- 법인회계 : 법인의 업무 전반에 관한 회계
- 시설회계 : 법인이 설치·운영하는 사회복지시설에 관한 회계
- 수익사업회계 : 법인이 수행하는 수익사업에 관한 회계

6 정보통신매체에 의한 재무회계처리(재무회계규칙 제6조의2)

○ 법인의 재무·회계는 컴퓨터 회계프로그램으로 처리할 수 있음. 따라서 컴퓨터 회계프로갬에 의하여 전자장부를 사용하는 경우에는 그 출력물을 보관하는 것으로 각종 장부 등의 비치를 갈음할 수 있음.

ex) 총계정원장, 총계정원장 보조부, 현금출납부 등

Ⅱ. 예산

1 예산의 정의

○ 국가 또는 지방자치단체의 1회계연도의 세입·세출에 관한 예정계획서.

2 예산의 원칙

1) 공개의 원칙(지방자치법 제124조, 재무회계규칙 제10조)

- 공개의 원칙은 지역주민의 알권리의 보호와 집행부 독주의 방지, 정보의 공급, 주민의 조세저항의 최소화와 지역주민의 지지확보를 그 목적으로 함.

2) 회계연도 독립의 원칙

3) 건전재정 운영의 원칙

- 재정은 수지균의 원칙에 따라 건전하게 운영하여야 하며(지방자치법 제113조) 적자재정은 인정하지 않고 있음(예외적으로 차입금, 지방채 등이 있음)

4) 예산의 목적외 사용 금지의 원칙

- 세출예산에서 정한 목적 이외에 경비를 사용할 수 없고 세출예산이 정한 각 기관간이나 분야.부문.정책사업 간에 융통하여 사용할 수 없음
- 이에 대한 예외로는 예산의 이용·전용·이체 등이 있음

5) 예산 총계주의 원칙(지방재정법 제34조, 재무회계규칙 제8조)

- 수입과 지출은 모두 예산에 계상하여 사용하여야 함
- 모든 수입은 지정된 수납기관에 납부하여야 하며 지출하고자 할 때에는 반드시 예산에 계상하여 집행하여야 함

6) 예산 사전의결의 원칙
- 예산은 예정적 계획이기 때문에 회계연도가 개시되기 전에 이사회 의결을 거쳐야 함 (재무회계규칙 제10조)

7) 예산 한정성의 원칙
- 예산은 년도간, 분야·부문·정책사업간에 각기 명백한 한계가 있어야 한다는 원칙으로 예산의 목적외 사용금지, 분야·부문·정책사업 간의 상호 융통·이용의 금지, 예산의 초과지출 및 예산외 지출의 금지, 회계연도 독립 등을 포함
- 예산의 한정성의 원칙이 보장되지 않으면 예산의 실질적인 의미가 상실되며, 집행부의 재량권이 지나치게 확대되어 예산심의권(이사회)이 침해 받게됨.

8) 예산 사전절차 이행의 원칙
- 예산은 법령, 조례와 밀접한 관련을 갖고 있으므로 예산과 관련된 법령과 조례는 반드시 사전에 제정된 후에 예산을 의결하여야 하며 상급기관(단체)의 승인을 받아야 하는 사항은 승인절차를 이행하고 예산을 편성, 의회에 제출하여야 함.
- 각종 위원회나 관련부서의 협의를 거쳐야 하는 사안에 대해서도 반드시 사전절차를 이행한 후에 예산을 편성하여야 함.
- 예산 사전절차 이행의 원칙이 지켜지지 않았을 경우에는 그 예산은 편성하였으나 집행하지 못하고 예산을 사장시키는 결과가 되어 재원 배분의 왜곡을 초래함.

2 예산의 편성요령(재무회계규칙 제9조)

○ 법인의 대표 이사는 재무회계규칙 제2조의 취지에 따라 매회계년도 개시 1개월 전(11월 말까지)까지 그 법인과 시설의 예산편성 요령을 정하여야 한다.

○ 법인 또는 시설의 소재를 관할하는 군수·구청장은 특히 필요하다고 인정되는 사항에 대하여 예산편성요령을 정하여 매 회계연도 개시 2월 전까지(10월말까지) 법인에게 통보 할 수 있음.

3 예산의 편성 및 결정 절차(재무회계규칙 제10조)

1) 법인의 대표이사는 법인회계, 시설회계, 수익사업회계 별로 예산을 편성하여 이사회의 의결을 거쳐 확정하고, 이를 매회계년도 개시 5일전까지(12.26까지) 군수·구청장에게 제출하여야 함.

2) 예산을 편성할 경우에는 아래의 표에 의한 세입·세출과목 구분에 따라 편성하여야 함.
- 재무회계규칙 별표 1,2,3,4호 서식 참조

3) 군수·구청장은 예산을 제출받았을 때에는 20일 이내에 법인과 시설의 회계별 세입·세출 예산의 개요를 군·구 게시판에 20일 이상 공고하고 법인의 대표 이사로 하여금 당해 법인과 시설의 게시판에 20일 이상 공고하도록 하여야 함.
- 공고의 경우 일간신문, 정기간행물에 게재로 갈음 할 수 있음.

◈ 과목해석

1) 자본적보조 : 국가 또는 시·군·구에서 민간의 자본형성 또는 경제발전을 위해 민간에 직접교부하는 경비(기능보강비, 신축비, 장비구입비 등)
  - 군·구에서는 교부조건에 구체적인 사용용도(영리행위 허용범위 등) 및 필요한 경우 환수에 대한 내용 명시
2) 경상적보조 : 민간이 행하는 사무 또는 사업에 대하여 자치단체가 이를 권장하기 위해 교부하는 경비로 자본적경비를 제외한 모든 경비
  - 민간경상보조를 받은자는 보조금교부조건에 특별한 규정이 없는한 제3자에게 재위탁 불가
  - 지방재정법 제17조의 보조제한 사유에 해당되지 않는 경우에 한하여 지원

> 1. 법률에 규정이 있는 경우
> 2. 국고보조재원에 의한 것으로서 국가가 지정 한 경우
> 3. 용도를 지정한 기부금에 의한 경우
> 4. 보조금을 지출하지 아니하면 사업 의 수행이 불가능한 경우로서 지방자치단체가 권장하는 사업을 위하여 필요하다고 인정되는 경우

※ 참고자료

○ 직책보조비는 시비 및 군·구 보조금으로 편성하여 사용할 수 없고 법인 전입금 등 자체 예산으로 편성하여 사용하여야 함.(질의회시 : 사회정책기획팀 - 05.11.07)

○ 법인전입금 중 비지정 후원금은(2008년 사회복지시설관리안내 : 보건복지부) 간접비 사용이 불가능 함으로 업무추진비로 사용이 불가함

[별표 3] 〈개정 2005.7.15〉

시설회계 세입예산과목구분(제10조제2항관련)

과목						내역
관		항		목		
01	입소자 부담금수입	11	입소비용 수입 ·	111 ·	입소비용 수입 ·	입소자로부터 받는 보호에 소요되는 비용수입을 종류별로 목을 설정함
02	사업수입	21	사업수입	211 · ·	ㅇㅇ사업 수입 · ·	시설운영으로 인하여 발생되는 자활사업수입을 종류별로 세목을 설정함 예: 입소자가 제작한 물품판매수입 등
03	과년도수입	31	과년도수입	311	과년도수입	전년도에 세입조정된 수입으로서 금년도에 수입으로 확정된 것
04	보조금수입	41	경상보조금 수입	411	인건비	국가 및 지방자치단체로부터 받은 인건비
				412	운영비	국가 및 지방자치단체로부터 받은 운영비
				413	생계비	국가 및 지방자치단체로부터 받은 생계비

				414	자활사업비	국가 및 지방자치단체로부터 받은 자활사업비
		42	자본보조금수입	421	자본보조금	국고 및 지방자치단체의 자본보조금
		43	기타보조수입	431	지방자치보조금	전액 지방자치단체로부터 받은 지방자치보조금
				432	기타보조금수입	그 밖에 사회복지사업기금 등에서 받은 보조금
		44	후원금수입	441	후원금수입	국내·외 민간단체로부터 받은 기부금·보조금 등 후원금 그 밖에 개인·단체 등으로부터 받은 각종기부금·결연후원금 위문금·찬조금 등의 후원금과 자선바자회 등으로부터 얻어지는 수입
05	차입금	51	차입금	511	금융기관차입금	금융기관으로부터의 차입금
				512	기타차입금	개인·단체 등으로부터의 차입금
06	전입금	61	전입금	611	법인전입금	법인으로부터의 전입금(국가·지방자치단체의 보조금을 제외함)
07	이월금	71	이월금	711	전년도 이월금	전년도 불용액으로 이월된 금액
				712	이월사업비	전년도에 종료되지 못한 이월사업비
08	잡수입	81	잡수입	811	불용품매각대	비품·집기·기계·기구 등과 그 밖에 불용품의 매각대
				812	기타예금이자수입	기본재산예금외의 예금이자수입
				813	기타잡수입	그 밖의 재산매각수입, 변상금 및 위약금 수입등과 다른 과목에 속하지 아니하는 수입

[별표 4] 〈개정 2005.7.15〉

시설회계 세출예산과목구분(제10조제2항관련)

과목						내역
관		항		목		
01	사무비	11	인건비	111	급여	시설직원에 대한 기본 봉급
				112	상여금	시설직원에 대한 기말·정근수당
				113	일용잡급	일급 또는 단기간 채용하는 임시직에 대한 급여
				114	제수당	시설직원에 대한 제수당(직종·직급별로 일정액을 지급하는 수당, 시간외근무수당, 야간근무수당, 휴일근무수당 등) 및 기타수당
				115	퇴직금 및 퇴직적립금	시설직원퇴직급여제도에 따른 퇴직급여 및 퇴직적립금(충당금)

				116	사회보험 부담비용	시설직원의 사회보험(국민연금, 국민건강보험, 고용보험, 산업재해보상보험 등) 부담
				117	기타후생경비	시설직원의 상용피복비·건강진단비·급량비·그 밖에 복리후생에 소요되는 비용
		12	업무추진비	121	기관운영비	기관운영 및 유관기관과의 업무협의 등에 소요되는 제경비
				122	직책보조비	시설직원의 직책수행을 위하여 정기적으로 지급하는 경비
				123	회의비	후원회 등 각종 회의의 다과비등에 소요되는 제경비
		13	운영비	131	여비	시설직원의 국내·외 출장여비
			시설비	132	수용비 및 수수료	사무용품비·인쇄비·집기구입비(물건의 성질상 장기간사용 또는 고정자산으로 취급되는 집기류는 212목에 계상)·도서구입비·공고료·수수료·등기료·운송비·통행료 및 주차료·소규모수선비·포장비 등
				133	공공요금	우편료·전신전화료·전기료·상하수도료·가스료 및 오물수거료
				134	제세공과금	법령에 의하여 지급하는 제세(자동차세 등), 협회가입비, 화재·자동차보험료, 기타 보험료
				135	차량비	차량유류대·차량정비유지비·차량소모품
				136	기타운영비	그 밖에 운영경비로 위에 분류되지 아니한 경비
				211	시설비	시설 신·증축비 및 부대경비, 그 밖에 시설비
02	재산조성비	21		212	자산취득비	시설운영에 필요한 비품구입비, 토지·건물·그 밖에 자산의 취득비
				213	시설장비유지비	건물 및 건축설비(구축물·기계장치), 공구·기구, 비품수선비(소규모수선비는 132목에 계상) 그 밖의 시설물의 유지관리비
03	사업비	31	운영비	311	생계비	주식비, 부식비, 특별부식비, 장유비, 월동용 김장비
				312	수용기관경비	입소자를 위한 수용비(치약·칫솔·수건구입비 등)
				313	피복비	입소자의 피복비
				314	의료비	입소자의 보건위생 및 시약대
				315	장의비	입소자중 사망자의 장의비
				316	직업재활비	입소자의 직업훈련재료비
				317	자활사업비	입소자의 자활을 위한 기자재 구입비

				318	특별급식비	입소자의 간식, 우유등 생계외의 급식제공을 위한 비용
				319	연료비	보일러 및 난방시설연료비, 취사에 필요한 연료비
		32	교육비	321	수업료	입소자중 학생에 대한 수업료
				322	학용품비	입소자중 학생에 대한 학용품비
				323	도서구입비	입소자중 학생에 대한 도서구입비, 부교재비
				324	교통비	입소자중 학생에 대한 대중교통비
				325	급식비	입소자중 학생에 대한 학교급식비
				326	학습지원비	입소자중 학생에 대한 사교육비(피아노교습, 사설학원 수강 등)
				327	수학여행비	입소자중 학생에 대한 수학여행비
				328	교복비	입소자중 학생에 대한 교복비
				329	이미용비	입소자중 학생에 대한 이, 미용비
		33	○○ 사업비	330	기타교육비	입소자중 학생에 대한 그 밖의 교육경비(학습재료 등)
				331	의료재활 사업비	입소자(재활·물리·작업·언어·청능)치료비, 수술비용, 의수족 등 보장구제작수리비 또는 입소자를 위한 의료재활 프로그램비용
				332	사회심리 재활사업비	입소자를 위한 사회심리재활 프로그램운영비
				333	교육재활 사업비	입소자를 위한 교육프로그램운영비
				334	직업재활 사업비	입소자를 위한 직업재활프로그램 운영비
				335 · · ·	○○사업비 · · ·	의료재활, 직업재활, 교육재활 등 전문프로그램이 아닌 입소자를 위한 프로그램운영비(하계캠프, 방과 후 공부방 운영 등)
04	전출금	41	전출금	411	법인회계전출금	법인회계로의 전출금
05	과년도 지출	51	과년도 지출	511	과년도지출	과년도미불금 및 과년도사업비의 지출
06		61	부채 상환금	611	원금상환금	차입금원금상환금
				612	이자지불금	차입금이자지급금
07	잡지출	71	잡지출	711	잡지출	시설이 지출하는 보상금·사례금·소송경비 등
08		81	예비비	811	예비비	예비비

※ 참고자료

(계정 과목 상대계정 사용범위)

번호	지출 항목	보조금	사업수입	후원금	법인전입금	이월금	잡수입
1	급여	●	×	○	○	×	×
2	상여금	●	×	○	○	×	×
3	일용잡급	●	●	●	○	●	●
4	제수당	●	×	○	○	×	×
5	퇴직금 및 퇴직적립금	●	×	×	○	×	×
6	사회보험부담비용	●	×	×	○	×	×
7	기타후생경비	●	○	×	●	●	●
8	기관운영비	●	●	●	●	●	●
9	직책보조비	×	×	×	●	×	×
10	회의비	●	●	●	●	●	●
11	여비	●	●	●	●	●	●
12	수용비 및 수수료	●	●	●	●	●	●
13	공공요금	●	●	●	●	●	●
14	제세공과금	●	●	●	●	●	●
15	차량비	●	●	●	●	●	●
16	기타	●	●	●	●	●	●
17	시설비	●	●	●	●	●	●
18	자산취득비	●	×	●	●	●	●
19	시설장비유지비	●	●	●	●	●	●
20	사업비	●	●	●	●	●	●
21	예비비	●	×	●	●	●	●

▸ 후원금의 인건비(급여 상여금 제수당) 사용은 부득이한 사유 발생으로 인건비 충당이 어려울 경우에 한하여 사용

※ 세출 예산편성 예시

000 종합사회복지관 운영

과목						예산액	전년도 예산액	비교 증감	
관		항		목					
	계					31,200	31,000	200	
01	사무비	11	인건비	111	급여	10,800	10,000	800	■ 급여 10,800 보) 8,800 자) 2,000 - 국장 500,000원 × 1명 ×12월 = 6,000 - 직원 400,000원 × 1명 ×12월 = 4,800
		12	업무 추진비	121	기관 운영비	4,800	5,000	△200	■ 기관운영비 4,800 - 관장 200,000원×1명× 12월 = 2,400 - 국장 200,000원×1명× 12월 = 2,400
		13	운영비	132	수용비 및 수수료	15,600	16,000	△400	■ 수용비 및 수수료 15,600 보) 15,600 - 복사용지 구입 = 5,000 - 책자발간 10,000원 × 500매 = 10,000 - 사무용품 10명×5,000원 × 12월 = 600

4 예산에 첨부하여 할 서류(재무회계규칙 제11조)

○ 1)예산총칙, 2)세입세출명세서, 3)추정대차대조표, 4)추정수지계산표, 5)임직원 보수 일람표 6)당해 예산을 의결한 이사회 회의록 사본

- 단식 부기를 사용하는 경우에는 1)예산총칙, 2)세입·세출명세서, 3)임직원 보수일람표, 4)당해 예산을 의결한 이사회 회의록 사본만 첨부

5 준예산(재무회계규칙 제12조)

○ 회계연도 개시전까지 법인의 예산이 성립되지 아니한 때에는 대표이사가 군수·구청장에게 그 사유를 보고하고 예산이 성립될 때까지 다음의 경비를 전년도 예산에 준하여 집행 할 수 있다.

- 임직원의 보수, 법인 및 시설운영에 직접 사용되는 필수적인 경비, 법령상 지급의무가 있는 경비

6 추가경정예산(재무회계규칙 제13조)

○ 법인의 대표이사는 예산성립후에 생긴 사유로 인하여 이미 성립된 예산에 변경을 가할 필요가 있을때에는 재무회계규칙 제10조 제11조 규정에 의한 절차에 준하여 추가경정예산을 편성.확정할 수 있다.

- 절차 : ① 이사회의결 추경 예산확정 ② 7일 이내 군수·구청장에게 보고 ③ 군수·구청장 검토 승인 ④ 군·구 게시판, 당해법인 및 시설 게시판에 20일 이상 공고

7 예비비(재무회계규칙 제14조)

○ 법인의 대표이사는 예측할 수 없는 예산의 지출 또는 예산의 초괄지출에 충당하기 위해 예비비를 세출예산에 계상할 수 있음.

- 예측할 수 없는 예산이라함은 "천재지변"으로 인한 예산 지출이 필요한 경우임 : (폭설로 인한 제설에 소요되는 경비 등)
- 지출제한
  1) 연도중의 계획이나 여건변동에 의한 대규모 투자지출의 보전
  2) 예산편성이나 이사회의 심의 과정에서 삭감된 경비
  3) 다음 연도로 이월을 전제로 한 경비에 소요되는 것이나 이용·전용 등으로 재원의 소요를 우선적으로 충당 할 수 있는 경우에는 예비비를 지출할 수 없음

8 예산의 목적외 사용금지(재무회계규칙 제15조)

○ 법인회계 및 시설회계의 예산은 세출예산이 정한 목적외에 이를 사용하지 못함.

9 예산의 전용(재무회계규칙 제16조)

○ 법인의 대표이사는 관·항·목간의 예산을 전용할 수 있음. 다만 관간의 전용은 이사회의 의결을 거쳐 관할 군수·구청장의 승인을 얻어야 하고 동일 관내의 전용은 이사회의 의결을 저쳐야 하며, 예산총칙에서 전용을 제한하고 있거나 예산성립과정에서 이사회에서 삭감한 관.항.목으로는 전용하지 못한다.

○ 대표이사는 예산을 전용한 때에는 관할 군수·구청장에게 즉시 보고하여야 함.

- 이사회의결 → 군수·구청장에게 보고 → 사용

※ 예산전용 금지 항목(지방재정법 시행령 제55조)

- 다른 편성목으로 전용할 수 없는 경우

- 총액인건비, 시설비 및 부대비, 차입금원금 상환, 차입금 이자 상환, 예수금원리금 상환

• 다른 편성목에서 전용받을 수 없는 경우
  - 업무추진비

⑩ 세출 예산의 이월(재무회계규칙 제17조)

○ 세출예산중 경비의 성질상 당해회계년도안에 지출을 마치지 못할 것으로 예측되는 경비와 연도내에 지출원인행위를 하고 불가피한 사유로 인하여 연도내에 지출하지 못한 경비는 이사회의 의결을 거쳐 다음 연도에 이월하여 사용할 수 있음.
  - 방법 : 법인이사회의 의결을 거쳐 다음 년도에 이월 사용 가능

1) 이월의 의의

○ 회계연도 독립의 원칙에 대한 예외로서 당해 연도에 사용하지 않는 세출예산을 다음 연도에 넘겨서 사용할 수 있도록 한 제도
  - 이월에는 명시이월, 사고이월, 계속비이월이 있음.

2) 이월의 종류

가. 명시이월(지방재정법 제50조 제1항)

○ 세출예산중 경비의 성질상 당해연도내에 그 지출을 끝내지 못할 것이 예측될 때에 그 취지를 세입.세출 예산에 명시하고 사전에 "이사회"의 승인을 얻어 다음연도에 이월하여 사용하는 것을 말함.

○ "경비의 성질"이란 주로 그 경비의 사용대상인 사무나 사업이 상당한 기간이 소요됨으로써 연도내에 지출을 필하지 못하다든지 또는 특수한 사정으로 사업 집행시기가 늦어져 연도내에 완결치 못하는 경우
  - 예산 성립후에 생긴 사유도 명시이월의 사유가 됨으로 본 예산에 명시하지 않았더라도 추가경정예산에 명시하면 가능함.

○ 명시이월의 요건은 특정한 사업 또는 사무가 어떤 사유로 그 회계연도내에 완료하지 않고, 이에 대한 경비도 연도내에 지출을 끝내지 못할 것이 예상되어야 함.
  - 지출을 끝내지 못한다는 것은 단지 지출이나 지급만을 완결하지 않은것만이 아니고 상대방의 반대급부의 미완료 등으로 그 지출시기가 미도래한 것을 포함
  - 명시이월비는 그 사항을 예산에 명시하여 사전 지방의회승인을 받아야 함.

ex) S구청의 경우 00년도 예산에 쓰레기 분리수거를 원활하게 하기 위하여 쓰레기 적환장을 설치하고자 예산을 확보하였으나 공해발생 우려 및 기피시설이라는 이유로 인근지역 주민들이 반대함으로..

00년 10월까지도 부지매입을 못하였을 뿐 아니라 해결의 가능성이 없고 확보한 예산 880백만 원을 당해 연도에 집행하지 못할 것이 예측되어 동 예산의 전체를 01년도로 명시 이월하여 예산을 집행하고자 미리 의회의 승인을 얻어 시행한 것으로 01년도에 다시 사고 이월하여 02년도에 사업을 종료하였음.

나. 사고이월(지방재정법 제50조 제2항)

○ 세출예산중 다음 각 호의 어느 하나에 해당하는 경비의 금액은 사고이월비로서 다음 회계연도에 이월하여 사용할 수 있음.

- 회계연도 내에 지출원인행위를 하고 불가피한 사유로 인하여 회계연도 내에 지출하지 못한 경비와 지출하지 아니한 부대경비
- 지출원인행위를 위하여 입찰공고를 한 경비중 입찰공고 후 지출 원인행위까지 장기간이 소요되는 경우로서 대통령령이 정하는 경비
- 공익·공공 사업의 시행에 필요한 손실보상비로서 대통령령이 정하는 경비
- 경상적 성격의 경비로서 대통령령이 정하는 경비

다. 계속비 이월(지방자치법 제119조 및 지방재정법 제42조, 제50조 제3항)

○ 수년도에 걸쳐 시행하는 사업의 경비에 대하여 일괄하여 의결을 얻은 예산임.

- 계속비는 사업의 완성으로 불용액이 확정되는 것이므로 각 년도의 연간 부담액을 지출하지 못하였을 경우 이월할 수 있게 한 것은 당연한 것임.
- 즉 연간부담액 중 당해 연도에 지출하지 못한 금액은 사업완성 연도까지 계속하여 차례로 이월하여 사용할 수 있음.

※ 계속비로 상용할 수 있는 연한은 당해 연도로 부터 5년 이내로 함.
다만, 필요하다고 인정될 때에는 법인 이사회의 의결을 거쳐 다시 그 연한을 연장할 수 있음.

11 특정목적사업 예산(재무회계 규칙 18조)

○ 완성에 수년을 요하는 공사나 제조 그 밖의 특수한 사업을 위하여 2회계 년도 이상에 걸쳐서 그 재원을 조달할 필요가 있을 때에는 회계연도마다 일정액을 예산에 계상하여 특정목적사업을 위한 적립금으로 적립할 수 있다.

Ⅲ. 결산

1 결산서의 작성 제출(재무회계 규칙 19조)

○ 법인의 대표이사는 법인회계와 시설회계의 세입.세출 결산 보고서를 작성하여 이사회의 의결을 거친후 다음연도 3월 31일까지 군수·구청장에게 제출하여야 함.

- 군·구청장은 결산보고서를 제출받은 때에는 20일 이내에 다음 사항을 군·구의 게시판에 20일 이상 공고하고 법인의 대표 이사로 하여금 당해법인과 시설의 게시판에 20일 이상 공고하도록 해야 한다.
- 게시내용 : 1)법인과 시설의 세입. 세출 결산 개요 2)후원금품의 수입 및 사용내역개요

※ 공고는 일간신문 또는 정기 간행물에 게재로 갈음할 수 있음.

[2] 결산보고서에 첨부하여야 할 서류(재무회계 규칙 20조)

○ 결산보고서는 다음 서류가 첨부되어야 함

- 1)세입세출결산서(별지5호서식), 2)과목전용조서(별지6호서식), 3)예비비사용조서(별지7호서식) 4) 대차대조표(별지2호서식) 5)수지계산서(별지3호서식) 6)현금 및 예금명세서(별지8호서식) 7)유가증권명세서(별지9호서식) 8)미수금 명세서(별지10호서식) 9)재고자산명세서(별지11호서식), 10)기타 유동자산 명세서(6호 및 9호의 유동자산외 유동자산을 말함, 별지12호 서식) 11)고정자산(토지.건물.차량운반구.비품.전화가입권) 명세서(별지13호서식) 12)부채명세서(차입금, 미지급금을 포함함. 별지14호서식) 13) 제충당금명세서(별제15호서식) 14)기본재산수입명세서(별지16호 서식) 15)사업수입명세서(별지17호서식) 16)정부보조금명세서(별지18호서식) 17)후원금수입명세 및 사용결과보고서(별지19호서식) 18)인건비 명세서(별지20호서식) 19)사업비 명세서(별지21호서식) 20)기타비용명세서(인건비 및 사업비를 제외한 비용을 말함, 별지22호서식) 21) 감사보고서(별지23호 서식) 22)법인세 신고서(수익사업이 있는 경우에 한함)

※ 제충당금이란 미래에 일어날 지출을 예상하여 퇴직금 등 미리 적립해 놓은 금액

○ 다만 단식부기로 회계를 처리하는 경우에는 1)세입세출결산서 2)과목전용조서 3)예비비사용조서 14)기본재산수입명세서 15) 사업수입명세서 16) 정부보조금명세서 17)후원금명세 및 사용결과 보고서 18)인건비 명세서 19)사업비 명세서 20)기타비용 명세서(인건비 및 사업비를 제외한 비용을 말함) 21)감사보고서 22)법인세신고서(수익사업이 있는 경우에 한함)

Ⅳ. 회계

[1] 수입및지출사무의 관리(재무회계 규칙 21조)

○ 법인의 대표이사와 시설의 장은 법인과 시설의 수입 및 지출에 관한 사무를 관리함.

- 법인의 대표이사와 시설의 장은 수입 및 지출원인행위에 관한 사무를 소속지원에게 위임할 수 있음.

[2] 수입과지출의 집행기관(재무회계 규칙 22조)

○ 법인과 시설에는 수입과 지출의 현금출납 업무를 담당하게 하기 위하여 각각 수입원과 지출원을 둘 수 있음.

- 다만, 법인 또는 시설의 규모가 소규모인 경우에는 수입원과 지출원을 동일인으로 할 수 있다. 수입원과 지출원을 겸직 할 수 없음.

※ 회계업무 조직도(참고자료)

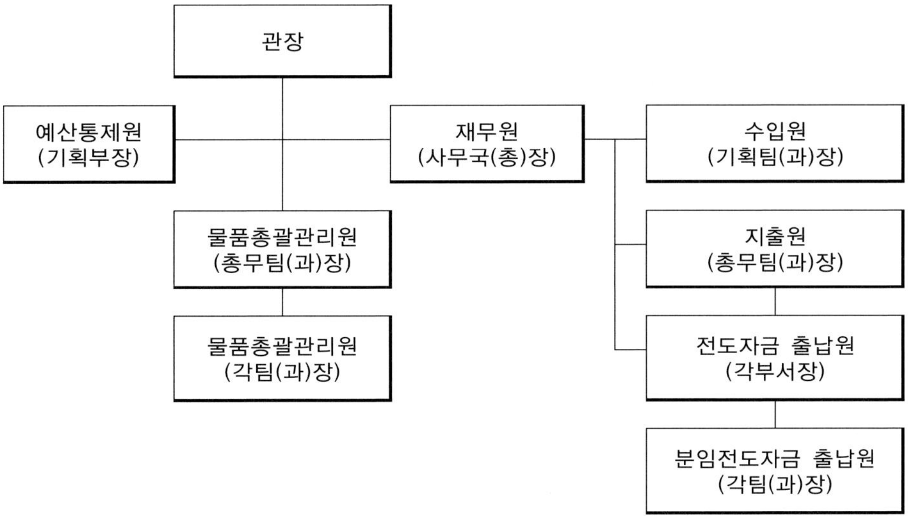

③ 회계의 방법(재무회계 규칙 23조)

○ 회계의 방법은 단식부기에 의함

- 법인회계와 수익사업회계에 있어서 복식부기의 필요가 있는 경우에는 복식부기에 의함.

④ 장부의 종류(재무회계 규칙 24조)

○ 법인 및 시설에는 다음의 회계장부를 비치하여야 함.

- 1)현금출납부(별지 24호서식) 2)총계정원장(별지 25호서식) 3)총계정원장 보조부(별지 26호서식) 4)재산대장(27호서식) 5)비품관리대장(별지 28호서식) 6)소모품대장(별지 29서식)

V. 수입

① 수입금의 수납(재무회계 규칙 25조)

○ 모든 수입금의 수납은 이를 금융기관에 취급시키는 경우를 제외하고는 수입원이 아니면 수납하지 못함.

○ 수입원이 수납한 수입금은 그 다음날까지 금융기관에 예입하여야 함.

- 수입금에 대한 금융기관의 거래통장은 제6조의 규정에 의한 회계별(법인회계, 시설회계)로 구분될 수 있도록 보관.관리하여야 한다.

※ 주의사항

- 위탁사업이 있는 시설의 경우 별도 통장을 사용하여야 하며 국고보조금, 사업수입, 후원금, 법인전입금 통장은 별도로 사용(혼용금지)

○ 수입의 절차
- 수입결의서 작성 : 결의서의 작성은 수입원이 수입명령을 발행하기 위해 의사를 결정하는 서류임.
- 결의서의 종류 : 1) 수입결의서 2) 반납 결의서
- 결의서 양식 : 정보통신매체에 의한 재무·회계의 처리의 경우 인천시에 검토되어야 하며 인천시에서 인정하지 않은 프로그램을 사용하는 경우 인천광역시에서 제시한 양식을 따른다.

2 과년도 수입과 반납금 여입(재무회계 규칙 26조)

○ 출납이 완결한 년도(00년)에 속하는 수입 기타 예산외의 수입은 모두 현년도(01년)의 세입에 편입하여야 함.

○ 지출된 세출의 반납금은 각각 지출한 세출의 당해과목에 여입할 수 있음.

3 과오납의 반환(재무회계 규칙 27조)

○ 과오납된 수입금은 수입한 세입에서 직접 반환한다.

Ⅵ. 지출

1 지출의 원칙(재무회계 규칙 28조)

○ 지출은 지출 사무를 관리하는 자 및 그 위임을 받아 지출명령이 있는 것에 한하여 지출원이 행함.

○ 위의 지출 명령은 예산의 범위 안에서 하여야 함.

〈 지출체계 〉

수요부서	→ (요구)	지출명령자	→ (지출명령)	지출원	(지출)→ ←(청구)	채주

※ 지출결의서 작성 시 지출원인행위(내부결재)가 선행되어야 하며, 지출원인행위는 내부결재로 수행한다.

※ 지출금액은 객관성, 타당성, 정확성, 효율성, 효과성이 확보되어야 한다.

2 지출의 방법(재무회계 규칙 29조)

○ 지출은 상용의 경비 또는 소액의 경비 지출을 제외하고는 금융기관의 수표로 행하거나 예금통장에 의하여 지출하여야 함.

○ 지출원은 상용의 경비 또는 소액의 경비 지출을 위하여 100만원 이하의 현금을 보관할 수 있음.

※ 『소액 경비 지출을 위한 100만원의 보관』은 도서지역과 같이 은행과 지출기관이 떨어져 있어 은행을 이용할 수 없는 경우에 대비한 것으로 현재 우리시는 해당사항이 없음. 따라서 모든 지출은 예금통장에 의하여 지출하여 함.

③ 지출의 특례(재무회계 규칙 30조)

○ 지출에 있어서 선금급을 할 수 있는 경비의 범위는 다음과 같다.

1) 외국에서 직접 구입하는 기계, 도서, 표본 또는 실험용 재료의 대가
2) 정기간행물의 대가
3) 토지 또는 가옥의 임대료와 용선료
4) 운임
5) 소속 직원 중 특별한 사정이 있는 자에 대하여 지급하는 급여의 일부
6) 관공서(정부투자기관 관리기본법에 의한 정부투자기관 및 특별법에 의하여 설립된 특수법인을 포함한다)에 대하여 지급하는 경비
7) 외국에서 연구 또는 조사에 종사하는 자에 대하여 지급하는 경비
8) 보조금　9) 사례금
10) 계약금액이 1천만원 이상인 공사나 제조 또는 물건의 매입을 하는 경우에 계약금액의 100분의 50을 초과하지 아니하는 금액

※ 선금급 : 금고의 지출방법에 관한 특례의 하나, 국가가 채무의 이행기 전에 그 채무를 갚는 일이다. 원칙적으로 국가의 채무는 이행기가 된 때에 지출하는 것이지만, 운임·용선료·여비·그 밖에 대통령령으로 정하여진 경비로 그 성질에 따라 먼저 지급하지 않으면 사무나 사업에 지장이 있을 우려가 있는 경우에 인정되는 것이다.

※ 선급금 : 미리 지급하여 주는 돈(선돈)

○ 지출에 있어서 개산급을 할 수 있는 경비의 범위는 다음과 같다.

1) 여비 및 판공비
2) 관공서(정부투자기관관리리본법에 의한 정부투자기관 및 특별법에 의하여 설립된 특수법인을 포함한다)에 대하여 지출하는 경비
3) 보조금　4) 소송경비

※ 개산급 : 국가 또는 지방자치단체가 지출금액이 미확정인 금액에 대하여 지급의무가 확정되기 전에 개산(어림셈)으로 지급하는 일

④ 지출의 절차

○ 지출 결의서의 의미

- 결의서의 작성은 지출원이 지급명령을 발행하기 위해 의사를 결정하는 서류임.
- 결의서에 첨부되는 서류는 경리관이 지출원인행위를 위하여 첨부한 집행 품의서, 계약서 등임.

○ 결의서의 종류

구 분	용 도	비 고
지출 결의서	일반적 경비의 집행, 신용카드 대금 집행	
봉급 지출 결의서	직원들의 봉급 집행	
여비 지출 결의서	국·내외 여비 집행	
구입과 지출결의서	물품 구입(신용카드 구입제외)	
운반과 지출결의서	물건운반대금 지급	
공사(수선)집행과 지출결의서	소액공사 발주, 물품수리 가공등의 대금 지급	

○ 결의서 양식

– 정보·통신 매체에 의한 재무·회계의 처리의 경우 인천광역시에서 제시한 양식에 따른다.

※ 질의회신 : 장부 결의서에서 숫자 정정은 어떻게 해야 하는지?

– 증빙서류 및 장부의 금액, 수량, 기타 기재사항을 변경하고자 할 때에는 그 사항에 붉은 선을 긋고 작성자가 날인한 후 그 우측 또는 윗자리에 정정하여 삭제한 문자를 해득할 수 있게 하여야 하면 두서 금액은 정정·도말 또는 개서를 할 수 없다

5 지출결의서의 용도

① 지출결의서(전산 양식)

1) 용도(목명)
- 인건비 중 제수당
- 업무추진비, 공공요금, 제세공과금, 급량비, 복리후생비, 수수료
- 각종 부담금, 출연금 등
- 자본지출 중 시설비(계약서 작성 시) 등

2) 첨부서류 : 해당목에 부합되는 관련 근거서류
(①품의서 ②청구서 ③영수증 ④지급내역서 등)

Ⅸ. 후원금의 관리

1 후원금의 범위(재무회계규칙 제41조의2)

○ 법인의 대표이사와 시설의 장은 아무런 대가 없이 무상으로 받은 금품 기타의 자산(이하 후원금 이라한다)의 수입, 지출 내용과 관리에 명확성이 확보되도록 하여야 한다.

○ 시설거주자가 받은 개인결연후원금을 당해인이 정신질환 기타 이에 준하는 사유로 관리능력이 없어 시설의 장이 이를 관리하게 되는 경우에도 또한 같다.

2 후원금의 영수증 교부(재무회계규칙 제41조의4)

○ 법인의 대표이사와 시설의 장은 후원금을 받은 때에는 군수·구청장이 부여한 일련번호가 기재된 별지 제35호서식의 후원금 영수증을 후원자에게 즉시 교부하여야 한다.

○ 법인의 대표이사와 시설의 장은 금융기관 또는 체신관서의 계좌입금을 통하여 후원금을 받은 때에는 법인명의의 후원금 전용계좌나 시설의 명칭이 부가된 시설장 명의의 계좌("이하 후원금 전용계좌"라 한다)를 사용해야 한다. 이 경우 후원자가 영수증 발급을 원하는 경우를 제외하고는 제1항의 규정에 의한 영수증의 교부를 생략할 수 있다.

3 후원금의 수입 및 사용내용 통보(재무회계규칙 제41조의5)

○ 법인의 대표이사와 시설의 장은 연 1회 이상 해당 후원금의 수입 및 사용내역을 후원금을 납부한 법인·단체 또는 개인에게 통보하여야 함. 이 경우 법인이 발행하는 정기간행물 또는 홍보지 등을 이용하여 일괄 통보할 수 있음.

4 후원금의 수입 및 사용결과 공개(재무회계규칙 제41조의6)

○ 법인의 대표이사와 시설의 장은 매반기 종료 후 10일 이내에 별지 제19호 서식에 의한 후원금 수입 및 사용결과 보고서를 관할 군수·구청장에게 제출하여야 함.

○ 군수·구청장은 제1항의 규정에 의하여 제출받은 후원금의 수입 및 사용결과 보고의 내역과 후원금전용계좌 등의 후원금 입, 출금 내역을 매반기 종료 후 30일 이내에 인터넷 등을 통하여 공개하여야 하며, 공개일로부터 3월간 누구든지 볼 수 있게 하여야 함.(다만, 후원자의 성명 법인의 경우에는 명칭은 공개하지 아니함)

5 후원금의 용도외 사용금지(재무회계규칙 제41조의7)

○ 법인의 대표이사와 시설의 장은 후원금을 후원자가 지정한 사용용도외의 용도로는 사용하지 못함.

○ 후원금의 수입 및 지출은 제10조의 규정에 의한 예산의 편성 및 확정 절차에 따라 세입·세출 예산에 편성하여 사용하여야 함.

Ⅹ. 감사

1 감사(재무회계규칙 제42조)

○ 법인의 감사는 당해법인과 시설에 대하여 매년 1회 이상 감사를 실시하여야 함.

○ 법인의 대표이사는 시설의 장과 수입원 및 지출원이 사망하거나 경질된 때에는 그 관장에 속하는 수입, 지출, 재산, 물품 및 현금 등의 관리 상황을 감사로 하여금 감사하게 하여야 한다.

○ 제2항의 규정에 의한 감사를 함에 있어서는 전임자가 입회하여야 하며, 전임자가 입회할 수 없는 경우에는 그 전임자가 지정하거나 법인의 대표이사가 관계 직원중에서 지정한 입회인을 입회하게 하여야 한다.

○ 감사는 제1항 내지 3항 규정에 의하여 감사를 한 때는 감사보고서를 작성하여 당해법인의 이사회에 보고하여야 하며, 재산상황 또는 업무집행에 관하여 부정 또는 불비한 점이 발견된 때에는 군수·구청장에게 보고하여야 함

○ 감사보고서에는 감사가 서명 또는 날인하여야 함

XI. 보칙

1 사무의 인계,인수(재무회계규칙 제43조)

○ 회계를 담당하는 직원이 경질된 때에는 당해사무의 인계, 인수는 발령일로부터 5일 이내에 행하여야 함.

○ 인계자는 인계할 장부와 증빙서류등의 목록을 각각 3부씩 작성하여 인계, 인수자가 각각 기명날인 후 각각 1부씩 보관하고 1부는 이를 예금잔고증명과 함께 인계, 인수서에 첨부하여 법인의 대표이사에게 제출하여야 함. 이 경우 시설에 있어서는 시설의 장을 거쳐 제출하여야 함.

4) 자원개발 실무

최근 사회복지현장에서는 자원개발의 중요성을 인식하고 보다 효율적이고 효과적인 자원개발에 대하여 부단히 연구하며 실천하고 있다.

현대 사회복지조직의 운영 추세는 경쟁적 행태강화, 상업화 경향, 조직의 재구조화, 마케팅 활성화, 기업경영적 행정, 품질관리 강화, 결과에 대한 강조, 전략적 기획 강화 등으로 변모 되어가고 있다.

또한 경쟁시대의 사회복지 조직으로서, 인적·물적 자원의 획득을 위한 다양한 경쟁이 이루어지고 있고, 구체적이고 측정 가능한 목표의 설정을 통한 책임 있는 경영과 클라이언트를 소비자로 인식하고 고객중심적인 서비스제공이 요구되고 있다. 또한 고객만족을 위한 마케팅 지향적 경영과 직원의 잠재력을 극대화하고 조직에 대한 충성도를 높이기 위한 지도자의 변화적 리더십이 점점 더 요구되어지고 있는 실정이다.

우선 자원개발을 이해하기 위한 마케팅의 개념과 필요성에 대해 알아볼 필요가 있다.

(1) 마케팅 개념

- 마케팅 : 기업조직이 표적 구매자들과의 상호 유익한 교환을 창조하고 촉진하며 유지하기 위해 고안된 프로그램에 관련된 활동을 계획, 조직, 통제하는 과정

- 사회 마케팅 : 기관의 소비자인 클라이언트, 재원제공자, 자격부여기관 및 전체사회가 사회복지기관에 대해 관심과 요구를 갖도록 하기 위한 제반활동

(2) 비영리조직의 마케팅 목적

① 개인의 발전을 도모

② 사회적인 아이디어를 설득

③ 새로운 정보와 실천을 전파

④ 행동의 변화를 유도

(3) 사회복지관 마케팅 등장 배경

① 사회복지기관의 책임성 확보와 비용효과성 강조 : 사회복지지출의 정당성을 입증

② 사회복지기관의 자본화의 필요성 : 기관목표 달성을 위한 프로그램과 서비스의 활성화를 위해 충분한 재정자원을 창출하고 보유하는 것

③ 지역사회로부터의 인적, 물적 자원의 확보 : 조직체의 서비스 산출을 지속시킴

④ 실제적, 잠재적ct의 서비스 이용 유도

⑤ ct의 의견 수렴(여론 반영)을 통한 조직체의 자기시정

⑥ 마케팅에 대한 인식 변화 : 재정적 어려움 부각('구걸') → 기관의 장점 부각(후원자의 이상과 목표인 사회문제완화에 대한 기관의 능력 부각)

한편 마케팅의 요인 및 구성요소는 다음과 같다.

(1) 사회 마케팅 활성화 요인

① 기관의 욕구, 가치 및 이상이 잠재적 기부자와 욕구 등과 일치하는 경우

② 잠재적 기부자가 중요시 하는 사회문제를 해결할 수 있는 기관의 능력에 대한 판단

③ 기부자의 만족 추구('주는 기쁨') : 기관의 장점 부각, 기관운영의 투명성 및 신뢰성

(2) 사회복지기관 마케팅의 구성요소 - 기업마케팅 4P를 근간으로

① 제품(product) : 사회복지기관이 표적시장에서 반응을 유도할 수 있는 산출물, 연말연시카드, 서적물

② 가격(price) : 사회복지기관에서 제공하는 것을 얻기 위해 지불하고자 하는 대가

③ 유통(place) : 구입을 위한 적합한 때와 장소의 제공

④ 촉진(promotion) : 마케팅 홍보 활동, 대중매체를 통한 홍보가 일반적

(3) 조건 : 전문성 / 신뢰성 / 조직 / 인적자원과 교육 / 관련 법

다음은 마케팅 과정에 대한 설명이다.

(1) **기관환경 분석** - 기관 및 기관이 속한 환경에 대한 분석으로 마케팅 준비상태 확인 과정

① 기관의 존재 이유　② 기관 프로그램

③ 기관 지원　④ 기관 지원의 당위성

⑤ 지원자에 대한 혜택

(2) **시장욕구분석** - 지역사회의 인식과 태도 분석으로 성공적인 마케팅의 토대

① 시장욕구분석 결과를 토대로 욕구문서 작성

② 이사, 재원공급자, 자원봉사자 등과 같이 기관과 직, 간적접 이해관계자 대상

(3) **프로그램 목적 설정** - 양적으로 측정 가능한 구체적 형태의 목적 설정

① 상품개발 - 일반 환경의 변화와 ct의 욕구조사에 따른 전략 형성

② 상품포장 - 홍보와 광고의 중요성

③ 모금 프로그램 : 결연후원 / 정기후원 / 비정기후원 / 프로그램후원

(4) **기부시장 분석** - 잠재적 기부시장에 대한 분석

① 시장세분화

ⓐ 세분화의 기준 : 양의 결정 / 질의 결정 / 타이밍의 결정

ⓑ 대안적 세분화의 기준 :

- 지리적 변수: 소비자의 요구와 반응은 지역마다 상이함. 지역별 세분화
- 인구통계적 변수 : 나이와 생활주기, 성, 소득, 다변수
- 싸이코 그래칙 변수 : 사회계층, 라이프 스타일, 성격
- 행동변수 : 구매계기, 희구혜택, 사용자 지위, 사용률, 상표충실성의 지위, 구매자 준비태세의 단계

② 분할된 시장의 예상수치 분석 : 6하 원칙에 따라 분석 수행

(5) **마케팅 도구 설정** - 마케팅 기법

① DM발송 / 이벤트 / 미디어 모금 / 전화마케팅 / 컴퓨터 통신 / 유증 / 기업마케팅

(6) 잠재적 기부출처 규명

① 잠재적 기부자 분석요인 : 기관에 대한 과심, 기부능력, 기관 직원 및 자원봉사자에 의한 접근가능성

② 잠재적 기부자에 대한 파일과 전담 조직 운영

(7) 마케팅계획 작성

① 마케팅의 실행, 결과에 대한 평가에 대한 청사전 구축

② 잠재적 기부자들과의 의사소통 진행에 대한 사항 결정

③ 의사소통의 내용 : 기관의 존재이유와 목적, 기부를 통한 보상

(8) 자원봉사자의 활용 - 잠재적 기부자와의 원활한 의사소통을 위해 활용가능성 큼

(9) 마케팅 실행 - 마케팅 전과정에 있어서 핵심단계

① 가장 효과적 방법 : 기부자와의 직접적 대면을 통한 개별적 방법

② 기부행위 이후에 기부자와의 지속적 의사소통, 정기적 피드백 중요함

(10) 마케팅 평가 - 기부행위 발생에 대한 종합적 평가 & 새로운 기관 외부환경에 대한 분석

한편, 마케팅 기법에 대한 내용은 다음과 같다.

(1) 연중모금

① 중요성 : 기관과 직간접적으로 관계를 맺는 모든 이해관계자의 지속적 기부창출을 위한 체계적 접근방법

② 목표

- 새로운 기부의 확보, 기존 기부의 반복 및 기부수준의 향상
- 기존 프로그램의 지원을 위한 재원 확보
- 기관 이해관계자의 확보 및 확대
- 모금기초의 확보를 통한 다양한 모금기법의 활용

③ 유형

ⓐ 연중소액기부 : 기부의 양은 적으나 다수의 사람들에 의해 기부 이루어짐

ⓑ 기부클럽 : 소수의 기부자를 통해 ⓐ보다는 높은 수준의 기부가 이루어짐

ⓒ 자본/거액 기부 : 더 적은 수에 의해 기관의 건물, 자산 및 장비에 대한 기부

ⓓ 재산기부 : 극소수의 사람들이 기관의 미래를 위해 거액의 재산을 기부

④ 과정

ⓐ 모금활동 : 기부가능자 분석 / 기부 가능자를 기부 예상자로 전환 / 기부 예상자를 기부자로 전환

ⓑ 모금후 활동 : 기부자에 대한 레코드 / 기부의 갱신 및 확대

ⓒ LAI 원칙의 활용 : 기부가능자를 실제 기부 예상자로 분류하는 과정에서 활용할 수 있는 원칙

1) L(linkage) : 기관이 특정 개인과 맺고 있는 관계

2) A(abiliity) : 특정 개인이 기부를 할 수 있는 능력을 갖추고 있는가에 대한 기부능력

3) I(interest) : 특정 개인이 기관의 임무와 목적에 대한 이해 정도 및 관심

ⓓ 기부가능성의 분류

⑤ 방법 - 효과성 정도 다름

ⓐ 개별방문 : 마케팅 팀 구성, 자원봉사자(기부경험자)와의 동행방문

ⓑ 개별우편 : 과거 기부자에게 기부요청하는데 효과적, 전화접촉 동반 필요

ⓒ 전화 : 불특정 다수의 사람들에 대한 기부요청과 개인적 전화모금 방법

ⓓ 재단기부금

ⓔ 특별행사 : 특정 프로그램에 대한 운영 기금의 확보, 지역사회에 대한 홍보.

ⓕ 광고 : 신문, 방송 등 대중매체 활용

ⓖ 직접우편(DM) : 불특정 다수를 대상으로 활용, 표적시장 선정이 중요함

ⓗ ARS 모금 기법 및 컴퓨터 통신 모금기법 : 후원자의 부담은 줄고, 간편

ⓘ 유증 : 사망시 유산 기증, 잠재적 모금 시장 큼

ⓙ 기업마케팅

⑥ 매체활용 : 시각적 매체－신문, 잡지, 회보, 팜플렛, 보고서, 유인물, 슬라이 드, 사진, 전시회, 가두행진

• 청각적 매체 : 이야기, 좌담, 강연회, 라디오

• 시청각적 매체 : TV, 영화, 비디오, 연극, 공개토론, 대중집회

⑦ 기부 실행후 활동

ⓐ 기부확인서 발송　ⓑ 감사카드 발송　ⓒ 기부 답례품 증정

ⓓ 기관에 대한 기부자의 관심 제고(기관 소식지 활용)

ⓔ 기부자 명단 공개

(2) 자본 모금

① 사회복지기관의 자산을 증가시키기 위한 방법으로 건물의 신축, 보수, 새로 운 공간 확보, 각종 설비 및 장비의 확보 및 보수를 위한 모금활동

② 특징

ⓐ 연중모금에 비해 거액의 모금을 목표로 함

ⓑ 과거 기부자 등과 같이 기관에 대한 관심과 이해가 높은 인력자원을 강조

ⓒ 철저한 원칙에 의거한 과정을 강조 - 이사 등과 같은 기관의 주요 인사 참여 강조

③ 자본모금 가능성 분석

ⓐ 기관의 준비와 기관이 속한 지역사회의 상황에 대한 파악 필요

ⓑ 분석요인 : 캠페인 사례, 욕구, 목적, 모금목표 및 기부예상자, 리더십, 시 간 및 시기, 공공관계, 예산

ⓒ 중요사항 : 모금의 목표 및 기부예상자에 대한 분석

④ 자본모금의 관리

ⓐ 순차적 모금 : 위에서부터 아래로의 모금순서

ⓑ 안에서부터 밖으로의 모금관리 : 기관내의 주요 구성원부터 기관외의 잠 재적 기부자에게 확산

⑤ 자본모금의 성패를 결정하는 주요 요인

ⓐ 거액모금의 가능성 ⓑ 기관 이사진의 역할과 리더십

(3) 프로포절 제출을 통한 교부금 확보

• 자원개발의 방법-대상별

구분	방법	대상
직접기탁	직접방문 기부	개인,기업
언론기탁	방송사, 신문사, ARS등	개인,기업
계좌이체	급여자동이체, 단체명의 계좌이체	개인,기업
모금함	가두모금, 지하철 모금 등	개인
지로 등 기타	DM, 방문 접수 등	개인

• 모금경로별

구분	모금유형	경로
개인	직장모금캠페인	은행자동이체
	정기, 자투리캠페인	CMS
	고속도로 톨게이트 모금	톨게이트 모금함
	기관, 단체협력 모금	학교, 행정, 금융기관 등
	지하철 모금	지하철 역 모금함
	방문모금	직접 내방 및 순회
	DM	지로
	ARS	방송매체(TV, 라디오)
	기부사이트	인터넷
	인터넷 경매	인터넷
	이벤트 모금(바자회, 스포츠, 콘서트 등)	기업체, 지원기관, KBL, KBO 등 후원
기업·단체	기업모금	종업원 모금 및 기업이익의 일정분
	상품연계 모금	판매수익의 일정액 기탁
	제휴모금	각종 카드사, 증권사 등 point
	물품기탁	제조업체 신상품 또는 재고상품

(4) 성공하는 모금의 16가지 원리

킴클라인은 '모금이 세상을 바꾼다'에서 "뛰어난 모금가에게 정말 중요한 것은 강좌나 학위, 자격증이 아니라 소박한 상식과 대의를 위한 헌신, 그리고 사람들에 대한 기본적인 애정, 이 세 가지다"라고 말하고 있다. 성공하는 모금의 16가지 원리는 다음과 같다.

1. 모금가부터 미쳐라.

 세상을 변화시키기 위해서는 딱 두 사람이면 된다."

 – 죽어도 그 일을 꼭 하겠다는 미치광이와 그 미치광이를 돕는 또 다른 미치광이

2. 사람을 얻어라.

3. 납득과 공감이 있어야 한다.
4. 연관시켜라.
5. 알리고 자극하라.
6. 요청하라.

〈표 2-1-12〉 기부의 외적 요인

(단위: 명, %)

구분	서울 거주 (N=140)		비서울 거주 (N=419)		전체 (N=559)	
	인원수	비율	인원수	비율	인원수	비율
경제적 여유	15	10.7	35	8.4	50	8.9
세제 혜택	5	3.6	9	2.1	14	2.5
중요한 사람으로부터의 자극	35	25.0	96	22.9	131	23.4
요청받는 경우	73	52.1	184	43.9	257	46.0
주변에서 하기 때문	11	7.9	86	20.5	97	17.4
기타	-	-	6	1.4	6	1.1
무응답	1	0.7	3	0.7	4	0.7

7. 일단만나라.

   "모금은 발로 하는 것이다. 뭐든 끝까지 연구하면서 죽기 살기로" 성공하지 못해 포기하는 게 아니라 포기해서 성공하지 못하는 것
8. 계기를 만들어라.
9. 줘야 얻는다.

   사업가 마인드, 뿌린 만큼 거두리라.(단체, 개인) 먼저 줘라. 부담 백배로 만들어라.
10. 무조건 쉽게 하라.
11. 유명해져라.
12. 장치를 만들라.
13. 잘할수 있는 부분에 집중하라.
14. 참여와 붐업의 원리를 이용하라.
15. 어떤 변화를 이뤘는지 알려 달라.
16. 지킬 것은 지켜라.

자원개발의 핵심은 돈을 기부할 능력이 있는 사람(Capacity)을 찾고, 그들을 기부하도록 동기부여(Motivate)하며, 구체적인 기부요청을 통해 그들이 기부금을 낼 수 있는 기회(Opportunity)를 주는 것이다.

4. 사회복지현장에서의 성공적인 직장생활

1) 직장생활의 마음가짐과 기본자세

인생에 있어서 가장 많은 시간을 보내는 곳이 어디일까? 취업한 직장인들의 경우 하루 가운데 직장에서 아마 중요한 시간을 대부분 보낼 것이다. 그만큼 직장에서의 생활은 소중한 각자의 시간을 보내는 매우 귀하고 잘 사용해야 되는 시간이다.

그런 소중한 시간을 보내는 공간인 직장에서 기초적인 인간관계 부족이나 실수 등으로 직장생활에 불편과 어려움이 따른다면 매우 불행한 일일 것이다. 특히 휴먼서비스를 다루는 사회복지현장에서의 직장생활이라면 더욱 안타까운 일이 아닐 수 없다.

직장생활의 기본적인 사항으로 출근준비, 출근 후, 근무시간, 전화, 인사, 차 심부름, 근무 중 외출, 퇴근, 지각, 휴가 등을 살펴 볼 수가 있다. 이와 같은 직장생활의 기본적 사항들에 대하여 모든 직장생활에서 기본적인 예의와 범절을 지키며 직장동료와 조직에서 바람직하게 생활하기 위해서는 각각의 기본적인 규칙과 지혜를 습득하고 실천하는 것이 기본일 것이다.

하지만 그것이 그렇게 간단히 말로 설명하고 단순하고 쉽게 이해될 수 있는 일이 아니다. 모든 인간은 각자가 가지고 있는 생각과 생활방식, 습관들이 모두 다르고 다양하다. 이런 다양한 모습을 가진 사람들을 상대로 직장생활의 기본적인 예의에 대하여 설명해서 그것이 모두에게 정확히 전달되기에는 한계가 있다.

따라서, 직장생활의 기본예의에 앞서 가장 기본적인 습관을 고치는 연습을 통해 보다 올바르고 객관적으로 인정받을 수 있는 삶의 태도를 함양한 후에 직장생활 예의에 대해 알아가는 것이 순서일 듯 싶다.

다음의 연준혁이 쓴 '사소한 차이'라는 책에 나오는 습관고치기 내용을 참고하여 기본적인 자기자신의 습관을 고쳐보는 기회를 가져보기 바란다.

사소한 차이(습관 고치기)

- 마감 시한 이틀 앞당기기
- 하기 싫은 일 3분만 더하기
- 가족과 함께 아침밥 먹기
- 맨 앞자리에 앉기
- 늘 펜을 가지고 다니기
- 핸드폰 바탕화면에 목표 띄워 놓기
- 약속시간 15분 전에 도착하기
- 노는 계획 먼저 세우기
- 큰 소리로 먼저 인사하기
- 처음 만난 사람에게 일주일 안에 이메일 보내기정
- 이름과 직위를 정확하게 부르기
- 신용카드 잘라 버리기
- 평생의 동반자, 취미 만들기
- 3초 기다린 후에 대답하기
- 맞장구치면서 듣기
- 닫힘 버튼 누르지 않기
- 한 숟가락 덜어 내고 밥 먹기
- 매일 다른 사람과 점심 먹기
- 흘리지 않고 밥 먹기
- 하루 30분 걷거나 뛰기
- 배웅은 엘리베이터 앞에서 하기
- 모든 대답은 '예'로 시작하기
- 잠자리에 들기 5분전, 스스로에게 질문 던지기
- 5분 안에 꿈 일기 쓰기
- 종이 신문 꼼꼼하게 읽기
- 책 한권 가지고 다니기
- 일주일에 한번 다른 길로 출퇴근 하기
- 가만히 앉아 사람 구경하기(위대한 발견, 의미발견)
- 컴퓨터 끄고 퇴근하기
- 모르는 척해 주기(그냥 그러려니, 그럴 수도 있지)
- 안 좋은 이야기는 이메일로 보내지 않기
- 없는 사람 칭찬하기
- 나에게 고맙다고 말하기

사소한 나의 습관을 고치려는 노력을 통해 최소한의 올바른 직장생활을 위한 기초준비를 마치고 나면 직장인으로서의 마음가짐이 필요하다. 특히 휴먼서비스를 다루는 사회복지현장에서의 마음가짐은 남다르다 할 것이다.

사회복지현장에서 직장인으로서의 마음가짐으로 여섯 가지를 잘 갖추고 생활하면 직장생활이 보다 즐겁고 행복한 시간이 될 것이다.

바람직한 직장생활 원칙 6가지는 바로 첫째, "고맙습니다"라는 감사의 마음으로 생활하는 것이다. 두 번째는 "미안합니다"라는 반성의 마음이다. 세번째는 "덕분입니다"의 겸허한 마음이고 네 번째는 "하겠습니다"라는 적극적인 봉사의 마음이다. 그리고 다섯 번째는 "그렇습니다"라는 긍정의 마음이며 마지막 여섯번째는 "기분좋습니다"라는 밝은 마음이다.

이상의 6가지 마음가짐 외에 Ct와 직장상사, 선배, 후배, 동료들을 위한 따뜻한 마음가짐과 자신의 감정을 통제할 수 있는 자제하는 마음가짐, 누구에게나 편을 두지 않는 공평한 마음가짐과 남을 위해 수고하는 솔선수범의 마음가짐과 직장에 대한 자부심을 갖는 주인의식과 부정과 불의에 타협하지 않는 정직과 성실한 마음가짐을 곁들인다면 최고의 직장생활을 영위하게 될 것임은 분명하다.

사회복지실천 현장에서 보람과 기쁨으로 복지실천을 기대하는 모든 취업준비생들이 직장생활을 위한 마음가짐과 기본자세를 익혀 최고로 성공적인 직장생활을 해 나가기를 기대해 본다.

2) 성공적인 사회복지현장 사회복지사

성공적인 사회복지사를 이야기하기 앞서, 특별히 사회복지를 실천하고자 하는 이들에게 우선 필요한 것은 자기자신을 사랑할 줄 알아야 한다는 것을 말하고 싶다. 진정한 복지실천과 사랑의 관계를 위해 우선적으로 해야 할 일은 자기 자신을 사랑하고 존중하고 소중히 여기는 법을 배우는 것이다.

자기자신을 사랑하는 법을 터득하는 것은 평생에 걸친 과정이다. 자기애는 하룻밤 사이에 깨우쳐지거나 요술 지팡이를 흔들어서 되는 일이 아니다. 새로운 운동을 배울 때처럼 매일 계발하고 연습하는 자세가 필요하다.

자기 자신에게서 부터 출발하라. 당신에게는 오늘이 있다. 당신에게는 당신 자신이 있다. 당신에게는 스스로 사랑할 만한 점이 분명 있다. 지금 당장 자신과 다른 사람들에게 당신이 어떤 대우를 받아야 할 지 보여라. 그 과정에서 당신은 아무 조건 없는 진정한 사랑의 의미를 이해하게 될 것이다. 그 순간, 사랑하고 사랑받는 기막힌 경험이 기적과도 같은 선물로 당신 곁에 다가올 것이다.

자긍심을 높이기 위해 어떤 도구를 사용하느냐는 중요하지 않다. 중요한 것은 평생 당신과 같이 할 한 사람, 즉 "당신 자신"을 사랑하는 법을 터득하기 위해 시간과 에너지를 아낌없이 투자하려는 자세다.

자기애를 계발하기 위해 구체적인 일부터 시작해 보라. 예를 들면 다음과 같은 일들이 있다.

자기애(自己愛)를 계발하기 위해 구체적인 일

- 거품 목욕하기
- 마사지 받기
- 아플 때 하루종일 누워 있기
- 자전거 타기
- 친구와(혼자) 커피 마시기
- 맛있는 음식 먹기
- 아끼는 향초 켜기
- 명상하기
- 좋아하는 음악 듣기
- 집 근처 산책하기

〈출처 : Cheri Carter-Scott(2000), 사랑이 게임이라면 규칙이 있다〉

A.G. 로엠메르스의 《어린왕자-두번째 이야기》 중에 "착한 아들을 원한다면 먼저 좋은 아빠가 되는 거고, 좋은 아빠를 원한다면 먼저 좋은 아들이 되어야겠지. 남편이나 아내, 상사나 부하직원의 경우도 마찬가지야. 간단히 말해서 세상을 바꾸는 단 한 가지 방법은 바로 자신을 바꾸는 거야"라는 말이 나온다.

꿈을 이루기 위해서는 먼저 꿈을 말하고, 꿈을 적고, 좋은 사람을 만나야 한다. 좋은 사람을 만나기 위해서는 자신이 먼저 좋은 사람이 되어야 한다. 세상을 바꾸는 단 한 가지 방법은 바로 내 안에 있다. 즉, 사회복지현장도 내가 바꾸어 나가야 한다는 것이다. 그런 성공적인 사회복지사로서 바로 서기 위한 방법은 무엇일까?

성공한 사람들을 분석하면 공통적으로 10가지의 공통점이 나타난다고 한다. 그 열가지는 바로 첫째, 일찍 기상한다. 둘째, 많은 독서를 한다. 셋째, 규칙적인 운동을 한다. 넷째, 가정적인 생활을 한다. 다섯째, 뛰어난 외국어 실력을 가지고 있다. 여섯째, 뛰어난 컴퓨터 실력을 가지고 있다. 일곱 번째, 수준급의 취미, 문화생활을 즐긴다. 여덟 번째, Fashion에 남다른 안목과 감각을 가지고 있다. 아홉 번째, 건강한 식생활을 한다. 그리고 마지막 열 번째가 절제된 TV시청을 한다 등이다.

또한 "성공하는 사람"은 첫째는 "네 덕이요, 내 탓이요" 언제나 겸손한 자세를 갖는 사람이고, 둘째는 어떤 좌절과 고난 속에서도 희망을 잃지 않는 사람이다. 셋째는 주량보다 독서량을 자랑하는 사람이며 넷째는 자기관리를 철저히 하고 어떤 고난도 감사히 받아들이는 사람이다. 다섯째는 언제나 낙천적이고 밝은 미소를 짓고 있는 사람이고 여섯째는 누구의 말이든 열심히 경청하는 사람이라고 한다. 일곱째는 상대방을 똑바로 바라보며 손을 잡는 사람이며 여덟째는 나보다 나은 사람과 만나는 사람이고, 아홉째는 언제나 보다 나은 방법을 생각하는 사람이며 마지막 열 번째는 일을 즐겁게 하는 사람이다.

그럼 과연 성공적인 직장인 특히 사회복지현장에서 성공적인 직장생활을 하는 사람은 어떤 사람일까? 그것은 앞서 제시한 '성공한 사람'이나 '성공하는 사람'과 특별히 다를 바 없는 것 같다. 사회복지현장이 다른 현장과 특별히 다를 것이 없는 나의 꿈과 비전, 그리고 생활을 위해 도전하고 열심히 일하는 각자의 일터이기 때문일 것이다. 다만, 보다 사회복지 마인드를 가지고 전문적인 복지실천을 한다는 점이 차이라면 차이일 것이다.

사회복지 취업실무를 공부하는 학도나 취업준비생들이 알아두면 좋은 말들이 있다. 이런 지혜들을 배우고 자기 것으로 받아들이면서 모든 이들이 성공하는 사회복지사로 거듭나길 희망해 본다.

성공을 꿈꾸는 사회복지 취업준비생들에게...

- 성공의 모든 이유를 자기 것으로 하는 것은 문제가 있다. 내가 왜 이 일을 하는지에 대한 사명감과 복지마인드, 이타주의 정신이 중요하다.
- 최선을 다하는 삶을 살아라. 열심히 살았던 삶의 태도는 핏속에 녹아 몸속에 흐르면서 남아 있다. 지식은 유한하지만 치열한 삶의 방식은 평생 가기 때문이다.
- 어떤 문제에 부딪치면 남보다 시간을 두세배 더 투자할 각오를 해라.
- 보장된 미래보다는 자기가 즐겁게 좋아하며 할 수 있는 일을 해라.
- 자신에게 정말 맞는 일을 찾기 위해 사용하는 시간은 값진 시간이다.
- 우리 주위에는 항상 기회들이 오고 간다. 다만 준비된 사람만이 그 기회를 자기 것으로 가질 수 있는 것이다. 준비가 안 된 상황에서는 기회가 오히려 불행이다.
- 매순간 열심히 살다보면 저절로 길이 보인다.
- 자신을 사랑하고 자기에게 기회를 주는 것이 가장 중요하다.

참고문헌

〈국내문헌〉

구종회 외(1999), 『사회복지실습길라잡이』, 서울: 홍익제

감정기 외(2004). 『사회복지의 역사』. 나남출판사.

강홍구(2008). 의료사회복지실천론. 경기: 학현사.

경기도다문화교육센터. 최충옥, 모경환, 김연권, 박성혁(2009). 다문화교육의 이론과 실제. 양서원.

교육인적자원부(2004). 교육복지 증진 및 학교폭력 예방을 활용연구학교운영계획(안).

교육인적자원부(2006). 다문화가정 자녀교육지원 대책. 교육인적자원부.

권일남·오해섭·이교봉(2010). 청소년활동론. 경기: 공동체

권중돈 외(2012). 사회복지개론. 서울: 학지사.

권중돈(2004). 노인복지론. 서울: 학지사.

김규수(2004). 의료사회복지실천론. 서울: 형설출판사.

김기태외(2007), 사회복지실천론.공동체.

김범수(2007). 다문화사회복지론. 양서원.

김범수, 김현희, 정명희, 경기북부다문화교육센터(2010). 알기 쉬운 다문화교육. 양서원.

김상균 외(2001), 사회복지개론, 나남출판.

김상연(2010), 취업의 신(승자들만 아는), 성안당.

김영모(1981), 사회복지학, 한국복지정책연구소.

김영모(2000), 사회복지학, 고헌출판사.

김영호 외(2001), 사회복지취업실무의 이해, 양서원.

김용득(2002). 장애개념의 변화와 사회복지실천현장. 한국사회복지학, 51, 겨울호, 157-182.

김용욱(2011), "노인요양시설의 인사고과제도 구축모델 연구", 한국복지경영학회 논문집 제1호, pp.70～88.

김융일 외(1995). 사회사업실천론. 서울: 나남출판사.

김은미, 양옥경, 이해영(2009). 다문화사회 한국. 나남.

김정헌(2003). 『복지국가론』. 대명.

김종일(2006). 『서구의 근로연계복지』. 집문당.

김종일(2004). 『복지에서 노동으로』. 일신사.

김진수(2001), 사회보장론, 청목출판사.

김태성·송근원(1996). 『사회복지정책론』. 나남출판사.

김태성·성경륭(2004). 『복지국가론』. 나남출판사.

김태성(2005). 『사회복지정책입문』. 청목출판사.

김학만 외(2005), 사회복지정책론, 대왕사.
남기민(2008), 사회복지정책론,학지사.
남일재 외(2006), 사회복지개론, 공동체.
남일재 외(2011). 현대사회복지의 이해. 경기: 공동체.
남연희 외(2011). 장애인복지론. 경기: 공동체.
노시평 외(2002), 사회복지정책론, 도서출판 대경.
도광조(2006), 사회복지실천론.양서원
류상열(2005). 『사회복지역사』. 학지사.
류종훈(2005). 『사회복지정책론』. 학현사.
류종훈(2004), 쉽게 쓴 사회복지실천론, 동인.
모지환 외(2006). 『사회보장론』. 학지사.
모리스 멀러드·풀 스피커 저. 박형신 외 옮김(2004). 『사회이론과 사회정책』. 일신사.
민무숙(2009). 다문화 전문인력 양성현황과 정책과제. 한국여성정책연구원.
보건복지부, 2010년 보건복지백서.
보건복지부(2012), 2012년도 사회복지관 운영관련 업무처리 안내
박경일 외(2002), 사회복지학강의, 양서원.
박상하 외(2003), 사회복지개론, 양서원.
박석돈(2006). 『사회보장론』. 양서원.
박병현(2005). 『사회복지정책론』. 학현사.
박옥희(2008), 사회복지의 이해, 학지사
박옥희(2012). 사회복지의 이해. 서울: 학지사.
박용순(2008), 사회복지개론,학지사.
박종우(1994), 『사회사업가의 전문직업적 정체성 연구』, 서울대학교 대학원 박사학위논문.
박종삼외(2004), 사회복지학개론, 학지사.
박차상 외(2001), 현대사회복지학, 양서원.
박차상 외(2005), 사회복지학개론, 학현사.
박태영(2006), 지역사회복지론, 학현사
백종만 외(2001), 사회와 복지, 나눔의집.
서상철(2004), 사회복지개론, 홍익출판사.
순덕기 외(2008). 『사회복지사상』. 학지사.
성민선 외(2007), 사회복지개론, EM 커뮤니티.
안경식(2008). 다문화 교육의 현황과 과제. 학지사.
오완섭(2007), 사회복지학개론, 서울고시각.
양점도 외(2010). 사회복지개론. 경기: 공동체.
양정하외(2005) 사회복지정책론,양서원.

원석조(2004), 사회복지정책론, 양서원.

원석조(2005),『사회복지역사의 이해』. 양서원.

원석조(2008), 사회복지개론,양서원.

원석조(2011). 노인복지론. 경기: 공동체

윤철수(2008), 사회복지개론,학지사.

윤철수 외(2012). 사회복지개론. 서울: 학지사.

앤서니 기든스 저. 한상진·반찬욱 옮김(2004).『제3의 길』. 생각의 나무.

이경남외(2008) 사회복지실천론.학지사.

이영숙(2008), "공무원의 인사평가 개선방안에 관한 연구", 조선대학교 경영대학원 석사학위논문.

이소희(2005). 아동복지론. 경기: 학현사.

이시한(2010), 이시한의 취업자기소개서 불패노트, 랜덤하우스코리아.

이시한(2010), 이시한의 취업면접 불패노트, 랜덤하우스코리아.

이종복 외(2012), 사회복지개론, 오래

이재연 외(2009). 아동복지론. 서울: 학지사.

이해영 외(2006), 사회복지개론, 유풍출판.

임재성(2011), 미래자서전으로 꿈을 디자인하라, 랜덤하우스코리아.

장동일 외(1996), 한국공적부조론, 대학출판사.

장인협·문인숙(1986), 사회복지의 원리와 방법, 집문당.

장인협·오정수(2002). 아동·청소년복지론. 서울대출판부.

장상훈(1997), 취업준비, 학예원.

전국대학사회복지교육협의회(2002), 사회복지개론, 유풍출판사

전광석(2002), 한국사회보장법론, 법문사.

전숙자, 박은아, 최윤정(2009). 다문화 사회의 새로운 이해. 그린.

정무성 외(2010). 사회복지개론. 서울: 신정.

정무성·양희택·노승현(2006). 장애인복지론. 경기: 학현사.

정무성외(2010). 사회복지개론. 서울: 학지사.

정무성(2006).『사회복지프로그램 개발론』. 학현사.

조영달(2006). 다문화가족의 자녀 교육 실태 조사.교육인적자원부.

조추용외(2009), 사회복지개론,창지사.

최일섭 외(2001), 지역사회복지론, 서울대학교 출판부

최일섭 외(2012), 사회복지현장실습, 오래.

최일섭, 최성재(2000).『사회문제와 사회복지』. 나남출판.

최일섭·최준보(2012). 사회복지개론. 경기: 공동체.

최현미, 이혜경, 신은주, 최승희, 김연희(2008). 다문화 가족복지론. 양서원. 김기원(2004). 공공부조론.학지사.

표갑수(2002), 사회복지개론, 나남출판.
표갑수(2003), 지역사회복지론, 나남
한인영 외(2006). 의료사론. 서울: 학지사.
하상락(1989), 한국사회복지사론,박영사. 배종석·박오원(2005), "인적자원관리가 혁신성과에 미치는 효과분석",「조직학회 발표논문집」, p. 157.
하정필(2010), 취업의 정답, 지형.
한국복지정책연구소 편(2003).『사회복지정책론』. 고헌출판부.
한국복지행정학회(2007).『사회복지정책론』. 양서원
한국사회복지사협회(2013), www.welfare.net
한국사회복지협의회(2013), 사회복지직업백과 www.bokji.net
황선길 외(2007), 실전면접에 강한 면접질문 199제(개정판), 제우미디어.

〈외국문헌〉

DiNitto, Diana M. (2000). *Social welfare : Politics and Public Policy*, Needham Heights. MA : Alyn and Bacon.
Friedlander, F. & Scherz, F. (1967). Family Social Welfare: Helping Troubled Families. New York: Atherton Press.
Friedlander, W. & Apte, R. (1980). Introduction to Social Welfare. NJ: Prentice Hall.
Gilbert, N. and Terrell, P. (1988), Dimensions of Social Welfare Policy, Boston : Allyn and Bacon.
Gilbert, N. and Specht(1977), Dynamics of Community Planning, Cambridge, MA : Ballinger Publishing Co.
Gilbert, N. & Specht, H.(1974), Dimension of Social Welfare Policy, New Jersey; Prentice-hall Inc.
Gilbert, N. & Spect,H.(1986). Dimension of Social Welfare Policy, N.J.: Prentice-Hall.
Mishra, M.(1981). *Society and Social Policy : Theories and Practice of Welfare. London* : Macmillan.
Marsall, T.H.,(1970). Social Policy in Twentieth Century, London : Hutchinson.
James, E. Anderson(1984). *Public Policy Making(3rd ed.)*. Holt, Rinehart and Winsion
Kadushin & Martin, 1988). Child Welfare Services(4th Ed.) New York: Macmillan.
Kadushin, A. (1974). Child welfare services(2nd ed.). New York: Macmillan Publishing Company.
L. C. Johnson(1989), Social Work Practice, 3rd ed., Massachusetts: Allyn and Bacon, p. 187.
Longman(1995), Longman Dictionary of Contemporary English
Hansenfeld, Y.,(1983). Hunman Service Organization, Ann Arbor,Mochigan: University of Michigan Press.
Patti, Rino J.,(1983). Social Welfare Administration, Englewoo, N.J: Cliffs N.J:Prentice-Hall.

Warren. R.(1963), The Community in America, Chicago: Rand McNally & Company.
Wilensky, H. & C. N. Lebeaux.(1965). *Industrial Society and Social Welfare*. N.Y.: Free Press.
WHO(1980). International Classification of Impairments, Disabilities, and Handicap.

Introduction to Social Welfare and job practice

Introduction to Social Welfare and Job Practice

사회복지개론과 취업실무

2013년 3월 5일 발행

저　자　김성철 · 김철근 · 순덕기 · 이재선
발행인　이웅현
발행처　**퍼시픽북스**
서울특별시 중구 초동 42번지 아시아미디어타워 501호
TEL. 02-2272-7766(代) / FAX. 02-2272-7166
E-mail: papu77@daum.net

ISBN　978-89-6130-627-0

정가 20,000원

Introduction to Social Welfare and job practice